The Cigarette
A POLITICAL HISTORY

[美] 莎拉·米洛夫（Sarah Milov）著　段胜峰 范梓锐 译

烟草
一部资本主义政治史

本作品中文简体版权由湖南人民出版社所有。
未经许可，不得翻印。

THE CIGARETTE:A Political History
by Sarah Milov
Copyright ©2019 by the President and Fellows of Harvard College
Published by arrangement with Harvard University Press through Bardon - Chinese Media Agency
All right reserved

图书在版编目（CIP）数据

烟草：一部资本主义政治史 /（美）莎拉·米洛夫著；段胜峰，范梓锐译 . —长沙：湖南人民出版社，2025.7.—ISBN 978-7-5561-3608-7

I. F471.268

中国国家版本馆CIP数据核字第2024KW0785号

烟草：一部资本主义政治史
YANCAO：YI BU ZIBEN ZHUYI ZHENGZHI SHI

著　　者：	[美]莎拉·米洛夫
译　　者：	段胜峰　范梓锐
出 版 人：	张勤繁
监　　制：	秦　青
选题策划：	长沙经笥文化
责任编辑：	傅钦伟
责任校对：	夏丽芬
策划编辑：	张宇帆　杨诗文
营销编辑：	kk
特邀编辑：	章　程　杨诗瑶
装帧设计：	姜利锐

出版发行：	湖南人民出版社［http://www.hnppp.com］
地　　址：	长沙市营盘东路3号　　邮　　编：410005
经　　销：	中南博集天卷文化传媒有限公司　图书销售服务电话：010-59320018
印　　刷：	北京天宇万达印刷有限公司
版　　次：	2025年7月第1版　　印　　次：2025年7月第1次印刷
开　　本：	680 mm × 955 mm　1/16　印　　张：28.5
字　　数：	340千字
书　　号：	ISBN 978-7-5561-3608-7
定　　价：	78.00元

营销电话：0731-82221529（如发现印装质量问题，请与出版社调换）

献给我的母亲

目　录

前　言 ... 001

第一章　美国工业化中的烟草 ... 013

第二章　烟草的新政 ... 055

第三章　培养烟农 ... 095

第四章　公众利益的挑战 ... 143

第五章　非吸烟者问世 ... 193

第六章　从权利到成本 ... 243

第七章　打破旧网，建立新网 ... 291

结　论　"杂草难以根除"：烟草政治的未来 ... 337

注　释 ... 357

索　引 ... 436

致　谢 ... 446

前　言

　　1964年1月，某个寒冷的星期六上午，一场记者招待会引起了国际社会的关注。一些与会记者颇为懊恼，因为礼堂的墙壁上已经匆匆贴上了"禁止吸烟"的标识，而备受期待的《卫生总署关于吸烟与健康的报告》此时尚未发布。礼堂大门紧闭，通往大楼其他部分的门则由身着制服的警卫把守着。[1] 礼堂里面坐着卢瑟·特里，他是约翰·肯尼迪选定的卫生局局长，在林登·约翰逊总统的一再请求下留任，他与负责该报告的委员会其他成员一起回答了数百名刚刚拿到报告的记者的提问。这份报告近400页，最终得出的结论是吸烟会导致死亡——吸烟会导致肺癌、支气管炎、肺气肿和冠状动脉疾病，甚至致死。在审阅了有关吸烟与疾病之间关系的累积证据后，两名委员会成员已经彻底戒烟，特里本人也不再抽卷烟，改为偶尔抽雪茄或烟斗。一些记者则以完全不同的方式表达了他们对政府调查结果的焦虑：他们羞怯地在走廊里吸烟。

　　这份报告的发布充满了戏剧性，既严密封锁消息，又将召开记者招待会的时间定在星期六上午，目的是将此事对股市的影响降到最低。委员会本不必担心。两年前，英国皇家医师学会曾发表过一份类似的报告。[2] 在报告发布前夕，证券分析师建议投资者抄底烟草类股票，因为烟草类股票的价格已经对负面消息给予了充分的反馈,未来股价只会再次上涨。³这是个明智的建议。在美国,该报告发布后几个月内,卷烟销售额下降了20%,到1965年却又大幅反弹,各大公司在那一年创下了有史以来最高的利润纪录。⁴政治家、专家和普通美国人越来越认识到吸烟的致命性,但仍有42%的美国人吸烟。⁵他们在工作场所和娱乐场所到处吸烟:办公室、公共建筑、零售场所、体育馆,甚至医院都允许室内吸烟。一些高中甚至允许学生在校园里吸烟。⁶但是仅靠教化还不足以广泛地纠正人们的行为,法律和制度也必须改变,必须对人们采取强制性措施。

在整个20世纪,卷烟对美国政治制度至关重要。无论是在国内还是在国外,美国政府都鼓励人们吸烟。在卫生局局长确定吸烟危险后的四十年间,政府继续补贴烟草生产。尽管到20世纪中叶,大型卷烟公司已经跻身美国最具影响力的公司之列,但烟草的政治特权更多来自美国政府的日常运作,而不是行业阴谋。要想直观地理解烟草对于美国政治的重要性,人们只需看看国会大厦中金碧辉煌的圆柱大厅,科林斯式圆柱顶上缀满了烟叶雕饰,托举起整幢大厦。

然而,到了20世纪70年代中期,美国的吸烟者数量减少了。到1974年,成年吸烟者的比例已经下降到37%,并且持续下降直到现在。⁷美国人理解与主张公共空间权利的方式发生了转变,而这种转变又促进了行为上的改变。从20世纪70年代开始,越来越多的美国人开始拒绝吸烟。一群主张不吸烟的活动家从民权运动和环境运动中得到启发,熄灭了公众手持的香烟,实现了让吸烟成为社会不可接受之事的目标。在非吸烟者权利的旗帜下,草根活动家组织起来,赢得了在各种公共场所限制吸烟的胜利。

按照尼克松政府的卫生局局长杰西·斯坦菲尔德的说法，非吸烟者曾经是真正的沉默的大多数，他们现在终于开始发声了。他们成功的关键不是国会——记者伊丽莎白·德鲁在1965年将国会称为烟草行业"迄今最好的过滤嘴"——而是地方性条例和雇主强加的自愿规定。[8] 由于烟草业游说团体在国会中的力量过于强大，非吸烟者权利活动家们只能在烟草行业影响力较弱的低级别政府部门寻求监管方面的解决方案。[9] 从20世纪70年代初开始，全国各地的市议会开始通过立法规范公共场所的吸烟行为。与此同时，华盛顿特区的律师们开始请愿，并且起诉一些监管机构。他们认为，扩大行政机构的权限"可以为我们的法律诉讼和努力带来最大的潜在回报"。[10] 到1974年，民用航空局和州际商务委员会都实施了在航班和州际公共汽车上限制吸烟的规定。卷烟的历史就是政府复杂机器的历史，它的权力杠杆作用对有组织的企业、农民和禁烟活动家而言各不相同。

吸烟、公民权与国家

这场将烟草从美国政治生活的中心驱逐至边缘的运动，凸显了20世纪两种政府理念的博弈：一种关注生产者的特权和经济权利，另一种关注这种生产者本位主义的广泛社会成本。[11] 在20世纪的大部分时间里，联邦政府积极参与并支持烟草经济：对士兵的卷烟配给推动了卷烟在战争时期的流行，过剩农产品出口补贴提高了农民的收入和全球卷烟消费量，而慷慨的价格补贴政策则稳定了美国东南部的农业经济，这些持续到2004年——已是卫生局局长卢瑟·特里宣布烟草致命数十年之后。

烟草生产和消费的政治经济植根于新政时期的供应管理愿景。罗斯福总统的新政引入了一个涉及面广泛的农业监管计划。[12] 烟草是监管最为严格的作物。[13] 为了满足精英种植者及其利益集团的需求，联邦政府实施了一项严格的供应控制计划，严格控制烟草种植区域。[14] 烟草计划比新政时期的其他农业计划持续时间更长——这一事实挑战了那些强调新政秩序在20世纪80年代保守派势力冲击下崩溃的政治历史框架。[15] 烟草计划的持久力很大程度上源于它的运作被广大公众所忽视，并且被长期任职的官员密切监视，而这些官员对烟草经济的领导权又横跨公共部门和私营部门。[16]

"结社主义"是学者们用来描述通过私人手段实现公共政策目标的术语。[17] 从20世纪20年代烟草生产商组织合作社的尝试到20世纪90年代烟草制造商对烟农的救助，烟草经济一直是由采用强制性手段并拥有决策权的利益集团主导的。第二次世界大战后美国烟草在全球的扩散就是一个很好的例子。面对战后烟草过剩和扩大烟草种植范围的前所未有的机遇，一群显赫的烟草种植者成功推动了北卡罗来纳州议会通过特别立法。该法案授权成立一个名为烟草协会的私人出口促进组织，其使命是在世界各地促进美国产烟草的消费。它还迫使烟草种植者自己征税来资助该组织，造成公有和私营之间的双重交织。在20世纪下半叶，烟草协会通过确保过剩的烟草库存在国外而非国内销售（以免加重纳税人的负担），来确保烟草计划的完整性。在这种情况下，烟草协会——以及为其提供资金的数十万种植者——帮助加速了与卷烟有关的疾病在全球的流行。[18] 像烟草协会这样的组织在卷烟史上的作用在很大程度上被结社型政府的"隐蔽"运作所覆盖——它的公众形象被私营机构投下的挥之不去的阴影所掩盖。[19]

20世纪60年代和70年代的公共利益运动持续攻击烟草业结社主义的根基。一些由妇女主导的草根活动家群体和华盛顿的一些律师群体共同推动非吸烟者成为具有法定权利的政治主体。对这些活动家而言，权利不仅是一种带有修辞色彩的强有力的工具，在20世纪60年代的权利革命之后，它更是承载着道德的分量。[20]对这些活动家来说，非吸烟者的权利不仅批评了公共场所无处不在的烟雾，也批评了赋予烟草业政治特权的那些烟雾缭绕的房间。政治学家艾拉·卡兹尼尔森所称的"南方牢笼"——围绕南方民主党人的种族主义、隔离主义特权而制定政策的那条轮廓线——本质上也是一个吸烟区。[21]对于非吸烟活动家来说，把烟草从政治高位上拉下来，是他们争取更广泛政治代表权的重要环节。

权利话语体系也与从20世纪60年代和70年代环保运动与消费者保护运动中涌现出来的公众利益批判思潮相吻合。公共利益改革者质疑政府是否有能力反映企业狭隘的经济利益之外的东西。他们试图民主化一个他们认为由企业主导的管理型国家，并坚持通过三种方式让公民有更多机会参与行政管理[22]：充当行政机构的监督者，提倡扩大司法诉讼资格的概念，并积极运用诉讼手段。[23]20世纪70年代出现了一些新的社会规制，促使了美国国家环境保护署、美国消费品安全委员会以及职业安全与健康管理局的创建，反映了社会群体对现代社会一些无形、潜在的风险的敏锐关注——这种防微杜渐的敏感性在环保运动中尤其常见。[24]

与上述运动一样，非吸烟者权利运动将人们的注意力引向现代美国生活的负面外部效应——污染、工业中毒、肺癌和心脏病——

和僵化的决策结构，这种结构使有组织的少数人获得特权，而牺牲了许多无组织的人。非吸烟者权利运动试图在更广泛的斗争中加入对非吸烟者权利的呼吁，以使政治进程更具包容性。因此，香烟的政治史凸显了个人政治和国家政治之间的联系。

此外，吸烟者与非吸烟者的相对权利首先是一个政治问题，而不是一个科学问题。早在有科学证据证明二手烟的危害之前十多年，人们就已经依据权利提出了限制吸烟的要求。但在20世纪70年代和80年代，科学在塑造政治格局方面发挥了关键作用。由美国国家环境保护署和职业安全与健康管理局推行的空气质量和工作场所安全标准让非吸烟者的要求变得合法。既然政府可以监管工厂污染的排放，为什么不能监管"人形烟囱"的污染物呢？既然职业安全与健康管理局已经对烟草烟雾中的一些危险化合物（包括一氧化碳、一氧化氮、苯和甲醛）设定了允许暴露限值，为什么非吸烟者还要承受陌生人喷出的烟雾带来的不必要风险呢？[25] 然而，直到20世纪80年代初，流行病学才开始明确指出卷烟对非吸烟者的危害。[26] 直到1986年，卢瑟·特里才用了整整一期《卫生总署关于吸烟与健康的报告》来论述"非自愿吸烟对健康的影响"[27]。此时，禁烟运动早已如火如荼。二手烟对身体造成伤害的证据虽然不是人们为非吸烟者权利而呼吁的源头，却为这一呼吁起到了促进的作用。[28]

非吸烟者权利的含义随着这种呼吁迁移到新的环境而改变。在工作场所，争取非吸烟者的权利演变成了减少企业的风险。在20世纪70年代末，估计有3/4的雇主允许员工在工作场所不受限制地吸烟。[29] 非吸烟者发现，向雇主强调禁烟措施对公司的实际好处比简单地说明自己的痛苦与不适更有说服力，因此他们选择从商业角度来主张在工作期间禁烟。他们认为，吸烟的人都是糟糕的员工：他们的旷工率比不吸烟的同事高；他们的生产效率较低，需要频繁地休息；他们的保险成本更高，还会污染设备，引发事故。为了清洁工作场所的空气，非吸烟者还提出了一个论点：低成本的员工就是好员工。

为了维护经济利益，以及希望在不吸烟的员工提起诉讼时减轻自己的责任，企业接受了这一论点。1987年进行的一项全国商业调查发现，54%的受访企业已经采用政策限制工作场所吸烟，其中85%的企业是在过去三年内才采取此类政策的。[30] 在向管理层呼吁的过程中，非吸烟者权利活动家与工会发生了冲突，而烟草行业将工会视为保护吸烟区和允许吸烟员工吸烟之战中的盟友。但是，对工作场所空气无烟的新期望，并不代表基于个人权利的自由主义愿景能够直接战胜由工会保护的集体愿景。[31] 涉及健康和环境的一些理念扩大了争议的范围，促使以前一盘散沙的选民让国家关注他们的利益诉求。[32]

非吸烟者权利活动家向企业和政府施压，要求他们考虑吸烟带来的巨大社会成本，并塑造了一种以廉价和效率为核心的公民形象：最好的工人、公民和纳税人是那些低成本、高生产效率的人。[33] 这种从人的角度进行评估的政治理念，与国家以市场为中心的评判标准相吻合。政府的绩效日益受到市场指标的影响，例如成本效益分析和平衡预算要求；其治理方式也呈现出市场化特征，如私有化、降低贸易壁垒、放松管制和经济状况调查。[34]

联邦烟草计划与这种个人和财政审慎的典范背道而驰。对许多人来说，烟草计划证明了政府干预私营市场的愚蠢。这是一种虚伪的浪费，是南方政府对国会的控制的贻害。由于担心该计划会在里根总统早期充满激情的预算削减过程中被彻底取消,来自烟草种植州的国会议员和烟草种植者同意在1982年对该计划进行改革。通过对政府储存的烟草征收库存税,该法案将烟草项目的财务责任从纳税人转移到了烟草生产者身上。根据新的法律,农民将不得不建立自己的保障体系,因为联邦政府打着"更加以市场为导向"的旗号降低了价格补贴。许多人负担不起,于是放弃了烟草生产。另一些人则拼命地抓住剩下的东西不放,他们无法想象如果没有这个曾经拯救过他们父母和祖父母的烟草计划,未来会是什么样子。

2004年,该计划终止。只有那些有足够资金或信贷来扩大经营和提高产量的种植者才继续种植烟草。[35] 这些规模更大、资本高度集中的农场现在严重依赖低收入的移民劳工——其工作和生活条件被一些人形容为肮脏不堪、如同奴隶。[36] 这些农场主似乎是完美的资本家:他们控制土地,投资精密的机器,监督工人们劳动,而工人们则住在种植者农场的活动房屋里。[37] 但是,这些现代种植者和新政前的前辈一样,要面对现代资本主义带来的种种风险。他们根据合同直接将烟草卖给卷烟制造商,由烟草公司制定合同条款。正如一名种植者哀叹的那样,与"价值数十亿美元的跨国公司一对一地"谈判是极为艰难的。[38]

在21世纪初,一种对称状况将吸烟者和烟农联系在一起。借用艾伦·金斯伯格在《嚎叫》中的话说,在"资本主义致幻的烟草迷雾"中,吸烟者独自站在街角,烟农独自站在烟草巨头的对面。[39] 他们的孤独处境代表着政治经济的转变,曾经以经济稳定和肆无忌惮的消费为导向的政治经济,如今已被效率至上和审慎经营的新范式取代。通过卷烟,我们看到了现代国家的运作机制与人类自身的生存际遇。

大烟草公司之外

历史学家、法学家和政治学家一直格外关注卷烟。[40]对吸烟行为的上升、持续和下降的研究始终聚焦于被称为大烟草公司的烟草制造商的目标和阴谋诡计。这种叙事有着电影的特性，包含贪婪的恶棍、秘密会议和烟雾弥漫的房间等所有要素。1953年12月，在纽约广场酒店的一间烟雾弥漫的房间里，几个主要的卷烟制造商"发起了正式的阴谋"，同意成立烟草工业研究委员会。从20世纪50年代中期到1998年"主和解协议"正式解散该组织，烟草工业研究委员会在"吸烟与健康研究"上花费了3亿多美元，试图在维持企业责任和关怀表象的同时对人们进行误导。[41]简而言之，这是一个长达数十年的阴谋，它试图公开否认他们私下承认的事实：卷烟是致命的，会让人上瘾。

历史学家已经在大众面前、在法庭上成功地展示了烟草行业是如何利用科学的不确定性来颠覆监管的。[42]1969年，布朗·威廉姆森烟草公司营销副总裁撰写了一份臭名昭著的备忘录，用奥威尔式的优雅文笔概括了该行业的欺诈性。在概述了反吸烟力量"积极""有序"和"加速"的势头后，该高管建议重新制定公司的销售战略。他写道："在考虑我们可以做些什么来改善卷烟的销售状况时，我把这个问题看得有点像新品牌的营销。怀疑便是我们的产品，因为怀疑是与存在于大众头脑中的'事实体系'相竞争的最佳手段。"[43]"怀疑"的最大优点在于，它让公众认为，一个本应无懈可击的科学事实——吸烟是美国可预防性死亡的首要原因——存在"争议"。烟草行业召集了科学家、医生、统计学家、社会科学家，甚至历史学家，发起了一场由专家主导的运动,以打破监管,让人们继续吸烟。[44]

但卷烟的历史并非始于大烟草公司,也不会以大烟草公司结束。我们只需让目光越过公司、律师和公共关系操弄者的背信弃义之事,就能看到烟草在多大程度上融入了美国政治经济体系,以及在多大程度上是由美国战后的经济霸权所推动的。政府官僚机构与农业利益组织携手合作,共同创造了卷烟世纪。[45]这种关系——以及整个烟草业的权力——与监管俘获或系统性腐败无关,而是建立结社型政府的结果。

正如摩尼教式的国家—企业二元假设奠定了大多数烟草历史的基础,人们也倾向于将消费问题与生产实践分离开来。政府的政策迫使烟草生产商参与到扩大卷烟需求的项目中来。种植者迅速承担起这个任务,并在冷战期间利用美国的影响力这把保护伞来促进烟草的消费。事实上,卷烟在20世纪中叶作为"民主消费伦理的最终象征"的地位,是建立在精心设计的官僚结构之上的。[46]通过卷烟的历史,我们可以看到生产者在消费者共和国继续行使的权力。[47]与此同时,放眼大烟草公司之外,我们可以看到社会运动之间(比如环保运动和非吸烟者权利运动)以及出人意料的盟友之间(比如工会和烟草制造商)的联系。[48]我们只需将卷烟嵌入政治、经济和法律变化的多重叙事中,就能更好地理解以商业为中心的历史叙事无法轻易解决的一个悖论:烟草行业的力量减弱,恰逢其他大型美国企业看到了它们的政治权力随着新右派的命运而增强之时。[49]

烟草迫使我们抛弃对20世纪的感情。任何人只要明白卷烟对身体的伤害,都不会希望生活在美国20世纪中叶烟雾缭绕的世界中。即使吸烟率大幅降低,每年死于烟草相关疾病的人数仍然远超谋杀、自杀、酗酒、汽车事故和艾滋病死亡人数的总和。[50]在那个世界里，雇主和政府竭力推崇自我量化，并将自我量化用作实现"健康"的技术手段，因此，要想正视那个世界的终结并且正视我们自身时代的起源，历史学家们就必须对无烟世界的积极意义与造就它的市场导向政治进行双重审视。无烟的世界是一个"我们不能不想要"的世界。[51]非吸烟者对自身权利的主张使得我们今天的世界不再像以前那样被烟雾笼罩，但这也是一个苛刻和污名化的世界。在这个世界里，某个吸烟者的死亡会引起这样的思考——有时甚至会引起人们直白地大声反问——"他还能有什么别的结果？"[52]

自20世纪70年代以来，吸烟者往往比非吸烟者受教育程度低，生活也更拮据。有研究表明，与不吸烟的人相比，他们失业的时间更长，找到工作的可能性更小，收入也更少。[53]当社会科学家们困惑于吸烟是贫穷和受教育程度低的原因还是结果时，美国人对此的判断却没有那么敏锐。在2016年的一项盖洛普调查中，40%的受访者——以及近50%的非吸烟者——表示，仅仅因为某人吸烟，他们对此人的看法就更加负面。[54]

这样的看法存在于一个更广泛的政治文化中，在这个文化中，善良的公民身份和市场成功之间的空间变得越来越窄，对人性的理解曾经"与背景、社会环境、制度和历史紧密相关，如今却让位于强调选择权、能动性、行为绩效和欲望的人性概念"。[55]这不仅对吸烟者来说是如此（他们不情愿地被流放到室外，偷偷地满足烟瘾），对烟农们也是如此（他们现在"自由"地出售自己所能出售的烟草，却无法控制价格）。[56]在清除了烟雾之后，个人通往成功和健康的道路已经清晰可见了，任何背道而驰的人只能自食其果。

第一章
美国工业化中的烟草

目的与理想……就是要那些买烟的混蛋为我的烟草买单?

——《夜骑手》,罗伯特·佩恩·沃伦

在20世纪初，烟农们既软弱又愤怒。[1]他们的汗水使詹姆斯·布坎南·杜克这样的人暴富起来，但是烟农们没有享受到烟草行业的暴利。罗伯特·佩恩·沃伦在他的小说《夜骑手》中以严肃的口吻表达了烟农们的不满情绪，以虚构的形式描述了20世纪头十年在田纳西州和肯塔基州烟草种植区爆发的暴力活动。在现实生活中，烟农们联合起来，发誓要停止出售他们的烟草，直到杜克的美国烟草公司提高烟叶的价格。烟农协会的一些成员在发现仅靠游说无法成功之后，开始在夜间骑马突袭——摧毁那些拒绝抵制美国烟草公司的烟农的烟草田，在夜间点燃装满烟草的仓库。

小说《夜骑手》的主人公是一个名为珀西·芒恩的理想主义律师，他发现自己身处无法控制的暴力之中。烟草公司的特权使烟农们各自为政、深陷贫困，本应拯救烟农的烟农协会变为暴力机器，法律对私刑的纵容也令人愤慨。珀西·芒恩对自己陷入暴力感到惊讶：他强奸了自己的妻子，谋杀了一个客户，差点杀了一个政治对手，还发起了一次对烟草仓库的突袭。这些举动与珀西·芒恩参与的烟农协会的很多活动相一致，而烟农协会这个抽象概念把成千上万身份不明的人联系在一起，"这些人本应各自为政，却因为自己的名字都写在同一张契约文书上而被联系在一起"[2]。

到20世纪20年代，农民为提高作物价格而采取的这种集体行动成了联邦制定农业政策的核心考虑因素。第一次世界大战使经济学家、政策制定者和改革家们能够设想在经济的各个领域建立更大规模的组织。1922年通过的《卡珀-沃尔斯泰德法案》使农业合作社免受《谢尔曼反托拉斯法》中的条款约束。它的目标是让农民能够利用组织的一些力量，而这种组织数十年来一直为大企业的利益服务，其次才是参加工会的工人。这也等于是在含蓄地承认农民相对于收购商、加工商、分销商、公司和消费者而言处于弱势地位。20世纪20年代，作为美国最大烟草生产地的北卡罗来纳州以合作社的名义进行的暴力活动的规模从未达到过沃伦描述的夜间骑马突袭的程度。然而，即使有法律的保护，有农业媒体、农业官员和地区商人的鼓励，烟草的合作营销还是失败了。农民要么抵挡不住短期的市场激励，背叛了合作社机制，将烟叶出售给了烟草公司，要么无法解决寡头垄断企业与小农之间在组织成本上的巨大差异。

在罗斯福总统的新政直接干预农业市场，并且为烟草设定最低价格和生产配额之前，农民一直未能加强自身反抗卷烟制造商的力量。但在他们试图组织起来的过程中，烟农和有同情心的政府官员开始阐述并实践一种以控制烟草产量为中心的生产主义政治经济，以此来对抗有组织资本的力量，并使得白人农场主的辛勤劳动增值。[3] 在20世纪前几十年，农民组织起来不仅仅意味着商品价格的上涨，还是民主自身力量的一个指标。从镀金时代①的商人到社会改革者再

---

① 马克·吐温第一部长篇小说《镀金时代》以夸张手法说明19世纪70年代的"黄金时代"原是败絮其中的"镀金时代"。此后历史学家常借用"镀金时代"称呼从南北战争结束到20世纪初的美国历史时期。——编者注

到烟农，无数的美国人发现，在思考烟草问题时，他们实际上是在思考社会财富和权力的分配，以及政府改变这种分配的义务与能力。或许他们也思考过个体在政治世界中的话语权具有何种分量，而这个政治世界的变化几乎与决定他们命运的经济变革一样迅速。

本章为了解烟草在公共生活中的兴起提供了一些背景。烟草在20世纪的故事被卷进了卷烟的历史，烟农的命运亦与此密不可分。尽管卷烟是典型的现代工业品——大批量生产，密集投放广告，由城市居民消费——但卷烟并非对所有美国人都有吸引力。禁酒改革者、优生学家、本土主义者和工业效率倡导者不断向卷烟这个"白色小奴隶贩"宣战。[4]在第一次世界大战之前，他们成功地促使许多州通过了限制购买、销售或制造卷烟的法令。第一次世界大战是烟草史上的一个重大转折点，因为卷烟被重新塑造为爱国主义的标志，而不是舶来品的象征。20世纪20年代，战后的经济繁荣加速了卷烟的普及。资本充裕的烟草公司在广告上投入巨资，到20年代末还十分卖力地诱惑女性。

20世纪20年代对卷烟业有利，却对农民不利。相比之下，让企业在这十年中发展壮大的政策和市场机制反而让农民越发弱势。但是，为了扩大他们在市场和政治领域的影响力，农民效仿了一种他们认为曾让劳动力和资本受益的策略：建立组织。[5]在弗吉尼亚和南北卡罗来纳州的烟草种植带的烟农们也尝试组织起来。三州烟草种植者合作协会是在20世纪20年代初的农业萧条时期成立的，其核心理念很简单：如果该组织能够垄断烟草，它就可以左右烟草公司的定价。不到5年，这个尝试就失败了。由于地理上过于分散，而且太穷，无法考虑那些不能立即带来现金的经济策略，烟农永远无法达到可以提高他们市场地位的组织水平。此外，在20世纪20年代，随着卷烟越来越受欢迎，而其他商品的价格不断下降，种植烟草的农民越来越多，使得三州烟草种植者合作协会更难实现对烟草收益的垄断控制。

然而，把成千上万分散的农民聚集到一起并形成共同的经济愿景的这一过程，为新政的农业经济改革铺平了道路，并为新政的结社主义体系奠定了基础——该体系将农民转变为了国家行政人员。20世纪20年代的政治话语充斥着对"农民自助"的美德的讨论，前提是农村政府与特定公民群体之间达成了初步共识。在烟草种植带，政府官员和烟农们对合作的道德价值和集体行动的经济重要性逐渐达成了共识。人们只有认识到农民的强大对手（卷烟制造商）的实力，才能理解合作协会成功的可能性有多小，以及政府直接干预以提高烟草价格的必要性。

"向詹姆斯·布坎南·杜克捐钱捐躯"

农民丧失权力最明显的根源（也是农民最频繁谩骂的对象），是烟草托拉斯——詹姆斯·布坎南·杜克庞大且强大的美国烟草公司，它控制着美国国内和全球绝大部分的烟草贸易。[6]在大众的记忆中，相较于约翰·戴维森·洛克菲勒的标准石油托拉斯和约翰·皮尔庞特·摩根的美国钢铁公司，乃至因厄普顿·辛克莱的小说《屠场》而出名的牛肉托拉斯，烟草托拉斯的历史地位常遭淡化。但从1890年成立到1911年解散期间，烟草托拉斯控制了美国75%到90%的卷烟销售。一位肯塔基州国会议员称，美国烟草公司的运作策略如此强硬，以至于"相比之下，任何罪犯都觉得自己是一个诚实的人"。[7]

根据最高法院的法令，美国烟草公司于1911年被解散，但它的后继公司继续以寡头垄断的形式运营。雷诺兹烟草公司、利吉特＆迈尔斯烟草公司和罗瑞拉德烟草公司以及拆分后的美国烟草公司，虽然表面上各立门户，却未形成竞争——尤其是在公司代表竞拍农民烟草的拍卖会上。用美国"进步时期"最著名的律师路易斯·布兰代斯的话来说，烟草业只是"一个被合法化了的非法托拉斯"。[8]正如任何一个烟瘾患者都会告诉你的那样——旧习难改。1941年，这些公司被判犯有价格操纵罪，违反了《谢尔曼反托拉斯法》。

美国烟草公司深深扎根于北卡罗来纳州皮埃蒙特地区的丘陵地带。南北战争之前，华盛顿·杜克的农场规模庞大，经营多样化，种植小麦、玉米、燕麦、红薯和少量烟草。杜克靠奴隶的劳动赚钱，但除了管家卡罗琳之外，其他奴隶都是从附近种植园的主人那里租来的苦力。然而，在1863年，华盛顿·杜克将他所有的作物换成了烟草。1865年春天，他在南方联盟军队中服役一年后，被北方军队俘虏并囚禁在里士满。

罗伯特·爱德华·李在阿波马托克斯投降后，华盛顿·杜克回到北卡罗来纳州的家中，思量着自己的前途。从新伯尔尼长途跋涉130英里① 回到家园后，他决定完全放弃农业。他曾在新伯尔尼被联邦军队短暂扣留。也许是因为奴隶解放后带来的劳力短缺"问题"，也许是华盛顿·杜克想象中的更光明的经济前景是在工厂里而不在农田里，不管他的确切动机是什么，他的时机选择是恰当的，因为

---

① 1英里=1.609千米。——编者注

当时的两项技术创新对华盛顿·杜克进入烟草行业至关重要。[9]首先，在1854年，北卡罗来纳州铁路公司铺设的轨道穿过人口不足100人的小村庄达勒姆。[10]其次，出现了加工烟草的烟熏干燥法。烟熏干燥法使得卷烟既流行又致命，因为它使卷烟更易吸入。[11]

烟熏干燥法的最终产物是一片亮黄色的烟叶——这是对成熟绿叶持续加热的结果。这种工艺流程与北卡罗来纳州的皮埃蒙特以及弗吉尼亚州密不可分，到19世纪晚期，只有这些地区才被认为具备适宜种植烟农们称为"亮叶"（或简称为"亮"）的品种的气候条件。美国人一开始是用烟斗或自己卷制卷烟的形式吸食亮叶烟草的。正是在出售这种"吸用烟草"的过程中，华盛顿·杜克第一次接触了烟草制造行业。华盛顿·杜克与他的女儿玛丽·伊丽莎白·杜克和两个儿子本杰明·牛顿·杜克、詹姆斯·布坎南·杜克（由于鼎力支持共和党，杜克家族甚至将"小伙子"的出生日期都晚填了一段时间）一起把他们的家园改造成了一个类似工厂的地方。这家人打着"公益服务"的旗号将烟草装在麻袋里出售。

1881年，杜克父子公司开始生产卷烟——将亮叶烟和白肋烟混合后装进纸张卷成的圆筒里。这是一个劳动密集型行业，与制造和销售嚼烟、烟斗烟丝或自卷烟丝相比，其盈利能力相形见绌。要在卷烟行业赚钱，就需要新的商业技术。詹姆斯·布坎南·杜克在19世纪80年代初接管了家族企业，为了控制地区烟草业，他没有进行创新，而是采取了强硬手段。

詹姆斯·布坎南·杜克年轻、有闯劲，而且有足够的财富用来尝试复制当时一些大亨的技术。他投资了机器，也出资制造消费欲望，而这正是现代卷烟的两大要素。当时，艾伦－金特公司是卷烟

图1.1 詹姆斯·布坎南·杜克第一家工厂示意图,达勒姆,北卡罗来纳州。(《罗利新闻与观察家报》,1896年4月5日,第15页)

的主要生产商,在里士满的工厂雇用了450名年轻妇女和女孩卷制卷烟。这让詹姆斯·布坎南·杜克仅有60名劳动力的工厂相形见绌。[12]但詹姆斯·布坎南·杜克从纽约市一家卷烟厂的劳工骚乱中看到了一个机会,足以给他的里士满竞争对手致命一击。[13] 由于公司降薪,古德温公司的烟草工人举行了罢工。詹姆斯·布坎南·杜克请人安排了一次与罢工工人领袖的会面。他为125名罢工者提供了在他的达勒姆工厂(见图1.1)工作的机会,承诺维持他们原来的工资并承担搬迁费用。

达勒姆的卷烟工几乎都是来自东欧的犹太移民,他们建立了自己的社区——意第绪街——一家药店的后面还耸立着一座犹太教堂。[14] 一些历史学家推测,杜克对劳工组织的反感源自这个东欧劳工群体频繁罢工的倾向。[15] "在雇用125名波兰犹太人到达勒姆的工厂之前,我们从来没有遇到过任何麻烦,"华盛顿·杜克回忆道,"他们给我们带来了无尽的麻烦。"[16] 总之，随着生意的发展，杜克将目光转向了当地的劳动力来源，打广告招聘"25个白人女孩制造卷烟"。[17] 童工肯定比意识形态上可疑的犹太卷烟工更易控制，但更容易受到摆布的是机器。和其他实业家一样，杜克幻想着一种从不抱怨或罢工的设备，即使初始投资需要更多的资金也在所不惜。

具有讽刺意味的是，最初为艾伦-金特公司研发的一种卷烟机，却让杜克得以与里士满的对手公司竞争。19世纪晚期，机器改变了美国人工作、休闲、消费的地点和方式，甚至改变了他们对自我的认知。举个例子，在农业领域，拖拉机和联合收割机极大地减少了对人力和畜力的需求，将"每个农场都变成了一个工厂"。大规模资本密集型农业最早在加利福尼亚发展起来。在19世纪中期，种植1英亩①小麦需要60小时的人力劳动；到了1900年，只需要3小时。[18] 尽管移民源源不断地涌入低薪岗位，使劳动力成本保持在较低水平，但劳动密集型行业的制造商仍在寻求利用机器动力。

1876年，艾伦-金特公司设立了高达76 000美元的奖金，奖励给任何能够设计出可靠卷烟机的人。这笔钱足以激励詹姆斯·邦萨克。[19] 时年十几岁的邦萨克是罗阿诺克纺织业巨头的儿子，他在很小的时候就观察到了纺织生产中所涉及的滚轴、机架、传送带和管道的运作。1881年，21岁的他申请了邦萨克卷烟机的专利（见图1.2）。艾伦-金特公司自然第一个安装了该装置，据估计，该装置的日产量相当于48个卷烟工的工作量。当时有传统观点认为，消费者会拒绝机器制造的卷烟，就像他们拒绝机器制造的雪茄一样。[20] 但是，烟草制造商并没有被吓到，他们想象着国会最近降低烟草税

---

① 1英亩=4046.86平方米。——编者注

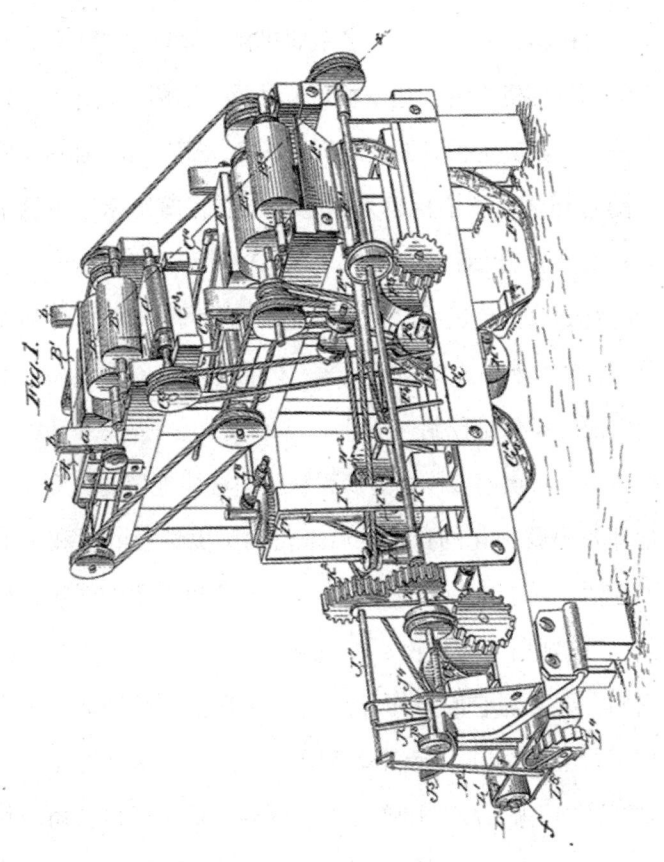

图1.2 詹姆斯·邦萨克的"卷烟机"专利,1881年。(美国专利商标局1881年3月8日第238 640号专利)

会打开一个新的市场。[21]

到1884年，美国有7台这样的机器在嗡嗡作响，欧洲也有7台，每台机器的购买者都付给詹姆斯·邦萨克专利费。詹姆斯·布坎南·杜克买了一台机器，并且雇了一名全职机械师修理机器的各种故障。第一台邦萨克卷烟机安装在达勒姆几个月后，烟草工人投票决定成立一个工会——这一决定很可能让詹姆斯·布坎南·杜克加深了对机器的信任。随着邦萨克卷烟机越来越稳定可靠，詹姆斯·布坎南·杜克的投资在几年内开始得到回报。[22] 到1887年，詹姆斯·布坎南·杜克生产的卷烟数量超过了世界上任何一家公司，相当于他所有竞争对手的总和。[23] 但他不想要任何竞争，因为竞争往往是浪费、低效和不必要的。他的设想是控制一切。

詹姆斯·布坎南·杜克的梦想因公司法律地位的改变而实现——尽管他那将自我神化的自述（后来得到历史学家的附和）把他的成功归因于他本质上的冷酷无情。[24] "攻击竞争对手的钱包，狠狠地打击它们，"詹姆斯·布坎南·杜克解释了他的理念，"然后，你要么收购它们，要么逼它们与你合作。"[25] 事实上，詹姆斯·布坎南·杜克在烟草行业成为霸主充满偶然因素。美国烟草公司在弗吉尼亚注册成立的计划失败后，于1890年在新泽西注册了股份公司。对他来说，这是一个令人高兴的意外，因为该州最近放宽了企业注册法，从根本上把企业自对垄断的监管中解放出来。1890年《谢尔曼反托拉斯法》通过后，该州成为寻求以"控股公司"形式筹集资金的企业的避难所。[26] 与此同时，法院开始重新设想企业的法律边界。1886年，最高法院根据宪法第十四修正案规定，公司享有法人地位，这给了美国烟草公司的律师一套新的论据来对抗反对者、捍卫托拉斯。[27]

美国烟草公司的第一步是收购5家主要的卷烟公司,从根本上瓦解了艾伦-金特公司,使其无法成为竞争对手。[28] 很快,烟草托拉斯掌控了90%的卷烟销售。[29] 美国烟草公司进一步吸收了250家独立公司,从而主导嚼烟、鼻烟和吸用烟草市场。[30] 到1910年,它的资产已经从1890年的2 500万美元增加到了3.5亿美元。按照另一种财富衡量标准,1890年每投资1 000美元,到1908年可产生36 000美元的利润。[31]

詹姆斯·布坎南·杜克并不是唯一一个热衷于"狠狠地打击它们"和"逼它们与你合作"的人。那是大合并运动的时代,在这一时期,高度资本化的公司试图通过垄断市场来应对经济动荡(工业的快速扩张、"毁灭性的竞争"和1893年的大萧条)。[32] 成千上万的中小企业消失后,出现了一些弗兰肯斯坦式企业:规模过大,拼凑在一起,让许多习惯以人性化尺度构想商业的美国人感到害怕。这些有时被想象和描述为怪物的大型合并公司——标准石油公司、美国钢铁公司、通用电气公司、杜邦公司——威胁着公众,榨取农民和工人的生命力,而农民和工人的血汗正是这些公司生存的根本。詹姆斯·布坎南·杜克进行了纵向和横向合并,他消除了供应链上的梯级,用公司采购员组成的"烟叶部门"绕过了独立烟叶经销商。从詹姆斯·布坎南·杜克的角度来看,去掉中间商还有一个额外的好处,那就是消除了农民在烟叶价格上的竞争。烟草托拉斯只需单方面地决定价格。

詹姆斯·布坎南·杜克还整合了分销渠道。负责四处拜访客户,从零售烟酒商那里接受特定品牌卷烟订单的旅行推销员被独立的城市分销中心体系替代。[33] 詹姆斯·布坎南·杜克收购了生产制造卷烟或嚼烟所需原料的公司——甘草膏企业、木箱企业、棉布袋企业、卷烟纸企业。他利用降价手段削弱嚼烟和鼻烟行业的竞争对手，迫使一些小的公司加入他的商业帝国。[34]

这个兼并过程并不局限于美国境内。1901年，詹姆斯·布坎南·杜克收购了英国卷烟制造商奥格登公司，并借此在英国烟草行业有了立足之地，在英国掀起了一场并购运动，最终创建了帝国烟草公司。美国烟草公司和帝国烟草公司均为垄断企业，它们签订了一项协议，承诺不在对方的国内市场竞争，并共同创建了一个联合实体——英美烟草集团，该集团将向世界其他地区销售烟草产品。[35]英美烟草集团的影响力在中国尤其强大。北卡罗来纳州和弗吉尼亚州的数百名白人，因出色的烟草加工技能而备受重视，被请到中国来复制美国式的种植、熏制、加工、卷烟制造和分销模式。[36]

作为早期跨国公司的一个范例，英美烟草集团利用美国资本，通过美国人的管理，建立了一个商业帝国。当然，从最终的分析来看，它在中国的运作借助的是中国的一些实体，这些实体不仅提供廉价的劳动力，而且是烟草最终的接受者。詹姆斯·布坎南·杜克对中国市场的设想与麦金莱政府通过贸易和商业促进美帝国发展的战略是同步的。[37]在改变公司性质的联邦法律和州法律的帮助下，詹姆斯·布坎南·杜克在不到十年的时间里就掌控了一台无可匹敌的机器，专司烟草收购、加工、分销和销售。

无可匹敌并不意味着不受挑战。美国烟草公司与《谢尔曼反托拉斯法》同一年问世。正如法律史学家莫顿·凯勒所言："滋生托拉斯的土地也是反托拉斯的土地。"[38] 19世纪90年代，法院对国会监管大企业规模和经营的权力持克制态度。随着1895年"E. C. 奈特公司案"的判决，最高法院几乎完全剥夺了联邦政府将制造业作为州际贸易来管理的能力。在对商业友好的麦金莱政府统治下,联邦政府似乎没有什么办法阻止作为大合并运动特征的横向和纵向一体化,直到麦金莱政府出人意料地换成罗斯福政府。

在世纪之交,西奥多·罗斯福担任总统的前景令商界感到担忧。在担任纽约州州长期间,罗斯福通过抨击大公司滥用权力,为自己作为改革家的声誉增光不少。麦金莱的盟友们在提名罗斯福为副总统时,自认为能将这个难以捉摸的纽约人边缘化。"我告诉威廉·麦金莱提名那个野蛮人是错误的,"麦金莱的竞选经理兼政治顾问马克·汉纳在麦金莱的葬礼专列上对一名记者回忆道,"瞧,那个该死的牛仔竟然是美国总统。"[39] 事实上,罗斯福对企业和政府关系的看法比单纯的对立要复杂得多。罗斯福对《谢尔曼反托拉斯法》持怀疑态度,他认为某些托拉斯的效率是可以被利用并造福于公众的——也就是说,有可能区分"坏的托拉斯"和"好的托拉斯"。[40] 他偏爱的商业监管手段不是小公司之间的竞争,而是联邦政府"持续的行政干预"。[41]

1904 年,最高法院对"北方证券公司案"作出了裁定,根据《谢尔曼反托拉斯法》解散了由摩根大通支持的一家铁路垄断公司,标志着联邦政府开始对大型托拉斯实施更严格的审查。第二年,美国企业管理局(美国联邦贸易委员会的前身)对美国烟草公司展开了调查。美国企业管理局的调查结果为 1908 年司法部对美国烟草公司提起的诉讼提供了实证依据。政府指控该托拉斯的成立"旨在扩大贸易限制和获取垄断",并寻求解散詹姆斯·布坎南·杜克的这个庞然大物。[42]

1911 年 5 月,就在对洛克菲勒的标准石油公司作出类似裁决的同一天,最高法院下令解散美国烟草公司。首席大法官爱德华·怀特代表多数人写道："该公司的兼并史充斥着法规严令禁止的种种行为。"法院列举了詹姆斯·布坎南·杜克"故意损害他人的"多项商业决策，下令解散合并公司，后继公司将在"摒弃现在构成它的元素的基础上"重新创建。[43]

法院对《谢尔曼反托拉斯法》规定的反托拉斯原则的间歇性执行并没有解决20世纪初政治经济学的核心矛盾。"美国政府诉美国烟草公司案"的裁决解散了詹姆斯·布坎南·杜克的托拉斯，却没有强迫后继公司在采购烟草方面进行竞争。美国烟草公司将在此后数十年中多次因价格串通而被调查。负债累累、各自为政的烟农们在把烟草拖到拍卖会上出售时，会面临九头蛇妖般的恶魔威胁。在美国东南部的每一个烟草市场，持续上演的"竞争哑剧"证明了财富和权力的不平等。

从"白色小奴隶贩"到士兵的朋友

尽管美国烟草公司及其后继公司主导了卷烟市场，但卷烟并没有主导美国人对烟草的需求。在19世纪与20世纪之交，卷烟只占整个烟草产品市场总量的2%。在前所未有的广告支出推动下，人们对卷烟的需求激增，因为美国人被奉劝"伸手去拿'好彩'而不是糖"，同时让药房老板和药剂师打出"随时帮您买到切斯特菲尔德牌卷烟"的贴心标语。即便如此，在1930年，卷烟仍只占烟草消费总量的40%。[44]

烟草公司的公关活动经常强调烟草在殖民地和革命时期的弗吉尼亚早就存在。但在世纪之交，卷烟显然是一种外来物。卷烟的生产基地在纽约，由移民——主要是犹太劳工——卷制生产。⁴⁵ 他们卷制的烟草大多是从土耳其进口的。几个世纪以来，土耳其的农民一直在种植一种深色、芳香的烟叶。骆驼牌——这个名字本身就能引起人们对东方的幻想——是第一个全国认可的包装卷烟品牌，由雷诺兹烟草公司于 1913 年推出。它用土耳其卷烟纸包裹土耳其烟叶和亮叶烟草的混合物。美国的卷烟消费量落后于其他国家，而在其他国家，卷烟是过一把尼古丁瘾的最便宜的方式。1912 年，英国每年人均消费 428 支卷烟，西班牙人均 238 支，俄罗斯人均 235 支，德国人均 172 支，日本人均 145 支。相比之下，美国每年人均只消费 138 支卷烟。⁴⁶ 尽管意大利的卷烟消费量落后于美国，但媒体不放过任何一个将意大利人澎湃的热情与卷烟联系起来的机会：一个"失恋的意大利人"抽着烟，用冒烟的烟头点燃了挂在脖子上的炸药殉情；在布鲁克林，两名意大利移民为了一包 5 美分的卷烟进行了一场殊死搏斗。⁴⁷ 考虑到这种全球消费模式，在美国那些不断发展的城市中，移民的卷烟消费量远高于他们的本土邻居，这不足为奇。⁴⁸

在世纪之交，大多数美国人不消费任何形式的烟草。⁴⁹ 那些消费烟草的人，更喜欢吃嚼烟、抽烟斗或者慢慢品尝雪茄，而不是抽卷烟。事实上，直到 1908 年，吸用烟草的销量才超过咀嚼烟草。⁵⁰ 部分原因在于活动家们的共同努力。在第一次世界大战之前的数十年中，道德改革家们不知疲倦地抨击卷烟。这些改革者体现了进步时代的折中主义。他们是福音派基督徒、效率传道者、科学和健康倡导者、妇女参政论者、本土主义者和优生学家的混合体。尽管与声势浩大的禁酒运动相比，反卷烟运动在很大程度上被遗忘了，但在世纪之交，反卷烟运动非常激烈。1890 年至 1930 年，15 个州颁布法律禁止销售、制造、使用或拥有卷烟。有22个州和地区考虑过这样的立法，而许多城市则制定了进一步的限制，有些甚至将妇女在公共场所吸烟定为非法。⁵¹

露西·佩奇·加斯顿——一位从基督教妇女禁酒联合会开启公共倡导事业的活动家——模仿反沙龙联盟的反酗酒策略，成立了反烟草联盟。到1901年，反烟草联盟在美国和加拿大都设立了分会，会员超过30万。加斯顿是个令人敬畏的女人，她坚决反对烟酒。虽然加斯顿很容易被人讽刺成一个伪善的训诫者和妇女参政论者，但她对卷烟的无情敌意仍保持着幽默感。加斯顿相貌粗犷，身高超过6英尺①。她曾说，她之所以能领导反烟草运动，是因为她的外貌酷似亚伯拉罕·林肯。既然林肯能解放奴隶，她就能把国家从卷烟的祸害中解放出来。⁵²《教育杂志》曾这样描述她："在她那个时代，她给男人制造的麻烦比任何其他女人都多。"这样的描述可能很符合她的心意。⁵³

像加斯顿这样的改革者把各种社会问题和道德问题归咎于卷烟。在一些人的眼里，卷烟导致了青少年犯罪。斯坦福大学首任校长、优生生物学家戴维·斯塔尔·乔丹警告说："吸烟的男孩不必为自己的未来担忧，因为他根本没有未来。"其他人则表达了更直接的担忧，担心卷烟会模糊性别界限。吸烟的男性被认为是娘娘腔，而吸烟的女性虽然人数相对较少，却受到了特别的鄙视和关注。⁵⁴用顺势疗法医师出身的麦片巨头约翰·哈维·凯洛格的话来说，她们在冒着"性腺过早退化"的风险。⁵⁵更糟糕的是，卷烟会令女性"去性别化"，剥夺她们在公共领域赖以立足的道德优越性——对像加斯顿和基督

---

① 1英尺＝0.3048米。——编者注

教妇女禁酒联合会主席弗朗西斯·威拉德这样的女性来说，这种优越性有助于证明她们争取选举权的正当性。

潜伏在这些对男性、女性和儿童体魄的担忧之下的，是对新移民威胁到整个国家优生计划的一种恐惧。著名拳击手约翰·沙利文说："只有荷兰人、意大利人、俄罗斯人、土耳其人和埃及人吸烟，他们根本就一无是处。"⁵⁶ 对于深受盎格鲁－撒克逊主义话语影响的道德改革者而言，相比于其他形式的烟草，卷烟对国家构成了双重威胁。卷烟是堕落的载体，而移民又加速了卷烟的传播。卷烟的消费者往往是城市里的外国移民（更不用说制造商）。1896年，仅纽约市的卷烟消费量就占了全国的25%。⁵⁷

一些商人声称卷烟会降低工人的效率，因此反对吸烟，并将戒烟作为一项录用条件。卷烟降低工人效率的论点后来在20世纪末的反烟草运动中再次出现。1914年至1916年，亨利·福特出版了著名的四卷本小册子，名为《反对白色小奴隶贩》。福特坚称，他拒绝雇用吸烟的人——托马斯·爱迪生和百货公司巨头约翰·沃纳梅克在这一点上与他不谋而合。"我们相信，不吸烟或不经常光顾酒吧的人，能制造出更好的汽车。"福特的小册子引用的凯迪拉克公司的一份证明书如此写道。⁵⁸ 通过强调大企业已经采取的"高效"和"科学"的反烟政策，福特将戒烟酒而非消费烟酒重新定义为现代性的标志。耶鲁大学经济学家欧文·费雪同样认为，吸烟是非理性的。他写道："烟草榨取我们的财富，给我们的回报却只有幻觉和痛苦。"⁵⁹

卷烟对社会秩序造成了威胁，削弱了国家的凝聚力，迟滞了工作节奏，浪费了家庭资源。它让各种意识形态的理论家将他们对一个正在变化的国家的恐惧投射到一个单一的具体物体上。对于排外主义者和本土主义者来说，卷烟的外来性是致命问题；对资本家来说，卷烟的问题在于它降低了工人的工作效率；对于禁酒改革家来说，卷烟使人们迷失，人们不再履行教会和家庭的义务。在第一次世界大战之前的几年里，当道德改革的浪潮达到顶峰时，卷烟的命运充满了变数。

而第一次世界大战改变了卷烟的历史。随着国家因战争而动员起来，道德改革的紧迫性减弱了。联邦政府扮演了烟草商人的领导角色，国会拨款购买卷烟作为士兵口粮，并补贴军人服务社的卷烟销售。负责监督工业品转为军用品的战争工业委员会更是认为烟草业是一个"关键产业"。这使得生产商能够优先获得运输网络、稀缺材料，以及同样重要的劳动力。[60]美国远征军司令约翰·约瑟夫·潘兴将军认为卷烟和食物一样是必不可少的——"烟草和子弹同样重

图1.3 1918年，一名美国红十字会工作人员向受伤的美国士兵分发卷烟。（美国红十字会照片收藏/国会图书馆/LC-A6196-6935）

要"。[61] 身强力壮的士兵们配发袋装烟丝和卷烟纸自制卷烟。批量生产的"现成"卷烟是留给那些被安置在医院和医疗后送到车上的伤病员的（见图1.3）。[62]

就像接种活病毒能够使人对致命感染产生免疫力一样，卷烟也可以让士兵免于沾染更严重的恶习——酗酒和嫖妓。[63] 几年前，基督教青年会还与加斯顿结盟反对卷烟，但在战争期间，它却成为卷烟最大的经销商之一。美国烟草公司抓住了这股热潮，将他们的产品与爱国主义挂钩，这也预示了第二次世界大战中标志性的广告宣传——"绿包装'好彩'烟已经上了前线"。美国烟草公司率先建立了"吸烟基金"。从林业协会到《纽约太阳报》再到宾夕法尼亚铁路公司等美国大后方的企业筹集资金，将卷烟送到海外的军队手中。[64] 正如卡桑德拉·泰特所指出的，战时卷烟价值的提升促使其在战后被普及。战争时期的歌曲，如《不要做逃兵，送一些烟丝》和《不要忘记烟》，将士兵吸烟与牺牲结合起来，把民众的支持描绘成一个后方的任务。"所以，孩子们，你们每抽一支烟，记得向法国的前线送一支。"[65] 当士兵们在海外吸烟时——人们因士兵们出生入死而原谅了他们的这个小恶习——他们也正在为所有染上烟瘾的美国人"守护世界"。

战后，卷烟在美国消费文化中占据了核心地位。卷烟的踪迹四处可见：在人们的手指间，在海报上，在杂志上，在好莱坞明星的嘴唇间。1915年，美国生产了大约180亿支卷烟；1920年，生产了470亿支；到1930年，这个数字接近1240亿支。[66] 令禁酒改革家惊愕的是，卷烟正在使其他烟草制品黯然失色。到1920年，卷烟占美国烟草消费总量的20%，而在1914年仅占7%。1927年，堪萨斯州成为最后一个废除卷烟销售禁令的州。[67]

在股市上涨和十年减税政策的推动下,烟草公司在卷烟广告上投入了数百万美元。[68]恢复市场竞争是法院下令解散烟草托拉斯的一项预期的结果。这种竞争主要发生在后继公司之间的广告领域——这或许并不是监管者期望看到的。美国烟草公司、雷诺兹烟草公司、利吉特&迈尔斯烟草公司和罗瑞拉德烟草公司没有在零售价格上进行竞争,也不在拍卖会上购买烟草时进行竞争,但它们确实接受了美国烟草公司总裁乔治·华盛顿·希尔所称的"质量"计划,即通过重复标语、图像或口号,在潜在吸烟者的大脑中巩固卷烟品牌与其特质的联系。[69]希尔于1925年被任命为美国烟草公司总裁,他最为人所铭记的或许是他在公司一些最具标志性的广告活动中的领导作用。他先后聘请了广告界的传奇人物阿尔伯特·拉斯克和爱德华·伯奈斯(西格蒙德·弗洛伊德的侄子)。在那个纤瘦的身材逐渐成为现代性和解放的象征的时代,从1928年开始,美国烟草公司便发起鼓励女性改抽"好彩",抛弃甜食的营销。那一年,美国烟草公司为这个最畅销的品牌做广告花费了700万美元,仅次于通用汽车为销售私家车这个象征着现代性和大规模生产的产品做广告的花费。[70]在资本的浸染下,现代广告业与卷烟一同发展壮大。

战前对女性烟民的指责并没有完全消失:阿梅莉亚·埃尔哈特失去了《麦考尔》杂志专栏作家的工作,原因是她在一则广告中声称"她飞越大西洋时,在'友谊'号飞机上携带的卷烟是'好彩'牌"。[71]在20世纪20年代,一些城市多次试图限制妇女在公共场所吸烟,但都遭到了抵制。简而言之,卷烟已经完成了驯化——通过"战时服役"完成了本土化。《1924移民法案》(又称《约翰逊-里德法案》)通过后，卷烟已不再被视为舶来品；在这个消费选择空前多样的时代，它们被不断地宣传为个人主义的工具。到20年代末，本土出生的美国人和外国出生的移民，无论生活在多元化的大城市里，还是在单一文化的小村庄中，都已经被一种全国性的消费文化统合在了一起，而这种文化将卷烟宣传为连接人类动机、情感、经验和存在状态的核心：兴奋与放松、性感与专注、雅致与简朴、健康与冒险、男性气概和女性气质——仅举几例。对于20世纪20年代的许多美国人来说，吸烟既是现代社会的病症，也是一种解药。

"只有低价"[72]

烟农同样深陷烟草带来的矛盾困境：尽管卷烟的需求量在增长，烟叶的价格却在下降。部分问题在于难以理解的拍卖系统——这种销售方式被历史记忆的面纱掩盖得如此模糊，让人很容易忘记它带来的种种挫败感。[73] 但是在20世纪20年代，拍卖会立竿见影地反映出烟农们拥有的权力是多么渺小，也反映出各大烟草公司的代表暗中串通到什么份上才能维持这种局面。

此外，卷烟本身也越来越受欢迎，驱使更多的农民尝试种植烟草，同时也使烟农更难组织起来。1911年至1925年，北卡罗来纳州的佃农比例增长速度仅次于得克萨斯州，1925年之后，该州的佃农比例位居全国第三，仅次于得克萨斯州和俄克拉荷马州。[74] 经历了战争时期卷烟的繁荣和象鼻虫泛滥造成的棉花种植衰落，烟农们在1920年种植了创纪录的烟草，又目睹了价格的暴跌。[75] 20世纪20年代烟草产量激增，尤其是在北卡罗来纳州的沿海平原，以及南卡罗来纳州、佐治亚州和佛罗里达州新出现的烟草种植带。从1919年到1929年，烟草产量从47 688.4万磅①上升到了75 001.2万磅。1919年每磅烟叶的价格为44美分，而到了1920年，每磅的价格跌到了18美分。[76]

卷烟需求量的上升和烟叶的拍卖方式加剧了烟草业对农民的控制力。烟草托拉斯的解散本来是为了恢复烟草公司之间在购买烟叶时的竞争，但是烟叶拍卖会仅仅是一种表面上的竞争——是竞标者们精心编排的虚假竞争的戏码。也许没有什么比烟草拍卖会能更好地形容资本主义市场的变幻莫测了：一个孤独的农民等待着一个阴谋集团对一年的家庭劳动价值进行判决。而摧毁拍卖市场制度正是合作社运动的首要目标。

在拍卖行的仓库里，一堆堆的烟叶摆放在地板上，烟农们各自看管自己的那堆烟叶。一群群衣冠楚楚的人——购买烟叶的人——挤在烟叶堆周围。一眨眼的工夫——有时真的只是眨一下眼——烟农的收成就被卖掉了。[77]赢得拍卖的制造商的名字被高声宣读，标志着交易的结束。后来，许多20世纪中叶的美国人出乎意料地熟悉了拍卖制度：美国烟草公司向电台听众介绍了美国最著名的拍卖师"快手"里格斯，"好彩"牌卷烟广告以他标志性的押韵唱词结束——"美国式成交！"。这些交易的特点是快如闪电，拍卖师和仓库所有者都从每笔交易中收取费用。在20世纪30年代，政府强制将拍卖速度降至每小时360堆，即每分钟6堆，或每堆烟叶拍卖10秒（图1.4）。[78]

紧跟在买家身后的是"闪电计算员"。他们快速计算了几秒钟后——每磅的价格乘以所卖出的磅数——计算单据就会传到仓库的记账处，在那里，过磅费、拍卖手续费和仓储费从烟农的总收入中

---

① 1磅=0.4536千克。——编者注

图1.4 1939年，北卡罗来纳州达勒姆，买家在拍卖会上检查成堆的烟叶。（农场安全管理局-战争信息照片收集办公室/国会图书馆/LC-USF33-030673-M5）

被扣除。[79]然后，烟农们冲到付款窗口，递交销售单据后，当场得到现金。根据20世纪初一位观察者的说法，"从销售到拿钱不超过10分钟是很常见的"。[80]与此同时，仓库的工作人员则帮助买家将购买的烟叶拖到卡车的平板上，运往制造商自己的加工厂。之后，这些散装烟草将经历复烤、去梗等工序，在仓库中经过数年醇化，直到最终在卷烟中重生。

然而，拍卖大厅的交易活动只有一小部分与竞争性竞价有关。仓库是一个由白人和财富主导的地方，烟草行业的权势人物在这里对其他人进行统治。从外表上看，西装革履、头戴礼帽的买家神情轻松自信，似乎一切尽在掌握中；相比之下，穿着廉价的"进城新衣"的农民略显笨拙，或者穿着暴露身份的工装。[81]黑人是多数拍卖场内交易背后真正的劳力。非裔美国人在仓库从事最卑微的工作——

在地板上摆放烟草或者把烟草拖到买主的卡车上。当黑人烟农出售烟叶时，他们获得的收益通常比白人烟农要少，有时还会成为拍卖场上欺诈和投机行为的受害者。[82]一些贫穷的烟农常常会向旁边比较富裕的烟农支付几美元，请他们帮自己把烟叶卖出去，并且认为这是明智的做法。买家常常会"抬高"一些有影响力的烟农的价格，因此佃农有时会请地主代他们出售烟叶——这进一步削弱了贫困农民对市场的影响力。[83]

尽管官方解散了烟草托拉斯，但拍卖场中竞拍时的竞争仍非常少。烟农们怀疑代表不同公司的买家事先约定好了不高于预定价格出价。一些表面上与任何大公司都没有关联的中间人似乎与那些闲庭信步的竞拍者格格不入，尽管他们购买了拍卖场地板上25%的烟叶，这些看似独立的买家的出现并没有给拍卖过程增添一丝一毫的竞争。他们经常按照制造商的指示操作，就像公司的买家一样。1920年美国联邦贸易委员会的一项调查指出，这些经销商经常为多家公司购买烟叶，这些公司"在竞争中有压价的倾向，而参与竞拍的公司越多，竞争就越小"[84]。该调查不动声色地得出结论："许多独立经销商和仓库所有者在声明中直言不讳……他们没有注意到……制造商和大经销商在购买烟叶时相互勾结。"然而，"还是有很多人表达了相反的观点"[85]。五年后，美国联邦贸易委员会又发现几家主要烟草公司主导了弗吉尼亚和卡罗来纳的拍卖市场。[86]尽管证据确凿，但在20世纪20年代，亲商的美国联邦贸易委员会始终拒绝追究烟草公司的垄断行为。[87]烟农们本可以向美国联邦贸易委员寻求帮助，美国联邦贸易委员却袖手旁观。它承认烟草公司存在串通的可能性，却没有向农民提供救济。

然而，正如一位农业经济学家在1931年指出的，正式的串通几乎没有必要。⁸⁸买家知道竞争对手的出价范围。由于烟草公司总是有至少两三年的库存,所以买家根本无需为满足即时需求而购买烟叶。他们的实际目的并不是改善自己的产品质量或者阻止竞争对手获取"最好的"烟草,他们只是想以尽可能便宜的价格满足他们对烟叶的需求。此外,卷烟制造商认识到了他们自己对烟叶价格的影响,于是便采取无侵略性的出价政策,以维持某些"游戏规则"。根据这些规则,所有的公司都可以买到烟叶,而不必真正参与竞价大战。⁸⁹正如这位经济学家所言,"在这种情况下,根本无须在确定出价上限方面进行实际意义上的串通——一个不'霸占市场'的君子协议似乎就足够了"。⁹⁰

当然,农民有权拒绝接受出价——通俗地说就是"翻牌拒价"。但是这样做的压力太大,以至于这种选择权沦为虚设。烟农面临的机会成本①会造成烟叶价格的下滑,因为他们很难对报价说不。不管烟农是否接受出价,他都需要支付拍卖费用和手续费;而且他已经出了运输费,也许还搭上了住宿费,因此他不愿意再付一次这些费用。此外,烟草易腐烂,烘烤后需要复烤。即便烟农们知道附近市场的价格很低,他们也无法简单地将烟叶留在家中。他们必须卖,而且要快。烟草公司操纵着这种不确定性。"大公司似乎有双重目的,"1920年,在罗利出版的《进步农民报》评论道,"它们通过在收获季初期只支付低价,希望……让(烟草)需求的很大一部分变得出奇便宜。"在迫使绝望的农民提前出售他们的收成之后,烟草买家"希望通过提价来鼓励烟农在1921年种植足够的烟草"。⁹¹烟农并不是不知道发生了

---

① 机会成本是指企业为从事某项经营活动而放弃另一项经营活动的机会,或利用一定资源获得某种收入时所放弃的另一种收入。另一项经营活动应取得的收益或另一种收入即正在从事的经营活动的机会成本。比如文中的机会成本指烟叶未经加工前不易存储,为避免腐烂,必须尽快出售。——编者注

什么,他们只是需要现金来偿还债务。烟草公司不仅可以控制当前的价格,还可以鼓励过度生产,从而在未来压低价格。烟农所能做的就是生产——过度生产,而这让他们的处境愈发恶劣,收入也锐减。

农业和工业:20 世纪 20 年代的冲突与合作

烟农知道拍卖系统不符合他们的利益。它之所以大行其道,只是因为他们需要即时的现金来偿还前一年的巨额债务。[92] 正如第一次世界大战期间的政府行动在战时和战后让卷烟起死回生一样,战争也强化了政府代表烟农的能力。第一次世界大战鼓舞了农村改革家,让他们去大胆设想更大程度的协调和农业规划——这种协调可以消除拍卖场上的非理性和混乱。这场战争使得大规模的经济组织似乎成为可能,同时也催生了一个由农业改革者、作家和经济学家组成的小圈子,他们极力主张让农产品销售更有秩序。[93]

战后的经济民族主义严重打击了农民。美国和英国在 20 世纪 20 年代采取的贸易保护主义政策使烟草种植者陷入困境,因为他们严重依赖出口。[94] 战后,海外美元枯竭,国外烟草市场也随之凋零。英国曾是美国烟农最重要的海外客户:英国人的吸烟率比美国人高,而且他们对美国的烤烟型卷烟有着特别的喜好。然而,两次世界大战之间的"帝国特惠制"政策对烟草业产生了显著影响,加拿大、印度和澳大利亚开始在亮叶烟的生产上与美国竞争,以满足英国的卷烟需求。与此同时,美国的贸易保护主义意味着美国农民不得不从商人那里购买更昂贵的制成品。烟农们诅咒贸易保护主义政策以损害农业为代价帮助制造商,他们的看法可谓一针见血。在 20 世纪

20年代，美国的经济政策不仅使农业出口市场吃紧，而且在全球市场上创造了新的竞争对手。

农业从战后的价格高位迅速陷入前所未有的危机。1919年末和1920年初畸高的价格促成了1920年的大丰收，这成为有史以来成本最高的一次生产。正当农民们几乎倾家荡产为市场带来大丰收之际，欧洲需求疲软，加上战后的商业衰退，终于引发了一场恐慌。1920年7月至12月，10种主要农作物的平均价格下降了57%；1921年5月，价格仅仅是前一年6月的1/3，而到了1921年11月，价格已经跌到了1913年的水平以下。[95]与城市居民和工薪阶层相比，农民的境况更糟，因为他们的购买力下降了40%，而农作物价格比其他成本和税收下降得更快。[96]报纸报道了由于劳动力和运输成本超过销售回报，农作物在田里腐烂的消息。[97]

政府最高层可以感受到工业与农业之间的对立。农业部部长亨利·阿加德·华莱士和商务部部长赫伯特·胡佛在如何最好地振兴疲软的农业经济这个问题上——无论是在公开场合还是在私底下——意见严重对立。华莱士的直接干涉主义愿景，最终体现在1927年的《麦克纳里－豪根法案》中，但该法案直到他去世后才产生影响。[98]与此相反，胡佛一心一意致力于发展商品合作社，避开联邦政府的直接干预，支持结社型国家的发展，这比华莱士在任期间提出的任何建议都更受农民的欢迎。

尽管这两个人都不愿意承认，但华莱士和胡佛有着许多共同点。这两个爱荷华人是行政扩张主义者，他们尽可能地维护、捍卫和扩大自己的官僚机构。华莱士希望他的农业部能发挥更积极的作用——以进行农业普查、提供有关肥料成分的科学信息或者制定线虫防治标准时的热忱与专业性来制定农业政策。[99]

成立于1922年的农业经济局进行了一项又一项研究，提出通过应用社会科学专业知识来解决农业危机。[100] 随着康奈尔大学和威斯康星大学开始培养更多的农业经济学和农村社会学博士，农业经济局就像是一个研究生奖学金颁发者，资助在这两个专业获得高等学位的人。这些社会科学家开创了市场预测与报告技术，向农民发布有关市场状况的报告，并对作物生产过程中的几乎每一步——从种子筛选到产品分销——进行了一系列研究。或许最重要的是，农业经济局是政策创新的源泉：1924年，该局的农业经济学家帮助制定了首版《麦克纳里-豪根法案》。

相比之下，胡佛所设想的美国农业部在制定农业政策方面的作用非常有限，更不用说参与对国家生产力的讨论了。在1920年致国会行政机构重组委员会负责人的一份备忘录中，胡佛解释了他对美国农业部有限的愿景："在农场上的生产已经完成、农作物运出农场之时，农业部的职能就应该结束，而商务部的职能应刚刚开始。"胡佛想让商务部负责农业营销工作，他认为美国农业部应该"告诉农民如何根据土壤、气候和其他耕种条件生产出最好的产品，而商务部应该告诉农民如何更好地处理这些产品"。[101] 农业应该提供强壮的肌肉，商业则应该提供大脑。

胡佛和华莱士的核心分歧在于：联邦政府是否应该对面临农作物价格即将暴跌的农民进行直接帮助。站在华莱士一边的是国会农业集团和美国农场局联盟。这些团体主要代表中西部种植谷物的农民，他们支持成立联邦出口公司，购买过剩的农产品并将其销往国外。依照《麦克纳里-豪根法案》的建议，政府将为国内农产品设定高价，而低出口价格将由国际市场决定。然而，胡佛反对这种价格操纵——尽管（或因为）他在战争期间主导价格操纵。他主张将商品合作社作为一种工具，使农民能够讨价还价，获得更好的价格，消除市场的低效。华莱士反对胡佛对商品合作社的热情，他嘲笑那些"过分热情的人，他们（把合作营销）当作解决折磨农民的所有疾病的灵丹妙药"。他坚持认为"政府与商品合作社的关系应该仅限于为合作社提供服务。它应该通过提供农民无法自己得到的信息来帮助农民销售作物，而不是替农民工作"。[102] 这位农业部部长将商品合作社视为对抗农业问题的一种工具，且并不是最有力的工具。[103]

美国南方的农民种植棉花和烟草，这两种作物有很大的出口市场。他们在国会的代表不是国会农业集团的成员，而当时的美国农业局联合会成员大多不是来自美国南方。南方人对可能限制外国市场的提议十分谨慎。[104] 在近十年的大部分时间里，南方的农场领袖们都支持胡佛关于农业组织的设想。通过合作来颠覆拍卖制度，这被视为一种潜在的权力来源，在提高价格的同时，也激发了地方民主活力。[105] 不幸的是，对于参与商品合作社的南方农民来说，抬高商品价格恰恰需要政府的直接干预，而这正是胡佛所憎恶的。

合作，或者"以毒攻毒"[106]

烟草种植带的组织化并非源于华盛顿，而是源于地方律师和农村领袖的推动。活跃的农业媒体、以赠地学院①为根据地的改革者、农

---

① 赠地学院是美国各州利用1862年和1890年《莫里尔法》赠予的土地建立的学院，主要讲授农业、工程、矿冶和森林等学科的知识。——编者注

业推广服务局，与"务实的""有商业头脑的""进步的"农民合作，共同完成组织任务。人们日积月累地对烟草托拉斯、仓库拥有者和投机者的反感加剧了要求合作的呼声。人们以前也尝试过组建烟草合作社，但都以失败告终——最引人注目的例子是在肯塔基州和田纳西州的"黑斑烟草战争"期间，农民武装组织对涉嫌绕过合作社、将作物卖给烟草托拉斯的种植者进行惩罚，放火将他们田地上的作物烧成灰烬。[107] 但在20世纪20年代之初，农场的领导人还是抱有希望的。

1922年，《卡珀-沃尔斯泰德法案》通过。这部"合作社大宪章"使农业合作社免受《克莱顿反托拉斯法》和《谢尔曼反托拉斯法》的约束。该法案的支持者认为，这一法律架构使农民得以像工会组织中的产业工人那样，通过集体力量对抗资本垄断。堪萨斯州参议员兼国会农业集团成员亚瑟·卡珀与沃尔斯泰德共同发起了这项法案，他们说这项法案旨在"给予农民与大公司同样的集体谈判权"[108]。即使被分解成小型实体，这些公司仍然拥有结构上的优势：它们用同一个声音说话，拥有能够进行长期规划的复杂官僚机构，在任何拍卖会上购买烟草时也并没有时间上的压力。与此同时，农民比资本更难以协调。他们必须通过合作社进行组织约束并获取书面承诺。与公司不同——虽然公司的性质和范围在不断变化，但其凝聚资本的可靠性毋庸置疑——商品合作社只能建立在生活在广袤地域、债务缠身的农民的协议书之上。正如罗伯特·佩恩·沃伦笔下的人物珀西·芒恩所观察到的那样，合作社运动最初只不过是把所有人的名字写在同一张纸上。

亚伦·萨皮罗没有记下名字，但他起草了文件。这位来自加利福尼亚州的律师是20世纪20年代合作营销的狂热鼓吹者。[109] 萨皮罗十分了解美国和欧洲的农业改革计划，在20世纪20年代走遍了整个美国，组织农产品种植者成立合作营销协会。[110]他的"加州计划"是基于"新奇士水果"公司的成功经验，那是一家种植者拥有的合作社，成功地提高了柑橘的价格。他的计划的基石是合作社对单一大宗商品的垄断性控制。通过控制产品，专业合作社可以向买家定价——而不是像通常那样反过来由买家主导价格。"铁腕合同"将使种植者受到合作社的约束。违约者——那些背着该组织将产品卖给中间商或加工商的人——将在法庭上受到追诉。农民只有集中自己的力量，才能抗衡资本的集中力量。用一位农业经济学家的话来说，这是"手持大棒的集体谈判"。[111]

在农场圈里，萨皮罗是一个评价两极分化的人物。许多人称赞"萨皮罗方法"是科学原则在农业组织中的应用——一种彻底的现代化和商业化的策略。另一些人则带着反犹主义的意味，批评萨皮罗是一个爱管闲事的局外人，他兜售一种一刀切的方法来解决当地的营销问题，而他自己对这些问题一无所知。[112]无论北卡罗来纳州的改革者对一个与他们截然不同的人抱有什么样的个人保留意见，这些意见都在迫切的现实需求中消失了。

1920年夏末，烟草市场开盘价格很低。六年前成立的新政府机构——"农业推广服务局"——在危机中看到了机遇。农业推广服务局隶属于美国农业部，其使命是通过赠地学院传播信息来组织农村生活。该机构的人员在位于罗利的北卡罗来纳州立大学组织了一次烟农会议，希望向愤怒的大众解释并说服他们相信"加州计划"的好处。[113]

南方最重要的农业出版物是罗利市的《进步农民报》，它对烟草合作社寄予厚望，认为合作社是推动该地区协调与现代化的动力。"南方的农民"可以向工会学习，因为这些工会最近"以一千种方式表现出……有效组织的力量"。对于农村改革家来说，有组织的农业和有组织的劳工并没有太大的区别。这两者都必须在组织中协调营销举措，而这些组织的宗旨"不是为了空谈而是为了实务。人们组织起来的真正目的是有组织的市场营销——为他们可以出售的东西进行'集体谈判'，而他们可以出售的东西就是劳动力"[114]。《进步农民报》代表集体经济进行了辩论，却从未质疑美国经济的基本方向应当为商业服务，组织化只是为了帮助农民成为更好的商人。[115]

《进步农民报》的编辑和出版人克拉伦斯·波是最不屈不挠的合作推动者。从1920年开始，他几乎每一期都用笔墨来宣传合作事业。[116] 波本人对合作营销的热情受到了他在欧洲考察经历的影响。他对丹麦的牛奶合作社印象特别深刻。[117] 作为一名知识分子，波对自己的世界大同主义以及对最新社会科学研究的熟悉程度感到自豪，这些研究是由北卡罗来纳州立大学和附近教堂山分校的农村社会学家和经济学家进行的。由民粹主义农民联盟的著名成员波、即将成为民主党参议员的乔西亚·贝利和北卡罗来纳州立大学的两位教授共同创办的《进步农民报》，体现了南方的进步主义：与生俱来的白人至上信仰，与对多样化经营或合作营销的支持一样，都源自对科学的笃信。

为了建立一个烟草合作社，波直接找到了关键人物。他请萨皮罗到北卡罗来纳州起草公司章程，后者热情地同意了。[118] 萨皮罗充分利用了他在该州的时间。他帮助建立了烟草合作社，为北卡罗来纳州的合作营销合法化法令的通过奠定了基础，使该组织摆脱了贸易起诉的约束。萨皮罗宣称："在美国，唯一可以而且有权力不受限制地组织起来的人是美国的农民。只有农民可以拥有完全无限制的垄断，并且仍然合理合法。"[119] 当国会在1922年通过《卡珀-沃尔斯泰德法案》时，烟农们已经组织起来，成立了公司。正如法律史学家维多利亚·萨克·韦斯特所写的，20世纪20年代的合作社立法"赋予了农民一种特权，这是任何其他企业家群体十多年来都无法获得的：对市场中集体行动合法性的认可"[120]。农民或许已经摆脱了反垄断的限制，农民合作社却不能要求其成员限制产量，而一定的产量正是他们对付烟草托拉斯价格垄断时所需的法宝。[121]

1922年，三州烟草种植者合作协会在罗利以非股份、非营利性公司的形式成立。很明显，要想成功，它需要做的是颠覆传统的拍卖制度。在支付了3美元的会员费（许多烟农仍然打了欠条）之后，烟农们将他们的作物送到合作社的仓库，在那里由组织中的官员称重和分级。烟农每交付一个等级的产品，就会得到一笔预付款，这笔钱是通过合作社的信贷提供的。在整个销售季节的剩余时间里，无论买家支付了多少钱，农民都将继续收到与烟草销量成比例的分成。[122]

三州烟草种植者合作协会的目标是摧毁可恶的拍卖制度。要做到这一点，需要劝说和威胁。地方领袖——政治家、教授、作家、商人——发动了一场持续不断的会员运动，营造出一种危机和机遇并存的氛围。北卡罗来纳州立大学农业经济学教授卡尔·C.泰勒将这场会员运动描述为一场"十字军东征"。他回忆说，在会员运动的"群众大会期间，所有商店和其他商业场所都关闭了"。这些群众大会还动用了所有的人力资源："农业推广官员、县里的办事员……教师、农业期刊出版人、办报人、律师、银行家和商人在整个北卡罗来纳州"都做过演讲。这些大会大多在"老种植地带"——弗吉尼亚州和北卡罗来纳州皮埃蒙特山区的城镇——举行，那里的农民大多是白人。

单靠塑造合作社的体面形象不足以使合作社取得成功。它需要控制——控制产量，也控制会员。这种"有序营销"意味着，在其他绝望的烟农（其实是合作社在市场上的竞争对手）等待拍卖的时候，合作社的烟农们不必接受拍卖行喧闹声中被压低的价格。[123] 正如萨皮罗所说，"合作营销的一个伟大目标就是废除个人倾销农产品的行为"，取而代之的是"农产品的系统化销售"。控制与秩序是萨皮罗的关键手段：控制收成，控制会员，并且控制"作物进入世界市场的时机与数量，让市场能够以公平的价格收购这些作物"。[124] 三州烟草种植者合作协会还接受了萨皮罗的"铁腕合同"，该合同将会员与合作社捆绑在一起五年。三州烟草种植者合作协会推行强有力的合同执行政策，对数百名违反合同的人提起了诉讼。该组织的报纸《三州烟草种植者》经常发表文章，为该协会在法庭上击败农民沾沾自喜。1922年的一篇新闻稿最具特色：

尽管追究违反合同的人花费了很长的时间，尽管法院行动缓慢，但是在我们协会处理完这些违反合同的人之后，其他人在违反合同前必将犹豫很长时间，因为他们面对的是我们80 000名忠诚的会员。这些会员早已对拍卖场上的匪帮忍无可忍，如今为每年争取公平交易和公平价格联合起来了。[125]

会员们被要求监督他们的地方协会，并将违反合同的人报告给协会的法务部门。会员们得知："你们可以帮助托收代理人找到他管辖范围内的每一个人，从而在信息收集工作中尽一份力。忠实会员可以提供有关所有违规者的详细信息。"[126] 虽然这种做法可能会破坏理想主义者所宣扬的睦邻友好的合作美德，但如果没有国家的力量作为后盾，合作社的好讼特性就毫无意义。北卡罗来纳州最高法院就萨皮罗起草的《市场营销法》的合宪性作出了全国范围内最宽泛的裁决。在1923年"三州烟草种植者合作协会诉琼斯案"的判决中，协会会员被认为有权积极追究违约责任人，因为会员理应承担合作社的"所有风险"：

> 他们并没有要求公共财政的援助。他们没有强迫任何人加入，也没有对自己的产品索要过高的价格。他们像其他人一样，在法令授权下联合起来，并且彼此签署了公平的协议。除非签署这些协议的人能够遵守他们的合同条款，否则这些协议形同一纸空文。[127]

尽管三州烟草种植者合作协会对不合作的会员发起的许多诉讼都在庭外和解，但该协会几乎赢得了所有的法律诉讼。[128] 这与夜骑手有着天壤之别，但合作社仍然力图让违反合同的人知道他们会受到惩罚。

农民合作社是各州立法创设的法人实体。[129] 但它们鼓励私营企业与政府建立密切关系，因此也符合胡佛的结社主义政治愿景。战争金融公司通过向农业机构提供贷款，转型为和平时期的金融机构。它贷款给三州烟草种植者合作协会3 000万美元，让该组织用于支付种植者在销售季节的第一笔销售前的预付款。[130] 根据美国农业部的记录，在1921—1923年协会活动最活跃的时期，战争金融公司给烟草合作社的贷款比给除棉花和牲畜组织以外的任何其他商品组织的贷款都多。三州烟草种植者合作协会还从花旗银行以及当地银行获得了信贷。[131] 至少在一段时间内，合作社似乎具备良好的信用资质。

合作社的官员特别重视争取当地商人的支持。三州烟草种植者合作协会官员推断，当地的商业应该对合作社运动表示同情，因为商业"很大程度上依赖生产者的成功，并且对此具有切身利益"[132]。当三州烟草种植者合作协会任命里士满的一位银行家为会长时，它的社会信誉似乎得到了保证。"美国每个真正的大人物都赞成合作营销，"《三州烟草种植者》解释说，"只有通过倒卖合约获利的中间商和从'拍卖系统'中牟利的人会反对它。任何不注册的种植者都是在帮助农民的敌人。告诉他们和你一起战斗，而不是对抗你。赶紧让他们报名吧，否则就太晚了。"[133]

但是，势力庞大的巨头、势单力薄的小农和中间商都在和这个组织斗争。尽管合作社模式有法律优势，三州烟草种植者合作协会从未真正实现对烟草作物的垄断控制。也许更糟糕的是，它的第一年是最好的一年，此后控制力逐年下降，直到1926年倒闭。表1.1反映了三州烟草种植者合作协会控制的北卡罗来纳州、南卡罗来纳州和弗吉尼亚州生产的烤烟百分比不断下降的情况。

表 1.1 三州烟草种植者合作协会控制的北卡罗来纳州、南卡罗来纳州和弗吉尼亚州生产的烤烟百分比

年 份	生产的烤烟百分比（%）
1922	35
1923	28
1924	23
1925	15

资料来源：约翰·汉纳，《烟草行业的农业合作》，刊于《法律与当代问题》第1卷，第3期（1934）：第317页。

萨皮罗的那一套在加利福尼亚州很有效，那里的进入壁垒很高，而且水果和坚果种植者的生产扩张只能通过大量的资本投资来实现。相反，人们只需承诺付出一部分的收成就能扩大烟草种植面积。由于分成制农民生产烟草几乎无需资本投入，其生产的大量烟草破坏了合作社对收成的垄断控制。事实上，在三州烟草种植者合作协会运作期间，佐治亚州的烟草种植面积迅速扩大，而这甚至并不是按照合作计划进行的。[134] 佐治亚州的农民像南方其他地区进入烟草领域的新手一样，纷纷转向种植烟草，因为种植棉花无法维持生计。对于任何商品而言，建立商品合作社的想法需要以稳定的农民数量为前提，即形成封闭的农业生产体系。但是，迅速扩大的商业种植让人根本无法控制收成。在美国东南部的大部分地区，地主和分成制农民都在同时种植棉花和烟草。因此，三州烟草种植者合作协会甚至无法知道自己是否控制了大部分的烟草生产。[135] 对供应的控制是难以实现的。

法律授权协会对未交付的质押作物提起赔偿诉讼，却无法强迫任何人从一开始就加入该协会。事实上，债权人经常会胁迫佃农不加入协会。债权人需要借贷者通过拍卖系统一次性偿还所有债务，而协会支付的小额分期预付款不足以让种植者偿还所有债务，即便这些债务是临时性的。负债的农民虽然发誓将作物交付给协会，却将受到债权人的起诉。地主本身就是该组织的成员，他们对佃户和债务人以庄稼做抵押的权利提出异议，认为自己有权获得全额偿付。一名商人兼地主描述了他对合作社提供的"蝇头小利"式预付款的不满。"请允许我劝告你们，如果付不出原来预付款的三到五倍，就什么都不要付，"这名身为协会会员的地主在信中向协会官员们写道，

"很多跟我做生意的人都欠我钱。他们需要钱，我也需要钱。"[136]那些负债的人已不受协会控制，他们早已被预留给债主。

根据萨皮罗的方法，三州烟草种植者合作协会对负债过多的佃农采取了强硬措施。佃农必须履行对合作社的义务，并"与债权人和地主作出必要的安排，以便能够履行协议"。如果债权人或佃农为偿还债务在拍卖会上出售已经抵押的烟草，将被视作"违反佃农合同"，并可能遭到起诉。[137]这实际上导致了佃农拒绝成为合作社的成员：他们极有可能在日后成为被追诉的对象。正如在1921年有人致三州烟草种植者合作协会会长的一封信中所写的那样："我们现在最大的问题似乎围绕着这六个字母——T-E-N-A-N-T（佃农）。"[138]不出所料，违约事件最多的地区正是佃农比例最高的地区，也就是北卡罗来纳州的沿海平原，那里佃农比例高，非洲裔美国人密集，生产的烟草也比该州其他任何地区都多。债务和佃农制度对合作构成了不可逾越的障碍。

合作社还面临着直接的破坏。仓库所有者有时本身就是债权人，而且时刻受到合作社的威胁，因此他们为终结合作社而战。拍卖公司的老板们偶尔会为绕开合作社的农民提供溢价收购，这使得违背合同更具吸引力。仓库所有者还通过指控三州烟草种植者合作协会官员的渎职行为来煽动猜疑和散布流言蜚语。批评者们几乎不放过任何攻击机会：嘲讽协会聘用"加州犹太人"律师、雇员薪资过高以及一些官员通过复烤会员的烟叶牟利。[139]对管理不善的指控起到了一些推动作用：该协会为其两名主管拥有并经营的烟叶复烤工厂支付了使用费。虽然烟叶复烤的费用可能符合标准，但这两名主管还是从这次冒险中获得了巨额利润。[140]到1925年，克拉伦斯·波这位种植合作社伟大的支持者,只能抽抽噎噎、半带歉意地唤起热情来鼓舞士气低落、越来越不忠诚的会员。"现在对我们来说最鼓舞人心的事情,"波写道,"是协会确实从错误中吸取了教训,尽管它确实犯了一些错误(谁能指望一个全新的组织不会犯这些错误呢)。"[141]

但再给这个组织一次机会又有什么意义呢?在许多情况下,卷烟制造商都拒绝从合作社购买烟叶。作为一种商品,烟叶与萨皮罗的示范性合作社的水果和坚果有着根本的不同。卷烟制造商储存了好几年的烟草,未定级的烟叶不计其数——而等级本身就含糊不清、难以确定。需要大量购入烟叶的大公司中,帝国烟草公司和美国烟草公司根本就不与协会交易。仅雷诺兹烟草公司与利吉特&迈尔斯烟草公司会偶尔采购合作社的烟叶。[142] 烟草市场的不透明性和不对称性意味着合作社没有办法迫使烟草公司与之讨价还价。

三州烟草种植者合作协会的消亡并不令人震惊。如果没有对烟叶收成实行垄断,或者控制绝大多数的市场份额,那么商品合作社就会产生一个典型的集体行动问题。只有在大多数烟农承诺只向合作社出售烟草的情况下,合作社才会发挥作用,从而赋予该组织向烟草公司定价的权力。但如果合作社成功地提高烟草价格,越来越多的农民就会违约,背着合作社在拍卖市场上出售自己的烟叶。烟草贸易内部的不对称——卖家分散,买家少且集中,种族歧视,以及地主和债权人控制佃户烟草的租佃制度——使得合作社的各种努力遭到破坏。制造商和中间商所结成的联盟也能破坏合作社的垄断愿望,他们只需向有影响力的烟农承诺高价,就能让这些烟农叛变或者让他们指示自己的租户违约。

三州烟草种植者合作协会在失败的同时,还是给亮叶烟种植者留下了一份遗产。在击败了合作社之后,大地主和大仓库所有者将政治重心转向了烟草带东部地区。他们的支持,对于即将出台的减少供应政策的成功至关重要。合作社的失败揭示了农业改革成功所需的条件:富裕的地主必须相信与政府结盟对他们有利。同样重要的是,在组织和管理合作社的过程中,合作推广服务处和合作社"地方机构"(宣扬合作方法的县一级俱乐部)的机构能力必然实现跃升。

随着卷烟在美国文化生活中的地位越来越重要,卷烟生产者的地位越来越边缘化。三州烟草种植者合作协会在1926年进入破产管理,而那一年也是美国烟草公司有史以来盈利最多的一年,甚至超过了"光辉的1925年"。[143] 同一年,联邦贸易委员会对烟草业破坏三州烟草种植者合作协会的行为进行了调查,结果演变为对合作社本身的指控。[144] 20世纪20年代的动荡告诉我们,卷烟的流行并不能保证农场的繁荣;州政府官员支持合作营销的开明善意也无法确保农场的繁荣。农民们需要的不是合作,而是强制力量。

第二章
烟草的新政

我们的大多数农民（包括佃农和自营农场主）都过着仅能糊口的生活，将农业作为一种产业来经营的各种问题几乎无法解决。

——塞缪尔·亨廷顿·霍布斯，1930年

在温斯顿-塞勒姆地区卖给烟农的新车和二手车的数量也有显著上升。一名低价汽车经销商报告说，卖给农民的新车达到了去年的150%，而二手车的销量增长到两倍。

——《华尔街日报》，1934年12月

富兰克林·德拉诺·罗斯福在宣誓就职后的第二天，就召开了国会特别会议，这是与美国所面临的罕见危机相称的罕见举措。银行倒闭、失业率飙升、大宗商品价格在南北战争后的最低水平上徘徊，在罗斯福看来，这已然构成国家紧急状态。这一切促使国会采取行动，在新政的头100天启动了一系列立法。这次特别会议的直接目的是通过银行法，这也是新政的第一项法律措施。但是，当议员们来到华盛顿时，罗斯福核心集团中的两个人抓住这个机会，为农民制定了一项新政。

亨利·阿加德·华莱士也许是新政拥护者中最理想化的一个。让他的同事们感到困惑的是，这位农业部部长（其父亲是哈丁和柯立芝两位总统任期内的农业部部长）还涉猎神智学和东方宗教。华莱士这位昔日爱荷华州的报纸编辑兼统计学家也是一位实用主义者，他在特别会议上看到了机会。华莱士和经济学家雷克斯福德·特格韦尔（他几乎参与了新政规划的各个环节）向罗斯福提出了农业立法的建议。[1]两天之内，来自50多个农业组织的代表来到了华盛顿，他们希望新政府最终能够采取足够有力的措施来解决农业生产过剩这一根本问题。

人们只有脱离正统经济学的概念才能理解这种"丰收悖论"，因为正统经济学认为市场会在漫长的过程中自我纠正。"当过量的棉花、小麦和猪肉涌入贸易渠道时,"农业部部长亨利·阿加德·华莱士解释道,"农民得到的收购价格会低到让他们根本买不起那些由工人制造的商品。"华莱士曾说,"我们需要的是'心灵上的专家顾问团',而不是'智囊团'",他从农业的混乱中看到了国家的病态。[2] 农民和劳动力购买力的枯竭导致了"工厂倒闭、员工失业"的恶性循环,加速了"失业、物价下跌、银行倒闭、企业破产、饥饿和痛苦"的恶性连锁反应。从根本上说,劳动力和农产品的过剩破坏了"国家的经济机器……就像人被迫吃太多食物就会急性消化不良一样"[3]。

过剩的烟草堵塞了商业的咽喉。尽管20世纪20年代出现了政治动荡,烤烟的价格却从未低于每磅20美分。即使在大萧条时期,混乱的合作社年代的烟价看起来甚至颇为昂贵。1931年的大规模生产过剩导致每磅烤烟的价格跌至8.4美分。[4] 在接下来的一年里,唯一使农民免遭更糟糕命运的是他们无力为大丰收提供资金①——这绝非经济健康发展的佐证。罗斯福上任时,烤烟种植者的收入不到3 500万美元,而4年前是9 300万美元。[5]

大萧条反映了合作社运动未能反映的东西:农业、金融和商业部门之间相互关联。三州烟草种植者合作协会之所以失败,是因为遭到富有的大农场主、仓库所有者和银行家的坚决反对。新政的烟草计划之所以能够成功,是因为这些群体依赖政府支持的烟草生产所提供的稳定性。合作社的经验表明,确保最大规模的种植者参与烟草计划是任何提价计划成功的关键。这些精英从一开始就被带入烟草计划的管理中。他们没有"占领"农业官僚机构,相反,他们帮助塑造了它。

---

① 这里指扩大规模生产所需的资金。——编者注

农业与经济复苏

《全国工业复兴法》和《农业调整法》是新政早期促进经济复苏的两大支柱。这两项法案都是在罗斯福总统"百日新政"期间通过的一系列立法的一部分，并都在罗斯福以压倒性优势连任总统之前被最高法院裁定违宪。《全国工业复兴法》和《农业调整法》在理念上如出一辙，均反映了一种信念，即"毁灭性竞争"是美国资本主义的一个根本弊病。争取消费者的过度竞争导致了毫无意义的价格战和掠夺性的商业行为。它使工人们在出售自己的劳动力时恶性竞争，使得他们的工资水平持续探底，因而陷入贫穷。它导致农民过度生产，压低农产品价格。对于新政经济复苏法案的起草者来说，农民和劳工、生产者和消费者所面临的困境是相互关联的，在匮乏与过剩并存的状态下构成了一个密不可分的整体。[6]

新政拥护者们希望能够通过经济规划来治愈华莱士所说的"经济消化不良"。《全国工业复兴法》设想企业、政府和劳工之间存在着合作关系，通过建立特定行业的"公平竞争准则"，可以解决恶性竞争行为。这些法规规定了各个行业工人的最高工时和最低工资，并允许工会进行集体谈判。商界将享受暂时免受反垄断法约束的待遇。尽管中小企业对实施该法带来的各种限制极为不满，但此类工业规划并非没有先例。《全国工业复兴法》借鉴第一次世界大战时期的战争工业委员会的先例。由《全国工业复兴法》创建的旨在监督工业政策的国家复兴管理局，其局长休·约翰逊曾在战争工业委员会工作，与该委员会主席伯纳德·巴鲁克有过密切合作。[7]对于新政的规划者而言,《全国工业复兴法》背后的经济理论是:它将通过提高工人的购买力来促进国家复苏,继而通过销售、贸易和生产的上升来促进工业的发展。[8]

国家复兴管理局一直被认为是美国最接近于在意大利和德国激

图2.1 国家复兴管理局的蓝鹰用利爪抓住工业的齿轮和电压。[约1933年,国家复兴管理局的蓝鹰图案;国家复兴管理局档案,1927—1937;档案号9(NWDNS-9-X);国家档案管理局]

发了民族主义试验的那种社团主义机构。[9]约翰逊公开崇拜墨索里尼，并对强权国家的象征体系十分痴迷。为了提高人们对该机构的热情，约翰逊用一系列非同寻常的民族主义狂欢活动（游行、车队巡礼、群众集会等）来庆祝该机构标志性的蓝鹰徽章的诞生（见图2.1）。[10] 1933年，约翰逊在圣路易斯的一次集会上咆哮道："愿上帝宽恕那些试图亵渎这只鹰的人。"[11]

历史学家们不知道如何判断天意，但不到两年后，一个由9名大法官组成的小组就猎杀了这只蓝鹰。在"谢克特家禽公司诉美国政府案"中，最高法院一致裁定《全国工业复兴法》违宪。[12]国家复兴管理局的法规在两方面与宪法相抵触：一是对州内商业活动的不当限制，二是国会将权力不恰当地授予行政部门。尽管罗斯福希望延续修改后的工业计划，但没有多少商人或劳工会因为这个被视为烦琐、反竞争和不公平的制度的消亡而感到痛苦。[13]

不过，新政在结社主义规划中的另一项试验却持续了更长一段时间，而且也更为成功。《农业调整法》比国家复兴管理局持续时间更长，也更受欢迎（见图2.2）。《农业调整法》在起草时依照了与《全国工业复兴法》相同的经济原则——实际上，它比后者先起草出来。工业复苏的某些措施（如反垄断豁免），自10年前《卡珀-沃尔斯泰德法案》通过以来一直适用于农业领域。雷克斯福德·特格韦尔参与了《农业调整法》和《全国工业复兴法》的起草。作为一位视野开阔的非正统经济学家，他曾到法国考察农业生产体系，也到苏联学习过其工业规划方面的经验。[14]特格韦尔一直主张通过政府、商业、农业和劳工之间的协作来设定工资和控制价格。[15] 20世纪20年代的农业萧条——以及合作社运动在20年代步履蹒跚、以失败而

图 2.2　农业调整管理局的自吹自擂，1934 年。[《农业调整：农业调整管理局关于〈农业调整法〉的报告，1933 年 5 月—1934 年 2 月》（华盛顿：美国政府印刷局，1934 年，第 264 页）]

告终的多次尝试——表明需要采取更强有力的措施来恢复工农业关系的平衡。

农业生产过剩的补救办法是以所谓的"自愿国内分配计划"的形式控制供应。"基本商品"（小麦、棉花、玉米、猪、大米、烟草和牛奶）的生产者将获得补贴，条件是他们降低生产规模。就像设定最低工资直接刺激了工人的购买力一样，补贴也直接刺激了签约农民的消费能力。尽管《农业调整法》在罗斯福执政初期就是国家规划的一部分，但它直到1933年5月才正式立法。该法案的近期目标是提高农产品价格和农民收入，更大的目标则是恢复工业和农业之间的"平衡"，这一概念在技术上被定义为"平价"。[16] 平价是一个统计公式，指一个农民从他的产品获得的收入与他为商品和服务支付的费用的比率。设计这一概念的明确目的是实现农业与工业的"平等"。由于1909—1914年对农民来说是特别好的年份——人们在20年代回顾那个时期时将其称作农业的黄金时代——因此，这个时期被选为确定平价比率的基准期。

唯一的例外是烟草。如果对这种作物采用相同的时间范围，烟草种植者将被锁定在比1932年更低的平价上。因此政府单独为烟草采用了1919—1929年为其基准期，这既让烟农们享受到那十年卷烟消费增长所带来的红利，也可继承合作社运动曾维持的短期高价优势。[17] 与采用第一次世界大战前5年为基准期相比，采用1919—1929年为基准期将烟农的基本价格水平提高了近60%。[18] 农民的平价目标通过向参与降低生产规模计划者发放直接补贴来实现。补贴的资金来自向第一批购买和加工包括烟草在内的指定商品的公司征收的"加工税"。

新政对工业和农业之间有机联系的理解，不仅体现在"平价"

这个概念上，也体现在华莱士和特格韦尔偏爱的隐喻上。美国农业调整管理局和国家复兴管理局的两位首任局长都有丰富的职业经历，在20世纪20年代都是美国平价理念最重要的倡导者。两人都曾在战争工业委员会任职，该机构由商人组成，在第一次世界大战期间负责监督工业生产和分销。[19] 乔治·皮克被华莱士任命为农业调整管理局的首任局长。国家复兴管理局的局长是休·约翰逊（曾接替皮克出任过位于伊利诺伊州的莫林犁具公司的总裁）。作为一家农用设备公司曾经的主管，皮克和约翰逊都非常关心农民是否有资金来购买犁和拖拉机。

在第一次世界大战之后的农业大萧条期间，这两人成为"公平交换价值"（等同于"平价"）概念的首要倡导者。1922年，在华莱士的父亲亨利·坎特韦尔召开的一次全国农业会议上，皮克和约翰逊公布了他们的计划。[20] 1922年会议后，两人出版了一本小册子——《农业平等》，号召人们行动起来。呼吁农民敦促代表他们的国会议员"支持立法行动"以支持平价原则。[21] "平价"的概念是《麦克纳里-豪根法案》的核心，该法案于1924—1928年颁布，并得到了农业局的鼎力支持。[22]《麦克纳里-豪根法案》是农业集团的"白鲸"：虽获国会通过，却两度遭到柯立芝总统否决。该法案设想通过政府高价购买过剩农产品，然后将过剩农产品倾销到世界市场，从而提高农产品价格。皮克和约翰逊任期不满一年便离开了农业调整管理局和国家复兴管理局，显然两人都不愿意向与他们意识形态不同的同事妥协。但是，在20世纪的剩余时间里，"平价"的概念将作为结社主义国家经济平衡概念的证明，持续指导美国农业部评估农业福利，量化农民在经济有机整体中的位置。[23]

在北卡罗来纳州的两个月

通过控制供应来实现平价是一项艰巨的任务,它需要将成千上万的政府官员部署到美国各地;需要得到数百万农民的同意,因为他们签署了合同,同意在政府承诺给予补贴的情况下削减产量。这是一个不小的成就:农业调整的概念与生产者的经济直觉背道而驰,而生产者以前从未体验过通过持续的集体行动提高价格的好处。农民们就像那些见证了前十年合作营销实验的烟农一样,已经习惯于最大限度地进行生产。

全国的农民都急切地向华盛顿寻求帮助。在罗斯福就职时,农业相对于工业下滑得更厉害,以至于"农产品换取工业产品的交换价值降到了战前平均水平的50%"[24]。对烟农来说,形势很严峻。在大萧条的头三年里,烟叶销售收入锐减,从1929年的2.86亿美元降至1932年的1.07亿美元。让农民更加愤怒的是,在同一时期,烟草制造商的利润在1932年增长到了1.46亿美元,与1929年1.34亿美元的利润相比,这是一个显著的增长。[25] 卷烟似乎对大萧条完全免疫,而烟草不是。

生产管控的推行经历了戏剧性的时刻:造势集会巡回进行、一些烟草拍卖行被迫关停。缓和烟农和烟草制造商的紧张关系需要农业官员和一些知名烟农合作——这是一种相互依赖的关系,使得特权精英能够控制基础广泛的民主。种植烟草的农民比种植小麦、玉米、棉花、猪或牛奶的农民要少。尽管如此,农业法仍然将烟草视为一种基本作物,与其说这体现了烟草对于整体经济的重要性,还不如说反映了南方国会议员在新政联盟中拥有的权力。但是，在制定与农民签订合同的方案之前，农业调整管理局的官员于1933年7月会见了各大烟草公司那些衣冠楚楚的代表，试图说服他们提高给予农民的价格。这些烟草公司没有作出承诺，只是含糊地表示，只要"随后几年不会出现生产过剩情况"，他们就可以在那一年"给烟农多付一点"。[26] 政府官员希望能百分之百地得到这些公司的让步，以激励农民签订合同。

生产管控至少在名义上是民主的。农民将在项目实施过程中发挥积极作用，因为项目的管理将由州和地方农民委员会负责。这种分散管理式的规划方案使得整合方案能够被当地的仓库所有者、农民律师和大地主等精英控制。将种植者和农业官僚机构联系在一起来施展影响力的做法并不新鲜，它建立在20世纪早期由农业推广服务局建立出来的各种关系之上。农业推广服务局成立于1914年，通过派遣到全国各地的县代理机构进行运作，将美国农业部和赠地学院的科学创新和管理技术直接带给农民。[27] 大多数情况下，与政府机构合作的农民足够富有，能够实施这些建议，也有足够的影响力向他们的邻居宣传最佳做法。农业推广服务局在田间留下了机构遗产，在许多县建立了农民组织。1919年，这些"农业局"联合成立美国农业局联合会，确保了联邦政策制定者与种植者之间有一条沟通渠道。[28]

在农业调整管理局的帮助下，这个由地方、州和国家决策者组成的网络不断壮大。正如农业经济学家米尔本·林肯·威尔逊解释的那样，"一个国家管理委员会将根据价格关系来决定"是否应该要求某一特定商品的生产者限制生产。有了这些信息，"由农业和商业领袖组成的配额委员会将有必要在各县之间分配各州的配额"。在地方的层面上,"县和……社区委员会最终将分配每一位种植者在特定时间段内的种植面积和产量的配额。农民可以自由地选择不参与,但那些没有参与的人将没有资格享受从制造商征收的加工税中获得的补贴资金"[29]。

即便调整计划看似已经落实,农民们还是焦躁不安。毕竟,这项法案是在签署成为法律的近两个月前被提交到众议院的,而烟农们要比其他作物种植者等待更长的时间才能看到救济。法案通过后不久,华莱士任命杰克·赫特森为烟草部门的主管。赫特森比任何人都更清晰地界定了新政在烟草领域的实施框架,为后续政策奠定了基础。就像他所代表的商品一样,赫特森也有在官方眼皮子底下瞒天过海的本领。这个肯塔基州人悄无声息地在农业官僚机构中穿梭,几乎没有以新政规划者或当时的农业政治规划者的角色在历史文献中出现过。[30] 但赫特森是一个有能力的行政官员,他与开明的阿尔杰·希斯和极其保守的南卡罗来纳州参议员詹姆斯·伯恩斯都相处得很好。在伦敦举行的一次国际糖业会议上,他甚至设法与当时的英国首相拉姆齐·麦克唐纳搞好了关系。从他早期的农场管理与推广服务生涯到他在农业经济局和新政官僚机构中的晋升,再到后来成为烟草出口促进协会的主席,赫特森代表了一种结社主义混合性,而这种混合性正是20世纪农业决策的特征。[31]

赫特森在农业经济局的任期突然中断,他被调往海外农业局,去了欧洲。原定他只在欧洲待一年,评估美国烟叶在欧洲的"短期市场前景",结果他却在欧洲一待就是三年,深入了解了欧洲烟草业的方方面面。赫特森是私营市场扩张的公共代理人,见证并促进了欧洲人的偏好从"东方（土耳其）型的卷烟向美国卷烟转变"。重要的是，他与欧洲各国农业和制造业的"烟草界人士"建立了联系。[32]当赫特森于1933年被任命为农业调整管理局烟草部门的行政主管时，他已经发现了在20世纪剩下的时间里成为烟草监管的核心的两个概念："限制供应"和"扩大市场"。

在烟草种植业制定《农业调整法》的规划阶段，赫特森邀请精英种植者参与。根据《农业调整法》，六类烟草品种实施分类管理。赫特森不得不思考优先关注哪一种。虽然从经济的角度来说，烤烟种植者最为重要，但赫特森认为他们"相对于其他种植者而言处境比较有利"。[33]必须在处理完白肋烟和雪茄烟叶种植者之后再考虑他们。但农业调整管理局并非对烤烟种植地区漠不关心。正如赫特森在1933年夏天告诉农民们的那样："不要指望我们坐在华盛顿制订一个计划，然后直接下达。"[34]这次邀请为地方领袖创造了双重契机，他们既可以借此煽动农民支持计划，又能掌控计划主导权。

这些精英迅速响应，在整个烟草种植带组织集会，为农业调整管理局的官员提供了大量的听众。在一次这样的会议上，当华盛顿的决策者们正在起草生产合同时，赫特森和农业调整管理局的生产主管切斯特·戴维斯为种植者们打开了一扇门，让他们聚集在该机构的周围，提出他们自己的要求。戴维斯告诉听众："我们认为，只要我们不在军队前面走得太远以致从背后被枪击，我们就会走得更安全。"[35]于是，农业调整管理局的官员在7月底私下会见了一些种植者。农业调整管理局希望农民中的"先锋队"在这场减产行动中冲锋在前，但同时也致力于确保这些"先锋队"不会脱离决策者和他们的后勤支持而过度冒进。

就像合作社运动那样，北卡罗来纳州农业推广服务局在农业调整管理局的努力中起到了带头作用。北卡罗来纳州农业部主任艾拉·肖布指挥着农业调整管理局的突击部队，推动他在县里的代理人暗地里与农民建立联系。[36]肖布是一名具有企业家精神的行政人员，他把新政视为拓展自己仕途的机会。[37]肖布指示他的代理人挑选一些种植者与农业调整管理局的官员会面——这既是对联邦官员施加压力的一种手段，也是对赫特森邀请他们制订计划的回应。

由最好的公民创建的组织

农民最初设计的计划与赫特森心中所想的并不相符。在听到政府对全国农民提供帮助之后，烤烟种植带的烟农提高了自己的期望。8月，当烟草种植带最南端市场开市时，烟农们都很失望：价格并没有变动，事实上，最高等级烟叶甚至降了些价。破灭的期望与政府提供援助的承诺形成了强烈反差。40个大农场主和商人——正是那些最激烈地反对三州烟草种植者合作协会的人——在罗利筹办了一次群众大会。8月31日，两千多名愤怒的烟农来到北卡罗来纳州的纪念礼堂，展示了烟草行业领袖们令人敬畏的组织力量。他们通过决议，敦促州长和农业调整管理局采取迅速而具体的行动。他们希望农业调整管理局能确保1933年作物得到平价收购，并立即开始减少1934年种植面积的签约活动。[38]

农民们希望州长采取更大胆的行动。他们敦促他"动用戒严权，关闭北卡罗来纳州的每一家烟草仓库，直到联邦政府采取措施提高烟草价格为止"[39]。州长约翰·克里斯托弗·布吕歇尔·艾林豪斯已经准备回应农民的要求——哪怕仅仅是因为他富有的朋友们整整一个月都在提出类似的要求。商人和地主莱昂内尔·韦尔在一封信中提请艾林豪斯关注"政府最近启动的各种价格补贴计划"。当然,"今年秋天烟草的合理价格值得我们优先关注"。韦尔建议安排一些"相关人士"与"华莱士部长和戴维斯先生"会面,确保"立即采取紧急行动"。[40] 州长宣布了一个"销售休市令"——与前一年3月罗斯福宣布的银行业休市颇为相似。南卡罗来纳州州长紧随其后,宣布休市,美国的烤烟销售全面停滞。[41] 在竞选州长的过程中,艾林豪斯曾一直被视为金融利益的工具。许多农民投票支持他的对手,一个极端民粹主义者。在关闭了烟草市场之后,艾林豪斯却成为北卡罗来纳州最受欢迎的人。[42]

北卡罗来纳州被派去与农业调整管理局商讨烤烟项目的代表团,原本只包括由农业推广服务局官员挑选的烟农和仓库所有者。可是,当北卡罗来纳州的参议员和众议员看到艾林豪斯变得如此受欢迎时,他们发现了一个乘势而上的机会,也参加了这些会议。9月初,烟草业的领袖在华盛顿开会,希望找到一个解决方案,既能让市场尽快重新开放,又能满足迫切希望烤烟价格上涨的种植者的需求。北卡罗来纳州格林维尔市的两个人——赫特森的助手康·拉尼尔和国会议员林赛·沃伦——主导了这些工作。他们为已经开始的销售季制订了一个临时计划:烟农们将签署一份临时合同,其细节将在烟农和农业调整管理局的计划制订者进一步协商后确定。一场让烟农们为烟草项目签约的运动将立即开始,烟草拍卖也将恢复。[43]

官员们现在正抓紧时间让农民与农业调整管理局签订合同。农业推广服务局主任艾拉·肖布亲自挑选种植者来协助他的组织开展这场运动,并且利用了农业结社主义时期遗留下来的成熟网络。华盛顿代表团的成员克劳德·霍尔被任命为北卡罗来纳州烟草种植者协会的会长,该协会的前身是早些时候由州政府任命的一个委员会。[44] 农业推广服务局的副主任担任秘书一职。这种公私融合是烟草部门管理的一大特点。与其说它是代议制的农民民主,还不如说它是一种行政寡头政治和经济民粹主义的融合。

烟草新政依靠个人和政府官员之间的相互协调来达到公共目的。研究新政组织和管理方面的学者们认为,农业部卓越的官僚行政体系帮助农业调整管理局在国家复兴管理局失败的地方取得了成功。[45] 毕竟,像在农业经济局受过训练的赫特森这样的管理者,还有像艾拉·肖布这种在农业推广服务局、四健会和北卡罗来纳州赠地学院工作过数十年的官员,对农业调整管理局在烟草领域的成功至关重要。尽管如此,强大的农业官僚体系也知道自己的局限性。它的结构,特别是高度分散管理的农业推广服务局,依赖与私营部门的合作。

在1933年那个疯狂的秋天,超负荷工作的农业推广服务局急需帮手来协助其完成签订合同事宜。务实的精英主义主导了北卡罗来纳州的新政。每个人都想提高烟草的价格。赫特森回忆早期的混乱时说,"你会从一个社区选出一个杰出的人",以顾问的身份来为农业调整管理局服务,"他可能是农学院的雇员,可能只是个农民,甚至可能是一名农民律师"。这个人究竟是在大学或者在农业推广服务局机构里担任"公共"职位,还是仅仅过着"私人"生活的农民,都不是决策者关注的重点,重要的是,"他在这个地区受人尊敬"。[46] 以这种方式制订计划创造了一个积极的反馈循环,因为精心挑选的地方领袖的影响力随着烟草计划的普及和当地社区对烟草计划的依赖而上升。烟草计划既不完全取决于农业调整管理局的自主意愿，也不完全取决于农民的意愿，而是通过私人和机构的参与使政府的权力获得合法性、得以行使和扩大。[47]

用康·拉尼尔的话来说，农业调整管理局对"最好的公民"的依赖在签订合同的地理位置上显而易见。在棉花毁耕运动中，每个人都要单独签订合同，而与此不同的是，烟农们需集中到指定的中心来签订减少作物的合同。商人和仓库所有者自愿提供场地和工作人员来协助人们签订合同。[48]东部沿海平原有许多仓库，那里的种植者以惊人的速度签约。在格林维尔，仅在第一个小时就有500多名农民签订了合同。皮埃蒙特的农民签约的速度较慢，他们对烟草计划的管理抱有矛盾情绪，而且这种情绪在20世纪30年代一直持续着。尽管如此，联邦承诺的援助仍具有压倒性的说服力。95%的烟草种植者，包括地主和佃户，都在两周内签订了合同。[49]

然而，有一个关键的参与者还没有同意烟草新政——卷烟制造商。[50]在"每天和同一群人开8~10小时"的会议中，赫特森和农业调整管理局的其他官员会见了那些"傲慢"的烟草高管。与此同时，在北卡罗来纳州，市场仍然关闭，烟农仍然没有得到报酬，因此艾林豪斯失去了耐心。这位州长亲自致电农业调整管理局高层官员以及总统本人，敦促他们尽快解决卷烟制造商的问题。艾林豪斯的电文措辞近乎疯狂，他告诉总统："如果您能知道我们烟草种植带的困境和立即补救的紧迫性，一定会迅速采取行动。"[51]罗斯福没有马上回复，艾林豪斯大为惊讶。一个多星期后罗斯福才回复他，并且要求艾林豪斯保持冷静，"各方利益冲突正在调和中"。[52]

总统还有大量的信息没有透露。谈判因涉及卷烟制造商的许可要求问题变得火药味十足，最终谈判破裂。由自由派律师杰尔姆·弗兰克领导的农业调整管理局消费者部门希望保留农业部部长的一项权力，允许其检查公司的财务状况并禁止卷烟价格上涨。弗兰克尤其警惕任何可能削弱华莱士与国家复兴管理局进行法规谈判时的权威的协议。[53]雷诺兹烟草公司的总裁萨缪尔·克莱·威廉姆斯代表卷烟制造商与农业调整管理局进行谈判，他解释说，公司永远不会同意任何剥夺其商业决策自主权的条款。[54]威廉姆斯和农业调整管理局的官员将他们的争议提交给白宫裁决。尽管华莱士和弗兰克承诺要签署许可协议，但罗斯福还是要求农业部部长不要剑拔弩张，以免惹恼威廉姆斯和皮克，因为他们与农业调整管理局内部改革者的关系已经处于紧张状态。[55]几周的艰苦谈判没有让威廉姆斯感到太过厌烦：不到一年之后，总统让他接替约翰逊担任国家复兴管理局局长。在20世纪30年代，烟草不是体制外的孤狼，烟草公司的赞同和参与被认为对新政经济规划试验的成功至关重要。

最终，卷烟制造商们签署了一份销售协议，并且从实质上主导了协议的条款。买家同意在1934年3月31日之前购买与前一年消耗量相同的烤烟。他们将支付每磅17美分的均价。农业调整管理局将放弃查账权，农业部部长不干涉卷烟价格。威廉姆斯后来承认，他的采购价格其实并不重要——只要其他竞争者支付同样的价格。事实上，价格监管给雷诺兹烟草公司这样的大公司带来了好处，因为规模较小的公司无法承受本已微薄的利润空间被进一步压缩。

不过，在1933年秋天，授予这些公司的自主权对农民来说并不重要。协议刚刚签署，烟草价格便开始飙升。1933年的平均价格是每磅15.3美分，而1932年是每磅11.6美分。到1933年底，烟农们的累计收入已达 8 560 万美元，是 1932 年的 2.5 倍多。这笔意外之财在当地经济中产生了反响。银行存款增加了一倍，纳税速度也加快了。[56]《华尔街日报》甚至把它的报道转向了烟草种植带（虽仅限于雷诺兹烟草公司总部所在的温斯顿－塞勒姆），并特别提到那里的二手车和新车销售火爆。[57] 1933 年 12 月，《进步农民报》的头版标题简明扼要地写道："烟农很高兴。"[58] 全国各地的其他农民也一样高兴。到 1933 年底，农场的现金收入平均增长了 30%。[59]

强制经济民主

当农民感到自己财源滚滚时，农业调整管理局、农业推广服务局和北卡罗来纳州烟草种植者协会的官员们着手制定这项永久合同的细则。签订合同的农民要将他们的"基本种植面积"——1931 年至 1933 年间种植烟草的平均面积——减少 30%。作为交换，他们每减少一英亩烟草种植将获得 17.50 美元的租金，还将获得烟草拍卖价格 12% 的额外收益。为了回应烟农团体的要求，北卡罗来纳州国会议员约翰·克尔提出了一项法案，对不签合同的农民征收重税。[60]《克尔－史密斯烟草控制法》对那些不签订生产合同和生产超过配额的烟农进行处罚。精英农场主对法案的惩罚性内容欢呼雀跃，他们从自己当初对合作社不忠诚的角度来看待对生产过剩的惩罚。正是在北卡罗来纳那些大地主破坏合作社的地区——北卡罗来纳东部的沿海平原——人们对《克尔－史密斯烟草控制法》的热情最高。对于大规模种植者来说，合作社法案与《克尔－史密斯烟草控制法》之间的区别很简单：前者对违规或"阳奉阴违"的行为束手无策，后者则可实施惩戒。[61]在烟草种植带各地的会议上，种植者都给他们的众议员发去了电报，用其中一个人的话来说，须"包围"这些参议员，要求对烟草生产加以管控。[62]

尽管许多农民明确支持这种强制措施，农业部长华莱士却持有保留意见——至少不那么乐于在表面上表明强制措施对于新政农业计划是多么重要。这位部长反对强制减少种植面积，理由是"无论农民愿意与否都强制他们必须减少种植面积，是一种不民主的做法"。[63]华莱士坚持认为任何减少种植面积的计划都应该是自愿的，于是他在法案中加入了公投条款，这至少为种植者和政府之间进行交流提供了渠道。[64]因此，当《克尔－史密斯烟草控制法》在1934年6月通过时，它规定必须有2/3的种植者赞成，该计划才能生效。要想使减少种植面积的计划变成一项政策，必须得到2/3的种植者的支持，这也让强制性减少种植面积转变为"农民民主"。要求计划必须得到农民赞成，这给限制种植面积和价格补贴赋予了道德正当性。农民不只是在得到补贴的情况下减少种植面积以换取更高的烟草价格，他们还主动要求减少种植面积，将自己的经济需求和困境转变为了一种接近管理责任的东西。这是他们的计划，尽管他们的管理权很难做到公平分享。

在回顾烟草计划的运作时，州农业推广服务局1935年的年度报告解释说："农民们已经坚信，严格控制产量是确保烟叶价格公平的唯一途径。"[65]尽管只有少数烟农拒绝签订烟草合同——当然这并不足以破坏烟草计划的成功——参与计划的烟农仍然抱怨。有一点看似自相矛盾，在农业调整管理局的这个最受欢迎的计划中，强制性管控始终未能彻底消除某些种植者对虚幻的威胁的担忧。正如农业推广服务局报告中所说，烟农"想要一个强有力的计划，一个让没有签合同的人不可能卖出一磅烟草的计划"[66]。每年一次的全民公决，日益逼近的违约威胁，驱使人们对该计划产生了戒备。通过采取防范措施，而且也因为继续这个项目需要不断进行各种宣传活动，精英种植者在联邦烟草管理中巩固了自己的利益和经济身份。

强制性的农业调整给烟农们带来了财富。在农业调整管理局运营的头三年里，种植烤烟的农民每年都能获得更多的净收入：1933—1934年为1.82亿美元；1934—1935年为2.29亿美元；1935—1936年为2.47亿美元。毫不奇怪，所有的烟农都很喜欢这个计划。在1935年夏天的烟草公投中，超过95%的人投票支持延续该计划。[67]烤烟种植者中的支持率更加引人注目，98%的种植者——在北卡罗来纳州，这个数字是近99%——在公投时投了赞成票："你是否赞成烟草生产调整计划结束后继续实施类似的计划？……"[68]这些数据表明，该计划广受欢迎，并非仅是精英利益的遮羞布。

由于小规模种植烟草仍然有利可图，对烟草的收成进行控制即使不能带来财富，也能给许多小规模生产者带来稳定。[69]那些耕种面积较小的人有能力偿还债务，还能多赚点钱。[70]一个黑人农民1932年种植5英亩烟草挣了11.30美元，1934年却挣了1 472美元——尽管他的种植面积有所减少。他解释说，他打算用这笔钱来支付家庭的医疗费，然后"在过完圣诞节后还能剩一点零钱"。[71]

尽管如此，小规模种植者也知道农业调整管理局所带来的繁荣不均衡。烟草计划的规定以牺牲小规模种植者为代价让大规模种植者获益。小农场主经常反对1933年紧急出台的合同中一刀切地减少种植面积的规定。正如一名县农业技术指导员在给州长艾林豪斯的信中所解释的那样，小农场主认为"当局不应该要求种植面积为4英亩的人减少种植面积，除非种植面积从15英亩减少到8～10英亩的人也减少至4英亩"[72]。克拉伦斯·波的《进步农民报》秉承皮埃蒙特那些白人小农场主建立自耕农民主的梦想，注意到了农业调整管理局的双面性。虽然波承认农业调整管理局"这个本该赢得所有农民朋友支持的杰出计划给南部农民带来了美好的结果"，但他认为农业调整管理局为那些"只有两三匹马、独门独户的农场"做得还不够。在新政的烟草政策中岌岌可危的莫过于"小人物生存的权利"。对于波而言，真正的农民民主必须在包括黑人的范围内重新分配权力，从"富裕的土地所有者手中削减更多的种植面积，因为对他们来说，务农是一种商业化的生意，而不是一种生活方式"[73]。几个月后，一位富有同情心的"小人物"写信给该报，直白地说道："农业调整管理局的计划，既没有咨询过小农场主的意见，也没有让他们有公平的发言权。"[74]

与许多新政倡议一样，充满种族主义色彩的精英主义也被纳入了该计划的结构中。农业技术指导员们挑选出一些种植者，让他们为县和社区委员会服务，以协助该计划的实施。这些委员会把地方精英变成了地方官员。他们最重要、最明显也最具争议的任务是，在农民向烟草部门提交种植面积测量数据后，验证"基本种植面积"的准确性。在政策实施的这个阶段，舞弊和偏袒是毫不掩饰的。华莱士委托布鲁金斯学会为每个商品项目撰写的一份报告得出结论称，许多烟农"故意夸大他们的种植面积和产量数据，为获得更多的经济利益而扩大自己的基数"[75]。负责核实这些数据的当地委员会成员经常替亲戚、朋友和邻居提交的伪造数据做担保。[76] 一旦分配了配额——根据基数按照固定百分比计算出来的种植面积——那些不满的农民也只能徒呼奈何。那些向农业技术推广员或者向国会议员抱怨的人又被转介给了他们认为一开始就抛弃了他们的委员会。

黑人农民在农业调整管理局的歧视中首当其冲。无论是分成农、佃农还是自耕农，与白人农民相比，黑人农民的种植面积削减率都要高出很多。黑人农民的种植面积本就少于白人农民，现在又眼睁睁地看着自己的种植面积减少了50%，从平均6英亩减少到了3英亩。白人拥有的烟草种植面积减少了30%，从平均8英亩减少到5.6英亩。在实践过程中，农业调整管理局下属的农民委员会的极端行政分权造成了极端的歧视。一个黑人农民抱怨说，他从当地委员会那里得到的配额只有2.3英亩，而他的白人邻居，以前从未种植过烟草，却得到了超过7英亩配额。[77] 这种不平等会在子孙后代中产生影响，因为配额经过资本化后变成了财产价值，使最初的歧视永久化。

国会议员和行政官员也意识到了减少种植面积对小农的挤压。《克尔－史密斯烟草控制法》试图通过允许各县获得额外的种植面积来改善这种不平等，并规定必须将一定比例的额外配额分给小规模种植者。问题在于租佃制度——至少官方是这么说的。烟草部门主管约翰·杰克·赫特森解释说，农业调整管理局之所以不愿对基本种植面积的计算进行任何广泛的改革，是因为任何帮助小农户的努力都意味着削减种植大户的配额。这只会导致他们彻底驱逐佃户——这正是在农业调整管理局棉花政策下发生的事情。赫特森解释说："你（这样做）真的会伤害最底层的人。"[78] 考虑到建立、核实、调整和补偿烟草配额的行政工作量之大，赫特森和其他官员不想让这个本已很复杂的过程变得更加复杂，不想诱发新一轮的投诉。

农业调整管理局造成了南方各地大量佃农和分成农大面积迁移。[79] 然而，对于烟草而言，人口从土地上流失的现象不如棉花生产那么明显。[80] 烟草合同规定，不能因为种植面积减少而赶走佃农，当然，对于地主而言，想出其他理由让佃农离开并不困难。农业推广服务局不愿意在租期纠纷中充当仲裁者，因为农业技术指导员都在超负荷工作，而且他们要依靠与地主阶级的友好关系来完成自己的工作。尽管如此，烟草农场的佃农数量在20世纪30年代只减少了10%，而阿肯色州三角洲地带的一项调查显示，超过30%的棉花佃农因为新政而迁移。[81] 北卡罗来纳州的烟草佃农数量虽然有所减少，但小烟农的数量实际上有所增加，几乎抵消了佃农数量减少所带来的损失。[82]

烟草的状况之所以比棉花好，不是因为受到了政府特别的社会关怀，而是因为这种作物的劳动力需求。棉花地主接受政府的支票，购买机器来替代佃农。在未来的几十年里，烟草种植中始终没有出现这种节省劳动的设备。直到机器可以取代骡子和家庭劳力时，它们才被采用。在此之前，烟农们在收获季节一直面临劳动力短缺的问题。[83] 这种独特的劳动密集型种植模式——包括刚刚开始复苏的区域经济——将因最高法院宣布《农业调整法》无效而受到质疑。

重新调整农业

1935年春，最高法院在"谢克特家禽公司诉美国政府案"（后简称"谢克特案"）中作出裁决，宣布《全国工业复兴法》无效，而该法案正是新政为工业制订的经济复苏计划的核心。尽管几乎没有人为《全国工业复兴法》的消亡而哀悼（甚至许多新政支持者也认为《全国工业复兴法》不灵活、不公平），但新政早期的许多监管措施因此岌岌可危。事实上，6个月后，在"美国政府诉巴特勒案"（后简称"巴特勒案"）中，法院裁定《全国工业复兴法》的"表亲"《农业调整法》违宪。这两项决定都给烟草种植地区带来了深远的影响。

"谢克特案"对另一项重要的烟草监管措施——1935年的《烟草检验法》——是否符合宪法提出了质疑。该法案试图通过规范烟草的检验和分级来控制混乱的拍卖场所。由于缺乏政府分级人员在每个烟草仓库进行检验和分级，该法案允许农业部部长指定一些市场，在那里为最大数量的烟农提供服务。在要求这些指定的市场进行检验之前，部长必须进行一次全民公投——农民们对这种做法越来越熟悉。所有在该市场销售烟草的烟农，不论种族或土地保有状态如何，都有资格参加。若至少有2/3的投票人支持这项服务，检验就会生效。即使烟农投票支持，都不会有人要求他在指定的市场销售烟草。

检验服务是提高烟草价格从而增加收入的一种方式。在没有分级服务的情况下，普通烟农由于自身的无知和在快速变化的拍卖市场上无足轻重而处于不利地位。尽管官方公布的烟草等级有60多种，但大多数烟农只知道五六种，这意味着他们不知道自己所出售的烟草的真正价值。买家很容易低估烟农待售烟草的价值，特别是在拍卖场的混乱场合中——人们大约每十秒钟就卖出一堆烟草。这种信息不对称助长了"烟草小投机商"活跃的投机交易——这些买家等着"看到一些可怜的家伙以一首歌、一支舞的价格卖出自己的烟草"。在以便宜的价格购买烟草后，这些小投机商会于当天晚些时候在同一间仓库的地板上转售。起草检验法案的弗吉尼亚州民主党人约翰·弗拉纳根谴责拍卖机制滋生了"寄生虫",这些"寄生虫"夺走了"辛劳13个月种植烟草的那些烟农"的合法财富。[84]《烟草检验法》将弥补农民的信息差,让他们知道自己在卖什么,以及同一等级的烟草在其他烟草市场上可以卖出什么价格。

该法案还寻求为农民创造公平的竞争环境。拍卖体系以牺牲小烟农为代价,让大烟农获得更大利益。这些被戏称为仓库"宠儿"的大烟农与一些特殊仓库保持着良好的关系,并且会因为他们将收获的烟叶存放在这些仓库中而换来更高的价格。这种偏袒表明,买家、仓库所有者、拍卖商和大烟农之间存在着广泛的勾结。贫穷的农民知道这种情况,却没有办法对抗。"当普通烟农……准备出售烟草时,价格会被压低,"弗拉纳根在众议院解释道,"他们遭受掠夺,以补贴'宠儿',维持平均价格水平。"[85]因为买家有权为特定等级的烟草支付特定的"平均"价格,所以他们可以自由地向自己偏爱的烟农出价,前提是他们给其他人的价格更低。事实证明,这个体系对仓库所有者有利,因为他们按销售量赚钱;对买家有利,因为他们吸收了"宠儿们"得到的溢价;而且,最明显的是对那些大烟农有利,他们得到的偏袒巩固了他们对某些仓库的忠诚。[86]

尽管在国会辩论中有人质疑该法案是否符合宪法,《烟草检验法》仍在1935年8月生效。对烟草业和金融业持友好态度的北卡罗来纳州众议员杰尔姆·贝亚德·克拉克是一名保守派人士,反对罗斯福的许多倡议。他援引"谢克特案"的阴霾来为自己反对该法案辩护。他说:"挑选鸡、宰杀鸡、买进再卖出,或者在鸡抵达纽约市后再运往其他地方……与在烟草还没有进入州际运输渠道之前去看看仓库地板上的一堆烟草之间没有什么区别。"[87]在"谢克特案"中，法院认为《全国工业复兴法》越过了商业条款赋予国会的权力；而且，无论如何，谢克特家禽公司的违规行为都发生在纽约州。如果州际贸易终止于谢克特屠宰场，那么对烟草仓库的监管权又何尝不是如此？这个问题在此后几年内仍没有得到解决。

最高法院在"巴特勒案"中的裁决引发了更紧迫的危机，让全国的农民陷入混乱。罗利市的《新闻与观察家报》社论的标题写道："重回绝望。"[88]在该裁决出笼一个月后，北卡罗来纳州国会议员哈罗德·库利在众议院发言时指出，广大民众对《农业调整法》的鼎力支持与少数法官宣布其无效之间存在巨大鸿沟。"最高法院以6票对3票否决了《农业调整法》，"库利哀叹道，"尽管农民以19∶1的投票结果支持《农业调整法》，但该法案已不复存在。"[89]这位国会议员对忧心忡忡的选民深表同情，并坦承许多国会议员都对最高法院极为蔑视。库利写道："你都不知道有多少人想至少给那六个老家伙一点颜色看看。"[90]

法院认为，用烟草加工税为农民支付土地租金并提供补贴，是将财富从一个部门转移到另一个部门的违宪行为，侵犯了"各州保留的权力"。此外，《农业调整法》是强制性的，"充其量"是"用联邦政府的资金收买人们服从联邦监管，而这种监管权本该属于各州"。[91]虽然国会是在其权力范围内为大众福利征税和重新分配财富，但最高法院并不认为烟草加工税是严格意义上的税收。正如欧文·罗伯茨大法官代表作出裁决的多数大法官所写的那样："'税'这个字从来没有从一个群体中攫取金钱以造福于另一个群体的含义。"[92]法院在"谢克特案"中的判决摧毁了《全国工业复兴法》

的监管方案，但与之不同的是，"巴特勒案"为管理农产品供给的其他方法敞开了一扇门。

尽管废除了烟草加工税，"巴特勒案"还是确认了国会有权实现立法目标，即"通过征税和支出权提高大众福利"。[93]要将1933年《农业调整法》中违宪的部分从可保留的部分中剥离出来，需要对该法案管理商品供应的方式进行一些调整。《耶鲁法律杂志》的编辑预测："在州际交易中进行的销售，无论是在跨州运输之前还是之后，似乎在最高法院迄今提出的所有定义中都构成了州际贸易"。[94]致力于撤换该法案的律师、农业官员和立法者将把重点放在对商品销售（而不是商品生产）的控制上，作为调整农业的基础。而且，将财富重新分配给农民的计划实施费用将由纳税人而不是加工商出。最终，由纳税人承担的费用并不多：从1933年至1941年，烟草计划的损失总共只有200多万美元。[95]

对烟农来说，控制仍然是农业计划的核心。1938年的《农业调整法》被设计成符合宪法的1933年法案的替代品，它赋予农业部部长通过设定市场配额来控制供应的权力，从而决定生产者可以销售多少。如果部长预期抑制价格会导致产品过剩，他可能会限制下一季的销售。1938年的法案包含了与《克尔－史密斯烟草控制法》相同的公投条款。配额限制必须得到2/3烟农的同意才能生效。销售量超过配额的农民将受到惩罚——处罚甚至比旧的烟草法还要严厉。的确，1938年的法案中关于烟草的条款对过量生产的烟草种植户的惩罚比对其他商品的生产者更为严厉。[96]

烟农们动员起来，进行严格的生产控制。他们成立了一个新的组织，将那些烟草种植大户的愿望转化为政府政策。在"巴特勒案"

判决后的政策真空期里，该州东部的烟草种植大户和商人意识到，"巴特勒案"留下的立法真空意味着国会议员在寻求起草一份替代性农业法案时，将格外关注选民意见。与此同时，美国农业局联合会从一开始就宣称对新政农业政策负有责任（新政经济学家对此说法持有异议）。[97] 尽管该组织随着农业调整管理局的影响力而发展壮大，但令人沮丧的是，美国农业局联合会在南方烟草市场几乎没有任何进展。烟农们对作物控制的渴望和美国农业局联合会对培养烟草种植者的渴望促成了1936年春天北卡罗来纳州农业局的成立。

正是那些在1933年组织关闭市场的个人和机构建立了北卡罗来纳州农业局。艾拉·肖布和农业推广服务局为建立北卡罗来纳州农业局提供了重要的帮助，不仅负责安排会议、鼓励入会，甚至代收会费。这种协作延续了农业局与农业推广服务局的共生传统。在其最早的形式中，农业局在制度上与农业推广服务局之间界限不明。[98] 特别是在中西部地区，县一级的农业推广人员同时也是农业局的人员，他们组织了农业集团的地方分会和州分会。研究农业局的一位历史学家将这种亲密关系描述为"一种非正式的互惠关系"。通过心照不宣的网络与知识，农业局给予了农业推广服务局的目标"政治支持"，而"农业推广服务局反过来又给予了农业局一切可能的帮助"。[99] 羽翼未丰的北卡罗来纳州农业局榨取了农业推广服务局的知名度和可信度，它的信笺上印着"为农业进步与农业推广服务局合作"的抬头。[100]

早期北卡罗来纳州农业局的阶级组成让我们能够一窥其以商业为导向的未来。北卡罗来纳州农业局的第一任局长是J. E.温斯洛，这位显赫的农场主来自该州烟草产量最大的皮特县。当地政府对温斯洛并不陌生，他曾在家乡担任过农业调整管理局委员，还是州烟草咨询委员会的成员。温斯洛是格林维尔的马、骡等牲畜的经销商，也是烟农。如今，皮特县还有一家以他的名字命名的时尚美食酒吧。[101] 克劳德·霍尔也是北卡罗来纳州农业局的创始理事之一。他曾被肖布选中到华盛顿帮助起草 1933 年的《农业调整法》。另外六位理事则是 1933 年格林维尔紧急会议的发起人，他们当时要求州长艾林豪斯关闭所有烟草市场。有一点很明显，北卡罗来纳州农业局在创始之初就是一个强大的组织，代表着东部沿海平原的商人、银行家、大农场主和仓库所有者的经济利益。[102] 第二版《农业调整法》采取的严格的作物管控措施印证了他们的愿景。事实上，金斯顿的《新闻自由报》特别指出，农民加入北卡罗来纳州农业局是因为该组织承诺推动严格控制烟草种植的游说。[103]

农业局和农业推广服务局与 1938 年立法的深度捆绑是有代价的。1938 年 12 月，烟农们必须进行另一项全民公投，决定 1939 年是否实施限制生产、销售的法令。这是自修改过的计划启动以来的第一次公民投票。敏锐观察烟草种植区动态的人已经看出，一些农民，尤其是皮埃蒙特地区的小烟农，对该计划的精英主义倾向感到愤怒。而农业推广服务局深度参与公投动员的事实，更是为反政府情绪提供了靶子。一位烟叶经销商——这个职业的人对控制烟草供应量恨之入骨——将农业推广服务局的行为描述为使用"希特勒式手段"来"把这个计划……硬塞进农民的喉咙"。[104]

这些不满的抱怨声变成了高声的咆哮——用《进步农民报》的话来说，是"小人物的反抗"。[105] 由于意识到行政管理上存在不平等，烟农们否决了对下一个销售季节进行种植面积控制的计划。只有56.8%的烤烟种植者投票支持这项计划，远远低于法律要求的67%。鉴于这次立法改革的力度过大，许多烟农不明白他们的配额是如何确定的，而旨在减轻农民不满的一些补救措施造成了更多的混乱。北卡罗来纳州一位负责配额计算的官员承认，政策的执行非常糟糕。他称1938年的计算方法表面上看是他最好的技术成就，但事实上"不知怎么搞的，算出的配额总是不太对劲"。[106]考虑到农业局与1938年修订法案之间的密切联系，许多农民对种植面积分配的公平性表示怀疑。据《进步农民报》称，反对限制销售的法令的"几乎全是小农场占多数的县"。[107]毕竟，如果富裕的农民满腔热情地支持这项计划，它怎么可能公平呢？小烟农不是该计划的发起人或管理者，但他们对投票箱有着巨大的影响力。农业民主——公投——揭开了精英合作主义网络的面纱。在这种刚性社会契约框架下，只有当行业领袖代表全行业作出的决策看似对每个人都有利（即使实际上利益并不是平均分配的）时，这种代行决策权的方式才能被接受。具有讽刺意味的是，就在最高法院确认1938年《农业调整法》符合宪法的同时，农民们却拒绝接受该法案的监管方案。

维护联邦烟草监管

在最高法院1939年的判决中，烟草占据了非常重要的地位，以至于人们怀疑，法官们或许已经能与烟农们一起移植烟苗，因为他们对烟草生产的各种细节已经了如指掌。在法院改变立场接受新政法规之后，"柯林诉华莱士案"（后简称"柯林案"）和"马尔福德诉史密斯案"均彰显了农业监管的三个特征：联邦将商品销售纳入州际贸易流通环节实施监管的合法性;联邦限制销售(这与"巴特勒案"中被宣告无效的生产监管不同)的法令的合宪性;国会授权农业部部长向个别农场分配销售配额(从而维护农民委员会管理产品供应控制的权力)的合宪性。

杰尔姆·贝亚德·克拉克援引"谢克特案"来反对《烟草检验法》的通过,预示着人们即将面对一次法律上的挑战。1936年末,D.T.柯林和牛津镇(北卡罗来纳州的一个小镇,位于该州中北部皮埃蒙特山区的"老种植带"中)一群仓库所有者从三个方面挑战《烟草检验法》的合宪性:与《全国工业复兴法》授权总统建立公平规范相似,农业部部长指定烟草市场是违宪的立法权让渡;该法案给予部长自行选择指定市场的权力,因而具有歧视性;在拍卖场出售烟草不属于州际贸易的一部分。[108]这些原告声称,由于他们的仓库被指定为检验地点,许多业务跑到了那些没有被派驻分级员的仓库。

正如国会在通过该法案之前的辩论所暗示的那样,《烟草检验法》造成了烟草供应链的某些部分相互对立,即烟农和仓库所有者。事实上,农业调整管理局烟草处的二号人物康·拉尼尔作为原告律师,也在国会做证反对该法案。拉尼尔是新政烟草管制的支持者,但他也与仓库所有者的利益密切相关,因为他在北卡罗来纳州格林维尔的"仓库屋檐下长大"。他在农业调整管理局任职期间,还担任了国家复兴管理局烟草仓库的监督官。[109]他为仓库所有者所做的辩护与其说是原则性地反对联邦商业监管,不如说是为他的阶级辩护。[110]

法院对拉尼尔的论点无动于衷,认为牛津镇仓库的烟草销售"主要属于跨州交易或对外贸易的范畴",因此理应受到联邦监管。的确,柯林的公司销售的烟草中，大约有15%被用于北卡罗来纳州的卷烟制造，但是，运往州内其他地方、其他州和国外加工厂的烟叶是"混杂在一起"的。首席大法官休斯代表多数派写道："每当州际交易和州内交易如此相关，以至于对其中一个交易的控制涉及对另一个交易的控制时，就应该是国会，而不是州，有权制定最终的、占主导地位的规则。"[111]至于仓库所有者声称《烟草检验法》因未覆盖所有的仓库而构成歧视，法院仅仅认为"在商业权力方面没有一刀切的做法"[112]。在人员短缺的情况下，国会试图通过向最繁忙的市场分配检验员来服务最多的农民。

判决书更加关注国会通过公投条款下放权力的问题。如果法院接受了"公投意味着违宪的权力让渡"的观点，那么无论是对烟草检验还是对更广泛意义上的农业监管计划，都将是严重的挑战，因为限制销售法令必须在公投中得到2/3的合法烟农支持才能被批准。但最高法院并没有将公投定义为"生产者从政府获取立法权"，而是将其定义为"国会……只是给自己的监管权加以限制"。[113]"柯林案"的裁决没有承认公投是州里的农业技术推广指导员与普通公民之间谈判的结果，而是认为公投是对国会的一种制约，而非对农民愿望的表达："这并不是一个烟农群体制定法律并将其强加给少数人的案例。"[114]因此，最高法院将农业特权领域的行政扩权包裹进"权力节制"的表述中。

虽然大多数烟草种植者对最高法院批准《烟草检验法》感到欣慰，但一些人对"新的"《农业调整法》的限制感到不满。[115]法院在对"柯林案"作出判决之后不久，又发布了对另一项联邦农业法规的确认。在"马尔福德诉史密斯案"中，佐治亚州和佛罗里达州的烤烟烟农因销售超过指定配额的烟草而受到处罚，他们起诉了政府。与"旧的"《农业调整法》不同，1938年的《农业调整法》没有限制烟草生产，而是"授权确定烟草的销售配额"。[116]从政府的角度来看，"马尔福德诉史密斯案"是对1938年法案是否符合宪法的一次极好的检验，因为几乎所有在佐治亚市场上购买的烟草都被送往州外或海外加工。"柯林案"的判决为该州政府主张"'巴特勒案'应作为评判限销法令的判例依据"提供了有利的背景。最高法院接受了这一观点，认为1938年的法案"仅仅是对州际贸易的监管，它触及并影响到烟草进入商业流通渠道的咽喉要道——销售仓库"[117]。

满腹牢骚的烟农对该法案提出了另一项指控，这一指控将成为整个20世纪余下时间里困扰商品计划的顽疾："设定农场配额的标准不断变化、含糊不清、定义不明，这相当于立法权的非法让渡。"[118]作为对这一指控的回应，政府的答辩状强调：农民委员会根据1938年法案建立的总体监管体系有权向单个农场分配配额。但是最高法院从来没有审查过这种极端的行政分权模式，即依靠私人主体来实施经济监管的公共政策。相反，它的裁决仅仅关注对农业部部长的授权问题，认为"国会已经详细说明了部长在制定调整方案时应考虑的因素"。鉴于存在"行政和司法审查"机制处理农民申诉，最高法院从而肯定了精英结社主义在实践层面的必要性；接下来几个月里发生的事情将正式确立这一原则。

战争中的烟农

尽管最高法院确认了烟草监管的合法性，但烟农们在1938年12月投票反对种植面积控制计划，因此1939年并没有实施该计划。受罗斯福新政之前主导烟草行业的利益驱动机制影响,烟农们在1939年大幅扩大了烟草产量。但战争的爆发很快便让控制产量的问题退居次要地位。烟农现在不得不担心他们将失去最重要的出口市场之一——英国。烟草行业的从业人员面临着《进步农民报》所称的"内忧外患":烟草太多,而买家太少。[119]

就像20年前一样,战争改变了烟草的命运轨迹。当英国在1939年9月初对德国宣战时,烟农面临重大风险,但影响尚不明显。为了保存外汇,英国政府拒绝向烟草进口商提供购买美国烤烟所需的许可证。在英国宣战后不到一周,帝国烟草公司宣布将撤出美国市场。这场危机比没有种植面积控制计划而导致的产量过剩更为严重。1934年至1938年,英国每年平均消费2亿磅烤烟烟草。第二大烤烟烟草消费国是加拿大,那里的工厂每年生产的卷烟只能消化2 700万磅烤烟。[120]英国消费了美国烤烟出口总量的2/3。由于英国买家购买的是更高等级的烤烟烟叶,烟叶在英国市场的销售收入占了美国烟农总收入的一半。[121]

在这个危急时刻,杰克·赫特森的海外经历对农民来说具有意想不到的价值。早在20世纪30年代初考察欧洲烟草市场时,赫特森就与帝国烟草公司的主管建立了友好关系,而帝国烟草公司正是英国最大的烟草采购商。帝国烟草公司的主管很清楚,帝国烟草公司的缺席会在美国烟草种植带引起恐慌,于是他联系了赫特森,提前告知了这一消息。这让农业调整管理局的主管有时间与罗利市的烟草业领袖会面,以制定出快速应对的方案。烟草生产州的州长们在1939年9月又一次关闭了市场,彻底停止了所有烟草销售。买家和拍卖商正在巡回拍卖的过程中,而这一关闭市场的举措直接中断了他们的交易活动。几天后，赫特森、财政部官员和烟草种植者协会的烟农代表最终敲定了救助计划的细节。根据该计划，商品信用公司这个政府融资实体获得了授权，从财政部借钱实施农业项目，并购买了英国持有的全部烟草份额。这样一来，不仅烟农们直接拿到了钱，而且英国买家以后仍然能够购买他们份额内的烟草。在那之前，这些烟草将由美国政府存储，并用纳税人的钱支付仓储费用，地点为租借物资管理局位于美国南方的一个仓库。[122]

对出口英国的烟草的紧急救助行动是结社主义监管最好的广告：通过公私合作的形式来缓解破产的威胁。正是由于精英种植者的迅速行动以及联邦政府的果断出手，在1939年12月举行的另一次公民投票中，人们明确支持实施种植面积控制计划。北卡罗来纳州东部的企业主、商人、银行家和商会与康·拉尼尔、农业局官员、农业推广服务局指导员、国会议员、州长，甚至克拉伦斯·波一起，敦促烟农们在种植面积控制问题上投赞成票。北卡罗来纳州东部一家银行在整版广告中明确发出了呼吁："你会拒绝接受救助吗？究竟是要面子还是要衬衫？为了挽回面子，你会不惜一切代价吗？你想要破烂的'胡佛车'还是要汽车？由你决定。"[123]烟农们作出了决定。在1939年否决实行种植面积控制计划不到一年之后，北卡罗来纳州90%以上的投票者同意实施该计划。他们此后再也没有投过反对票。

北卡罗来纳州农业局借助危机确保农民没多少机会反对控制种植面积。也就是说，为了提高种植面积控制的效率，北卡罗来纳州农业局需要降低投票过程中的民主程度。J. E. 温斯洛建议农民每5年或10年就种植面积控制进行一次投票；克劳德·霍尔提出了一种折中方案，建议以3年到5年为一个公投周期。赫特森也同意：从管理的角度来看，为期3年的控制计划更容易实施，也有助于稳定物价。在烟草种植州国会代表团的支持下，这项为期3年的种植面积控制计划将在7月份进行种植者公投。尽管农业保护者协会和其他小农权益团体反对，还是有86%的种植者投票通过了为期3年的控制计划。在否决实行种植面积控制计划后不到一年半，烟农们欣然接受了该计划的长期延续。尽管它是在紧急情况下的无奈之举，但烟农们已经对种植面积控制计划低头，并且愿意放弃对政策管理的民主监督，这些都推动了烟草种植区精英统治模式的合法化。

战争还重构了烟草供应链内部的关系。作为英国救助计划的一部分，政府对烟草市场的直接干预缓和了烟农与卷烟制造商之间的激烈对立。卷烟作为战时援助的象征也给烟草业贴上了爱国的标签。在战争中，卷烟不仅是士兵的朋友，也是他们的权利：卷烟被当作C级口粮提供给士兵，还得到烟草制造商的免费补给。战争赋予了卷烟一种特殊的爱国主义色彩——这也是卷烟公司在广告中大肆宣扬的。"好彩"牌香烟将其包装从深绿色变为白色，这种商业化的运作名噪一时。"绿包装'好彩'烟已经上了前线！"电台播音员这样说，并将这一品牌与前线将士的勇敢和后方民众的奉献联系起来。

这巧妙地创造了一个品牌神话。事实上，美国烟草公司早有计划并支付了重新设计包装的费用，以此来振兴一个萎靡不振的品牌。[124]但是，与其说是爱国热情软化了烟农对烟草公司的态度，还不如说是烟草的高价格这一简单事实改变了农民对烟草公司的看法。1940年至1946年，每磅烟草的价格年年达到新高，这主要是由于国内军队的巨大需求。[125]在1941年到1944年之间，种植烤烟的农民生产的烟草持续低于烟草行业的需求。[126]卷烟制造商被迫动用储备库存，并为烟叶支付溢价。即便是在物价管理局强行规定了最高价格之后，烟草的价格仍然在上涨，配额制依然有效。[127] 烟农们终于可以像卷烟制造商们一样趾高气扬，宛如一个卡特尔①。

第一个新政期的结束并不意味着卡特尔化的结束，至少在烟草领域没有。1938年的烟草公投是为了强化华莱士理想化的"农民民主"中的"民主"，但是从精英手中夺取烟草计划控制权的努力均以失败告终，而农民们反而为此感到高兴。在放弃自主权并承受其后果的过程中，烟草种植地区比以往任何时候都更加等级分明地融入了战时经济体系。这一新的组织架构降低了再次挫败种植面积控制计划的可能性。到战争结束时，由农民政治家组成的精英阶层已经开始为卷烟丰收构想一个全球市场。

---

① 卡特尔是由一系列生产类似产品的独立企业所构成的组织，集体行动的生产者，目的是提高该类产品价格和控制其产量，是垄断组织形式之一。——编者注

第三章
培养烟农

我相信，知情的农民能够成功地反对国家、州和地方的各级惩罚性立法，只要他掌握了事实。

——卡尔·希克斯，烟草种植者信息委员会主席，烤烟稳定合作公司主席，北卡罗来纳州农业局烟草委员会主席

和平给烟农带来的问题几乎和战争一样多。对第一次世界大战后灾难性的价格调整的记忆时刻提醒着农民和管理者们，光靠烤烟香醇顺滑的味道是无法创建市场的。¹但第二次世界大战后，农民拥有了他们数十年前所缺乏的东西：接近国家权力的渠道——这种权力使他们能够从"黄金作物"中榨出"黄金美元"。²在北卡罗来纳州的土地上，烟农和他们的领袖开始想象他们的战后世界。随着20世纪40年代末的紧急状态逐渐演变成冷战的激烈竞争，烟草被重新塑造为资本主义消费主义的象征，而不是复苏的助力。限制烟草农场规模和种植面积的规定被转变为扩大消费市场的工具。通过美国烟草协会这个由种植者资助的烟草出口组织，联邦烟草计划变成了一个全球吸烟推广计划。作为公共政策的私营载体，美国烟草协会完美诠释了"结社式国家"的概念——一个通过私营部门和自愿组织的中介作用实现权力隐形运作的国家。³

卷烟是战后消费主义王国的典范产品。⁴美国的政治和经济生活围绕大众消费的重新定位改变了美国人对自己和公共福祉的认知。但生产者并未在消费社会中消失。事实上，他们的产量超过以往任何时候。总的来说，联邦政府控制农业生产的努力已经失败，因为农民的生产力由于大量使用化肥和杀虫剂而急剧提高。⁵但对农民来说，尤其是对于那些主张高额农业补贴的人来说，商品过剩并不是生产过剩问题的一种体现，而是消费不足的体现。在整个20世纪50年代，抢占外国市场被视为扩大美国农产品（尤其是烟草）需求的一种途径，同时也确保了美国价格补贴计划的偿付能力。

在20世纪50年代，烟农们把公共关系当作一种工具，以此来对抗来自农业领域内部和外部的诋毁者。保守派的农业部部长埃兹拉·塔夫脱·本森试图收缩膨胀的农业国家机器时，却遭到了烟草种植者的共同抵制。这些在本森厌恶的严格监管下生产烟草的种植者开始主动讲述"他们的故事"。到本森的任期结束时，他还是成功引入了一种更加"以市场为导向"的农业政策，降低了除烟草以外所有商品的价格补贴和生产控制水平。[6]

或许更重要的是，在20世纪50年代，烟农们被纳入了大烟草公司的公关体系。1958年，烟草种植者信息委员会成立，该机构实质上是烟草工业研究委员会的农业分支。烟草工业研究委员会是一个臭名昭著的公关组织，专门通过扭曲吸烟与疾病之间的科学关系来误导公众。烟农们自然愿意配合烟草行业散布各种可疑信息的策略；一些公共农业机构也从大型烟草公司的欺骗行为中受益，它们获得了研究资助来为这种处于困境的作物辩护。第二次世界大战后的美国烤烟，既生长在北卡罗来纳州的土壤里，也培育在政府会议室的谈判桌上。越来越多的外国吸烟者在消费美国烤烟，不仅因为大烟草公司的欺骗性公关手段，也因为公共部门和私营部门农业官员在法律层面的精心运作。

烟草协会：沃尔特·罗利爵士酒店，1947 年

就在第二次世界大战对日战争胜利纪念日过去数周后，北卡罗来纳州农业保护者协会组织了一次会议，会议地点在罗利市中心州议会大厦附近富丽堂皇的沃尔特·罗利爵士酒店。

这家酒店俗称"政府第三议院"，这样的会议地点表明，这次会议绝不是什么巡回演讲。在酒店的宴会厅内，"保障烟草未来"的泛泛话题转向了更具体的问题：如何扩大国外对烤烟烟叶的需求。人们对第一次世界大战后的价格暴跌记忆犹新。英国虽然仍旧是最大的烤烟进口国，经济却很脆弱。为了保存外汇并依靠帝国资源进行重建，英国政府宣布将鼓励在其帝国内种植烤烟。[7]《进步农民报》警告说，1945 年的高价旺销态势不太可能持续下去。"历史会重演，"一位农业官员警告读者，"就目前的情况来看，第一次世界大战后种植者们面临的情况正再次出现。"通过将 1920 年和 1946 年的销售季节进行类比，《进步农民报》警告农民，萧条的幽灵正在逼近。[8]

担心战后重新调整的不仅仅是烟农。即使考虑到经济学向来有悲观主义倾向，经济学家们仍预测，除非政府采取干预措施，否则战后将会出现一场大萧条。整个烟草行业对前一次世界大战的记忆挥之不去。[9] 但两次世界大战之间数十年的经历，已经让人们对政府应对经济灾难的能力的看法发生了根本性的改变。在 1919 年，农民和工人只能等待失业和商品过剩，而在 1945 年，基于对美国经济生产能力截然不同的理解，有组织的劳工和有组织的农业团体制订了更为雄心勃勃的计划。罗斯福新政早期的稀缺经济学——关于"成熟经济"和各经济部门之间"平衡"的讨论——已经完全被美国战

时生产的惊人力量催生的增长理论所取代。[10]

丰饶经济学依赖高产量、高就业率和高购买力。[11]杜鲁门的经济顾问委员会阐述了罗伯特·柯林斯所说的"全面增长政策",将增长视为消弭阶级矛盾、监管冲突和行业对立的缓和剂。[12]分配问题——即美国人得到什么——在经济规模的大幅扩张面前退居次要地位。杜鲁门在1949年的国情咨文中解释说:"政府和企业必须一起努力,创造更多的就业机会,提高产量。"这种合作将"意味着所有人都越来越富有"。[13]战后的增长模式也预示着劳资关系的重新定位,因为工会接受了诸如就工资和养老金等基本问题进行集体谈判等策略。新政时代的"产业民主"和"社会团结"的语言开始显得过时。[14]大众消费被奉为战后萧条和衰退的解药。以消费扩张、高工资和公私混合福利制度为特征的富裕景象,同时活跃在烟农和劳工领袖的经济愿景中。[15]

烟农们出席沃尔特·罗利爵士酒店的会议,是为了影响和引导经济增长的风向。他们碰头的目的是刺激卷烟消费。从1945年到1947年,烟草行业的领袖们经常在沃尔特·罗利爵士酒店聚会,以规避即将到来的灾难。[16]依赖烟草生产的那些小镇中的大人物——农业保护者协会和农业局的代表、仓库所有者、银行家、烟叶出口商、政府官员和烟草种植大户——发誓要搁置他们之间在经济利益上的分歧,优先考虑烟草业的统一目标:增加烟草出口的总量,从而解决消费不足问题。[17]到1947年初,这些领袖——有些是公职人员,有些不是——已经成立了一个新的机构,并将其用作实现战后繁荣的工具。这个机构便是烟草协会。

农民与州和联邦政府之间的关系因农民协会的自愿性和私营性

而有所掩盖，这是协会式治理的特点。[18]烟草协会不会直接从事烟草采购或销售。相反，该组织将通过与"美国以及正在使用或可能使用美国烤烟的国家的公私机构"保持联系，"促进、发展和扩大烤烟出口市场"。凭借推动世界上更多的人吸食烤烟的广泛使命，烟草协会寻求与政府建立一种结社关系——"与所有负责发展、应对或促进美国出口贸易的政府部门和机构合作"。烟草协会最初的定位是向世界推销烤烟的经纪人，致力于在美国境外培养烟民。[19]

烟草协会大力宣传美国烤烟的优点——"温和"和"可吸入性"，事实上，正是这两个特性使烤烟成为最致命的烟草制品。[20]这种宣传的结果便是将烟草经济的几个部分捆绑在一起，核心诉求只是销售更多的烟草。对烟叶经销商来说，销量增加意味着他们可以通过促进此类交易获得更多利润；仓库所有者的利润也随之增加，他们会因为有人使用他们的场地而获得佣金；当然，烟农的收入也会增加，因为他们的生产配额可以根据未来的需求有所提高。美国卷烟制造商成为唯一被排除在外的群体。早在国内烟草生产商瞄准国外市场以摆脱国内吸烟率下降和税负增加的困境之前，烟草经济的重要环节就已经把目光投向国外市场，谋求走向繁荣。[21]

卷烟制造商们期待着国内需求激增——据估计，这种增长几乎永无止境。对人口持续增长的预测塑造了制造商的雄心壮志，他们有充分的理由预期日益富裕的美国人会越来越频繁地吸烟。美国劳工统计局1944年的一项调查显示，烟草支出往往随着家庭收入的增加而增加，收入最高的人（家庭年收入超过5 000美元的人）花在烟草上的钱几乎是收入仅有其一半的美国人的两倍。[22]而且，无论如何，外国政府都反对进口成品卷烟，认为这对其垄断性销售构成了威胁。

在20世纪中叶，只有很小一部分美国制造的卷烟销往国外，而且主要是廉价品牌。[23]

美国烟草协会是一个被赋予公共权力的非营利性私营社团。由于属于私营部门，烟草协会得以规避政治干预、预算紧缩、人事任命纠纷等问题，甚至不受公众监督。向该团体提供的初步资金反映了"私营"烟草组织对它的支持。它的8万美元预算将通过烟农、银行家、烟叶经销商和仓库所有者的捐款筹集。烟叶经销商将出资15 000美元，银行家出资5 000美元，仓库所有者出资10 000美元，烟农出资50 000美元。来自烟农的巨额捐款被进一步细分，反映了五个烟草生产州的烟草生产规模。[24]北卡罗来纳州的烟农将负责预算的大头，总共捐款35 000美元。弗吉尼亚州和南卡罗来纳州各捐5 000美元，佛罗里达州和佐治亚州共捐5 000美元。这个粗略的分配格局反映了烟草生产的核心始终在北卡罗来纳州东部。在烟草协会运作的第一年，许多资助它的农民都是农业局的成员。农业局通过当地会议和直邮募捐，大力筹集资金，它获得的大多数支持来自东部沿海平原。

这个新组织的掌舵人只有一个合适人选——杰克·赫特森。碰巧赫特森也需要一个新的职务。他在新政时期的工作表现为他在联合国赢得了一个职位，1946年他开始担任联合国农业部副部长。然而，他在联合国的任期因冷战外交关系中的一个微妙失误而结束。1946年5月，赫特森受邀前往纽约顶级的大都会俱乐部，在欢迎波兰将军塔德乌什·科莫罗夫斯基的午宴上讲话。科莫罗夫斯基俗称"博尔将军"，是流亡在外的波兰人心目中的英雄，因为他参与了华沙起义。赫特森因为欢迎这个被波兰共产党领导的政府视为战犯的人而受到媒体的严厉批评。来自波兰和苏联的代表团向联合国秘书长特里格韦·赖伊提出抗议。不到一个月后,赖伊重组了他的内阁,赫特森因此去职。[25]

北卡罗来纳州农业局在1947年初接触赫特森时,提出了建立一个烟草推广组织的想法。赫特森与这些人非常熟悉。20世纪30年代,他在农业调整管理局任烟草部门主管期间,曾与他们"讨论过许多有关烟草的问题"。与此同时,北卡罗来纳州农业局吹嘘它已经开始洽谈,以"争取让也许是全美最合适的人来领导这个机构"。[26] 烟草协会的立法支持者凸显了该组织的结社性质:北卡罗来纳州众议院农业委员会主席——他恰好是东部沿海平原烟草生产大县在农业局的代表——确保了一项让烟草协会长期获得资助的法案顺利通过。该法案允许烟农每种植1英亩烟草自征10美分税款,以支持这个尚在襁褓中的新组织。[27]

烟草协会的公投与联邦烟草公投有惊人的相似之处。与烟草计划投票一样,北卡罗来纳州农业推广服务局和农业调整管理局等不同州立机构会进行拉票活动,提高投票率。[28] 这些机构参与的原因很明确:草根阶层的支持对于烟草协会的运作至关重要,因为烟草协会要想通过征税方案筹集资金,就必须得到2/3的票数。[29] 在政府运作模式下,价格补贴政策与种植面积控制政策同样必须得到2/3的赞成票才能生效。这凸显了协会与政府在运作模式上的高度相似性。在一些地方,联邦配额公投和烟草协会的公投同时进行,农民们被指示将两张选票分别投入两个不同的投票箱。[30] 另一些地方则将联邦政府资助计划的投票与烟草协会的投票合二为一。[31]

很可能许多投赞成票的农民以为他们是在投票赞成政府的一项计划。毕竟,政府官员同样鼓励农民投票,协会投票程序又效仿了美国农业部的公投,且征税授权周期与联邦烟草配额审批同样采用三年制。从它的起源到它的领导架构,再到它的运作模式,烟草协会集中体现了私营部门和公共权力相结合的结社主义国家体系。烟农们信赖烟草协会会长,因为他曾是农业调整管理局的领导。北卡罗来纳州农业局的领袖们竭力宣传烟草协会,因为这些领袖曾与农业推广服务局密切合作,并经常在负责实施烟草计划的县委员会任职。烟草协会的公投机制模仿了联邦政府的烟草公投机制,借用了农民对该计划的信心,使其合法化。

烤烟还通过另一个模糊了公私界限的机构进入了烟草协会体系。从 1946 年开始,烟草计划的资金是由罗利市一个名为烤烟稳定合作公司的合作社组织管理的。大多数农民只知道它叫"烤烟稳定合作公司",这个由农民经营的私营合作社却负责联邦烟草计划的物资和财务管理。烤烟稳定合作公司买进、烘干、储存在拍卖市场上未能达到政府支持价格的烟草,然后再将其出售。烤烟稳定合作公司是通过政府旗下的商品信用公司提供的无追索权贷款实现这一目标的。烤烟稳定合作公司的人员构成也体现了烟草经济治理中的政商混杂性:该组织在位时间很久的负责人是农业局成员兼州长任命的烟草咨询委员会成员。

许多农民认为烤烟稳定合作公司的作用是专门购买无人问津的烟草,但这个机构的作用远不止于此。如果烤烟稳定合作公司囤积了太多的烟草,储存成本可能会压倒整个计划。烟草过剩也会导致农民配额减少。烟草公司与烤烟稳定合作公司密切合作,前者出售后者持有的超额烟草储备。第一年运营结束时,烟草协会有了一个稳定的基础。它的使命——"促进、发展和扩大烤烟出口市场"——既是一个战略目标，同样也是对更为重要的烟草计划的一剂补药。牢牢扎根于地方土壤后，烟草协会将注意力转向了华盛顿和其他地方。

欧洲重建：西北 K 街 1424 号

1947 年夏天，赫特森在华盛顿注册成为一名说客。烟草协会在 K 街设立了一间办公室，试图确保将烤烟纳入国会正在讨论的欧洲复兴计划（马歇尔计划）中。[32] 赫特森的目标是利用美国发起的欧洲复兴计划来解决战后商品过剩的问题。并非只有他一个人有这种抱负，烟草也只是战后通过新的商业渠道流通的众多商品之一。尽管西欧国家重建为带有社会民主主义福利的混合经济体，但它们也将拥抱亲市场导向。[33] 美国主导了国际秩序的重建，创建了一些新机构（联合国、世界银行、国际货币基金组织），来确保集体安全和国家间贸易。在美国国内，进出口银行作为这些机构的补充，确保能为美国出口提供稳定的信贷资金支持。

自由主义最古老的指导理念之一便是商业会确保和平，这种理念就隐藏在这些机构背后。但是，这些"美式和平"的制度设计也建立在现代国家对经济规划能力的认知之上。凯恩斯主义宏观经济管理要求各国实行一种温和的经济民族主义，抑制跨国资本流动，以调控经济增长。因此，正如丹尼尔·萨金特清晰描述的那样，战后的国际经济秩序"是一个允许经济国家主义和国际贸易共存的体制"。[34] 经济国家主义和国际主义的双重属性，同样塑造了烟草业的命运。

但是，对于这种既不是食物也不是纤维的商品，有什么实用主义的论据可以被列举出来支持它呢？[35] 赫特森试图将欧洲消费者的欲望——一种"明显比以往任何时候都强烈的欲望"——与美元结合起来。马歇尔计划将成为把供应和不断扩大的需求结合起来的工具。烟叶供过于求，这种威胁又因为烤烟稳定合作公司所囤积的大量烟叶而越加明显，迫使烟草协会寻求市场扩张。赫特森在农业政策制定领域的20年经历，使他结交了许多有影响力的朋友和同事，其中最重要的是北卡罗来纳州的民主党人哈罗德·库利。库利很快将出任众议院农业委员会的主席，并且担任这个职位的时间将比其他任何众议员都长。[36] 库利还是众议院对外援助特别委员会的成员之一，这个特别委员会由19人组成，在1947年夏天花了部分时间研究战后欧洲的经济形势。

库利准备为烟草的利益而战。他的第一个对手令人生畏：西德美军占领区军事长官卢修斯·克莱将军。这位四星上将的声望正处于巅峰，他通过鼓励德国人勤奋努力使西德实现了和平。《纽约时报》报道称："他告诉德国人不要自怨自艾，不要发牢骚，而要回去工作。"[37] 尽管克莱本人烟瘾很大，但他坚决反对用美国纳税人的钱来资助欧洲采购烟草。"你们别想从我这拿到一分钱买烟草。"康·拉尼尔回忆起了克莱对库利和赫特森说过的话。[38] 然而，对于力挺烟草的人而言，幸运的是欧洲官员对自己的复苏需求有不同的看法。

烤烟在欧洲复兴的愿景中占有特殊的地位。[39] 欧洲经济合作委员会在给美国国务院的报告中特别提到了烟叶。[40] 由所有受援国代表组成的欧洲经济合作委员会估计，在马歇尔计划实施期间，烟草进口总额相对于战前平均水平将大幅上升。[41] 欧洲官员对烤烟的需求不仅帮助烟草协会通过游说成功将这种作物纳入了马歇尔计划的框架中，后来还成功让欧洲用美国种植的烟叶生产卷烟。[42]

烤烟在美国本土也有重量级的支持者。库利、赫特森和拉尼尔与经济合作管理局的农业主任丹尼斯·菲茨杰拉德就烟草对欧洲人的价值这一问题展开了争论。[43]库利、赫特森和拉尼尔的观点是"如果你让一个人在工作一天后抽一斗烟或嚼一口烟，他会更出色地工作"[44]。菲茨杰拉德最终同意将烟草纳入马歇尔计划。也许烟草利益集团的这番说辞对这位行政官员有着特殊的影响，他和赫特森在新政农业机构和农业经济局都有相同的职业圈子。菲茨杰拉德认同烟草游说团体的核心预设：烟草是一种不起眼的奢侈品，虽然微不足道，却能强烈地提醒人们，资本主义可以通过休闲带给大家的福祉，以及这种休闲所能激发的劳动动力。[45]不久，国务卿乔治·马歇尔开始吹嘘烟草的好处，称其为"对人性的一种妥协"。1948年1月，他在亚特兰大召开的全国棉花委员会会议上说："从实践角度看，人们发现烟草的供应对士气和生产力是一种有效的刺激。"也许是希望自己在为卷烟背书时显得有所节制，这位国务卿随后指出，他自己已经成功戒烟。[46]

烟草还在宏观经济层面发挥着作用，为欧洲各国政府提供急需的财政收入。烟草税通常被认为是一种奢侈税，但在当时欧洲政府需要资金的背景下，烟草实则已成为必需品。弗吉尼亚州民主党议员约翰·弗拉纳根指出，1946年，法国、奥地利和意大利政府从国家烟草专卖公司获得的净利润占政府总收入的30%以上。[47]这就是欧洲国家如此渴望得到美国的烟叶而不是美国制造的卷烟的原因。在困顿绝望时期，这种"黄金作物"能帮助国家补充国库资金。与此同时，战后的烟草贸易预示着欧洲消费者口味明确转向烟草的决定性的转变。[48]

对于背后的美国推手而言，烟草最大的价值不是物质上的，而是意识形态上的。人或民主都不能仅靠面包生存。弗拉纳根认为，厌战的欧洲人需要"一种能带来满足感、增加舒适感、安抚紧张神经和疲惫身体的东西"。烟草使美国式资本主义与民主愿景获得合法性。正如弗拉纳根所说，"人们想要烟草，这种欲望会促使他们追求在民主政府赋予的自由下能获得的更美好的事物"。[49]卷烟是美国富足生活的象征，把它作为马歇尔计划的必需品而纳入其中，显示了美国的友好善意，就如同向一个需要帮助的陌生人递烟一样。

1948年4月3日，马歇尔计划获得通过。通过经济合作管理局向欧盟提供的美元援助被用来购买食品、燃料、机械和烟草。在马歇尔计划实施的4年（1948—1951）中，美国向16个国家提供了约130亿美元的援助。令人震惊的是，其中有10亿美元被用于烟草采购，占粮食援助总额的1/3。[50]

在这个框架下，烟草协会扮演了管理者和倡导者的双重角色。该组织将代表国家烟草垄断企业购买烟草的欧洲人与北卡罗来纳州的种植者联系起来，使贸易渠道畅通无阻。烟草协会还一直倡导一揽子援助计划，以增加受援国可获得的资金总额。赫特森认为，相较于依赖"政府贷款与拨款"或指定用于购烟的临时美元注入，确保欧洲拥有持续购买烟草的货币储备，才是烤烟出口经济可持续的基础。[51]他担心，穷困潦倒、制造业瘫痪的欧洲将无法通过出口赚取足够的外汇来购买美国农产品。[52]赫特森在美国农业局联合会年度会议上说："（马歇尔计划）涉及的远不止向欧盟出售货物。我们在这些地域的直接经济利益将持续比未来4年长得多的时间。"[53]

作为战前最大的经济体和冷战的前线,德国受到了赫特森的特别关注。在经历过多年的烟草配给短缺和对烟草消费的道德压制之后,德国烟民们吵着要买卷烟。在德国占领区,吸烟是一种具有政治效力的行为,象征着对第三帝国反烟草政策的强烈反对。[54] 对于德国人来说,吸烟很可能是一种解放的标志,但这并不能解释为什么人们会转向使用美国种植的烟草生产的卷烟。为此,我们必须看一看塑造德国烟草市场的力量:美国种植者、德国政府和美元。

就在马歇尔计划为德国购买美国烟草提供美元注入和信贷的同时,德国卷烟贸易协会成功地游说政府降低卷烟税,其目标是将卷烟消费提升至雪茄消费之上。[55] 德国的卷烟制造商并没有像他们当初计划的那样,成功地制造出一种"比'好彩'牌更受美国占领军青睐的卷烟"。[56] 但他们确实在改变德国平民的吸烟偏好方面取得了巨大成功。到1949年,德国一家卷烟制造商进行的一项非正式调查显示,85%~90%的西德人更喜欢烤烟的味道,而不是他们曾长期消费的、主要从希腊和土耳其采购的"东方"烟草的味道。[57]

其中一些烟民可能已经喜欢上了在马歇尔计划的支持下从美国运至德国的价值4.5亿美元的美国烟草。但并非所有德国人都充满了同样的感激之情。西德《明镜》周刊认为,美国烟草是美国人"很乐意摆脱的"一种"不必要的东西"——这精准地概括了美国国会1947年和1948年就过剩烟草的激励价值进行的辩论。《明镜》周刊的评论员还观察到,烤烟的涌入正在改变德国人对好烟一贯的看法。这些新的偏好无法通过连接德国和希腊、土耳其的旧贸易路线得到满足,因为那里种植的是深色烟草。[58] 其他批评人士反对说,进口美国烤烟正在损害马歇尔计划本该重建的经济。接受马歇尔计划援助的希腊和土耳其难道不应该被鼓励将烟草重新发展为其农业部门的重要产品吗？

法国官员深以为然。在法国，国家烟草垄断机构——国家烟草与火柴工业开发协会——实行着一种卷烟民族主义。该机构拒绝购买大量的美国烤烟，而是将精力集中在其最受欢迎的卷烟品牌"高卢"上，该品牌主要采用一种本土种植的棕色烟草。"高卢"牌卷烟的统治地位如此之高，用一位历史学家的话来说，它们"可以被理解为与贝雷帽和法棍面包相同的国家象征"[59]。北卡罗来纳州的种植者注意到了法国人的顽固态度——当时烟草协会出钱让一个欧洲受援者代表团参观各个仓库，并对烟草进行品鉴。拉尼尔坚持说，那些法国人"想让我们再多给他们一些烟草样品"，却根本没有购买的意图。[60] 然而，即使是在法国——那里的消费者独特的口味被视为国家的象征——用烤烟生产的卷烟品牌的受欢迎程度也在缓慢且稳定地上升，市场份额从1952年的5.3%上升到了1976年的14.7%。[61]

法国的例子凸显了杰克·赫特森20年前就已经认识到的一个事实：口味具有政治性，而不是天生的。它总是多方博弈的结果。欧洲转向美式卷烟是少数美国人和欧洲人协力运作的结果。正如拉尼尔在北卡罗来纳州东部一个小镇上对一群商人所言，烟农最迫切的需求是"设计一些向其他国家提供烤烟的方法，以保持他们对美式卷烟的口味的偏好和消费欲望，直到这些国家能够自给自足"——即直到它们不再依赖马歇尔基金来购买烟草。[62]

联邦政府的烟草计划是一项珍贵遗产，而对外贸易巩固了它的存续基础。该计划释放了"黄金作物"带来的"黄金美元流"。[63] 这个涉及将纳税人的钱重新分配给烟草种植者的计划，本身就意味着一种政治特权——一些烟草公司的管理者在与友人密谈时坦诚地承认了这一事实。"按照现行法律，汽车制造商不能聚在一起决定任何时期的汽车生产数量，"拉尼尔在1948年对其他烟草领袖解释说，"汽车集团也不能阻止新工厂从事汽车制造。"但与此相反，烟草种植者却"被允许控制烟草生产"，并可以"禁止他人从事烟草生产，除非规模非常有限"[64]。拉尼尔意识到，他领导的是一个由政府补贴、种植者管理的垄断组织。

要想明智地管理烟草经济，就需要动用烟草非凡的政治特权——政府扶持的组织优势、公投筹资的私营游说机构、接触政策制定者的渠道——以进一步保障农民的垄断性生产权。烟草协会依靠并维护联邦政府的烟草计划。按照拉尼尔的说法，烟草协会通过刺激需求来维持市场平衡，从而保障了烟农限制烟草供应的能力。

烟农们打开全球市场的梦想因为美国政府将处理过剩商品用作冷战外交手段而得到进一步的助力。处理过剩商品的授权以及民主人道主义的理念为1954年通过《农业贸易发展与援助法》(又称《480号公法》)提供了理由。该法案更广为人知的名字是"粮食换和平计划"，它授权出口美国过剩商品以换取外汇，从而化解了一些较贫穷国家因美元短缺而阻碍烟草购买的问题。该法案的支持者辩称，美国的大宗商品援助将缓解饥饿，也将缓解物资匮乏时期可能会恶化的一些危险的意识形态倾向。同时，作为一个过剩商品处理计划，《480号公法》也彰显了资本主义和民主带来的繁荣。《480号公法》的目标不是暂时处理过剩商品，而是以永久的市场扩张来保障资本主义的传播——这一目标虽然与国会共和党人意见相一致，但是并未冷

第三章　培养烟农 | 111

落那些对农产品过剩感到焦虑的农业州民主党议员。[65]

最初，符合援助条件的国家主要在西欧和东亚，但是在20世纪50年代后期，《480号公法》越来越多地与东南亚、拉丁美洲和中东联系在一起。[66]正如欧洲重建向美国烟农所展示的那样，援助既可以防止危险的过剩烟草囤积，也可以改变人们的长期口味。"粮食换和平计划"特别适合于改变消费者的偏好这一任务，使私营组织能够使用当地货币参与"市场开发活动"。一些正在进行的推广项目只有在私人贸易团体对其运作提供了实质性资助的情况下才能得到运行许可，这样就能掩盖政府在其背后的推动作用。私营种植者、农业企业集团与农业部、商务部以及美国新闻署合作开展了两种主要的营销活动：国际贸易展销会和长期持续的嵌入式推广活动。

在欧洲、亚洲、拉丁美洲甚至在苏联，美国烟草协会通过在贸易展览上推广烤烟，并为新型卷烟产品的制造提供直接协助，开拓了市场。[67]在贸易展会上，烟草种植者和美国官员在宽敞的展览大厅里布置了喜庆的展台。这些展览展示了通过《480号公法》获得的美国过剩商品如何改变了一些国家的传统消费理念。于是，西班牙人第一次接触到了用大豆油（20世纪50年代早期，美国大豆大量过剩）炸的薯片，而不是橄榄油。[68]出于同样的原因，在泰国、日本、德国和西班牙举办的国际博览会上，杰克·赫特森免费分发了含有美国烟叶的当地制造的卷烟样品。正如赫特森所言，这些活动是"我们在外国进一步让人们对美国烟草产生好感，同时吸引人们关注它的优良品质和特点的绝佳机会"。[69]

这些只是开拓新市场的第一步。之后，烟草协会开始协助设计针对国外消费者的调查报告，或者赞助由外国烟草官员组成的代表团访问北卡罗来纳州，让他们到那里亲眼看到制作高质量亮叶烟的工艺。1957年，烟草协会资助奥地利、芬兰、法国和韩国官员到美国考察。[70] 外国技术人员和工程师也配合美国人开展工作。泰国烟草专卖公司在整个20世纪50年代都与美国烟草协会密切合作。美国烟草协会安排泰国化学家和包装专家参加北卡罗来纳州立大学的课程，学习制作美国卷烟涉及的各种技术。从1955年到1957年，泰国的烤烟进口量从每年860万磅飙升到每年1 340万磅。到1968年，达到了2 410万磅——自美国烟草协会和美国农业部在泰国的项目启动以来，泰国烤烟进口量增长约2倍，这意味着美国烤烟出口总额的5%流向了泰国。[71]

美国官员将泰国烟草进口的大幅增长归因于广告的增加（见图3.1）。1968年，泰国市场上的11个泰国卷烟品牌中，9个含有美国烤烟。美国烟草协会为这9个品牌的广告宣传提供了资助，这些品牌的销售额在1957年至1968年都有所增长。相比之下，未做广告的品牌的销量增长乏力。[72] 美国农业部将此解释为"推广计划与生产商收到的美元之间关系的"明显证据。农业官员估计，如果没有品牌推广活动，泰国使用的美国烤烟的总价值将只有800万美元左右。实际上，出售给泰国烟草专卖公司的烤烟价值约1 400万美元——烟草协会在其1968年的年报中曾自豪地吹嘘过这一点。[73]

烟草协会也证实了美国官员希望用"粮食换和平计划"来对抗苏联的愿望。在该计划的支持下，烤烟于1960年进入波兰——这是自20世纪30年代以来美国卷烟首次进入该国。[74] 1964年，赫特森在前往烟草协会在布鲁塞尔新设立的办公室的途中去世，但他的继任者约翰·帕尔默继续一点点地突破苏联市场，并且将其称为"我

【左图】非常吸引眼球的日本广告宣传画提高了含有美国烤烟的卷烟的销量。 【右图】在泰国某贸易展销会上，靓丽的女孩和一台卷烟包装机将人们的目光吸引到了美国烟草上。其他国家举办的贸易展销会也有类似的展示。

图 3.1 1958 年美国农业部的一份报告称，贸易展销会成功地促进了亚洲对美国烟草的消费。《美国农产品的新市场：外国市场开发报告》，其他出版物第 756 号（华盛顿特区：美国农业部，1958 年，第 14 页）

们的烟草在这个世界上尚未开发的最大市场之一"。[75] 莱比锡贸易博览会为烟草协会的各种尝试提供了理想场所。两次世界大战期间，莱比锡曾以举办欧洲最大的贸易博览会而自豪，成千上万的参展商涌向在这里召开的每年两次的盛会。[76]

在德意志民主共和国，莱比锡贸易博览会是美国烟草协会发展苏联消费市场的关键（见图 3.2）。[77] 1966 年春、秋两季，烟草协会在博览会上举办了双展厅展览。一个展厅里放满了来自美国不同烤烟种植带的样品，展示了高度区域化的生产与全球知名的优质产品之间的联系。隔壁的展厅则展示着北卡罗来纳州东部的一个标志物：

一尊曾经放置在北卡罗来纳州威尔逊市一家出口仓库外面的印第安人木雕（雪茄店的标志）。[78] 1966 年，两名东德烟草商来到北卡罗来纳州，近距离观察了烟草生产。也许他们还在北卡罗来纳大学观看了一场橄榄球赛，这是烟草协会赞助的外国烟草商访问美国期间工作之外常见的活动。[79] 随后，烟草在东德的销售额持续增长，在 1969 年达到了 120.1 万磅，与四年前 13.5 万磅的销售额相比，有了大幅度增长。[80]

烟草协会通过与日本专卖公社的合作，在 20 世纪 50 年代和 60 年代取得了最显著的成功。1956 年，日本首次参加"粮食换和平计

图 3.2　1973 年，在莱比锡贸易博览会上，烟草协会越过铁幕进行交易。（摄影师乌尔里克·哈斯勒 / 德国联邦档案馆 /183- M0905-0134）

第三章　培养烟农　115

划"，进口了560万磅美国烤烟。到1968年，这一数字跃升至4 190万磅，增幅超过722%。[81]在此后的十年里，烟草协会在日本的工作"从日本专卖公社的广告活动的次要环节，发展成为其年度业务规划的重要一环"。[82]烟草协会的努力远远超出了《480号公法》处理过剩产品的初衷，它在日本致力于发展特定的日本品牌，还推行美国式的广告实践。它的目标一直是增加美国烤烟在日本品牌卷烟中的使用量，据行业杂志《烟草记者》报道，到1969年，日本品牌卷烟中"大约有2/3的美国烤烟"。[83]到20世纪70年代末，在日本停止参与该计划后，它进口的美国烤烟数量仍然超过其他国家。自烟草协会与日本专卖公社展开合作以来，赫特森和他的继任者多次造访日本，日本专卖公社还在罗利市建立了常驻办事处，日本商人到美国的长期访问也增多了。

混合经济中的农业

随着国内外烟草需求激增，烟草种植者在20世纪50年代收益良好。一些对烟草种植者比较友好的国会议员控制着至关重要的国会委员会，确保了烟草作物获得90%的平价比率支持，这大大高于20世纪30年代推行的购买力比率。[84]事实上，它比其他任何一种大宗商品得到的支持水平都要高。尽管农业部部长本森遇到了大量的反对意见（甚至在自己的党派内部也是如此），但他还是说服共和党控制的国会在1954年降低了价格补贴水平。在所有的商品中，只有烟草将继续得到战争时期90%的补贴标准。[85]

烟草外交导致了外国对美国烟草的需求上升。尽管种植面积配额和烟草质量有一些波动，但随着需求的增加，20世纪50年代的平均作物价值超过了历史最高水平。[86] 1958年，随着卷烟消费量创下纪录，烟叶价格升至新高。那一年，美国人共吸掉了4 240亿支卷烟，用北卡罗来纳州发布的《北卡罗来纳州烟草报告》中的话说，这标志着"公众接受了一种重要的产品，这种产品是16万到17.5万农户的衣食所系"。[87] 美国农业部指出，"近期青少年吸烟人数的剧增导致了卷烟消费的增长"。[88] 简而言之，在全世界范围内，吸烟的人越来越多，美国政府承诺将坚决维护卷烟生产商的经济安全，以应对未来可能出现的需求下降。

但是，烟草业的担忧并非空穴来风——部分原因是国内关于农业补贴价格的政治争论，部分原因是医学上逐渐形成的共识，即卷烟是致命的。尽管烟草基本未受20世纪50年代困扰玉米和小麦种植者的生产过剩问题影响，但僵化的烟草补贴计划仍成为那些寻求恢复农业"自由企业制度"的政客攻击的目标。与此同时，美国和英国的流行病学家与研究人员正在深入研究吸烟和疾病之间的关系。通过在实验设计、数据收集和统计评估方面的重大方法创新，调查者开始聚焦于三个"c"开头的单词——"卷烟导致癌症"（cigarette caused cancer）。[89] 在哈罗德·库利、北卡罗来纳州农业局和烟草制造商的支持下，烟草种植者开始采取一种防御性的公关策略，以使自己免受医疗或政治方面的指控。这种策略既依赖农民与政府的亲密关系，又对这种关系有所掩饰。

哈罗德·库利认为农民受到了不公正的对待。只要看看报纸，就能看到关于美国农民的负面描述。在1955年一篇名为《乡巴佬又骗了我们》的文章中，《哈珀》杂志对"我们骄纵的暴君——美国农民"发起了猛烈的攻击。这篇文章告诉美国城市居民,在接下来的一年里,要准备面对又一次政治献媚。这篇文章在开头处写道,美国农民的靴子"又要被两个政党舔一顿了"。针对农民的控诉的症结在于纳税人长期为"农业救济金"提供资金。"任何一头猪如果把下巴长时间伸进食槽里,就会认为食槽是它的。"[90]

甚至在本应对农民有利的报道中,消费者不满的暗流也悄悄翻涌起来。当12名苏联农业官员参观爱荷华州的养猪场和玉米农场时,《纽约时报》报道了爱荷华州人和苏联人之间的友好交流。这些苏联人大部分来自乌克兰,而乌克兰是"苏联境内与爱荷华州最为相似的地方"。尽管爱荷华州人更可能将目光锁定在到访的"苏联人"身上,《纽约时报》的记者却被闪亮的拖拉机和新的农业设备深深吸引。用记者的话来说,"普通的爱荷华农民至少有两辆新车,通常是全新的别克、奥兹莫比尔或凯迪拉克"。爱荷华州绝非一个"波将金村"。① 都市新闻记者认为农民的优渥生活令人难以置信——是纳税人让农民"养尊处优,开着凯迪拉克车"。[91]

由于生活在农场上的美国人越来越少,他们获得美国人民同情的前景似乎越来越渺茫。农业人口在第二次世界大战后持续下降。1945年,18%的美国人生活在农场。到1959年,这一比例跌到12%以下,而到了1964年,这一比例下降到不足7%。[92]绝大多数美国人只通过两种方式接触农业:作为农产品消费者,以及作为承担农业补贴支出的纳税人。盖洛普调查发现,在1952年,美国人在农业补贴问题上

---

① "波将金村"出自俄罗斯典故,代指表面崇高堂皇而实际上空洞无物的事物。沙皇叶卡捷琳娜二世的宠臣波将金将军为使女皇对他的领地有一个好印象,在女皇必经的路旁建起一批只有华丽外表而空洞无物的假村庄。此后,"波将金村"便成了"弄虚作假、装潢门面"的代名词。——编者注

存在严重分歧。那些反对补贴的人,与犹他州某位家庭主妇一样,都认为"农场收入不应该比其他地方更高——这对消费者不公平"。[93]那一年,联邦政府在农产品价格补贴项目上的支出为5.04亿美元,高于在住房、学校和公共卫生方面的支出,但远低于自然资源开发及朝鲜战争期间为扩大生产而对私营企业的补贴。[94]

在农业领域,一场关于联邦政府应给农产品提供多大力度的支持的辩论沸沸扬扬,尤其是那些极度过剩的农产品。一边站着烟草、花生、乳制品、羊毛和棉花生产商,他们大多是民主党人,但也有一些共和党人,他们主张采用较高的价格补贴和严格的供应控制。另一边站着美国中西部的玉米种植户和养猪户,他们联合起来反对控制生产,其中最有影响力的代表是美国农业局联合会,他们的观点反映在共和党制定的农业纲领中。他们寻求"灵活的"农业补贴——较低水平的政府自动补贴——以换取生产更多作物的权利。所谓的"市场导向型"农业的支持者辩称,更自由的市场将结束由纳税人买单的农产品过剩问题,并将加速农业现代化进程,那些低效边缘农户应另谋出路。[95]对烟农来说,这正是不受约束的市场所带来的危险:回归到20世纪前30年因过度生产而让他们衰弱不堪的状态中。

即使是在有补贴、有监管的农业领域,烟草计划也因其严格遵守供应控制而引人注目。这种控制反过来又有助于维持小农场的生存。但是,尽管烟草有其独特属性且屡获立法豁免,但它显然是混合经济的产物。在这种混合经济中,组织良好的生产者群体的偏好塑造了宏观经济政策。在20世纪50年代和60年代,企业和政府之间的紧张关系在很多情况下让位于一种精心调控的共识。[96]战后的富裕是通过对私营企业的公共补贴、联邦政府对研发的投资、宏观经济规划和对特定行业的监管实现的。

像波音公司、通用电气公司、洛克希德·马丁公司这样的国防承包商是混合经济最明显的受益者，冷战时期对高科技武器的爆炸性需求培育了这种经济。当德怀特·艾森豪威尔总统卸任时，他提醒人们要注意军工联合体"在经济、政治甚至精神方面的全面影响"，而其他公私联合体仍在蓬勃发展。受到监管的行业——航空、通信、运输、公共事业——实现了稳定增长，这反过来又支撑了其他经济领域的增长。[97]

美国经济的扩张与政府的扩张齐头并进。这反映了在《全国工业复兴法》《证券交易法》和《农业调整法》中所表现出来的单一行业监管的新政理念。但是，无论一些新政支持者对"和平的宿敌——商业和金融垄断"——有过什么样的怀疑，这种怀疑在第二次世界大战期间都让步于企业与政府之间的建设性合作。这里的建设性有两层含义：美国经济已经开启了一段空前增长期，战后数十年的监管体系倾向于首先保障生产商的权益。[98]

战后对主要行业的监管大多是迁就性的，而非对抗性的。政府通过抑制竞争促进了价格稳定和服务扩张。[99]战后数十年的混合经济植根于新政的经济哲学和制度框架。的确，20世纪50年代和60年代负责监管重点行业的机构是在30年代建立的。例如，美国联邦通信委员会是根据1934年的《通信法》设立的。第二次世界大战后，联邦通信委员会和多个国家公用事业委员会负责监管美国电话垄断公司——新泽西州贝尔电话公司的运营。1938年成立的民用航空局在战后的几年里引领美国航空业取得了商业上的成功，通过严格管控运价、航线、公司合并和市场准入，到了20世纪60年代，民用航空局帮助创建了一个有11家公司的航空卡特尔。[100]异端经济学家卡尔·波拉尼曾断言：在新经济时代的黎明，"自由放任都是精心设计的"。[101]

政治学家雅各布·哈克和保罗·皮尔逊所称的"美国健忘症"——拒绝承认战后非凡的经济增长依赖政府强力干预——并不是一种简单的政治病。由于补贴计划是通过私营公司实施的，经济规划常常被视为自由企业的活力和美国方式的优越性的结果，尤其是在冷战的高峰时期。[102]在农业领域尤其如此，自19世纪60年代《宅地法》和《莫里尔法》通过以来，农业一直得到政府的大力支持。反过来，赠地学院研究的农业技术，使美国农民的单位面积产量领先全球（杀虫剂的使用量同样领先，因为生物化学工业也是在赠地学院的实验室和实验农场中问世的）。[103]自1914年以来，农业推广服务局一直确保这些"奶牛学院"的实验研究成果能很快到达特定的农场主手中。

到20世纪50年代，政府通过国家科学基金会、国家卫生研究院和大学所资助的科研项目创造了私营部门的利润并促进了商业发展。[104]战后混合经济的发展维度因企业和大学研究团队、工程师和实验室最终获得联邦拨款而被掩盖。[105]事实上，政府资助的研究所具有的商业潜力正是其吸引力的一部分。[106]从诞生之日起，战后混合经济从表面上看就更倾向于私营经济而不是公共经济。[107]正是在这种背景下，像烟草协会和北卡罗来纳州农业局这样的私营志愿组织才会想方设法地竭力掩饰政府的影子，即使这些组织必须依靠国家权力来运作。

本森是发展型国家的狂热支持者，他同意增加给赠地学院的研究经费，对于开拓新市场和将美国的剩余产品销往国外毫无顾忌。

然而，他坚决反对新政所倡导的价格补贴和生产控制等农业政策。本森是艾森豪威尔内阁中最具意识形态色彩且最富争议的成员，他倾向于依照《圣经》来对新政农业计划进行谴责，也倾向于对自由企业式农业进行原教旨主义般的鼓吹。[108] 对本森来说，高价格补贴体系既不自然，又适得其反。一方面，它鼓励农民生产更多的产品，而不考虑他们产品的市场。结果，大量过剩的小麦、棉花、玉米和牛奶堆积在商品信用公司的仓库里。[109] 这些项目在减少供应上显然是失败的，而公众却在为其买单。另一方面，价格补贴不但亵渎了自由企业制度的神圣性，也侵蚀了农民的灵魂。"自由是宪法保障的、上帝赋予的永恒的原则，"本森在担任农业部部长后的第一次声明中宣告，"依赖政府供养的人是否能获得政治自由，这是值得怀疑的。"他认为政府对市场的过多干预"扼杀了进取心，打击了勤劳精神，摧毁了人们的个性，使人们丧失斗志"。[110]

为了减弱政府在农业方面的作用，本森不惜激起消费者对农民"在食槽里吃东西"的不满。在1960年（大选年）小麦严重过剩期间，他质问道："到什么时候，1.4亿不以农场为生的美国人会奋起要求彻底取消对农业的所有援助？"[111] 在本森担任农业部部长的8年中，他一直坚持认为，只要联邦政府停止对大宗商品价格的补贴，随着农民屈从于不可改变的供需规律，农产品过剩就会消失。[112] 本森对农业补贴的教条主义立场甚至导致了农业州的共和党人对他的疏远，他被指责要为共和党在1958年中期选举中灾难性的结果负责。1960年，总统候选人尼克松把他排除在总统竞选活动之外。[113]

哈罗德·库利喜欢给本森制造麻烦。在本森任期的大部分时间里，库利都是众议院农业委员会主席，因此他有很多机会。这位民主党众议员完全不同意本森关于自由企业的观点。他说："农民们在1932年完全是自由的，而我们当时得到的仍然是让人挨饿的价格。"[114] 这位众议院农业委员会主席是种植面积控制和价格补贴的坚定捍卫者，而本森将烟草计划的这两大支柱视为祸根。"本森先生提议废除这个计划，而他除了给农民提供他所说的价格越来越低的'自由'市场之外，什么也没有提供。"库利说，"从他上任的那一天起就很明显，他的目的就是要废除对农业的补贴计划。"[115] 烟农们怀疑本森这位摩门教的长老对烟草怀有宗教偏见。为了保护供应管理免受农业部内外的攻击，库利鼓励农民积极表达他们的意见。

利益集团的想法

战后数十年，许多政治观察家认为，有组织的农业对政策及其自身的公众形象有很大的影响力。事实上，自由主义的支持者和批评者都注意到了农业局在国会和农业领域的影响力。像丹尼尔·贝尔、西摩·马丁·利普塞特和亚瑟·施莱辛格这样的知识分子对战后人们加入公民组织的狂热赞赏有加，这即便是在一个人人热衷于加入社团的国家也令人震惊。农业组织这样的利益集团便是这种狂热的政治体现，也是亚瑟·施莱辛格所描述的自由民主的重要核心。[116] 这种定位也体现在农业局对其政治角色的自我阐释中。1958年介绍机构组织的一本初级读物解释道：像农业局、商会、全国制造商协会这样的"大型国家组织"，或者像美国劳工联合会－产业工会联合会这样的工会组织，都有着"负责研究该领域的问题，并协助制定最优方案的义务"。这些组织不仅要对"其所属行业、职业或贸易负责,而且要对整个国家负责"。[117]

战后岁月里,政治理论家认为利益集团对于大众民主社会至关重要。尽管多元主义的拥护者很少会宣称利益集团总是"为整个国家"而行动,但工会、农业团体和专业协会仍被视为公民和国家之间的重要纽带。利益集团在本质上被理解为具有代表性的组织,向民选官员传达成员的意愿。

在这种情况下,压力集团和国家都被视作公众意愿的透明载体,缺乏自主权力。[118] 1952 年,政治学家厄尔·莱瑟姆在《政治的集团基础》一书中写道:"集团是为他们所属的个人而存在的。"国家与私人协会并存,目的是确保"维系各集团相互关系的共识"。[119] 在这种和谐的图景中,"每一个法令都倾向于妥协,因为调和集团利益冲突的过程是一个通过协商达成共识的过程"。[120] 对于多元主义者来说,政治生活的主题是动态调整。他们把政治想象成一个自我修正的市场,不断调整以适应新的权力格局,实现新的平衡,"今天的输家可能是明天的赢家"。[121]

并非所有人都对利益集团的自我调节能力持乐观态度。多元主义者将政治进程视为不断寻求平衡的过程,而批评人士却看到了权力在不具代表性的组织周围不断累积、固化。到 20 世纪 50 年代末,对"民主代议制""法律的平等""机构公正性"等陈词滥调的信仰越来越被视为幼稚。C. 赖特·米尔斯是一位著名的社会学家,他曾对 20 世纪中叶思想僵化的社会进行批判。他认为,在美国的政治文化中,"公共关系取代了理性的辩论,对权力的操纵和强硬的决策取代了民主权威"。[122] 对于米尔斯和其他左翼评论家来说,国家看起来不太像一个针对利益竞争的中立仲裁者,而更像一个事先挑选赢家和输家的不诚实的裁判。在其他批评者看来，问题不仅在于政府的偏袒，还在于压力集团自身的精英主义。[123] 利益集团与其说代表了广大成员的意愿，不如说反映了其领导层的阶级立场。

政治学家格兰特·麦康奈尔是其学科领域较早对多元主义理想进行批判的学者。他在1954年出版的《农业民主的衰落》一书中，梳理了从"新政"初期一直到中期这一漫长过程中的农业衰落过程。在"新政"时期，美国农业调整管理局中的保守派击败了改革派的农业安全局，从而巩固了农业寡头集团的统治。麦康奈尔将农业局比喻为草丛中的毒蛇，其力量源于与农业推广服务局长期以来的共生关系。[124] 具体来说，农业局的历史和运作在两方面与多元主义理论的假设相矛盾：国家的中立性假设，以及组织代表广大成员物质利益的程度假设。麦康奈尔随后出版的经典著作《私人权力与美国民主》进一步阐释了他在农业领域观察到的一个基本悖论：有组织的选民基数越小，利益集团就越强大。麦康奈尔揭示了政治生态中一个更为黑暗的法则——"寡头统治铁律"。该法则认为，所有被赋予公共权力的私人集团，都将逐渐滑向少数精英统治。[125]

因此，在批评美国政治制度的左翼人士看来，农业组织是特殊利益集团腐败的典型案例。韦斯利·麦丘恩在其著作《谁是我们农业政策的幕后黑手？》（1956年）中对农业官僚机构、农业（或商业）压力集团的"连锁董事"①进行揭发指控。麦丘恩曾在杜鲁门政府中担任农业部部长助理，他写这本书时关注的是第二次世界大战以来

---

① 连锁董事指连兼两个或两个以上公司董事会的董事。这些公司往往是处于竞争之中的公司，这样每一个董事会至少有一个人可以知道其他董事会的意见、行动方案或行动。——编者注

农业压力集团的扩张和运作，指出农业局在规模和影响力上均居首位。事实上，农业局自20世纪40年代以来一直积极争取非农商业利益集团的加入，其规模之大，使得农业局成为"代表160万余农户"的最不具代表性的利益载体。[126] 农业局也因与国家农业推广服务局的密切关系而得到扶持。农业局的一本小册子中写道："农业局的历史与美国农业部下属的农业推广服务局以及各州农业大学的历史密不可分，对任何一方的发展进行描述都不可能不提及另外两家。"[127]

《谁是我们农业政策的幕后黑手？》并没有在理论层面上批判多元化，但其表述和分析带有麦康奈尔和米尔斯的独特烙印。"如今，这些组织的主要功能是与政府机构打交道，而这些政府机构正是其早年抗争的对象。"[128] 麦丘恩指出，自第二次世界大战以来，农民发现自己成为一些公司和贸易协会"示好攻势"的目标，如食品零售商委员会、西尔斯·罗巴克公司或桂格燕麦公司等。在资金充足的公关活动的推动下，精英农民和商人走得更近了。"过去的农场领导会指望美国铁路协会的代表参加农业保护者协会和农业局的定期会议，并且还是被邀请去参加这些会议的吗？"[129] 非农利益集团参与"农业组织的高层讨论"，"它们将其与农场的联系作为'掩护'"，总是以"热爱农民"的姿态行事。[130]

尽管麦丘恩和麦康奈尔均没有对烟草种植者进行专门的分析，但他们不会对这种"心急火燎的"政策制定过程中显露的权力格局感到意外。到20世纪50年代初，烟草行业的农业管理者也不得不与他们昔日的敌人——卷烟制造商——结成联盟。农民们压制了对制造商的愤怒，转而与他们建立了一种商业化联盟。卷烟制造商则欢迎农民进入他们烟雾缭绕的密室。

农业公共关系

烟农进军公共关系领域是受到了防御精神的推动——这种精神与当初三州烟草种植者合作协会的精神非常相似。公共关系被认为是农民获得特权和优势的工具，而这些特权和优势又被认为是以牺牲农业为代价而惠及其他部门的产物。北卡罗来纳州农业局因支持严格的高价补贴而与美国农业局联合会分道扬镳，如今开始与库利密切合作，打造了一套表达不满的话语体系。该组织的简报中持续向农民灌输如何"纠正美国公众"对平价制度、商品营销和"食品实际成本同比变化"的认知偏差。[131]

农业局在吸纳新会员以及内部发布信息时，都过于关注农业相对于其他产业的命运。[132] 例如，北卡罗来纳州的农民收到了一本迷你手册，对于会员们有可能提出的关于该组织的问题，该手册列出了现成的答案。为什么要加入农业局？因为农民加入农业局就可以收回"他们在国家收入中应得的份额，而这正是他们在消费者支出中应得的份额"。[133] 毕竟，"其他所有团体都是有组织的"，这本手册以 20 世纪 20 年代农业合作集体谈判时的愤懑语调强调："农民必须组织起来。"[134] 农业局宣称，农民在通过美国农业援助项目努力为"全世界提供衣食"时，却在文化上被贬低了——"没有得到其他群体的充分认可"。农业局的这一说法让农民们有了一种四面楚歌的感觉。

这种叙事刻意掩盖了农民受到国家特别优待的事实——存在为出口农产品和处理过剩农产品而出台的对外援助计划。与之形成对比的是，农业局却赋予了农民一种奉献者的形象：为人类的利益而辛勤劳作，却得不到认可。在这样一个不利的环境中，农民不能把政治话语权交给自己的敌人。"我们农民，"小册子宣称，"应自拟农业法案，而不应让其他团体代劳。"关键在于曾经帮助北卡罗来纳州农民走出大萧条的政策的存续。北卡罗来纳州农业局恳求农民在考虑他们是否"比那些不种地的人更了解农业项目"时要"记住20世纪30年代"。[135] 激发人们的怒气是一种有效的组织策略。农业局同时鼓励烟农争取"专属的"农业政策，并把政府的补贴看作自己本该得到的东西。

对北卡罗来纳州农业局来说，公关意味着向其他美国人展示农场主作为"负责任的有产者"的正面形象。从1953年开始，该组织的决议新增了一项公关专项条款，其宗旨是"增进我国日益减少的农村人口与日益增加的城市人口之间的理解与合作"。[136] 其中关于"社区改良"的部分提供了进一步的线索，让人们了解农业局的会员希望美国城市居民看到什么样的乡村图景："一个有吸引力、善于合作的社区能增强农村生活的尊严和满足感。"因此，农业局敦促其会员"设置醒目的邮箱，并且在邮箱一侧（或标牌上）用大号字体写上主人的名字"。[137]

私人对"社区"的维护至关重要。农业局指示会员们自愿"参加美化乡村教堂与墓地的活动"。[138] 当然，农业局会员必须"积极推广并参与县里举办的各种农业博览会"，推出"个人农场展品"以争取州农业官员的重点关注。农业局教导农民们要把自己看作公民、家庭支柱、教会成员和社区管家，而不是政府援助的接受者。尽管农业局鼓励会员标榜农村价值观的优越性，但是将政府的援助视为自己挣得的财产的并非只有农业局会员。实际上，与此同时，生活在郊区的美国人也开始明白，通过联邦政府补贴的抵押贷款购买独户住宅是中产阶级与生俱来的权利。[139]

白人至上主义是农业局关于农民公民的愿景的核心，这多少有些像情景电视剧《奥齐和哈丽雅特》风靡一时的时代关于核心家庭的愿景。[140]北卡罗来纳州农业局极力反对那些有利于美国黑人的社会政策，即使这些政策与北卡罗来纳州农业局的其他纲领并不冲突。该组织虽然反对"福利支出的稳步上升和领取救济人数的稳步增加"，却通过支持对烟农的高价格补贴来支持针对农村白人的福利制度。[141]

在公共教育问题上，该组织的种族主义立场同样明显。20世纪50年代初，北卡罗来纳州农业局曾经谴责该州负有教育程度低的恶名，并要求为农村公立学校投入更多资金。[142]到了1959年，教育建议的措辞已显现出逐渐发展的种族立场微妙转向。农业局的教育纲领主张将指导学生的首要责任归于家庭而非公立学校。[143]第二年，随着种族融合之风以"从容不迫的速度"终于到达北卡罗来纳州，夏洛特-梅克伦伯格学区合并了。作为回应，农业局重申了"各州权利"和教育地方主义的基本原则："公立学校系统的管理权、财政权必须归属于能够有效运作的政府最小单位。"[144]

明显的种族等级制度是白人农业政治的一大特征，当它浮出水面时，主流媒体几乎根本没有对此有所提及。1951年5月，库利在美国农业部员工颁奖典礼上发表了主题演讲。这位国会议员在演讲中一再拿"黑人牧师"和"黑人佃户"开玩笑，使得数百名在场的非裔美国人愤然离席。[145]库利后来援引了自己广为人知的"对黑人的友好记录"，声称自己并无恶意。"我不在乎我是不是有意无意地说了什么，"库利厉声道，"任何对此反感的黑人都过于敏感了。"¹⁴⁶作为农业公共关系在国会最重要的倡导者口中的农民的故事，始于白人男性对财产的天然特权，终于白人农民、白人农场主对"自主制定"农业政策的垄断权。

通过鼓励会员投资于彰显私有财产与道德公民身份的标识，北卡罗来纳州农业局淡化了烟农的财产本质上是由联邦政府所创造的事实。供给控制的核心机制是"配额"，而这正是一种国家创造的财产权。它允许得到配额的土地所有者参与烟草市场拍卖，赋予这些财产所有者享有价格补贴和贷款优惠的权利，这些都是农业部部长的命令和地方农业委员会的行政特权不断地雕琢出来的。就像纽约市的出租车牌照一样，出租车牌照本身有价值，与出租车费无关；种植烟草的权利本身很有价值，与烟草的拍卖价格无关。尽管由于总供应量受限，两者的价值被人为地夸大了。

配额这种监管工具已经变成了可转让的财富。¹⁴⁷ 1961 年对烟草计划的修订使这一点变得更加明显，因为国会允许一个农民在同一县内最多能租赁和转让 5 英亩的土地。因此，配额本身就完全是一种商品——可分割、可替代，并且可以作为贷款的抵押品。"如今，一个烟草农场的价值在很大程度上取决于其烟草配额。"北卡罗来纳州民主党参议员埃弗里特·乔丹在 1965 年评论道。¹⁴⁸

配额也带来了政治红利。许多老年人（包括退休的农民、寡妇）持有配额却将其出租给他人，这笔租金是对固定收入的一种宝贵的补充。"种植面积配额代表着他们的终身投资，"一名租户解释说，他的农场经营活动是通过租用闲置配额拼凑起来的，"正是由于这笔钱，这些人才不用靠救济金生活。"¹⁴⁹ 烟农们渐渐地把政府创造的配额价值视为私有财产("他们的终身投资"),并在租金收入和福利救济金之间画出了一道带有种族色彩的界线。

但是,给某位年迈的土地拥有者一张支票并不能使配额完全脱离特定土地。配额只能在同一县内转手,这就阻止了烟草生产在低成本地区全面整合,将那些可能因工业、房地产开发或高等教育等放弃烟草种植的地区与烟草的政治命运联系在了一起。[150] 联邦政府的烟草计划不仅为支持烟草管制赢得了一大批颇具同情心的支持者,还以私有财产为幌子,不断加深这样一种观念,即农民应该得到他们现有的一切,甚至更多。

烟草计划给烟农带来了丰厚的收入,包括高价补贴和不断增值的配额,但正是这种丰厚的收入,才需要人们借助公关和利益集团在政府部门的代表去不懈捍卫。"我们不希望任何人就某个农业项目对我们发号施令,"库利在1955年的广播讲话中说道,"但是我们在解决自己的问题、出台自己的政策时,需要得到那些在国会有投票权的城市居民的理解。"[151] 尽管农民在美国人口中所占的比例越来越小,但他们并不打算放弃自己对高尚公民身份的追求。像北卡罗来纳州农业局这样的利益集团之所以具有影响力,正是因为新政时期的政治经济依赖国家与公民社会之间的密切关系,而这些利益集团此刻又通过"志愿主义""私有财产""社区"和"家庭"等术语来掩盖他们对国家的制度性依赖。[152] 农业计划一直以来都是在农场组织的支持下运行的,而这些由委员会主导的分散化农业计划又扩大了北卡罗来纳州农业局的权力。北卡罗来纳州农业局对家庭和财产的不断强调,让人们觉得白人烟草生产商与美国其他种族或专业阶层不同,他们有权得到政府的补贴。北卡罗来纳州的烟农实践着一种具有讽刺意味的重农主义：联邦政府的烟草计划孕育了小农民主，而这种民主因具有社会价值，值得联邦政府去保护。

北卡罗来纳州罗利市约克大厦：烟草种植者信息委员会

到1953年，卷烟制造商们清楚地认识到，关于卷烟对人体有害的新证据将会变成对他们强大的组织能力的一次考验。广告宣传或人身攻击不足以应对新一代的反烟草先锋。之前，他们肆意嘲笑露西·佩奇·加斯顿刺耳的道德宣言，但是，在专家受到联邦政府高度重视并越来越多地得到政府补贴的情况下——而且其中一些专家自己有过吸烟史——要谴责那些有良好信誉的医生的研究成果，就完全是另一回事了。像《读者文摘》（当时发行量最大的出版物）和《时代》这样的大众出版物都报道了早期的科学研究成果。有了像"吸烟导致癌症"和"确定无疑"这样的标题，读者几乎只需看一眼标题就能理解吸烟与健康研究得出的结论。[153]

美国人似乎日益认识到，肺癌（曾经是罕见的疾病）现在已成为美国和英国男性死亡率迅速上升的主因。两国的科学家越来越倾向于将肺癌与高吸烟率联系在一起。美国吸烟人群也发生了变化。吸烟曾经是移民和少年的恶习，战争、广告和好莱坞都帮助扩大、职业化和美化了吸烟行为。1955年，超过一半的美国男性和近四分之一的美国女性是吸烟者。[154] 由于卷烟是军粮的一部分，军人的吸烟率更高。[155] 亨弗莱·鲍嘉、玛丽莲·梦露和詹姆斯·迪恩邀请人们把卷烟当作性爱的伴侣；林登·约翰逊和埃弗里特·德克森等政治家证明卷烟带来的享受无涉政治立场；从核物理学家转变为反核倡导者的罗伯特·奥本海默和全国有色人种协进会首席法律顾问瑟古德·马歇尔等知名人士都是"老烟枪"。1946年，雷诺兹烟草公司巧妙地利用医生们引以为傲的地位和专业知识，发起了一场广告宣传活动，让美国人在接下来的六年里都为之倾倒："大多数医生都抽骆驼牌卷烟。"[156]吸烟成为美国人的主要特征，无论其职业阶层、受教育程度、长相或政治背景如何。

虽然医学界对卷烟品牌的偏好不为人知，但医生们的吸烟习惯确实为一项最重要的吸烟与肺癌关系研究奠定了基础。"英国医生研究"项目始于1951年，到1954年，该项目研究结果显示，吸烟的医生死亡率明显高于不吸烟的医生。[157]到1954年底，14项统计研究证实了肺癌与吸烟之间的关系。[158]著名外科医生奥尔顿·奥克斯纳告诫说："你每天吸烟的数量和你保持吸烟习惯的年数决定了你患肺癌的概率。"奥克斯纳在1939年就观察到了吸烟与肺癌之间的关系。[159]

奥克斯纳的警告没有得到重视，因为20世纪50年代美国的人均卷烟消费量一直在上升。[160]越来越多的研究报告并没有立即改变美国人对卷烟所带来的威胁的认知。1954年至1962年，盖洛普民意调查显示，认为吸烟是肺癌和心脏病诱因的美国人的比例从42%上升到47%，仅上升了5个百分点。[161]

这一可疑的"成就"或许应归功于卷烟制造商们。美国烟草公司总裁保罗·哈恩认为，烟草制造商需要联合起来制订一项行动计划——既要回应科学家对健康的关注，又要维护自身利益。1953年12月，在纽约广场酒店，烟草巨头们同意放弃利用健康问题来对付竞争对手。相反，他们会采取集体行动。在律师和伟达公关的公关人员的协助下，他们将制定一项战略，主导烟草行业未来40年的发展。

制造商们用同一种论调散布疑虑。他们会用烟草业资助的研究来反驳有关卷烟的科学发现，然后证明"科学还没有定论"。这些公司的代表们会鹦鹉学舌地夸夸其谈，宣称需要一个不可能得到的精确数据来证明吸烟与疾病之间的因果关系，从而混淆事实真相。烟草工业研究委员会成为他们的主要喉舌。从1954年到1997年，烟草工业研究委员会花费了近3亿美元，资助旨在发现吸烟与癌症之间没有任何关系的各种"烟草与健康"科学项目，或者资助从未打算回答这个问题的项目。[162]

农业利益集团从一开始就是烟草业共谋体系的一部分。[163]纽约广场酒店的会议并非只有烟草公司出席——杰克·赫特森也以美国烟草协会会长的身份出现在了那里。会议记录显示，赫特森的任务还包括与其他烟农协会建立联系——他在新政期间就开始与这些协会打交道。[164]不管小农场主们是否意识到这一点，烟草管理局的资金结构（通过联邦营销公投向生产者强制征收）将所有烟农与大烟草公司的阴谋捆绑在了一起。一个最初旨在帮助农民克服自身营销弱点的组织，最终却让卷烟制造商们从中受益。

纽约广场酒店会议的结果是一则巧妙的广告。1954年1月，《对吸烟者的坦率声明》出现在数百家报纸上（见图3.3）。这则广告表明了对公众健康的关注，同时也为一项长期的伪科学计划奠定了基础。一方面，该声明向读者保证，烟草行业"将关心人们的健康作为一项基本责任"，并承诺"将与负有维护公众健康职责的机构密切合作"。为此，它宣布成立了一个由烟草行业资助的名为"烟草工业研究委员会"的研究联盟，帮助研究"烟草的使用与健康的关系"。它的理事会将由"医学、科学和教育领域的杰出人士"组成。媒体对这一"坦率声明"进行了广泛报道，并称赞烟草业是负责任和开明的。[165]事实上，烟草工业研究委员会从事的是罗伯特·普罗克特所谓的"转移注意力的研究"，其目的只是让人们对吸烟与疾病之间的因果关系产生怀疑。[166]

在该声明的文末是倡议者的名单，其中自然包括美国烟草公司、布朗·威廉姆森烟草公司、雷诺兹烟草公司、菲利普·莫里斯公司和罗瑞拉德公司等卷烟制造公司的总裁，以及烟草协会的"J. B. 赫特森"。赫特森成功联系上了农业贸易团体，并且说服了白肋烟农合作社、马里兰烟农协会和几个仓库协会在声明上签名。新政时期给烟草种植区带来过稳定的组织网络，也让烟农们在政治上、经济上和文化上参与到了迷惑和欺骗大众的阴谋中来。烟农组织在稳定了烟农的收入之后，又将自己的技能用于保护卷烟的生产和销售，对越来越多的关于吸烟致命的证据置若罔闻。[167]

为了保持烟草工业研究委员会科学公信力的表象，伟达公关建议烟草行业成立几个独立的机构，以便更直接地参与政治斗争。[168] 1958年，两个新的组织在烟草公关工作的保护伞下诞生：烟草研究所和烟草种植者信息委员会。烟草研究所是一个游说团体。在20世纪60年代至70年代，它的领导人霍勒斯·科恩盖和厄尔·克莱门茨都曾在烟草种植州担任过高级官员。科恩盖曾担任四届北卡罗来纳州第六选区的民主党众议员，这个选区位于卷烟生产重镇达勒姆（美国烟草公司和利吉特＆迈尔斯烟草公司所在地）和温斯顿－塞勒姆（雷诺兹烟草公司所在地）之间。克莱门茨是当时最受人关注的政治家之一，也是来自肯塔基州的民主党坚定支持者，先后担任

A Frank Statement to Cigarette Smokers

RECENT REPORTS on experiments with mice have given wide publicity to a theory that cigarette smoking is in some way linked with lung cancer in human beings.

Although conducted by doctors of professional standing, these experiments are not regarded as conclusive in the field of cancer research. However, we do not believe that any serious medical research, even though its results are inconclusive should be disregarded or lightly dismissed.

At the same time, we feel it is in the public interest to call attention to the fact that eminent doctors and research scientists have publicly questioned the claimed significance of these experiments.

Distinguished authorities point out:

1. That medical research of recent years indicates many possible causes of lung cancer.
2. That there is no agreement among the authorities regarding what the cause is.
3. That there is no proof that cigarette smoking is one of the causes.
4. That statistics purporting to link cigarette smoking with the disease could apply with equal force to any one of many other aspects of modern life. Indeed the validity of the statistics themselves is questioned by numerous scientists.

We accept an interest in people's health as a basic responsibility, paramount to every other consideration in our business.

We believe the products we make are not injurious to health.

We always have and always will cooperate closely with those whose task it is to safeguard the public health.

For more than 300 years tobacco has given solace, relaxation, and enjoyment to mankind. At one time or another during those years critics have held it responsible for practically every disease of the human body. One by one these charges have been abandoned for lack of evidence.

Regardless of the record of the past, the fact that cigarette smoking today should even be suspected as a cause of a serious disease is a matter of deep concern to us.

Many people have asked us what we are doing to meet the public's concern aroused by the recent reports. Here is the answer:

1. We are pledging aid and assistance to the research effort into all phases of tobacco use and health. This joint financial aid will of course be in addition to what is already being contributed by individual companies.
2. For this purpose we are establishing a joint industry group consisting initially of the undersigned. This group will be known as TOBACCO INDUSTRY RESEARCH COMMITTEE.
3. In charge of the research activities of the Committee will be a scientist of unimpeachable integrity and national repute. In addition there will be an Advisory Board of scientists disinterested in the cigarette industry. A group of distinguished men from medicine, science, and education will be invited to serve on this Board. These scientists will advise the Committee on its research activities.

This statement is being issued because we believe the people are entitled to know where we stand on this matter and what we intend to do about it.

TOBACCO INDUSTRY RESEARCH COMMITTEE
5400 EMPIRE STATE BUILDING, NEW YORK 1, N. Y.

SPONSORS:

THE AMERICAN TOBACCO COMPANY, INC.
Paul M. Hahn, President

BENSON & HEDGES
Joseph F. Cullman, Jr., President

BRIGHT BELT WAREHOUSE ASSOCIATION
F. S. Royster, President

BROWN & WILLIAMSON TOBACCO CORPORATION
Timothy V. Hartnett, President

BURLEY AUCTION WAREHOUSE ASSOCIATION
Albert Clay, President

BURLEY TOBACCO GROWERS COOPERATIVE ASSOCIATION
John W. Jones, President

LARUS & BROTHER COMPANY, INC.
W. T. Reed, Jr., President

P. LORILLARD COMPANY
Herbert A. Kent, Chairman

MARYLAND TOBACCO GROWERS ASSOCIATION
Samuel C. Linton, General Manager

PHILIP MORRIS & CO., LTD., INC.
O. Parker McComas, President

R. J. REYNOLDS TOBACCO COMPANY
E. A. Darr, President

STEPHANO BROTHERS, INC.
C. S. Stephano, D'Sc., Director of Research

TOBACCO ASSOCIATES, INC.
(An organization of flue-cured tobacco growers)
J. B. Hutson, President

UNITED STATES TOBACCO COMPANY
J. W. Peterson, President

图 3.3 1954 年 1 月,《对吸烟者的坦率声明》发表在全美 448 家报纸上,发行量约为 43 245 000 份。圈出来的部分为参与烟草工业研究委员会组建工作的烟农组织。(烟草工业研究委员会)

过国会议员、州长和参议员,曾为自己的朋友林登·约翰逊(参议院多数党领袖)拉票。《卫生总署关于吸烟与健康的报告》在1964年发表之后,他与约翰逊密切的个人关系和政治关系保护了脆弱的烟草业。

除了领导作用外,烟草研究所还负责烟草行业的宣传工作。在1998年"主和解协议"将其解散之前,该组织不断地发表各种口号、新闻稿、白皮书、代笔文章,并且培养时刻对着摄像机镜头侃侃而谈的发言人,声称要推翻"吸烟导致疾病"的科学共识。烟草研究所很快就将自己打造成了华盛顿资金最雄厚、政治人脉最广的游说团体之一。

烟草种植者信息委员会负责解读烟草研究所的宣传目标,将其传达给农业领域的听众。该组织的目标是打击"所谓的健康恐慌言论和过度征税",将烟农反对提高卷烟税的长期斗争与新兴的健康议题联系起来。1958年11月,在北卡罗来纳州的罗利市,公私领域的农业领袖联合成立了烟草种植者信息委员会,从而使该组织变成了更大的农场组织,代表着数以千计的成员。从佛罗里达到康涅狄格,再从田纳西到威斯康星,所有烟草生产州的烟农合作社都是其早期成员,还包括这些州的所有农业局和农业保护者协会。[169]

烟草种植者信息委员会的领导层也同样反映了公共组织和私人组织之间的深度勾连。烟草种植者信息委员会的会长是卡尔·希克斯。他是烤烟稳定合作公司的主席,并担任北卡罗来纳州农业局烟草委员会主席。20世纪30年代,他曾作为代表团的成员被派往华盛顿与新政烟草政策规划者一起制定烟草政策。[170]烟草种植者信息委员会董事康·拉尼尔代表烟叶经销商在烟草种植者信息委员会公司章程上签字。已故董事杰克·赫特森生前经常出席烟草种植者信息委员会的会议。W. T. 乔伊纳是旧三州烟草种植者合作协会创始人的儿子，如今担任烟草种植者信息委员会的法律总顾问。[171] 公共机构的代表也深度介入：北卡罗来纳州烟草委员会（隶属州农业部）成员固定参会，而联邦农业信贷管理局的一名成员则进入了董事会。[172]

这些人无论是在种族、经济还是社会意义上都不是烟农的代表。他们是富有的白人，经营农场的时间较少，经营生意的时间更多。但从政治和经济的角度来说，他们其实又代表了成千上万的农民，在选举产生的委员会任职，并运营着一些为烟草种植带制定规则的组织。根据该组织在 1960 年提出的预算，烟草协会通过筹集资金向烟草种植者信息委员会提供了 2.5 万美元的经费，与卷烟制造商提供给烟草研究所的经费差不多。[173]

烟草种植者信息委员会的经费来自烟草研究所、烟草协会和会员缴纳的会费，它将大企业的公共关系机器带到农业领域密集的组织网络中。烟草种植者信息委员会主要由一个全职公关人员负责，他撰写新闻稿、文章和小册子，然后由当地媒体、农业组织以及刻意培养的民选官员传播。公关人员还监管全国和地方的报纸、电视台和广播节目的内容，以确保这些媒体获得充足的支持吸烟的"事实"，从而对抗反吸烟"狂热者"的"观点"。[174] 烟草种植者信息委员会的首次招募工作确立了该组织的基调，并暗示了其由企业提供资金的性质。一本名为《战斗召唤》的小册子被寄给 35 万"农民和他们的朋友"。它还通过私营商人——饲料经销商、保险代理人、银行家——以及农业推广服务局人员和县烟草委员会成员等公共机构工作人员的志愿行动，分发给农民。[175] 借助烟草种植者信息委员会，农业组织形成了一套反政府的愤慨说辞，掩盖了最初促成该组织成立的政治特权。

来自农业媒体的支持至关重要。根据烟草种植者信息委员会自己的说法，它在成立之初就得到了"公共服务媒体的大力支持"，包括《进步农民报》《农场与牧场杂志》等农业刊物，以及一些在城市里有影响力的地区报纸，如里士满的《时代快报》和罗利的《新闻与观察家报》。[176] 烟草种植者信息委员会还通过成熟的农场会议渠道收集信息。它通过烟草研究所向地方农庄、农业局、仓库协会、银行家、农业推广服务局工作人员以及县委员会发送由伟达公关准备的材料。[177] 种植者的公共关系依赖一些既有的、国家支持的组织、信息渠道和人事层级。但作为一个私营企业实体，烟草种植者信息委员会成立之初的目标明显是反税收和反公共卫生的，它用刺耳的反监管论调掩盖其高度依赖国家机器的运作机制。

正如烟草工业研究委员会资助了鼓励种植烟草的研究，并将研究成果作为"医学界对吸烟与健康关系存在争议"的证据，烟草种植者信息委员会也创造了一个支持烟草的知识的递归循环。它从政府和私人渠道获得信息，将这些信息重新包装为支持烟草事业的"素材"，然后将这些知识返还给同样在发布信息的机构——农场组织、农业部、银行家和烟草贸易组织。

例如，在一次早期的宣传攻势中，烟草种植者信息委员会出版了 8 万份名为《美国的第一遗产》的小册子，根据佐治亚州、肯塔基州、北卡罗来纳州、弗吉尼亚州、南卡罗来纳州和田纳西州的不同情况分别出版。其中，弗吉尼亚州版的《美国的第一遗产》强调了烟草在该州历史和经济发展中不可或缺的作用，涵盖了从殖民时期的种植到烟草税对该州收入的贡献等各个方面的内容。这本拉页式小册子最后一页介绍其资料来源为"里士满商会、烟草税委员会、弗吉尼亚州农业与商务部、弗吉尼亚州劳工部、弗吉尼亚州商会、弗吉尼亚州港口局、美国农业部、美国商务部、国家税务局、美国财政部"。[178] 虽然烟草种植者信息委员会试图建立一个平行的、以贸易为中心的机构,来制衡政府监管烟草的权力,但它的确依赖政府统计数据的权威性和声望。

尽管烟草制造商是烟草种植者信息委员会背后的主要力量,但是不能把这个组织看作工业界"收割农民"的一次尝试,毕竟赫特森在烟草工业研究委员会成立的时候也在场。在烟草工业研究委员会的一次早期会议上,农业局代表和白肋烟种植者,与行业律师、公关高管以及声名狼藉的医生克拉伦斯·库克·利特尔并肩坐在一起。利特尔因坚持癌症遗传致病理论,因而成为烟草行业最青睐的医生。[179] 当然,在臭名昭著的《对吸烟者的坦率声明》的14个签署者中,有3个是农业团体的代表。

烟草种植者信息委员会谱写了有组织的种植者和制造商之间关系的新篇章——卷烟历史上的新篇章。烟草托拉斯时代的夜间突袭与激烈谴责已经一去不复返了。联邦政府的农业计划授权并组织精英烟草种植者开拓海外卷烟市场,维持国内的卷烟消费现状。烟草种植者信息委员会证实了库利早先呼吁的"为农民开展积极的公关计划"是正确的。[180] 在烟草业的支持下,农民们终于有了数不胜数的"事实"和"真相",可以提供给"美国重要的作家、杂志和报纸";他们终于有了自己的"发言人机构",还有了许多"资质过硬者",随时准备向人们讲述己方立场。[181]

在与烟草业合作的过程中,尽管烟草种植者得到的联邦政府补贴远高于其他任何商品种植者,他们的言论却呈现出一种反政府的基调。烟草种植者信息委员会的运作本身亦依赖政府机构:它的领袖和核心成员是一小群在农业官僚体系内外掌权的人。一个得到大量补贴的行业却在谴责政府监管,这种显而易见的虚伪行为其实一点也不矛盾。人们可以选择通过参与像北卡罗来纳州农业局和烟草种植者信息委员会这样的志愿组织来躲避政府的干预。人们可以将烟草协会的强制性评估视为农民对其私营计划的责任和所有权的证明,而不是强制的过剩处理机制。有了足够的帮助,人们甚至可以不再将联邦政府的烟草计划与纳税人资助的补贴画等号——因为农民毕竟没有直接从政府那里得到付款,他们得到的只有价格补贴,而且是以减少他们的种植面积交换来的。

农业权力的结社本质并非如韦斯利·麦丘恩和格兰特·麦康奈尔等批评家所指控的那样,是一个简单的"私利俘获"的叙事,这一点在北卡罗来纳州农业局、烟草协会和烟草种植者信息委员会身上可以明显看到。相反,成立于20世纪30年代,在40年代至50年代不断壮大的分散化烟草管控机制,被视为一种精英与政府之间的合作项目,由一些在政府或者私营部门正式任职的精英指导。这使得私营组织可以否认他们的政治特权,甚至煽动反政府情绪,对抗那些试图通过立法来取缔烟草的"政治投机者"。[182] 战后的经济意识形态不断追求"更多"——更多的卷烟,更多的烟民,更多的出口,更多的配额。在这种意识形态的指导下,烟农组织和卷烟制造业走得越来越近。当烟农们最终拥抱公共关系时,他们与烟草业联合了起来。此时,受到挑战的已经不仅仅是一种商品或产品,而是政府的治理方式。

第四章
公众利益的挑战

烟草项目对那些鼓噪不休的人可能没有多大意义，却对那些记得烟草价格只有10美分的时代的人有意义。

——休伯特·汉弗莱

我们不寻求自愿合作。我们起诉——起诉那些混蛋。

——约翰·班扎夫

一切终于在1964年见了分晓。¹11月11日星期六,卫生局局长卢瑟·特里站在国务院礼堂的讲台上,宣布即将发布备受期待的《卫生总署关于吸烟与健康的报告》。周六发布消息,这与常规的官方新闻发布时间不同。公共卫生署知道这个消息会导致烟草股票价格暴跌,因此特里的演讲被刻意推迟到了证券市场休息之后。9个"禁止吸烟"的标识被匆忙地钉在特里演讲的礼堂的墙上。200名与会者中有记者、政府工作人员和行业发言人中的少数人——包括特里的信息助理——在外面的走廊里抽烟。²卫生局局长本人最近也不再吸烟,而是改为偶尔抽烟斗或雪茄。³

该报告毫不含糊地宣布,吸烟与美国人的死亡率有因果关系。吸烟者患肺癌的平均风险是非吸烟者的9到10倍;对于烟瘾很大的人来说,这种风险要高出20倍。⁴吸烟者患冠心病的概率比不吸烟的人高70%,而冠心病是当时主要的死亡原因。⁵吸烟还被认为是慢性支气管炎最主要的病因,并与慢性支气管炎和肺气肿的死亡风险增加有关。⁶鉴于卷烟造成的危害如此广泛、如此严重,卫生局局长自信地预测,政府在解决这个问题上不会"拖后腿"。⁷

《卫生总署关于吸烟与健康的报告》标志着自20世纪30年代以来美国政府以专家为导向、以共识为基础的决策达到了一个高潮,这

第四章 公众利益的挑战 145

是美国政府的特点，冷战强化了这一特点。[8] 毕竟，特里花了很大的力气才写出了一份政治上无可指摘、科学上又无比严谨的报告。烟草行业近期在有组织地否认（吸烟危害等事实）的种种行径，也凸显了撰写一份权威性文件以解决烟草业引发的争议的必要性。[9] 为了组成一个委员会来负责审查有关烟草的多年研究成果，卫生总署的工作人员编写了一份有 150 名候选人的名单，他们都是肺病学、心脏病学、流行病学和统计学领域公认的专家。这份名单随后被分发给美国医学协会、美国心脏协会、美国癌症协会、国家结核病协会和烟草协会。每个协会都可以以任何理由删除任一候选人的名字。因此，最终被任命为委员会成员的 10 人是通过淘汰和协商一致的程序选出来的（见图 4.1），同时，特里确保了委员会中有 5 名成员是吸烟者。从 1963 年初到年末，专家小组都集中在国家医学图书馆的一个房间里开会。

图 4.1　卢瑟·特里在发表 1964 年《卫生总署关于吸烟与健康的报告》时向记者发表演讲。委员会成员就坐在讲台的后面。（科学概要 / 美国国家医学图书馆 /NNBDBV）

空气中弥漫着浓烟，桌子上堆满了纸和烟灰缸，[10]《卫生总署关于吸烟与健康的报告》也是在弥漫的烟雾中起草的。

这份报告的发布也预示着那个时代的终结。1964年标志着人们开始全面重新评估政府机构与被统治者的代表权之间的关系。在民权运动和反战激进主义的刺激下，许多美国人对各种精英和专家主导的机构——从医生办公室到大学，再到烟雾弥漫的国会委员会会议室——越来越持怀疑态度。美国人对结社制政府常规工作的许多方面越来越不能容忍。[11]

整整十年，学者、律师和活跃人士对有组织的利益集团和政府之间封闭的权力走廊提出了强有力的批评。这些批评人士主张"公众"应发挥更广泛的作用，不能只是政策的受众，而应成为政治决策的参与者。正当联邦政府承诺对卷烟采取"补救行动"时，来自公众利益方面的批评促成了反烟草运动的策略形成和人员组成。对公众利益的详尽阐述是对烟草结社主义的强烈谴责。它引发了美国民众的共鸣，人们早已开始怀疑，那些铸就现代化文明的要素：郊区住宅的扩张、超市货架上琳琅满目的农用化学品，以及作为工业象征的卷烟，终将在自我反噬中走向毁灭。[12]

参与式的理想

在1964年《卫生总署关于吸烟与健康的报告》发表数月后，法学学者查尔斯·赖希发表了一篇文章，详细分析了他所指的"新财产权"。他指出，联邦和州一级行政权力的扩大，不仅创造了新的财富高度，还创造了新的财富类别。[13]他说："越来越多的美国人依靠政府的福利金生活，而这些福利金由政府按照自己制定的条件进行分配，接受福利金的人则必须遵守这些表达'公共利益'的条件。"[14] 农业补贴（包括对烟草种植者的补贴），汽车运输公司、航空公司、石油和天然气管道的特许经营权，广播电视执照和职业资格许可，政府直接采购合同，失依儿童家庭补助，失业保险和社会保障保险——这些只是赖希所称的"公共利益国家"创造的最具代表性的财产形式中的一小部分。

然而，国家以"公共利益"的名义创造的东西也可能被夺走。[15] 事实上，政府的福利金所带来的力量——无论所采用的形式是广播电视执照、州律师执业资格，还是养老金或公共福利援助——都使背弃宪法的行为变得合法化：那些依赖政府的人在许多情况下都发现自己不再受第一、第四或第五修正案的保护。[16] 赖希特别写道，人们接受福利金的条件之一便是宣誓效忠，这有助于人们保持意识形态上的统一，而且赖希相当戏剧性地将现代美国政治经济学类比为封建主义。"就像封建制度通过一种相互依赖、履行义务和忠诚的制度将领主和附庸联系在一起那样，"赖希写道，"政府的福利金也将人与国家捆绑在了一起。"[17]

烟农虽然远没有赖希那样的觉悟，但他们很清楚他所描述的情形。在过去的30年中，种植和销售烟草的权利一直是"新财产权"的典型形式。对赖希而言，国家与社会之间的互动存在双重效应：其一是导致个体或弱势公司权利的减少，其二是促成了政企伙伴关系，允许一些经过精心挑选的私营实体成为政府的延伸部门。[18] 在财政的支持下，由层层官僚结构执行的结社式治理造成了"索然无味"的政治景观，无法为"人类精神"提供任何庇护。[19]

赖希相信制度是可以改革的，信念削弱了他的浪漫主义。为了维护集体社会中的个人自由，赖希建议将政府的福利金转化为权利，即转化为个人可以向国家提出的主张。获得政府补贴的权利将"为个人福祉与尊严确立最低安全保障"，使个体在"无人能完全主宰自身命运的社会"中保持独立。在集体化时代，唯有将福利转化为法定权益，方能真正实现人的独立。[20]让人在一个集体时代中获得独立的唯一途径是将福利转化为权利。

"新财产权"的观点影响巨大。赖希的文章成为《耶鲁法律杂志》上被引用次数最多的文章，其影响远远超出了学术引用的范畴。大法官威廉·布伦南在1970年的一项裁决中援引了此文中的观点，该裁决认为，福利金应认定为财产，而非政府援助，因此必须设定更高的终止福利金的门槛。[21]更重要的是，赖希对真实性的追求激励了一代年轻的律师，他们也认为公共机构和法院可以成为实现公众利益的载体。

赖希明白国家提供的福利金所具有的价值，他目睹了政府如何为美国巨头公司赋权。1952年，他从耶鲁大学法学院毕业后，在最高法院审理"布朗诉教育委员会案"期间，担任雨果·布莱克法官的助理。之后，他加入了著名的阿诺德－波特律师事务所。这家事务所是"华盛顿律师"这种本土政治生物的大本营，这类律师堪称顶级的圈内人，既能给客户提供接触并影响国会和政府官员的机会，又能在行政机构或哥伦比亚特区上诉法院为客户的利益辩护。[22]赖希在阿诺德－波特律师事务所工作了5年，得以"近距离观察私人资本权力的运作……并且看到联邦政府监管权力在其中的盘根错节"。[23]这5年也让他充分看到了法律与经济之间的关系，即赖希和

第四章 公众利益的挑战 149

其他批评家所称的"企业国家",而这5年也让赖希这个年轻的律师受够了。1960年,赖希回到耶鲁大学,在法学院任教10年,彼时的法学院则因学生要求制度改革的浪潮而沸反盈天。[24]

《绿化美国》(1970年)一书巩固了赖希作为反主流文化领军学者的声誉,但赖希首先是一个自由主义者。[25]正如"新财产权"所证明的那样,赖希认为联邦政府是经济安全的基本保障,但他在一些监管机构与它们所控制的行业之间存在的亲密关系中看到了民主原则的扭曲——这种关系实际上阻碍了公众更广泛地参与国家资源管理。他在1962年发表的文章《公众与国家森林》中对政府管理国家森林的方式进行了批判。尽管所有美国人都与"森林政策利害攸关,但是为公有森林制定基本政策的权力却被少数专业群体垄断"。[26]问题在于机构决策的封闭性,让公众参与的机会很少,对机构决策进行实质性司法审查的机会更少。其根源就是结社主义机制本身。

耶鲁大学法学院的学生们成立了首个环境法组织,并明确指出赖希的理论是其灵感的主要来源。[27]到20世纪60年代末,对联邦机构的批评催生了一个法律实务新领域——公共利益法。公益律师试图代表那些被排除在政治权力正常渠道之外的人、想法甚至物体(克里斯托弗·斯通1972年在其撰写的著名文章中问道:"树木应该有立场吗?")。这种对联邦机构的批评,尤其是与环境和自然资源分配相关的批评,在整个20世纪60年代变得越来越突出,并引发了现代环境法运动。[28]公共利益法的兴起,本质上是对一些企业、资金充足的利益集团和享有政治特权的选区占据权力失衡格局的批判。

20世纪60年代,研究政府结构的专业学者们日益将利益集团以及关联的政府机构描述为"铁三角"的两条边,这一隐喻揭示了利益集团、监管机构和国会之间的病态三角政治结构，这种关系确保政策制定与实施始终服务于少数组织化的资本精英集团。对于这种以商业为导向的政治局面，谴责声跨越了意识形态和学科范围。批评"企业自由主义"的新左派人士与批评"监管俘获"①的右翼市场导向人士，都对政府能否独立于既得利益集团之外深表怀疑。[29]

不管人们称之为企业自由主义、利益集团多元化还是监管俘获，上述对公共管理的批评都对年轻的公益律师产生了深远的影响。受全国有色人种协进会法律辩护基金的启发，公益律师尤其热衷于通过司法途径迫使官僚机构"向普通公民"开放。20 世纪 60 年代的法院开创了一个让公众更广泛参与机构程序的时代。它们的裁决扩大了对政府机构决策的司法审查；强化了对政府机构向公众开放其会议并延长其通知和评论期的要求；或许最重要的是扩大了"起诉权"（要求法院对政府机构的决定进行复审的权利）这一概念。按照狭义的起诉权概念，只有因机构受到直接经济损害的当事人才能起诉该机构。在里程碑式的"哈德逊河环境协会诉联邦电力委员会案"（1965 年）裁决中，第二巡回法院裁定，一个环保公民组织有权起诉联邦电力委员会，因为联邦电力委员会批准在纽约州一座山建造发电厂，侵犯了该团体"美学、保护和休闲方面的特殊利益"。[30] 简而言之，政府机构必须对公众利益有更广泛的认识，必须在决策过程中涉及更广泛的公众，并通过一个较真硬气的司法系统，提升公众问责的力度。[31]

这种法律战略上的革命反映在更广泛的文化潮流中。越来越多

---

① 监管俘获是指政府建立管制机构起初，管制机构能独立运用权力公平管制，但在被管制者与管制者长期共存的过程中，管制机构逐渐被管制对象通过各种手段和方法所俘虏，管制机构最终会被产业所控制，为少数利益集团谋求超额利润，使真正的守法者利益受损，结果使被管制行业更加不公平，降低整体效率。——编者注

的美国人开始怀疑，结社主义政府制定的政策对政体有害，就像毒物对人的身体有害一样。尽管美国原子能委员会早在20世纪50年代就已经知道食用被原子弹试验放射性沉降物污染的牛奶会致病，但美国人还是因此致病。[32]由于化粪池中的合成洗涤剂污染了饮用水，居住在郊区的美国人被迫面对富裕生活的阴暗面。[33]蕾切尔·卡逊的《寂静的春天》（1962年）不仅是对人们为了满足自己完全控制自然的傲慢欲望而广泛使用杀虫剂、破坏生态平衡的控诉，也是对美国农业部不负责任的决策的谴责。[34]对美国生活质量的担忧开始成为对盲目追求经济增长的有力制衡。《卫生总署关于吸烟与健康的报告》发表时，越来越多的美国人（超过以往任何时候）愿意考虑这样一个可怕的想法：创造繁荣的动力也可能是有害的。

作为回应，一个新的政治生态系统雏形开始成为焦点。受制于有组织的利益集团的官僚机构将不得不面对代表消费者、环境、妇女和非白人发声的律师。[35]更好的情况则是，公共机构将不得不应对那些没有组织起来的美国人的要求。从20世纪60年代中期开始，公共机构本身开始屈服于让公众普遍参与这一理想。1964年的《荒野法》是第一部要求公民团体参与确定荒野提案的联邦立法。[36]在设计"向贫困宣战"社区行动计划时，政府要求穷人"最大限度地参与"，这种指令体现了参与式理想的效力。

当然，无论是烟草利益集团还是它们在国会的盟友，都不会对这种泛化的公众概念让步，尤其是当这种概念在监管机构和法院面前被阐明的时候。

报告发布之后的监管

《卫生总署关于吸烟与健康的报告》引发了国会和美国联邦贸易委员会相同且负面的反应。该报告呼吁采取"适当的补救措施"来遏制正在出现的公共卫生危机——这是一个与"适当速度"一样权威且模糊的措辞。作为回应，美国联邦贸易委员会迅速采取行动，建议采用一个措辞强硬的关于吸烟与健康的警示标签。国会行动迟缓又谨慎，阻挠下属机构监管，但最终赶在美国联邦贸易委员会的警示标签出台之前推出了自己淡化版的警示标签。20世纪60年代卷烟管制的演变轨迹清晰表明，为何公共利益的倡导者认为在政府机构和法院实现民主代议的潜力远胜在国会立法渠道中的潜力。

1964年之前，美国联邦贸易委员会似乎并没有对烟草业构成多大威胁。的确，在过去的半个世纪里，该机构对烟草业总共进行了大约20次虚假和误导性广告的调查。[37]诚然，美国联邦贸易委员会本身也脱胎于20世纪初将杜克的美国烟草公司拆分为四个小公司的反垄断行动。此外，自20世纪50年代初以来，美国联邦贸易委员会就一直针对某些大型香烟品牌提出的误导性医疗声明展开审查。然而，美国联邦贸易委员会的审查可能无意中刺激了香烟广告的增加，推销过滤香烟的广告曾一度盛行：罗瑞拉德于1952年推出健牌香烟，宣传其"著名的微型过滤器"[38]。在过去的十年中，香烟的品牌战略发生了变化。过滤器受到的关注较少，但宣称"低焦油"的品牌却无处不在。"焦油德比"这个词是香烟和广告行业内部人士创造的，用来形容不同香烟品牌的焦油含量。在这种激烈的市场竞争中，各香烟品牌为消除消费者对产品安全性的疑虑，广告支出飙升，从

1952年的5500万美元飙升至1959年的1.5亿美元。

这种不断增加的广告宣传依赖一种健康暗示：过滤或"低焦油"香烟比常规产品更健康。这种说法显然是错误的。1960年，美国联邦贸易委员会协商了一项自愿的全行业协议，严禁在香烟广告中使用此类警示标签。美国联邦贸易委员会主席厄尔·金特在1960年自豪地宣布："这是行业与政府合作解决紧迫问题的里程碑式的范例。"[39] 美国联邦贸易委员会的协商一致原则是该机构在20世纪50年代至60年代采取的一种显著做法，导致有人指责该机构为了商业利益相关者而背弃了保护消费者的职责。[40] 暂停焦油比赛对烟草业的助益可能远超消费者，禁止在广告中提及焦油和尼古丁的政策，反而弱化了广告中关于香烟"低危害"的警示力度。[41] 而且，烟草公司十分乐见政府对这种耗资巨大、你死我活的竞争的强制性暂缓措施，避免了同一家公司旗下的品牌相互竞争。[42]

肯尼迪任命的美国联邦贸易委员会主席保罗·兰德·狄克逊认为，卫生局局长采取"适当的补救措施"的命令是该机构洗白其懒散名声的一次机会。[43] 该报告提供了一种"具有说服力的科学证据"，迫使美国联邦贸易委员会出台一些能够经受住司法上诉的法规。[44] 1月份，报告发布的几天内，美国联邦贸易委员会就其所提议的规定发出了通知，要求在香烟包装以及电视和广播广告中出示措辞严厉的警示标签。[45]

1. 警示——吸烟危害健康。

卫生局局长的咨询委员会发现，"吸烟会导致特定疾病的死亡率和总体死亡率的增加"。

2. 警示：吸烟危害健康，可能导致癌症和其他致死疾病。

这些警示明确无误。它们直接使用了"危害"的说法，并且采用了现在时态。死亡的幽灵出现在第二句话中，将吸烟的必然结局以逻辑推演为具象化。1964年春，美国联邦贸易委员会就警示标签举行了听证会，几个月后将发布最终规定。国会议员、医生、州长、商人，甚至是烟农都齐聚一堂，讨论这个价值80亿美元的产业的命运。

通过烟草协会和烟草种植者信息委员会的协调，烟草的农业拥护者一致反对美国联邦贸易委员会的规定。农业部部长奥维尔·弗里曼在听证会上做证反对这项提议，理由是警示标签的效果可能过于强烈，会减少对烟草的需求，损害农民的利益。这番论调赤裸裸地将狭隘利益凌驾于公共利益之上。烟草生产商或许是这一立场的最佳代言人。弗雷德·罗伊斯特是一名富有、人脉广泛的仓储商，也是烟草种植者信息委员会理事会成员，他在辩护时强调了监管所带来的人力成本问题。罗伊斯特数十年来一直管理烟草经济，也就是说，他一贯认同联邦政府对烟草计划的支持，支持白人精英对该计划的领导，支持烟草销售拍卖体系的延续，因而在北卡罗来纳州博得了"烟草先生"的绰号。罗伊斯特领导的北卡罗来纳州烟农委员会宣称："我们认为……如果政府的任何一个行政或监管机构采用拟议规则所含的针对烟草的严厉措施，联邦政府的烟草补贴农业项目将受到严重的威胁和致命的伤害。"如果消费者的监管削弱了农业方面的监管，那么"许多烟草生产州和烟草制造州的经济将崩溃……经济将陷入深度萧条，严重影响国民经济。"[46] 在烟草种植者信息委员会的引导下，烟草生产商提出了烟草业的核心论点：生活质量监管扼杀了工作机会。与卷烟带来的健康风险——这种风险是从被嘲笑为"仅仅是统计数据"的调查中推断出来的——相比,像罗伊斯特这样的生产商描绘了一幅必然失业的画面。

尽管行业组织纷纷反对该提案,但美国联邦贸易委员会的最终规定与6月份发布的最初规定差别不大。[47]虽然无人指责美国联邦贸易委员会悄悄遵循了激进主义,但美国联邦贸易委员会的规定与当时新左派中流传的文化批评形成了呼应。赫伯特·马尔库塞于1964年出版的《单向度的人》中提出,广告等技术通过创造虚假需求并加以满足的方式,最终实现对社会的精神控制。美国联邦贸易委员会并没有指责香烟广告造成了马尔库塞所称的美国公众的"幼稚化",[48]但坚称香烟仍在进行欺骗性的市场营销,并据此确立了自己制定规则的权威。因此,该机构建议在包装和香烟广告上进行"积极的披露",作为"纠正"那些"通过设计或其他方式,可能会使公众对吸烟危害健康的意识被蒙蔽的广告"。[49]这些措辞严厉的警告将于1965年7月1日生效。

在美国联邦贸易委员会尚未展示其监管力量之前,国会介入了,此举正如烟草公司所料。1965年的《美国联邦香烟标签与广告法》淡化了美国联邦贸易委员会版本的警示标签,并且不强制要求在广告上有警告。从表面上看,该法案听起来很合理。它首次强制规定,所有供国内消费的香烟,烟盒一侧都必须有警示标签。但是标签本身比美国联邦贸易委员会所建议的要弱:"警示:吸烟可能对你的健康有害。"美国联邦贸易委员会确定的"是"被模糊为"可能是",死亡的确定性被修改为仅仅是一种危害。

除了警示标签外,《美国联邦香烟标签与广告法》对烟草业还有另外几项保护。该法案禁止美国联邦贸易委员会在4年内对香烟采取任何行动。它赶在地方和州政府之前对警示标签采取了行动,阻止下级政府强行采取更为严格的公共卫生措施,并且违抗南方国会议员公开宣示的对州权利的忠诚。从长远来看,基于业内律师的精心设计,警示标签可以让整个烟草业免受侵权诉讼。美国人再也不能声称他们没有被警告过抽烟的风险。[50]政治新闻记者伊丽莎白·德鲁在《大西洋月刊》上撰文称,这是"保护私营行业免受政府监管的无耻行为",并将国会戏称为烟草行业"迄今最好的过滤嘴"。[51]

约翰逊政府对国会和美国联邦贸易委员会之间的竞争置若罔闻,而这样的政策其实有意地帮助了烟草业。当《卫生总署关于吸烟与健康的报告》发表时,距离林登·约翰逊在"空军一号"上宣誓就职还不到七个星期。由于距离总统大选不到一年的时间,约翰逊并不打算在总统任期伊始就毫无必要地对抗他所在党派的南方国会议员和烟草业。正如约翰逊的顾问约瑟夫·卡利法诺回忆的那样:"我们在南方只能承担这么多。"约翰逊需要南方在国会的选票,他不想冒险"把所有的烟草资本都推到种族隔离主义势力,使其与民权作对"。[52]

不过,约翰逊的沉默令人瞩目,尤其是在他推行一项雄心勃勃的公共卫生议程时。烟草不在他于1965年提交的国会审议的公共健康项目清单上,该清单包括医疗保险和医疗补助,作为1965年《社会保障法修正案》的一部分颁布。1964年的《经济机会法》将社区保健诊所扩大到服务不足的地区,并要求穷人尽可能多地参与诊所治理委员会。[53]尽管约翰逊将健康民主化作"伟大社会"的一部分,但他在烟草问题上刻意保持沉默,反映其务实主义高于原则。美国联邦贸易委员会成员用带有偏见的眼光看待约翰逊的不作为。曾帮助起草该机构拟议规定的委员菲利普·埃尔曼表示:"若约翰逊支持美国联邦贸易委员会提出的香烟管控条例,该法案本可存活。"[54] 约翰逊选择远离这场争斗,其密友圈中不乏烟草代表。

朋友间的监管

阿贝·福塔斯是烟草业和约翰逊政府之间的重要沟通渠道,这反映了结社主义的持续运作模式。福塔斯也许是华盛顿律师中的典型代表。作为一名资深的新政支持者,他曾是农业调整管理局原法律团队的一员。第二次世界大战之后,尤其是在罗斯福去世之后,许多新政支持者"开始转投利润更丰富的新领域"。[55] 福塔斯在第二次世界大战后与其他新政时期的资深人士共同创立了"阿诺德、福塔斯与波特"律师事务所,专精于协助企业客户在新政时期的律师制造的官僚制度迷宫中找到出路。福塔斯的自由主义理念主张通过"富有创新性的企业代表"来"保护资本主义"。[56] 这是混合自由主义经济,反映了一种相信大企业和大政府有能力创造财富的信念。有了开明的政府政策,比如凯恩斯主义的税收、支出和货币政策,财富可以在低失业率的世界中共享。受到监管的行业也是政府工具箱的一部分,其核心功能在于有序推进通信业、银行业和交通运输业,对于国民经济至关重要。[57] 与美国联邦贸易委员会、美国劳工联合会-产业工会联合会、通用汽车公司一样,"阿诺德、福塔斯与波特"律师事务所也是混合经济体系中的重要部分。由于精通公司法、反托拉斯法和监管法等,该律师事务所仅成立几年就代理了美国的一些大型公司:利华兄弟公司、联合百货公司、美国广播公司（ABC公司）、泛美世界航空公司、可口可乐公司。[58] 1963年，该律师事务所又多了一个利润丰厚的客户——菲利普·莫里斯公司。

烟草业通过福塔斯与约翰逊政府保持着密切的关系。"阿诺德、福塔斯与波特"律师事务所不仅提供专业法律知识咨询和强势的诉讼辩护，还搭建了与增加影响力和接触政要的通道，其中最关键的政要莫过于总统。福塔斯是约翰逊的密友，也是总统"厨房内阁"（非官方顾问团）的成员。约翰逊从不遵从三权分立等原则，希望在司法系统中有一个朋友和盟友。1965年，《美国联邦香烟标签与广告法》通过两周后，福塔斯被任命为最高法院的助理法官。在1965年法案出台之前，福塔斯对总统的影响可能达到了前所未有的高度，这种关系最终反噬了福塔斯。后来，当约翰逊提名福塔斯接替厄尔·沃伦担任首席大法官时，参议院的就职确认听证会揭露了这位现任法官与总统之间不恰当的亲密关系。福塔斯会定期向约翰逊汇报最高法院的秘密商议——这一事实激起了保守派对提名他为首席大法官的反对。进一步的审查发现了福塔斯在担任法官期间存在的财务问题，导致他于1969年辞职。

在为烟草业制定有利的监管程序时，福塔斯与约翰逊的另一位长期密友厄尔·克莱门茨联手，而克莱门茨是民主党内部人士，也是烟草研究所和蔼的所长。在担任参议员期间，1956年时，约翰逊在经历了突发致命性心脏病后短暂接任多数党领袖，这一健康危机促使他最终戒了烟。克莱门茨是白宫电影放映会的常客，他的女儿是第一夫人伯德·约翰逊的新闻秘书。科温顿·柏灵律师事务所的律师汤米·奥斯特恩（他精心策划了烟草公司对美国联邦贸易委员会提案的最初回应）与克莱门茨、福塔斯一道将他们所代表的私人利益与政治权力杠杆相联结。后来成为卡特总统任内美国联邦贸易委员会主席的迈克尔·珀楚克是参议院商务委员会辩论《美国联邦香烟标签与广告法》时的一名法律顾问。该委员会主席沃伦·马格努森提出了参议院版本的警示标签法。珀楚克回忆说，他在马格努森的桌子上看到一张字条："阿贝·福塔斯来电，希望你投票支持众议院的（较弱版本的）香烟警示标签法案。"珀楚克和他的上司认为这表明了总统自己的意愿。[59]

报告发布之后，以福塔斯为代表的行业律师最希望的是进行行业自我监管。对于福塔斯来说，制定行业规范的好处是显而易见的。有了司法部的支持，即使是面对态度友好的国会，烟草商也可以先发制人，毕竟国会并没有完全受制于烟草业。[60]美国联邦贸易委员会最初的规定包括所有广告都必须附带强制性警示。为了避免强制执行在广播广告中附带警示语的规定，烟草业制定并宣布了《卷烟广告规范》。该规定禁止在漫画书、校报、未成年人电视和广播节目中投放针对未成年人的卷烟广告。[61]但是，沉迷于《伯南扎的牛仔》《格里甘岛》或《霍根英雄》等电视剧的成千上万的未成年人仍然会接触到卷烟广告。这些热门连续剧经过精心设计，游离在措辞巧妙的禁令范围之外，因为它们的吸引力不仅仅局限于未成年人市场。[62]

《卷烟广告规范》中的规定表面上严苛。该规范的执行官被赋予了极大的权力，可以对违反规定的广告处以高达10万美元的罚款。但实际上，这些规定给广告商留有足够的操作空间来继续宣传卷烟的魅力。它不仅约束了纸质媒体，而且未强制要求标注吸烟对人体健康有害。[63]这个条例并没有什么作用，这一点在麦迪逊大道上是公开的秘密。用一个广告商的话来说，卷烟广告可以展示"漂亮、健康的模特，只要广告中没有暗示他们的魅力和健康得益于吸烟就行"。[64]在哈佛大学法学院长期担任院长的欧文·格里斯沃尔德拒绝了出任条例执行官的邀请后,烟草业选定了曾连任两届新泽西州州长的民主党人罗伯特·迈纳。迈纳的工资由选定他的九家烟草公司支付。[65]

《电影制作规范》当时仍然存在(虽然因与麦卡锡主义新闻审查同流合污而留有污点),是《卷烟广告规范》的一个先例。就制裁而言,《卷烟广告规范》远远超出了好莱坞制定的标准。即使在好莱坞"红色恐怖"审查的鼎盛时期,《电影制作规范》也从不要求现金罚款。[66]但话说回来,迈纳也从来没有罚过款。尽管如此,烟草广告是制造商、广播公司和麦迪逊大道的主要利润来源,由机构对卷烟广告进行监管的威胁还是动员了依赖烟草资本的各方势力。1966年,美国广播电视协会根据《电视规范》制定了宽松的卷烟广告标准。[67]此规范制定于1952年,以回应国会对电视酒类广告的审查,本质是广播行业自我监管的类似举措。[68]

《卷烟广告规范》在实施之前必须得到司法部的批准。司法部或许可以将这种自我监管解读为一种反竞争的共谋形式,因此烟草业必须将该条例定义为旨在服务公众。在1964年6月与美国联邦贸易委员会和司法部的一次会议上,代表烟草业的福塔斯表示,该规范"很好,很诚实,没有任何藏污纳垢之处"。烟草公司之间"除这一规范之规定外无其他任何协议"。在这次会议上,福塔斯试图与政府律师建立信任。他对司法部反垄断部门的律师小威廉·奥里克说:"我只向你一个人透露,我们希望'警示标签'立法能在国会本届会议期间通过。"——事实果然如此。福塔斯进一步阐释了行业的立场:要求包装标注警示有助于吸烟者或吸烟致死者家属提起的民事诉讼,他们

第四章 公众利益的挑战 | 161

主张曾受误导吸烟无害。[69]

福塔斯认为政府应优先考量烟草业的利益，而不是过度关注那些患病或已去世的美国民众。监管不应是破坏性的，而应是建设性的，应该能提供稳定性和可预测性，以换取适度的让步。与他同时代的一些人将福塔斯的公司转型解读为对新政自由理想的背叛。但这样的分析忽略了新政与大企业合作的程度。农业调整管理局的情况尤其如此，因为这里是福塔斯开始其政府生涯的地方。[70]

1964年，政府的律师们会见了烟草业法律顾问，他们看到了《卷烟广告规范》与新政期间工业法规之间的相似之处。在这次会议上，奥里克向福塔斯提出了一个历史性的问题："福塔斯，作为资深的新政拥护者，你不觉得这是一种国家复兴管理局式的授权吗？"这个问题表明，罗斯福新政初期非常明确的结社主义计划和烟草寡头的自我监管之间存在着连续性。奥里克提及的是最高法院当初驳回了国家复兴管理局的授权，因为后者以制定法典机构的形式将权力从立法部门下放给了行政部门。[71]

福塔斯对这样的质问置之不理。他坚称，《卷烟广告规范》将"仅适用于该行业"——这种回答针对的是措施具体的实施程度，而不是该监管机制的总体性质。另一位政府律师问福塔斯，为什么不"让立法赋予烟草业有效的反垄断豁免权"。[72] 福塔斯的回答也再度显露了他在新政期间受到的挫折。"从法律角度来说，我对国会是否会继续支持对迈纳的授权持怀疑态度"——他具体指的是1935年最高法院驳回国家复兴管理局的裁决，理由为这是违宪的立法权授权行为。[73] 行业法规的监管必须源自行业，而不是政府强制。这一立场恰好契合烟草业的利益诉求。《卷烟广告规范》在很大程度上得益于新政时期的组织化利益集团与政府共治的理念。尽管该规范的预期受益人——未成年人——没有组织、没有代表参加谈判，但这些理念仍然延续下来了。

《卷烟广告规范》在确定公共监管取代民间监管的同时，也承认的确存在需要保护的公共选民群体。这是一个精明的策略。美国司法部批准了《卷烟广告规范》。在写给福塔斯的律师伙伴的一封信中，司法部反垄断部门的律师奥里克指出，尽管司法部赋予了遵守该规范的人反垄断豁免权，但这"不应该被视为一种判定，让人们认为该规范真的能减少吸烟所带来的健康危害，或者降低卷烟广告对青少年的吸引力"。[74] 对于这些公众来说，当时尚无任何救济渠道。

宣传公众利益

到1965年《卷烟广告规范》生效时，拉尔夫·纳德已经家喻户晓。纳德比任何人都更有力地批判，私人利益操控的政府既道德败坏，又危害体制。他在成名作《任何速度都不安全》的序言中写道："当代生活的一个大问题在于如何控制经济利益的力量，因为这种力量完全忽视了其应用科学技术的有害影响。"受蕾切尔·卡逊《寂静的春天》的启发，纳德的著作是对汽车行业抵制在汽车上安装安全装置的控诉——这种抵制"给数百万人带来了死亡、伤害和最难以估量的悲伤与损失"。[75]

《任何速度都不安全》或许本来只会吸引保险理算师这个小众读者群，但一则丑闻不仅证实了纳德对汽车制造商恶行的指控，并使这本书名声大噪。1966年3月，纳德声称他遭到通用汽车公司雇用的调查人员的跟踪与骚扰。这一指控引发了连锁反应，最终迫使通用汽车公司向纳德道歉，并就侵犯隐私问题与时年31岁的纳德达成和解。[76]《任何速度都不安全》一跃成为畅销书榜首。纳德用通用汽车公司的赔款建立了回应型法律研究中心，该中心在1970年出版了一系列标题犀利的专题论文（《州际贸易缺失》《化学盛宴》《消失的空气》），反复强调对监管捕获的批评。[77]

拉尔夫·纳德绝非唯一一个因通过诉讼来维护环境和消费者权益的前景而备受鼓舞的年轻律师。1966年，一个名叫维克托·亚纳科内的29岁律师代表当事人——他的妻子，起诉了长岛的萨福克县。亚纳科内指控该县使用滴滴涕（DDT，有机氯类杀虫剂）——用20世纪60年代环保人士的话说就是"滥施"——对环境和人类健康构成了威胁，主张禁止使用滴滴涕。尽管该诉讼最终被驳回，但在此之前，它因诉讼方式新颖而获得了环保人士的广泛关注。

法庭的针锋相对催生了一些新的机构。环境保护基金会就是在亚纳科内寻求禁用滴滴涕的过程中发展起来的，它在全国发起诉讼，希望禁止使用有机氯类杀虫剂。他们绝非"温和的自然资源保护者"。相反，环境保护基金会看起来更像是"有诉讼意识的活跃分子"——至少《纽约时报》在报道该组织成立时是这样描述的。[78]在华盛顿举行的"地球日"活动上，游行者们在高唱皮特·西格的《给地球一个机会》时，亚纳科内向人群发表演说，呼吁诉讼的必要性。[79]亚纳科内最后借用了伍迪·格思里的民粹主义赞美诗，以号召听众"起诉某人！"——最好是政府。"这块土地不属于州际商务委员会、联邦动力委员会、联邦通信委员会、美国原子能委员会、田纳西河流域管理局、食品药品监督管理局、美国农业部、土地管理局、林业局、鱼类和野生动物管理局或任何其他冠以联邦或州字样的机构,"亚纳科内说,"这块土地属于你和我。"[80]

环境保护基金会和其他一些新的公益环境律师事务所在20世纪60年代末和70年代初取得了惊人的成功。他们战胜并推迟了公共和私营建设项目,帮助禁止了滴滴涕在美国的使用,并通过诉讼与申诉推动相关机构履行20世纪70年代的重大环保法律——《清洁空气法》和《国家环境政策法》。[81]这些律师在自由主义阵营中处境微妙:他们批评机构暗箱操作、缺乏代表性的决策,蔑视国会的公司化腐败,却又热切希望政府采取行动。[82]在他们手中,诉讼是为民请愿的工具,司法机构被重新设想为政府最民主的部门,因为法院可以审查机构的决策。[83]

现代反吸烟运动的法律力量来自年轻一代打破传统的公共利益法运动。1967年,27岁的约翰·班扎夫在曼哈顿一家律师事务所工作,他给联邦通信委员会写了一份请愿书,要求给予反烟草宣传同等的播放时间,以抵消用于销售卷烟的大量播放时间。他的论点富有创造性,而且非常大胆:"公平原则"——一项实行了18年的政策,要求广播公司给予体现民意的重要观点同等的播放时间——意味着反吸烟宣传必须在公共广播电台免费播放,以便与花在卷烟广告上的时间相匹配。正如《卫生总署关于吸烟与健康的报告》所指出的,吸烟是一个重要的公共问题。卷烟是电视上投放广告最密集的产品。班扎夫的创新之处在于,他认为烟草广告应该引发反烟草广告的投放①。

他最初的追求远没有那么宏大。1966年末,这名年轻的律师写信给当地的纽约市哥伦比亚广播公司电视台,指出它没有履行"公平

---

① 这里指出烟草广告中的不实之词。——编者注

原则"下的职责。他认为电视台应该向"有责任心的团体"提供免费播出时间，让这些人反驳电视广告中隐含的信息——吸烟是"社会可以接受的，彰显男子气概，是丰富、充实生活的必要组成部分"。其母公司哥伦比亚广播公司不同意这种说法，认为它已经给了反吸烟观点足够的播放时间。自1966年5月以来，它在晚间新闻中播出了6则有关吸烟与健康的报道，自9月以来其科学编辑也发布了一些重要报道，在过去的几个月里，还为美国癌症协会免费播出了5则一分钟的广告。电视台还宣称，他们在1962年和1964年分别花了半小时和一小时来讨论吸烟和癌症之间的联系。鉴于该电视台在其节目中尽职地表达了各种不同的观点，哥伦比亚广播公司认为政府不需要介入判定"公平原则"是否适用于付费广告。[84]

班扎夫的下一步行动不是针对哥伦比亚广播公司，而是针对联邦通信委员会。与每天5~10分钟的付费烟草广告相比，该电视台为公众提供烟草健康信息的零星努力简直微不足道。哥伦比亚广播公司不但无法推卸电视台提供公共健康广告的责任，而且其对吸烟和健康的报道只是强调了它在多大程度上屈从于烟草业。班扎夫在信中明确表示，广告是他真正的诉求对象，因为他想"确立'公平原则'在卷烟广告中的适用性"。国会可能已经免除了广告中非常微弱的警示标签要求，还可能废除了美国联邦贸易委员会监管烟草广播广告真实性的权力。但是，无论是国会、烟草业，还是公共卫生界的反对吸烟者，都没有预见到美国联邦通信委员会有可能会干预卷烟广告。班扎夫与他之前的许多律师一样，代表他的"客户"进行战略性管辖机构选择，只不过他的"客户"是宽泛的、未明确定义的"公众"概念。

美国联邦通信委员会以7∶0的表决做出了有利于班扎夫的裁决。裁决书中写道："我们认为'公平原则'适用于广告。"这一裁决具有重大意义，它极大地扩大了广播许可证持有人的义务，并使原本有限的公共卫生组织资源产生指数级社会影响。联邦通信委员会驳回了广播公司关于"公平原则"只适用于节目的主张，转而重申，广播电视执照的特权意味着被许可方负有尊重"公众知情权"的互惠义务。[85] 节目内容的性质并不能减少广播公司对公众利益应负的责任。

与此同时，美国联邦通信委员会表示，它对未来类似的诉讼持开放态度，这凸显出该委员会对于那些与公共健康和安全有关的节目和广告的高度关注。[86] 美国联邦通信委员会对广告和公众利益高度关切的原因在于青少年吸烟率的不断上升。美国联邦通信委员会大量引用了1964年《卫生总署关于吸烟与健康的报告》出台后所发表的医学研究文章，以确定卷烟广告问题是一个关系公众利益的重要议题。即便有《卷烟广告规范》为指导，烟草广告仍然把吸烟描绘成魅力十足、青春焕发、令人愉快的体验。为了公共利益，必须发出反驳信息。[87] 用多数委员的话来说，这个决定"简单而实用，完全符合公共利益的要求"。[88]

但是李·洛文格委员并没有很清楚地看到这个问题。洛文格是肯尼迪任命的，他将自己视为新政时期瑟曼·阿诺德那样的反垄断斗士，却在协同意见书中表达对这项"公平原则"裁决"极大的怀疑和抵制"。由于他的投票不会改变委员会的裁决结果，洛文格便利用自己的协同意见来总结该机构的行动中存在的"诸多困境"。他认为，这项裁决充斥着不规范的程序、法律依据存疑的越权行为，属于"判断屈从于情感"的典型案例。在一份对新法律激进主义的简短控诉中,他指出,联邦通信委员会"一再援引'公共利益'来证明其主张的做法,不过是在循环论证而已"。然而,洛文格自己对公众利益的感性定义最终影响了他的投票。他对此表示赞同,"尽管不情愿,但出于一种强烈的感觉,即根据现有的认知,建议年轻人吸烟近乎邪恶行径"。[89]

联邦通信委员会驳回了班扎夫关于"反烟草广告同等播出时间"的要求,因此班扎夫并未取得彻底的成功。相反,联邦通信委员会规定公共健康广告必须有"相当长的播放时间"——后来的定义是每播放三则烟草广告,要插播一则公共健康广告。[90]由于烟草广告铺天盖地,即使是这个比例,对反烟草势力来说也是一次巨大的胜利。事实上,20世纪60年代中期是卷烟广告的黄金时代——当时美国人的高水平电视消费与烟草业在电视广告上的巨额投资重叠。1967年,电视广告中排名前十的产品里有七个是卷烟。[91]据估计,公共卫生署每年由此获得的免费广告资源价值约 8 000 万美元。

这些广告的制作虽然不像经过条例审查的万宝路硬汉广告①那样精良,却也有自己的情感冲击——对于那些不太习惯在金枪鱼罐头、养胃泡腾片和厨具广告中见到生离死别镜头的美国人而言,这种情感冲击或许尤为强烈。其中一则广告的主角是演员比尔·塔尔曼,他在一部热门电视剧中饰演地方检察官,每周都输给佩里·梅森②。在录制这个广告时,塔尔曼已是肺癌晚期。整个广告只有 60 秒,由塔尔曼本人执导,并且在他加州的家中拍摄。镜头先是停留在他的妻子和六个孩子构成的家庭温馨场景上——在游泳池里玩耍,抚摸

---

① 指万宝路广告中的牛仔代言人形象。——编者注
② 佩里·梅森是电视剧《梅森探案集》中的角色。——编者注

着一只狗——然后定格在了塔尔曼身上,他坐在一张自己在《梅森探案集》片场扮演的角色的照片旁边。虽然塔尔曼的角色以电视上最失败的律师而闻名,但他向观众证明,他在电视剧中的交锋远不如他在现实生活中的战斗那么重要。"我此刻的战斗无论如何也不能输,因为我一旦输了,那就意味着我将失去妻子和大家刚刚看到的那些孩子,"塔尔曼直视着镜头说,"我得了肺癌。"广告播出时,塔尔曼已去世,年仅53岁。他对观众的临终训诫更让人难以忘怀:"请接受一个吸烟多年的失败者的一些建议。如果你没有吸烟的习惯,请不要开始。如果你吸烟,那就戒掉,不要做一个失败者。"公众利益的扩大扰乱了烟草铁三角的稳定平衡。政治与工程学原理一样,三条腿的结构非常稳定,而四条腿的结构却摇摆不定。

班扎夫完全不知道自己的信会为寻求公共健康开辟一条新战线。这并不是因为他为人谦逊。在与联邦通信委员会的接触中,班扎夫已经积累了一些令人印象深刻的荣誉,当然也有许多恶名。班扎夫从麻省理工学院获得电气工程学位后,于1963年进入哥伦比亚大学法学院学习。在研究版权法的过程中,他意识到没有人获得过计算机程序的版权保护。班扎夫在与美国版权局进行了一番"讨价还价"之后,获得了第一个计算机程序的版权。《纽约时报》在财经版上刊登班扎夫的故事和照片时,他还是一名23岁的法学院二年级学生。[92] 1965年,他代表"数据处理界的观点和立场"在国会做证,主张将计算机程序纳入拟议的版权法修订中。[93]

班扎夫的技术成就反映了农村选区影响力的减弱,这将最终削弱烟草行业对国会的控制。从法学院毕业之前,班扎夫还找时间研发了一个关于投票权的数学模型。该模型现在被称为班扎夫指

第四章 公众利益的挑战 | 169

数,它提出了新的投票权分配计划,符合最高法院"一人一票"的原则——该原则是最高法院通过"贝克诉卡尔案"(1962年)、"韦斯贝里诉桑德斯案"(1964年)和"雷诺兹诉西姆斯案"(1964年)等近期涉及投票权分配的案件中确立的。[94]在班扎夫年满27岁之前,纽约州最高法院就已经引用了他的分析,并将班扎夫指数定为全州投票权分配时必须采用的工具。[95]班扎夫无须再向人证明自己的游说能力。

唯一让班扎夫感到惊讶的,或许是他没有付出多少努力就向联邦通信委员会请愿成功。不需要数学模型,不需要提供简单的公共健康广告与卷烟广告的比例。不同于向法律期刊投稿的烦琐流程,只需要给委员们3页打印纸。这种牛虻式①的做法在班扎夫的所有呼吁中都显而易见。

无论所针对的是卷烟广告还是投票权,班扎夫都乐于找出系统中的缺陷,并设计一个替代方案,即工程技术人员应对法律的方法。班扎夫认为烟草并不是当时最紧迫的社会问题。他在1970年坦言:"如果要我给各种社会问题排个序的话,我肯定会把吸烟排在越南战争或种族问题之后。"[96]

但是民权运动和反战运动已经有了各自的斗士,而烟草则是企业界的巨人,几乎没遭受任何改革者的挑战。班扎夫采取的是一种注重程序、几乎唯利是图的方法。"我们周围到处都是风车。我不会寻找最大或最重要的风车来实施正面攻击,这往往是徒劳无功的。"班扎夫1970年接受《华盛顿邮报》专题采访时对记者说道:"我喜

---

① "牛虻式"指拥有热爱祖国的深情、顽强战斗的性格、坚贞不屈的精神,以及为了国家的独立、民族的解放和人民的民主敢于牺牲、视死如归的气节。——编者注

欢四处转转，寻找底部有破损的，有砖头松动了的地方，然后找准角度猛拉那块松动的砖头，让整个结构轰然倒塌。"[97]

班扎夫有时说话咄咄逼人、火力十足，但实际上他对待激进主义的方式更多的是从效率的角度出发的。他会在现有法律体系内寻找策略。班扎夫和亚纳科内都有一个好斗而精辟的口号："起诉那些混蛋"——这是一个既强硬又充满希望的口号。它暗示了一种信任，即司法系统必然会对受害公民的诉求做出反应，也会对为受害公民辩护的那些聪明的公益律师的诉求做出反应。环境保护、消费者保护和公共卫生的倡导者努力改进这个法律体系，而不是推翻它。[98] "我们要做的是向这一代人表明，很多问题都可以在这个体系内得到解决。"班扎夫对《华盛顿邮报》的一名记者说。他所表达的情感完全与他28岁的年龄不相符。"有很多问题可以运用法律体系或政治体系来攻破，正如我们所为，有时甚至可以通过曝光来攻破。"[99] 班扎夫在这方面比纳德保守一些，他认为纳德试图改变整个体系。"他更倾向于让法案通过，而我更倾向于向机构投诉。"[100]

正当亚纳科内准备针对滴滴涕的案子、纳德为《肉类安全检查法》的通过呼吁时，班扎夫正全力确保联邦通信委员会的裁决能够生效。他面临着来自烟草业和全国广播协会的强烈反对，后者反对政府要求它免费提供本可销售的广告时段。它认为，这样的裁决侵犯了广播公司根据第一修正案享有的权利，并使美国向严格管制的警察国家又近了一步。[101] 尽管烟草协会和广播公司提起了上诉，联邦通信委员会还是拒绝重新审议它的裁决，并认为这是"出于公众利益的需要而作出的简单且实用的裁决"。[102]

最终裁决将由法院作出。全国广播协会向位于里士满的美国联邦上诉法院提出上诉。全国广播协会之所以选择在里士满举行听证会，是因为该地生产烟叶、卷烟，而且还是菲利普·莫里斯公司总部所在地。可他们惊恐地发现自己又一次被打了个措手不及。班扎夫预料到全国广播协会会有这一举动，便抢先了一步：这位年轻的律师在某个周六早上从纽约飞往华盛顿，亲自向更为友好的华盛顿巡回法院的法官提出上诉。[103] 1968年，华盛顿特区法院维持了联邦通信委员会的裁决，明确该委员会有权以公共利益的名义进行监管："不管这意味着什么，我们认为公共利益无疑包括公共健康。"[104]

这项支持联邦通信委员会的宽泛裁决，激怒了烟草界在国会的盟友。尽管法院力图通过区分卷烟和其他消费品的危害来限制其裁决，但国会议员们仍然以滑坡效应①来反驳。在众议院，来自烟草种植州的国会议员展开了长达一小时的抨击，抨击联邦通信委员会"僭越国会授权"和"垄断新闻话语权"。来自北卡罗来纳州沿海平原的众议员沃尔特·琼斯称，这项裁决"打开了联邦通信委员会决策的潘多拉之盒，任何有不满情绪的个人都有权得到在广播和电视上免费诉苦的机会。人们的正常逻辑思维会要求'公平原则'无限制地扩展到几乎无穷无尽的产品清单上"。[105] 华盛顿巡回联邦上诉法院支持班扎夫和联邦通信委员会对公众利益的看法，但结果便是对赋予琼斯这样的国会议员权力的结社秩序构成了威胁。

在某种意义上，琼斯是对的。环保运动和消费者权益倡导运动凸显了美国繁荣的市场中潜藏的危险。这些危险也并非偶发事件：就像在市场上销售的香烟中含有致癌物质一样，大众消费的"负外

---

① 滑坡效应指决策者对于行为的细小变化很难察觉，很难将其界定为不符合伦理规范，而对于大的变化，人们很容易发现行为的不道德性。——编者注

部效应"①——无论是交通事故造成的死亡还是河流污染——正在吸引更多的关注和人群。拉尔夫·纳德刚正不阿，他的威慑力或将扩大这项裁决的影响范围。"汽车制造商现在可能期待《拉尔夫·纳德时刻》这个节目会把司机吓得魂飞魄散。"《印第安纳波利斯新闻报》评论道。"其他'危险'产品呢？"《波士顿先驱报》以反讽的口吻质询。"国会对汽车的立法比对卷烟的立法严格得多。"该报在提到最近通过的由纳德批准的1966年《机动车安全法》时评论道。

这次的"公平原则"裁决也让其他商业利益集团警觉了起来，并且意识到自己的利益可能危在旦夕。《广告时代》悲观地猜测，"班扎夫先生的其他关切肯定会考验委员会的忍耐力，这些关切的对象有可能会是驾驶大功率汽车带来的危害、食用高胆固醇食品的危害或是食用那些靠杀虫剂和化肥生长的蔬菜带来的危害"。[106] 详述这些令人毛骨悚然的危害的确有一些价值，但并不是为了预测下一步行动的目标——美国联邦通信委员会已经明确表示，它对其他产品不感兴趣。它的价值在于提醒其他行业，它们在与离经叛道的诉讼律师的斗争中有着共同的利益，并且警告他们，政府机构曾经在混合经济中成为行业成功的关键一环，如今可能难以再像从前那样可以依靠了。

有些人反对"公平原则"裁决，他们对政府支持变化无常的特性心知肚明。他们摇身一变，突然开始引经据典，经常以禁酒令为例来谴责政府以公共卫生的名义进行的干预。全美国的报纸都认为导致第十八修正案通过的同样的心态在联邦通信委员会的裁决中得到了明显的体现。[107] "荒谬的裁决！"《普韦布洛酋长报》这样写道。[108]

---

① 负外部效应指某个经济行为个体的活动使他人或社会受损，而造成负外部效应的人却没有为此承担代价。——编者注

第四章 公众利益的挑战 | 173

《哈特福德时报》预测，基督教妇女禁酒联合会一定会"要求禁酒信息与酒类广告同等的播放时间，以驱除该死的朗姆酒或其他任何温和的酒精混合物，即那些美丽动人的模特为了让酿造业持续繁荣而欣喜若狂地喝下去的东西"。[109]贸易杂志《播报》采访了一位名为弗雷德·J.图泽的女士，她是20世纪早期带头发起戒酒运动的基督教妇女戒酒联合会的主席。图泽是那种毫无幽默感的刻板说教者的典型代表。在《播报》杂志的采访中，采访者不断给图泽设下陷阱，用联邦通信委员会的裁决会带来灾难性的困境引诱她，甚至不怀好意地问道："公平还能走多远？"[110]图泽对裁决所带来的免费播放禁酒信息的前景充满了热情，但这一策略最终未能实施。

官僚机构的干预和司法系统的越权的确会带来灾难性的困境，这种困境对保守派而言具有难以抗拒的吸引力。他们开始透过民权这道棱镜来看待烟草问题。反对裁决的人不断引用禁酒令并借此向人们暗示，国家这种保姆式的行为是对公众男子汉气概的挑战——质疑他们的能力、个人主义精神以及自我管理的能力。詹姆斯·J.基尔帕特里克是土生土长的里士满人，也是全国多家报刊的保守派专栏作家，他把联邦通信委员会形容为"妈妈和爸爸"，让美国人成了"犯错误的孩子"。基尔帕特里克在之前的十年中一直为"布朗诉教育委员会案"辩护，他敦促弗吉尼亚州的州长们大规模抵制这项裁决。19世纪的奴隶主会将这种行为称作"拒不执行"，而基尔帕特里克则将其重新命名为"干预"。他认为各州拥有宪法赋予的最终权力，有权"干预"联邦政府的行动，只要它们认为自己的特权被侵犯了。[111]基尔帕特里克一方面谴责联邦政府在烟草裁决过程中所表现出来的家长式作风，一方面又将烟草与其他激起白人怨恨的催化剂结合起来：种族融合、校车接送、福利政策、妇女解放等。[112]那些持家长式、文化保守态度的烟草监管批评家们却忽视了两个事实：烟草生产其实是由农业部完全监管的；美国白人中产阶级其实自新政以来就不再依赖联邦政府的各项计划。

"那些狂热分子"的吸烟与健康行动

到1969年，班扎夫的生活发生了很大的变化。[113]他搬离了父母的住所，辞去了在纽约的工作，到乔治·华盛顿大学国家法律中心就职。由于地理位置便利，再加上从事学术研究，时间上比较自由，他能够把精力集中在反烟草的法律行动上。这些精力被释放在由他在法学院办公室运作的"吸烟与健康行动组织"。

吸烟与健康行动组织最初是为了协助班扎夫的"公平原则"斗争而成立的，他为这个团体争取到了明星赞助，从而使它可以合法地为一个28岁的年轻人的法律斗争筹集资金。美国国立卫生研究院分子疾病科主任唐纳德·弗雷德里克森博士于1968年1月发出了印有"吸烟与健康行动组织"抬头的募捐信。弗雷德里克森将联邦通信委员会最近的裁决描述为"一个人努力的结果"，而且这个人当时"正竭尽全力在业余时间里捍卫这项裁决"。弗雷德里克森恳请读者们出钱或者提供支持。"我们目前最需要的是资金和支持者。哪怕是微不足道的捐款，组织也会把你列为赞助人。"[114]

吸烟与健康行动组织最早的赞助者令人印象深刻。其中包括著名的公关人物爱德华·伯奈斯——这或许是对他在20世纪20年代为开拓女性市场而将卷烟作为女权主义象征的忏悔。[115]率先研究吸烟与癌症之间关系的内科医生奥尔顿·奥克斯纳也表示支持。参议员莫琳·纽伯格也给予了支持,这位俄勒冈州的民主党参议员以坚持捍卫消费者权益而闻名;当时还只是纽约市议员的爱德华·科克表示支持;哈佛大学法学教授、卓越的行政法专家路易斯·贾菲表示支持。著名的《新英格兰医学》杂志甚至打破传统,公开鼓励读者支持吸烟与健康行动组织。它在称赞联邦通信委员会裁决的社论中写道,"医疗行业有一个千载难逢的机会来支援吸烟与健康行动组织孱弱的财务机构,建议医生直接捐款,并鼓励病人效仿"。[116] 1968年,吸烟与健康行动组织筹集了 7.5 万美元。[117]

尽管有名人推动的赞助,吸烟与健康行动组织实质上是一个人的组织。班扎夫自称是烟草界的拉尔夫·纳德,试图成为引领反烟草运动的人物。纳德的手下有突击者,即那些愿在政府机构和大企业的垃圾中搜寻"勾结、腐败、无能和懒惰"的证据的学生活跃分子,而班扎夫也招募了一批自己的"突击小队"。1970 年,班扎夫在乔治·华盛顿大学开设了一门关于"不正当贸易行为"的课程。他在这门课上将学生分成几个组,然后要求他们选择一些当代商业欺诈案例、设计一个巧妙的缩写词,并发起公共行动——向机构请愿、曝光、抗议或诉讼。[118]

在第一年,"不正当贸易行为"课程催生了抗议加油站虚标辛烷值的"PUMP"团体以及推动航空公司隔离吸烟者的"CRASH"组织。但贯彻班扎夫方法的小组是"SOUP",他们控诉金宝汤公司的广告欺骗了公众,拍摄广告照片时弄虚作假,让公众误认为罐头里的汤更浓、料更多。[119]

美国联邦贸易委员会虽以 3∶2 的投票结果否决了"SOUP"小

组的诉讼请求，但还是对金宝汤公司展开了调查并引发了舆论，给这家公司带来了负面影响。[120] 这些行动均带有班扎夫的烙印：哗众取宠、毫无顾忌，有时甚至小题大做。班扎夫欣然接受了这些评价，他的个人风格本质上比拉尔夫·纳德更务实，纳德是一个苦行僧式的理想主义者，全身心地致力于消费者的事业。班扎夫的方法显然比那些环保律师的方法更加特别，环保律师将他们的法律行动主义嵌入到了对工业化、消费和浪费的更广泛的生态批评中，而班扎夫集结他的学生们的力量，借助新环境法中公民参与的条款，展开各种诉讼行动。

然而，班扎夫某些激进的言行也会损害反吸烟运动所形成的社会凝聚力。这位律师以吸烟与健康行动组织负责人的身份发表的一些早期公开声明似乎有意与现有的公共卫生机构对立。20世纪60年代，烟草业之所以能够让国会通过对其有利的立法，部分原因就在于各种力量的协同推动。在烟草研究所、烟草种植者信息委员会和烟草研究理事会的指导下，烟农、工会化的烟草工人、分销商、零售商、杂货商、受雇的科学家、广告商、广播公司和行业高管们在采取行动时步调完全一致。[121]

1964年成立的吸烟与健康跨机构委员会是反烟草势力最接近统一战线的组织，[122] 但该委员会不是一个激进的组织。一个真正的"巅峰组织"应该象征着某个行业类似组织的集合体，然而吸烟与健康跨机构委员会成员之间的利益有时会发生冲突。一些大型的健康志愿组织，如心脏协会、肺协会和美国癌症协会，在行事策略上都是保守的。它们在筹款的时候都依靠广播公司捐赠的免费的广告播放时间，作为以共识为基础的大型非营利组织，比起单一问题的宣传和诉讼，它们更乐于普及知识、教育和劝说。的确，吸烟与健康跨机构委员会拒绝向联邦通信委员会递交支持公平规则的请愿书，或许就是出于对成员组织免税资格的审慎考量——因为法律禁止免税组织进行游说，但是倡导行为不受限。[123] 在班扎夫看来，吸烟与健康跨机构委员会是体制僵化的体现：臃肿、墨守成规，无力采取积极行动来反抗烟草业。

然而，吸烟与健康跨机构委员会确实主办了第一届世界吸烟与健康大会，会议于1967年9月在纽约市的华尔道夫酒店举行，在联邦通信委员会的裁决公布几个月后。这次活动聚集了来自34个国家的500名代表，只是发言者大部分是英国人或者美国人，因为英国和美国是仅有的两个发布了针对卷烟的政府工作报告的国家。医生、流行病学家、教育工作者、医院院长，当然还有政治家，都渴望在国会划定的狭窄范围之外对烟草采取行动。罗伯特·肯尼迪以民主党在健康问题方面的领袖身份致开幕辞。[124] 他称赞联邦通信委员会的裁决是"在让美国人了解吸烟的危害方面，迄今为止最有希望的行动之一"。[125] 他还敦促听众中的美国人"组织一些团体，监督广播电台和电视台，检查他们是否遵守规定，如果发现违规应立即向联邦通信委员会投诉"。[126] 来自犹他州的民主党参议员弗兰克·莫斯参加了会议的闭幕小组讨论。烟草支持者将莫斯的摩门教信仰列举为公共卫生部门潜在的禁酒主义的证据。莫斯对联邦通信委员会的发展也很乐观，他表示："在我看来，面对压倒性的证据，我相信我们可以在要求禁酒广告同等（播出）时间方面取得进展。"

甚至麦迪逊大道的名人也对"公平原则"的裁决大加赞扬。吸烟与健康跨机构委员会前主席埃默森·富特谈到烟草广告时点名表扬了班扎夫。富特的支持意义重大。20世纪30年代，在先驱阿尔伯特·拉斯克的指导下，这位游说界元老开始了他的广告生涯。富特曾接手烟草行业最令人垂涎的客户之一——美国烟草公司。1964年，他辞去麦肯－埃里克森公司（美国最大、最负盛名的广告公司之一）的董事长一职，成了麦迪逊大道的名人。"我不会与任何推销香烟的广告公司有任何联系。"富特解释说。[127] 在第一届世界吸烟与健康大会上，富特表达了他最初对联邦通信委员会裁决的保留意见，他认为"强迫广播公司做免费的健康广告来对抗付费的卷烟广告"超出了联邦通信委员会的权限。[128] 但是后来，他说，一个朋友建议他见见"那位年轻的律师，正是他的投诉导致了联邦通信委员会的行动"。

见过班扎夫之后，富特改变了态度。"我们面对的是一个冷酷无情的敌人，它显然把利润放在了生命之前，多年来它一直试图歪曲吸烟危害的真相。公共卫生为什么不能动用所有的手段来对付这样一个敌人？一位年轻律师的想象力和主动性，以及联邦通信委员会大胆的决定，已经给了我们一个新的工具，可以用来与吸烟造成的可怕代价做斗争。"[129] 从会议发言者的措辞来看，"班扎夫俨然成为全场的焦点"。

这不是班扎夫在世界反烟草宣传中的自我定位。他利用发言的时间痛斥吸烟与健康跨机构委员会和"慈善卫生组织"没有支持他的请愿书，痛斥他们的懦弱。班扎夫认为志愿机构的不作为"可恶、可悲，应受到谴责"，并强调了吸烟与健康行动组织在应对烟草行业时的表现。[130]"到目前为止，我冒着不小的风险独自进行着这场战斗，"班扎夫说，"我一个人无法支撑下去，我需要你们的支持！"在之后的新闻发布会上，健康志愿组织的一位官员谴责班扎夫是"沽名钓誉之徒"。[131]

这位年轻的律师早在一个月前就在《华盛顿邮报》上写了一封措辞尖锐的信表达了自己的不满。他特别列举了美国癌症协会和国家结核病协会（即后来的美国肺病协会）的虚伪行为，指出它们的"发言人公开承认因顾忌广播公司的态度而不愿采取行动"。班扎夫的作风使得组建联盟变得困难重重。他极力利用罪恶感和道德愤怒这两个杠杆，暗示没有任何其他疾病或社会状况可以在优先次序中合法地取代与烟草有关的疾病。"趁现在还来得及，公众应该让这些慈善组织知道，如果它们继续把自己的经济利益放在公众利益之前，将付出更大的代价。"[132]对于一个缺乏盟友和资源的人来说，这是一个非常不明智的声明——但这个声明并非无的放矢。

班扎夫一再强调，他需要志愿组织的物质支持，但他不需要联盟那种基于妥协和共识的计划。尽管标榜自己为反吸烟运动的合法分支，但吸烟与健康行动组织却与主要的公共卫生组织保持着距离。这反而是一种优势，吸烟与健康行动组织采取行动时很灵活：在发布新闻稿、提交请愿书或提起诉讼之前，班扎夫不需要与一连串组织进行协商；另外，班扎夫不需要考虑组织的名声，也不需要考虑执行委员会的利益冲突；而且吸烟与健康行动组织也很穷：骇人的公开声明是宝贵且免费的宣传，与游说相比，针对监管机构的诉讼是影响社会政策的一种更具性价比的方式。尽管富特转变态度来支持他，但班扎夫天性傲慢也招来了非议，"班扎夫不是圣人。"一位同事告诉《纽约时报》。[133]

但班扎夫的态度对吸烟与健康行动组织的战略和成功至关重要。福塔斯代表了对政府、法律和商业之间关系的一种既定观点，其主导原则为稳定和妥协,而班扎夫却采用了正面交锋的风格,试图揭露被福塔斯等负责人视为理所当然的腐败习气。班扎夫不讨人喜欢也不成熟,比如在一次关于州际巴士上是否允许吸烟的听证会上,他扬言要引爆一个烟幕弹。[134]但是,他的这些惊人之语实际上是一种话术,目的是让人们注意到华盛顿的政治中任人唯亲的现象。

班扎夫虽然很粗暴,却不是激进分子。他的批评策略实则是依托而非抵制主流机构的力量。[135]班扎夫将"公平原则"请愿书描述为"以小博大的法律突破口"。对班扎夫来说,现存体系并不是一个无可救药、包罗万象、等待被粉碎的实体,[136]而是一个松松垮垮、漫无目的、可以鞭策的机构。[137]的确,与同时代的其他法律活动人士相比,班扎夫显得相当保守。在他看来,公共利益法应该促成"系统内的革命,以避免系统外的革命"。[138]

班扎夫向联邦通信委员会递交的请愿书的内容也相当审慎,他发现了一个与监管体系中"同意"和"选择"理念相悖的漏洞。"公平原则"的裁决源于这样一种理念,即如果公民接触到问题的两方面,他们就可以对吸烟做出更明智的选择。一些美国人——未成年人——不允许吸烟。因此,禁烟广告至关重要。[139]有效的公共卫生广告可以使年轻人免受烟草广告商的诱惑。它可以使吸烟真正成为成年人的选择——一个由年龄足够大的人在充分评估风险后做出的自由选择。

班扎夫对电视台是否遵守"公平原则"裁决的情况进行了监督。如果他发现某家电视台在健康广告与烟草广告的比例上有所松懈,他便会通知联邦通信委员会。虽然联邦通信委员会从未对任何电视台采取惩罚行动,但它确实发送了一些措辞强硬的信件,提醒电视台有义务遵守裁决。[140] 就像美国环境保护基金会或国家资源保护委员会后来会监督环境保护署维护法规的有效性一样，吸烟与健康行动组织也会监督联邦通信委员会是否遵守自己的规定。班扎夫痛斥美国联邦通信委员会"异常懦弱""人手不足""预算在华盛顿所有机构中排倒数第二"。他这些侮辱性的描述也成为他傲慢的标志，但他的用意却是刺激这个体制。

正如班扎夫所描述的那样，联邦通信委员会的官员们一方面对这些批评反应强烈，另一方面又暗地里欢迎吸烟与健康行动组织这些不用他们花费预算的行动。1967年，至少有一些联邦通信委员会委员已经对班扎夫的观点表示赞同。一名公共利益律师相当粗鲁地解释说，"联邦通信委员会里有一颗卵子，而班扎夫提供了精子"。[141] 吸烟与健康行动组织还确保电视台在履行"公平原则"时恪守信息平等和知情同意的原则。作为对吸烟与健康行动组织投诉的回应，美国联邦通信委员会裁定，电视台须同样在黄金时段播放反烟草广告，不得仅播放付费的卷烟广告——同时段内须播放那些既展示吸烟者生活的乐趣，又展示烟民恐怖死亡画面的对比鲜明的广告。[142] 每个美国人自行选择如何理解这些信息。

美国人开始对吸烟做出不同的选择——只是没有公共卫生官员希望的那么快。《卫生总署关于吸烟与健康的报告》发布后，香烟销量一度下滑，但是在1965年，香烟销量不仅出现反弹，而且人均消费量和行业利润都创下了新纪录。卫生总署办公室既没有资源，也没有得到授权去进行反吸烟教育，但是到1965年底，它确实邮寄了35万份报告。美国每个医学专业的学生都收到了一份。到1970年，吸烟率开始下降，从五年前的42%下降到37%。香烟的人均消费也下降了。[143]对吸烟的态度抽样调查显示，这些数字之所以下降，是因为大多数美国人认为吸烟是危险的。事实上，在1968年的盖洛普民意调查中，71%的受访者认为吸烟会导致癌症，而在此之前，这一比例为44%。[144]尽管吸烟率在实行"公平原则"裁决时期下降了，但联邦通信委员会强制推行的反广告措施并非吸烟率下降的全部原因。[145]人们似乎很难忘记那些发人深省的信息，近一半的受访者能"回忆起至少一条警示性广告"。[146]与此同时，各种公共卫生组织也发起了全国性的反烟草运动。尽管被约翰·班扎夫指责为不作为，美国癌症协会还是发起了一场全国性的"我已戒烟"运动，并请演员托尼·柯蒂斯以身说法。柯蒂斯也曾吸烟，他的父亲死于肺癌。

美国邮政总局的邮车被卫生教育福利部征召加入反烟草队伍，该部向车队分发了贴在邮车上的醒目海报。黑底海报上印着白色的大字："10万名医生已经戒烟（也许他们知道一些你不了解的情况）。"国会中的烟草支持者和烟草种植州立即反对这些移动广告，并提出了一个令班扎夫本人都感到棘手的细节：这些标语没有注明信息来源。[147]在国会会议中，北卡罗来纳州参议员萨姆·欧文称这是"政府操纵民意的洗脑行为"。[148]这种移动式的反烟草广告尝试很快便停止了，但是卫生教育福利部加入了联邦通信委员会、公共卫生署和美国联邦贸易委员会的阵营，成为涉足卷烟监管的机构。

1965年《美国联邦香烟标签与广告法》中的优先权条款在1969年失效。那一年，美国联邦贸易委员会呼吁禁止所有烟草电视广告。虽然美国后来成为全球控烟先锋，但截至1969年已有多个国家禁播烟草电视广告。英国早在1965年就禁止在电视上播放烟草广告，捷克斯洛伐克、丹麦、法国、意大利、挪威、瑞典和瑞士也都禁止在电视或广播中播放烟草广告。在美国国内也有先例——根据制造商与广播公司之间的自愿协议，电视上不再播出酒类广告。

政治记者伊丽莎白·德鲁曾猛烈抨击1965年的法案，她注意到，到1969年，许多参议员已经坚定了对抗烟草业的决心。"自1965年以来发生了很多变革，"她写道，"以拉尔夫·纳德为代表的许多政客已经认识到，保护消费者是一种明智的政治策略。"[149] 同一年，纽约市市长约翰·林赛任命前美国小姐迈尔森领导新成立的消费者事务委员会。[150] 尽管与之前相比，美国人的健康状况更好、寿命更长，但烟草产品危害消费者的观点还是在政界引起了共鸣。来自威斯康星州的民主党参议员盖洛德·纳尔逊组织了首届"地球日"抗议活动，他把消费者描述为现代"被遗忘的人"，需要得到"内阁级别的消费者事务部门"的保护。[151] 起初，尼克松只设置了一个消费者事务顾问的兼职职位来保护消费者，这一举措激怒了一些激进分子。尼克松很快任命了一个全职的消费者事务特别助理，并建议把这个职位改为一个常设办公室。[152]

正是在这种环境下，一些烟草捍卫者开始做出让步，认为是时候撤销电视和广播中的烟草广告了。无处不在的反吸烟广告也降低了撤销烟草广告的机会成本。罗瑞拉德烟草公司的一位资深律师解释说："（烟草）电视广告将不可避免地以某种方式结束。它们现在受到了反吸烟广告的打击，因为反吸烟广告更具冲击力，它们还受到越来越高效的反吸烟人士的打击。"[153] 1970年，烟草公司同意了一项立法，从1971年1月2日午夜钟声敲响起，禁止在电视上播放烟草广告。在公信力缺失的时代，烟草公司认为最好不要让美国人想起卷烟令人愉悦的承诺和卷烟危及生命的现实之间的鸿沟。

联合起来：烟草生产商应对公众利益的挑战

　　正当公益律师试图切开生产商和亲生产商的官僚机构之间的纽带之时，烟草种植带的领导人正加紧巩固联盟。[154] 对烟农来说，联邦政府的烟草计划显然是需要保护的珍宝。对于那些烟草制造商而言，联邦政府的烟草计划在各种意义上都至关重要：数十万的烟农家庭是公共战的关键资产，而联邦政府的烟草计划则维持着这些家庭的数量，并确保它们在经济上依赖烟草。联邦政府对烟草生产的大力投资意味着以消费者为中心的监管将面临一场艰难的斗争，因为它要在国会和监管烟草生产的美国农业部的官僚机构中找到立足点。

　　最高法院在20世纪60年代初的一系列裁决中削弱了席位分配不公的农村选区的权力。这些改革与《投票权法》的通过结合起来，赋予南方数以百万计的非裔美国人选举权，削弱了南方资深民主党人的选举控制力，并削弱了农业委员会主席（比如众议院农业委员会的哈罗德·库利）的权力。[155] 库利1966年以13%的劣势惨败给共和党人詹姆斯·加德纳，而他还只是当年被击败的47个民主党人之一。[156] 联邦政府对生产者的经济和政治承诺因系统性政治变革以及公众利益概念扩大而面临危机。

　　没过多久，政客们就开始利用起了烟草业脆弱的地位。1964年3月，国会发起了对联邦政府烟草计划的第一次攻击。来自特拉华州的共和党参议员约翰·威廉姆斯对一项法案提出了修正案，该法案的初衷是向棉花和小麦生产商提供资助种植者的促进计划，就像烟农通过烟草协会得到资助那样。威廉姆斯的修订直截了当："即将出台的修正案提议废除烟草价格补贴计划。"鉴于卫生局局长发表的"以烟草对美国公民健康有害为基础，强烈谴责使用烟草的报告"，政府现在面临一种"矛盾的"局面。"政府的一个机构已经暗示烟草有害健康，而另一个机构去年却花费了大约4 000万美元来支持和鼓励这种商品的生产。"[157]

威廉姆斯的政治追求与其说是出于实用主义，还不如说是出于他本人对纯洁的追求——他关心的不是通过立法，而是揭露围绕着政治进程的罪恶。[158] 他在个人行为和政治上都严于律己：他不抽烟，不喝酒，也不说脏话，还出于良心拒绝加入华盛顿鸡尾酒圈。他在参议院的名声源于他比同事们更加正直——他曾经试图把1 500美元的办公文具津贴退还给财政部。更重要的是，他经常指控政府机构的欺诈和腐败行为，而这些指控偶尔也会带来巨大的回报，比如20世纪50年代初，125名美国国税局雇员因被控行贿和勒索而被定罪。因此，威廉姆斯是一个理想化的使者，一丝不苟地指出国家立场的矛盾性。这种拒绝承认这个庞大的现代国家的复杂性的做法，虽然幼稚，但很有吸引力。早在威斯康星州民主党议员威廉·普罗克斯迈尔设立"金羊毛奖"前十年，威廉姆斯就是众多批评人士中第一个对政府投资于一种产品的同时又加以限制的做法表示失望的人。

威廉姆斯避开国会的社交圈实属明智。他的修正案得到了激烈的回应，烟草州代表团成员纷纷强调依赖价格补贴计划的辛勤劳作的农场家庭和社区的美德。这给烟草支持者提供了宣传机会，他们大肆鼓吹烟草是联邦政府农产品计划中管理成本最少的项目，而且如果"人们考虑到这种作物每年能给联邦政府带来超过20亿美元的税收，外加给州政府带来12亿美元的收入"，那么这绝对是桩划算的买卖。[159]可以预见的是,威廉姆斯的修正案毫无进展——至少在立法上没有进展。但是,记者和评论员抓住了政府伪善这一日渐为人们熟悉的论调——这一论调在《寂静的春天》出版后逐渐成形,并激发了对监管俘获的学术批判。甚至设在烟草种植州的诺克斯维尔市《新闻哨兵报》也想知道"我们是有多疯狂,才会推出数百万美元的价格补贴贷款来抬高这种'毒草'的价格,而卫生局局长已明言这种'毒草'对健康有害"。[160]

烟农们觉得烟草计划受到了攻击,并试图掩盖任何可能让敌人抓住的漏洞。烟农们面对的最致命的批评莫过于烟草计划本身日益不稳定的财政状况。由于政府的供应控制技术日益被农民更精细的耕作方法超越,供应控制这台机器在数年高产的重压下开始呻吟。1964年,烟草计划的供应控制单位是英亩,农民只能根据自己的种植面积配额销售烟草。化学农业的兴起使种植面积分配成为限制供应的一种非常糟糕的工具,因为农民能够更频繁地实现斯威夫特在《格列佛游记》中所写的梦想,在一亩地种出双倍产量。生产过剩意味着第二年补贴价格的下降,间接成本增加,而最糟糕的是引发对该计划使用纳税人资金情况的审查。

烤烟稳定合作公司是一个被密切关注的大目标,这类准公共机构很容易激起那些热衷于揭露丑闻以博取名声的调查记者或政客的怒火。烤烟稳定合作公司是实际管理烟草价格补贴计划的机构。如果一个农民拍卖的烟草价格没有高过最低价格,那么烤烟稳定合作公司就会将之购入、加工、包装、储存,直到它以后可以卖出更高的价格。[161]一名农民从他的作物中获得的钱是通过商品信用公司的无追索贷款提供的,而商品信用公司则是新政初期成立的一个政府机构，也是用纳税人的资金运作的一个公共机构。通过延期销售储存的烟草所得款项被用来偿还商品信用公司的贷款。

1964年，烟草排在广泛种植的农作物玉米、小麦和棉花之后，成为第四大政府贷款库存作物。[162] 1968年，棉花和糖的补贴大幅增加，分别为9.35亿美元和5亿美元，相比之下，烟草在补贴中所占的份额显得微不足道。到林登·约翰逊总统任期结束时，用于私营企业的公共资金已经膨胀到惊人的规模。事实上，纳税人的钱每年有60亿美元花在了各种各样的补贴和项目上，这些项目包括农业、远洋运输公司、铁路公司、电力合作社和运输公司。[163]

在罗斯福、杜鲁门和艾森豪威尔执政时期，农业补贴总计180亿美元，其中只有2亿美元用于烟草。在20世纪60年代早期，只有10%的烟草出口得到政府资助，而所有的棉花和大米出口都得到了补贴。烟草行业的结社主义机制强化了一种认知，即种植者实际上根本没有得到补贴：联邦政府从未真正持有烟叶，仅通过贷款支持像烤烟稳定合作公司这样的种植者联盟。[164] 由于烟草每年能带来20亿美元的税收，即使是适度的补贴计划也可以被重新定义为一桩划算的买卖。"烟草补贴计划的成本自启动那一刻起，迄今总共只有约4 000万美元，而通过消费税获得的收入约为500亿美元，"北卡罗来纳州民主党议员劳伦斯·方丹在一场有关卷烟警示标签的听证会上强调，"大家想想这些数字。"[165]

但是，一些美国人思考过这个问题后发现，烟草补贴无论是经济逻辑上还是政治合理性上似乎都说不通。[166] 1954年至1958年，烤烟的产量为每英亩1 500磅。通过集约化种植和积极使用农药，到1964年，烟叶产量增加了近50%，达到每英亩2 200磅。美国农业部地方委员会甚至报告过烟叶产量超过每英亩 3 500 磅的例子。技术与规划造就的现代悖论引发恶性循环：亩产提高迫使基于种植面积的销售配额缩减，进而刺激进一步的集约化种植，导致产量继续攀升。

"我可以用四个字告诉你问题是什么——烟草过剩。"烤烟稳定合作公司的总经理塔比·威克斯对《纽约时报》说。《纽约时报》对烟草生产的兴趣无疑受到了烟草消费危机的刺激。[167] 1964 年《卫生总署关于吸烟与健康的报告》发表时，烤烟稳定合作公司收购了拍卖会上未售出的 2.84 亿磅烟草，位列烟草计划买入量历史第三。加上前几年的积累，烤烟稳定合作公司持有近 10 亿磅滞销的烟草——价值近 5 亿美元。

烤烟稳定合作公司售出这些库存烟草的速度比不上过去几年。更糟糕的是，1964 年烟叶的亩产创下了新的纪录。烟草协会的一份年度报告称，这些数字"比言辞更有力地证明了烟草计划的脆弱性"。烟草的敌人几乎不需要询问政府对这种致命商品的补贴是否合理，因为这个计划已经自我证明是轻率的。该报告警告说："如果过去三个丰产年发生的事情在 1965 年重演，可能会使我们脱离 1/4 个世纪以来安全可靠的锚地，使我们在无序、无补贴的生产的汹涌波涛中漂浮。"[168]

烤烟稳定合作公司的困境也造成了烟草利益集团内部的分裂。农药的大量使用影响了美国烤烟大肆吹嘘的质量——至少卷烟制造商在增购世界其他地区的廉价烟叶时是这么说的。然而，农民们怀疑，烟草公司的批评是一种不真诚的策略，目的在于降低国内种植的烟叶的价格。卷烟的成分毕竟还包括质量比农药处理过的烟叶低得多的材料：锯末、边角料，甚至还有众所周知的添加剂——钋。[169] 不过，烟草过剩（以及所谓的烟草质量下降），使得烟草价格补贴计划的两个正当性依据不攻自破：该计划之所以成功，一是因为农民生产出了一流的商品，二是因为找到市场毫无困难。

一旦被定义为以质量为代价来提高产量，烟叶的供应过剩便会在烟草业内部造成分裂——在烟草业的代言人最需要联合起来的时刻，这种分裂极其危险。如果过剩生产继续下去，烟草行业结社主义的本质就会受到威胁。尽管烤烟稳定合作公司依赖公共资金，但它仅服务于特定的、狭窄的选民群体，其运作方式最大限度地规避了外部监督与公共问责。例如，从1946年到1978年，卡尔·希克斯担任该组织的董事长和主席超过30年。在20世纪60年代，他还兼任烟草种植者信息委员会的主席，而烤烟稳定合作公司正是烟草种植者信息委员会的一部分。但是，如果要求纳税人为烟草计划承担更多的费用，那么公共组织和私人组织之间的这种流动性可能会引起更多不必要的关注，因为这种流动性模糊了监管烟草生产和提倡烟草消费之间的界限。对纳税人来说，烟草仍然相对便宜，但如果这种趋势持续下去，成本可能会飙升。烤烟烟农们需要恢复秩序。

《卫生总署关于吸烟与健康的报告》发布一个月后，哈罗德·库利提出了一项法案，旨在通过限制农民总产量（而非种植面积）来加强对烟草生产的控制。[170] 在北卡罗来纳州的埃弗里特·乔丹和萨姆·欧文于1965年初把该法案重新提交给参议院之前，一个由烟草界领袖组成的委员会进行了数月的研究，而该委员会的主席正是刚刚被任命的烟草协会主席。限制总产量的想法并不新鲜，类似的方案早在十年前就有人提出过，但是《卫生总署关于吸烟与健康的报告》

和不断上涨的库存带来的双重压力终于迫使政界开始采取行动。烟草计划的改革过程带有结社管理的所有特征：未经选举产生的农业烟草经济精英们私下制定政策，在他们的计划获得国会友好听证之时营造共识假象，确保立法迅速通过。

这种虚假共识经常被吹捧为种植者接受政府资助的理由。1965年的听证会由艾伦·埃伦德首先发言，他是来自路易斯安那州的种族隔离主义者，曾担任参议院农业委员会主席，他赞扬了烟农之间已经明显达成的独特的共识。"我不知道农业领域有哪个群体比烟草种植者更能解决自己的问题"——这一事实使委员会更容易通过"有利于这个国家种植者的"立法。[171] 以产量为基础的烟草计划改革确实在不同阶层的烟草种植者中取得了高度的共识。成员来自商业化农场主和农业综合企业的北卡罗来纳州农业局，以及代表小农场主的全国农民联盟，都支持这项立法。来自纳什县农村的 25 名农民甚至连夜乘坐火车从北卡罗来纳州赶到华盛顿特区，以确保他们的名字被记录为立法支持者。烟草协会的新任主席约翰·帕尔默向参议员们提交了欧洲烟草制造商对将限制种植面积改为限制产量的措施的大量支持意见。西德最大的卷烟制造商利是美表示，它"热烈欢迎最近提交给国会的限制产量而非限制种植面积的新法案"。英国的帝国烟草公司也对该法案给予了"有力的确认和支持"，加拉赫烟草公司也是如此，该公司是全球第二大美国烤烟进口商。与美国烟草协会有业务往来的其他主要外国公司也支持该法案。[172]

这种行业团结的表现充分体现了协会主导的政策制定模式。1965 年 4 月签署的《公法 89-12》迅速通过，而且正好赶上夏天的收获季，这凸显了烟草行业在获取保护性监管方面的效率。对烟农们来说，制衡消费者监管的砝码不是"自由企业"，而是一种不同的管控理念——将国家视为有组织生产者的保护者和捐助者，由政府创设一种财产权来保障这些生产者的福利。像任何财产管理者一样，国家需要适应时代的变化，以确保烟草计划的标的资产[①]保持价值。但是，这种慷慨的管理系统并没有准备好迎接爱打官司、越来越有组织的民间力量的冲击。

到20世纪60年代末，两种烟草控制制度即将发生碰撞：一种是基于生产者群体的特殊经济特权，另一种是基于日益壮大但法律界限模糊的公共利益。这两个群体很少直接对话，仅在国会听证会上通过针锋相对的证词交锋。这实质是政府职能定位的路线之争——究竟该保护谁的利益？公益律师对生产者导向监管提出的挑战是直指根本的。律师倡导环境权利和消费者权利，并制定新的策略来挑战根深蒂固的商业利益。有组织的生产者集团的力量已经不是什么秘密，但公益律师试图使其成为丑闻。一场草根反烟草运动正在兴起，以支持律师对公众参与、政策透明和地方控制烟草政策的诉求。

---

① 标的资产指在合同中规定的涉及交易范围的资产或是司法案件中涉及纠纷的需要明确的财产。——编者注

第五章
非吸烟者问世

  我们必须让吸烟行为变得难以让社会接受……我们必须借助游说使吸烟行为变得更加艰难。

  ——公开评论，美国癌症协会地区论坛，丹佛，科罗拉多州，1977年5月15日

1975年6月，数百名来自世界各地的公共卫生专家、医生、公务员和禁烟活跃分子在纽约市聚集了三天，参加第三届世界吸烟与健康大会。[1] 这次会议比在纽约（1967年）和伦敦（1971年）的前两次会议规模更大，也更多样化。最重要的是，它包括了一个决定性的新角色——非吸烟者。20世纪70年代，正是在非吸烟者的名义下，出台了最重要的烟草法规。在一个以"非吸烟者的权利"为主题的专题讨论会上，吸烟与健康行动组织的律师格伦·戈德堡将关于非吸烟者权利的法律和社会运动置于重塑美国人自我意识、公民意识和国家义务的权利革命背景中。他解释说："美国黑人、西班牙裔美国人、美国印第安人、美国同性恋者，都利用法律行动和法律程序来争取和维护自己应得的政府保护和福利。最令人鼓舞的是，美国大多数不吸烟的人终于开始使用这项法律来保护他们的肺，保护他们的健康，拯救他们的生命，不让他们吸入别人创造的烟草烟雾。"[2]

　　但20世纪70年代以权利为基础的自由主义自身矛盾重重，非吸烟者的权利也不例外。一旦非吸烟者提出了一系列不可侵犯的权利，那么吸烟者也可以坚持认为他们的权利受到了威胁。[3] 尽管禁烟活跃分子动情地讲述了他们在烟雾环境中的痛苦和不适，但在争夺公共空间控制权时，权利是对非吸烟者和吸烟者双向开放的。白人中产阶级活动家从民权运动的公共空间民主化中吸取了教训。"每个人都有权处理日常事务，参与公共事务，寻求乐趣和娱乐，而不必经历持续的、不必要的健康危害和不适。"加利福尼亚州反吸烟污染组织法律基金会在1976年出版的小册子中解释说。⁴

然而，非吸烟者权利活动家很少考虑到公共场所吸烟限制对那些更依赖公共设施的美国人——少数族裔和穷人——的影响。与这十年中的其他中产阶级公民运动一样，反吸烟污染组织站在受害者的立场上进行辩论，却没有考虑到它的倡导反映了成员自身的种族和阶级特权。⁵尽管表面上宣扬普遍主义（"每个人都有权呼吸没有被烟草烟雾污染的空气"），但非吸烟者权利的论调反映了对公共生活愿景的一种狭隘看法。⁶当然，烟草利益集团只代表了美国的一小部分人。非吸烟者权利运动由妇女领导，追求普遍性，坚持公共空间的民主化，与主导烟草政治的家长制、特殊主义和不透明的政权形成对立。

主张权利过程中这种竞争激烈的零和心态①与政治经济的变化相吻合，这种变化迫使美国人直面联邦政府应对通货膨胀与失业的能力的极限。取消管制——作为一套重塑航空、货运和电信行业的主张竞争的政策，以及一种谴责"大政府"的政治意识形态——对非吸烟者的权利运动产生了深远的影响。正如反烟草律师发现的那样，起诉行政机构只有在有行政机构可起诉的情况下才会奏效，而且这是一种因怀疑行政机构能否代表公众而非私人利益而产生的策略。对机构权力的公益批评激起了人们对取消管制的热情。⁷可主要监管机构一旦消亡，借助法律诉讼迫使机构通过限制公共场所吸烟来保

---

① 西方国家长期固守的"非赢即输、你赢我输、赢者通吃"的心理。——编者注

护非吸烟者的可能性也会成为泡影。

面对烟草业在华盛顿拥有的雄厚资源——对国会的掌控，阻挠监管行动的能力——禁烟活跃分子把他们的理由诉诸地方政府——他们开始另辟蹊径。尽管非吸烟者运动从联邦环境法和法律策略中得到启发，但非吸烟者的权利最终在州和地方一级得到了维护。在这一点上，非吸烟者权利活动家与环境和公共健康活动家是志同道合的。[8]

约翰·班扎夫的吸烟与健康行动组织和加利福尼亚的反吸烟污染组织（一个基于宪章的公民领导的分散性社会组织）成功地将非吸烟者塑造成了需要保护和被赋予权利的形象。尽管它们的战略并非统一协调，却能弥补对方留下的空白。反吸烟污染组织让不吸烟的人能够主张他们有权呼吸清洁空气。吸烟与健康行动组织奉行一种精英式的法律变革策略；反吸烟污染组织动员草根彰显其存在。在权利革命、环保运动和取消管制的狂热中诞生的非吸烟者，在20世纪70年代以自由主义的矛盾表达为标志。非吸烟者是政治舞台上的一股新力量，但要求政治家关注生活质量问题的人远不止他们，而这些诉求正越来越被中产阶级视为与生俱来的权利。[9]

捍卫非吸烟者的权利

班扎夫从自己与联邦通信委员会的交锋中学到了一点：向行政机构询问它们能在烟草监管方面有何作为还是有许多积极意义的。其中的诀窍在于让机构相信，此举属于它们的职权范围。对许多人来说，"行政机构"一词让人联想到西装革履的人用联邦法规交谈的场景。但对班扎夫而言，行政机构为创造性的法律行动提供了机会。

第五章　非吸烟者问世 | 197

他只是众多利用自己的职位来检验社会变革理论的法律学者之一。事实上,他是学术界推动"法律诊所"进入法律教育的一分子。例如,在纽约大学法学院,法律诊所教育在1969年就成为教学大纲中的内容,到1970年,学校开设了10门法律诊所课程。学生们参加纽约地区的经济发展项目,在少年法庭系统中提供服务,为"轻微犯罪"的穷人辩护,并与律师合作提供法律援助。[10]

1968年,班扎夫开始在乔治·华盛顿大学法学院教书时,自诩其教学法为"反体制法"。他的"法律行动主义"课程在学生中被冠名为"起诉混蛋"课,主张"法律是对抗重大社会问题的武器"。[11]班扎夫的法律行动主义课程反映了那个时代环境活动分子采用的对抗性的方式。20世纪70年代的许多环境律师的工作本质上是对新政时期行政管理状况和侧重发展的偏见的批评。[12]其中一些环保律师,如密歇根大学法学院的教授约瑟夫·萨克斯,提倡积极使用公民诉讼,并且将诉讼描绘为争取民主的工具,能打碎利益集团、国会和官僚机构之间的"铁三角"。法庭不再是财产利益至上的地方,而是"公民个人或社区团体",与"熟练掌握操纵立法和行政听证的"根深蒂固的利益集团"平等博弈的场所"。[13]公民在行政机构面前"本质上是恳求者"。相比之下,在法庭上,"则是以法定权利主张原本就属于他的权利"。[14]萨克斯所说的"法庭之声"有点过于乐观。诉讼是一种代价高昂的策略,尤其是面对像烟草游说团体那样富有的对手时。班扎夫和他的同伙对监管机构采取了对抗的策略;唯有在成本较低的舆论施压失效之后,才会启动诉讼程序。

环境法上的两项重要创新提高了学生法律诊所的影响力。该时期的主要环境立法允许公民诉讼,并要求联邦机构出具环境影响报告书，提出可能影响环境的行动。20世纪60年代末和70年代初，环保法案占据了国会的主要议程，且与职场安全法、消费者保护法和职场反歧视法同属于一个整体。[15]法律诊所是这个不断扩大的公共利益法领域的训练场。在20世纪70年代，班扎夫的学生活跃在华盛顿特区的法院、政府机构和立法机构。1971年，消费者标签教育法律学生协会就可乐饮料的警告标签向食品药品监督管理局提出了挑战。[16]对儿童安全谈判感兴趣的未来律师力推汽车座椅安全的营销。要求让听障公民有同等机会在电视上看到事实与警告的行动成功地促使联邦通信委员会下令为紧急信息设置隐藏式字幕。[17]这些以首字母缩写为名称的"十字军"经常出现在《华盛顿邮报》的"旋转木马"专栏中。这种对学生行动的戏称与专栏作家杰克·安德森描述华盛顿秘闻时戏谑的口吻如出一辙。

1969年秋季学期结束时，名为减少航空公司吸烟危害的公民组织的一群法律专业学生完成了班扎夫法律行动主义课程的要求：他们向美国联邦航空管理局和交通部递交了一份请愿书，提出对航班上的吸烟者和非吸烟者进行隔离。[18]这份正式的请愿书和班扎夫撰写的吸烟与健康行动组织的请愿书联合投递，紧跟在拉尔夫·纳德提出的一份更严格的提案之后，一起递交给了美国联邦航空管理局。纳德以消防安全和乘客健康为由，请求全面禁止乘客在机舱及周边区域吸烟、抽烟斗和雪茄——"这是潜在可燃物真正的导火线"。[19]

相比之下，减少航空公司吸烟危害的公民组织和吸烟与健康行动组织只是希望美国联邦航空管理局要求"所有国内航空公司有效地将吸烟乘客与不吸烟的乘客分开"。班扎夫和他的团队声称，1958年的《联邦航空法》使美国联邦航空管理局有权"考虑公共利益，

第五章 非吸烟者问世 | 199

包括为乘客提供最高级别的安全保障"；班扎夫还将他们的建议框定在已经建立的机构权威范围内，而这种权威允许官员在"各种可能出现的可预见和不可预见的情况下"采取行动。这些请愿及其所引起的公众关注，使得美国联邦航空管理局不得不做出回应。班扎夫为该机构提供了借口，使其得以避免采取大胆且政治上棘手的禁令。纳德的请愿很坚决也很绝对，他给了监管机构一个边界，让他们可以通过谈判达成一个更温和的"合理"限制。

班扎夫和学生们提交的请愿书的主体内容中提出了不吸烟乘客的健康、安全和舒适受到烟草烟雾危害的各种方式。1969年，还没有流行病学证明非吸烟者的肺部和心血管疾病与接触二手烟之间的因果关系。这类研究到20世纪80年代初才出现，而非吸烟者的疾病问题直到1986年才在《卫生总署关于吸烟与健康的报告》中一再被提及。当时也没有关于非吸烟者在飞机等封闭场所接触卷烟烟雾的研究，没有关于接触卷烟的短期和长期影响的研究。

禁烟活跃分子运用有限但不断增加的科学工具，其中美国人先前存在的过敏问题发挥了主导作用。1967年的全国健康调查是20世纪30年代以来首次在全国范围内对美国人的疾病发病率和医疗使用情况进行的评估。调查显示，数百万美国人患有呼吸道疾病，如慢性支气管炎、鼻窦炎、肺气肿、哮喘和花粉热。请愿书中引用了专业期刊上最新的医学研究的评论摘录，声称这些常见的潜在疾病中的任何一种都可能因接触烟草烟雾而恶化。依照将儿童列为政府保护的主要受益者的传统策略，班扎夫和学生们提交的请愿书中提到大量的美国儿童患有哮喘，而儿科专家长期以来一直将烟草烟雾视为"对许多患有呼吸道过敏的儿童的非特异性刺激物"。请愿书中对此进行了大胆的猜测：对许多乘客来说，乘坐烟雾弥漫的飞机是一种情感上的折磨。对于一个"预先确定易受情绪困扰"的人来说，烟草烟雾刺激的"阈值①"可能更低。[20]这确实能让人联想到飞机上乱糟糟的画面：有人心脏骤停，孩子气喘吁吁，疲惫不堪的乘客因过道另一边的吸烟者的行为而大发雷霆。

请愿书的论点可能有点牵强，但不需要无懈可击。他们只需要说服美国联邦航空管理局局长约翰·谢弗将在飞机上吸烟的问题纳入管辖范畴，从而在美国联邦航空管理局发布最终规定之前，启动"通知和评议程序"。事实上，请愿书径直主张道：既然美国联邦航空管理局肩负着"鼓励航空业务发展"的使命，那么吸烟问题理当在其职权管辖范围内——毕竟许多非吸烟者希望乘坐飞机，但由于缺乏无烟空气而不得不放弃。如果许多"温文尔雅的吸烟者"因为身旁的人愤怒的目光而无法享受抽烟的乐趣，那么他们是不是也无法享受坐飞机的乐趣？请愿书中关于隔离吸烟者和非吸烟者的建议是温和的，而且考虑到机舱空气的再循环，这一建议用处并不多。但正是出于这个原因，班扎夫坚持说，他们的提案并不要求绝对优先考虑非吸烟者的健康。美国联邦航空管理局只需要在吸烟者和非吸烟者的"需要和愿望"之间寻求"平衡"。根据座位隔离计划，吸烟者的"特权不会被剥夺"，但那些受困扰、恶心或放弃坐飞机的人可以更舒适地乘坐飞机。[21]

请愿书提交几周后，一封写给全国性报纸专栏作家安·兰德斯的信指出，飞机上的气氛确实很紧张。这封信的作者吸烟，且质疑自己在从辛辛那提飞往圣弗朗西斯科的航班上的行为。"介意我抽烟

---

① 阈值又叫临界值，是指一个效应能够产生的最低值或最高值。——编者注

吗?"这个人问他的邻座。当她回答说"是"时,他惊呆了。"她的回答激怒了我,因为我是个烟鬼,我觉得她在干涉我的权利。"他写道。毕竟,航空公司实际上是允许人们吸烟的,因为它们只有"在起飞和降落时不得吸烟的标识"。他建议那位女士另找一个座位,她也照做了。因此,这位作者想知道,谁是正确的——自己还是那位"不体谅别人的女性"?也许这个吸烟者只是想礼貌地问问不吸烟的邻座是否介意他吸烟,并且想得到对他礼貌的肯定,结果却令他大失所望。兰德斯向其阐释了权利的边界:"你抽烟的权利到别人鼻尖就结束了。"并建议作者"应该另找个座位,坐在另一个尼古丁瘾君子旁边。这样你们就可以在不冒犯任何人的情况下一路咳到圣弗朗西斯科"。[22] 尽管兰德斯调侃的回复折射出更深层的社会现实:航空公司在起飞和降落期间禁止吸烟,这只是为了提醒一些吸烟者,在其他任何时间吸烟都是他们的权利。不管向美国联邦航空管理局的请愿是否成功,也不管一条规定最终能给非吸烟者提供什么层面的保护,这次请愿推动了社会默认规范的转变,打破了人们有权在飞机飞行时吸烟的固有认知。

  对无烟天空的追求意外获得了一位地位显赫的法律界旁观者的鼎力相助。就在各大报纸报道请愿行动的同一天,首席大法官沃伦·伯格致信给美国联邦航空管理局局长谢弗。伯格在最高法院的信笺上转述了发生在五年前的一件事。在华盛顿飞往明尼阿波利斯的航班上,伯格指出自己无法再忍受烟雾弥漫的环境。他解释说:"当时有37名乘客在吸烟,尽管空姐和我一样两眼发红,但机组人员坚称他们无能为力。"伯格并非对烟草烟雾过敏,他"对烟草烟雾只有一种正常人的厌恶"。他不得不在麦迪逊中途下机,并且希望在第二天的航班上能呼吸到更清新的空气。伯格写道："我致函给这家航空公司的总裁，却没有得到哪怕是礼节性的回复。"局长谢弗彬彬有礼地回了信，并且亲自向伯格保证，美国联邦航空管理局正在采取"响应行动"，即将宣布启动所谓的"通知和评议程序"。[23] 由于减少航空公司吸烟危害的公民组织请愿书的原因，美国联邦航空管理局收到了数以千计的来信，而伯格的来信在其中最为重要。这封信受到的媒体关注可能促使了其他美国人也向美国联邦航空管理局投诉。

在美国联邦航空管理局收集信息和公众意见的同时，其他机构也采取行动将吸烟者和非吸烟者隔离开来。1970年初，纳德向州际商业委员会提出申诉，要求全面禁止在州际公共汽车上吸烟。州际商业委员会拒绝了纳德的提议，但在1971年底宣布将让吸烟者坐到公交车的后面——这似乎是对班扎夫在隔离吸烟者方面寻求"平衡"的建议的支持。到1972年1月，运营州际线路的公交公司被要求将吸烟者限制在后排20%的座位上。[24] 这项规定的目的是"减轻严重的妨害和可能出现的健康危害"，因为当时缺少关于二手烟危害健康的确凿证据而无法实施全面禁令。[25] 在另一项裁决中，商业委员会还要求在新成立的美国铁路公司运营的列车上，为非吸烟者在普通车厢、豪华车厢、餐车和有天窗的圆顶车厢分配空间。[26] 1972年末，首席大法官伯格再次致信交通部部长，抱怨他在乘坐地铁头等舱时遇到的吸烟问题："我在上班的途中，3个人一直在抽雪茄，污染了头等车厢的空气。而在下班途中，除了卷烟烟雾外，还有4个人在抽雪茄。"当他向列车员抱怨时，列车员建议其移驾空气相对清新的二等车厢。五天之后，一项禁止在头等舱吸烟的禁令开始生效。[27]

航空公司抢先采取了监管措施，希望自己出台了举措之后，就

第五章 非吸烟者问世 203

没有必要再接受正式的监管——这一举措与几年前广播行业的做法如出一辙。1970年1月，泛美航空公司宣布将其新购的所有波音747客机中的12个头等舱座位和36个经济舱座位定为非吸烟座位。一个月后，美国航空公司也做出了类似的承诺，将非吸烟区作为其新型大型客机的一项便利服务。环球航空公司也不甘落后，宣布将在其所有飞机上提供非吸烟座位，既有大型喷气式客机，也有螺旋桨客机。[28] 在三个多月的时间里，在没有正式法律变更的情况下，在飞机上吸烟的社会规范已经发生了改变。给安·兰德斯写信的那位吸烟者无法再声称航空公司只要没有禁烟的政策，人们就有自由吸烟的"权利"。不吸烟的乘客也有了更多的选择，而不是被动地给人以挑衅的一瞥或者怨恨地咳嗽一声。但是航空公司的主动出击并没有平息大多数非吸烟者的不满。1970年，有30%的女性和44%的男性吸烟，然而泛美航空公司只为非吸烟者保留了304个经济舱座位中的36个和58个头等舱座位中的12个。[29] 航空公司的决定看起来更像是为了作秀，而不是为了保障乘客的权益。

　　航空公司先发制人的行动，加上美国联邦航空管理局在启动"通知和评议程序"期间的拖沓现象，为班扎夫提供了宣传反吸烟运动的绝佳机会。他借此良机努力证明自己作为这项事业主要法律活动家的地位——这一地位仍与比他更知名的纳德共享，因为纳德的名字在报纸报道请愿行动时更频繁地被提及。1970年3月，班扎夫在国家记者俱乐部举行了一次记者招待会，谴责美国联邦航空管理局没有加快行动。他宣布了自己的计划：先预订那些做过禁烟区广告的航空公司的机票，然后要求提供禁烟区座位，如果被拒，则起诉航空公司"没有保护非吸烟者的权利"。班扎夫强调了联邦政府赋予烟草业的特权,这与那些非吸烟者被迫提起个体诉讼来维护自己的权利形成了鲜明对比。班扎夫还呼吁立即结束所有的联邦烟草补贴——包括农业项目,也包括出售给军事基地军人的低价卷烟。

这种寻求公众关注的行动不光满足了班扎夫的个人功利心。召开新闻发布会是提高非吸烟问题知名度的一种低成本方式。考虑到非吸烟者被当作二等公民,而烟草业却得到保护、拥有特权,这位年轻律师的傲慢策略似乎更为恰当。利用公众的愤怒是班扎夫法律策略的一部分。愤怒是一种潜伏的资源,可以被调动起来对抗烟草公司和航空公司优越的经济和政治资源储备。"如果你让人们确信,有人正在对他们的健康造成危害,"班扎夫在1970年告诉《华尔街日报》,"必能激发起他们的行动意志。"[30]

联邦政府并不仅仅依靠公众意见来制定禁烟规定。联邦政府对机舱内接触烟草烟雾的影响进行了研究——此举凸显了对影响所有航空旅客的公共健康问题的科学研究的缺乏。这项研究由卫生教育福利部以及一些联邦卫生机构进行,旨在"确定乘客吸烟产生的某些烟草产品燃烧的程度;确定乘客对烟草烟雾的主观反应;收集有关控烟法规调整的意见"。研究人员最初有一个雄心勃勃的目标,即测量暴露在机舱吸烟环境中的乘客血液中的一氧化碳水平,却因难以获取血液样本而不得不放弃。此研究一旦证实乘客血液中一氧化碳含量超标,将为美国联邦航空管理局以安全之名控制,甚至禁止在飞机上吸烟提供依据。但这项研究只收集了环境污染物的样本,并发现一氧化碳的浓度"极低,远远低于城市环境中的环境浓度"。[31]

为了更好地了解乘客对有人在飞机上吸烟的感受,研究人员还在20架指挥国际航班的军机和8架国内航班上进行了问卷调查。绝大多数非吸烟者希望采取"纠正措施"——无论是隔离还是禁止——来减轻二手烟带来的困扰。[32] 该研究还指出,呼吸系统疾病高发群体对吸烟管制的诉求更强烈。考虑到"美国人口中表现出呼吸道症状疾病的发病率正在上升",吸烟者和非吸烟者在飞行途中的紧张关系预期只会继续上升。尽管如此,在机舱内吸烟还是被判定为"对乘客不构成健康威胁",但许多乘客对此感到困扰——尤其是那些患有呼吸系统疾病的乘客。[33] 通过官方的深入调查,虽然对机舱内吸烟进行监管的科学依据很少,但针对这一禁烟问题有着很高的社会诉求。

美国联邦航空管理局和民用航空局收到的公众对拟议的吸烟条例的评论比其历史上公众对任何其他问题的评论都多——考虑到延长的通知与评议期以及该条例对所有航空乘客的广泛影响,这也许并不令人惊讶。报纸、行业期刊和专业协会鼓励美国人与航空管理部门分享他们的观点。班扎夫在全国性报纸上投了广告,鼓励非吸烟者写信给民用航空局,支持他提议的规定(图5.1)。[34] 多年来压抑已久的怨气涌进了民用航空局的办公室,信件足以塞满董事会案卷整整五大卷。[35]

这些评论揭示了人们对吸烟者理所当然地占据公共空间的深度怨恨。华盛顿大学的医学教授埃德温·比尔曼写道:"在一个封闭的环境中,无论他人的嗜好多么普遍,都没有理由让个人屈从于他人的嗜好。"在印有西雅图退伍军人管理医院印章的信笺上,比尔曼谴责这种"令人不舒服、恼火"的烟雾"侵犯了呼吸无污染空气的基本权利"。[36] 另一封信是从"一位飞行员兼医生和生理学家的视角"写的,它承认"短暂接触"烟草烟雾这种"有毒臭气"对非吸烟者

ATTENTION NONSMOKERS

The Civil Aeronautics Board has tentatively agreed to issue a rule, originally proposed by Action on Smoking and Health, to require all airlines to provide no-smoking sections for the health and convenience of nonsmoking passengers. The proposed rule provides that enough seats must be set aside to accommodate all persons who would prefer not to sit next to a smoker, and requires the airlines to enforce the restrictions.

The CAB has asked for public comments on the rule, and it appears likely that the rule will not be issued unless there is a substantial demonstration of support from nonsmokers. If you are bothered by cigarette smoke, or just sick and tired of being forced to breathe polluted air, we urge you to write IMMEDIATELY to express your strong support for this proposed rule.

If you send us a copy of your letter to the CAB, we will send you free of charge a copy of our petition requesting the rule, which outlines the health hazards presented by cigarette smoke to the nonsmoker; a copy of the Surgeon General's report reaching the same conclusion, and information about how ASH is fighting to protect the rights of nonsmokers. This advertisement is presented as a public service by Action on Smoking and Health (ASH), a national non-profit and tax-exempt organization serving as the legal action arm of the anti-smoking community.

Send Your Letter To:
Civil Aeronautics Board
Docket Section
Washington D.C. 20428
Re: Docket 21708-ASH

Please Send a Copy To:
Action on Smoking & Health
2000 H St., N.W.
Washington, D.C. 20006
Re: CAB RULE

图 5.1 1972 年班扎夫的吸烟与健康行动组织鼓励《华盛顿邮报》的不吸烟读者向民用航空局发表公开评论。（吸烟与健康行动组织，华盛顿特区）

构成的危险或许要低于吸烟者本人的吸烟习惯所带来的危险，但"它会加剧已有的呼吸道炎症、过敏和哮喘等疾病"。[37] 尽管医生们的信可能具有特殊的分量，但他们并非唯一有分量的美国人。"在1万米高的蓝天上成为囚徒，任凭某个不顾他人的混蛋在我身旁吞云吐雾，我认为这侵犯了我的个人自由，也损害了我的健康。"一名愤怒的乘客向民用航空局投诉道。[38]

烟草公司意识到了反对机舱内吸烟的浪潮并发起了反击——至少制造了反击的假象。1972年，为回应班扎夫在报纸上打的广告，"肯特""真实""新港"和"老金"等品牌香烟的制造商罗瑞拉德烟草公司策划了一场写信运动。罗瑞拉德烟草公司的一名律师起草了5封样函，并敦促公司的首席执行官"安排一些广告公司的人手写这些信件，并使用无公司抬头的信笺，使用私人住址，并让每个人多写一两封，内容相似但不完全相同"。[39] 这些信经过律师、公司官员和广告人员之手，伪装成普通美国人所写，每一封都代表着一种不同的性格类型。被冒犯的公民自由主义者问道："根据这项规定，是不是所有的吸烟者都将被自动降格为二等公民，必须像牛一样被驱赶？"[40] 一位沉默的多数派成员愤愤不平地说："为什么我只能坐在我根本不想坐的地方——只是因为纳德告诉你我应该坐在那里？"[41] 一位彬彬有礼的吸烟者解释说："当大多数航空公司开始允许吸烟者坐在特殊的'吸烟区'时，我很高兴。……难道自愿安排不起作用吗？"[42] 罗瑞拉德烟草公司的律师甚至伪装成一位随和的非吸烟人士写信，他想知道，"飞机上的通风系统运行良好，有什么必要制定这样的规定"。[43] 很快，民用航空局的工作人员就识破了这一诡计——很明显，广告公司没有听取律师的修改建议，导致向民用航空局发送了一大堆雷同的信件。罗瑞拉德烟草公司的律师辩称该举动并没有违背民用航空局或美国律师协会的规定。[44] 同样，民用航空局的规定也没有要求监管机构审阅其收到的评论的来源。

1973年春，民用航空局颁布了新规：航空公司必须为吸烟者和非吸烟者提供单独的区域，并且必须满足所有非吸烟席位需求。航空公司每违反一次规定将被罚款1 000美元。这一胜利并不标志着吸烟与健康行动组织对该机构的穷追猛打就此结束，因为监管机构颁布的每一项规定都为监督机构提供了监督执行的机会。成百上千的违反民用航空局规定的事例被报道出来：从不吸烟的人未被安排在非吸烟区，到无视规定吸烟的乘客屡禁不止。在20世纪70年代，吸烟与健康行动组织代表被拒绝提供无烟座位的个人向航空公司提出了大量的法律诉讼。[45] 这些诉讼导致数千美元的民事赔偿。为了应对吸烟与健康行动组织施加的压力，民用航空局在1976年加强了吸烟规定，将抽烟斗的人和抽雪茄的乘客进行二次分舱，并禁止乘客在飞机通风系统故障时吸烟。

黯然退场

民用航空局的新禁烟规定是在反对监管的政治浪潮中形成的。新的思潮、人口结构变迁和经济压力迫使人们重新评估民主自由主义。自由主义的凯恩斯主义基础——政府可以通过精准减税和赤字性支出等手段来刺激经济增长，有力的监管使核心产业合理化，聚焦总需求（而非个体选择）制定经济政策——在面临通货膨胀与失业的双重问题时瑟瑟发抖。企业和右翼经济学家加入了抨击企业俘获的左倾批评家阵营,他们发现政府在公开尝试监管行业的过程中"极为失败"。[46]

撤销管制被誉为重振美国萎靡不振的经济的灵丹妙药,并受到许多人的欢迎。到20世纪70年代末,美国公众已经熟悉了那些出自学院、由政治家和媒体广为流传的对企业的批评。1977年《美国新闻与世界报道》的民意调查显示,81%的受访者认同"大公司对管理他们的政府机构有很大影响"的说法。[47]全球竞争不合时宜地到来,给美国长达数十年的经济霸主地位带来了威胁,迫使商人和政策制定者寻找能够再次释放美国生产力的新政策。支持者们宣称撤销管制是治愈20世纪70年代弊病的良方,这些弊病包括通货膨胀、消费者不满、美国工业实力的衰落。因此,撤销管制受到了民主党和共和党政客的一致支持。

早在里根革命全面谴责政府之前,人们就已经开始讨论放松对受监管行业的限制了。解除对航空业的管制最先由民主党占主导的国会提出,并由自由主义雄狮特德·肯尼迪一路助推,最终成为吉米·卡特总统努力"尽可能多地"[48]解除对运输业管制的核心内容。那些在尼克松辞职后当选的民主党"水门婴儿"①,与在大萧条时期长大的资深同事相比,对联邦政府的监管举措持怀疑态度。这些新的民主党议员改变了他们政党的优先考虑事项,使其在经济上不再像从前那样追随民粹主义,却更强调公民权利、性别权利、环境和消费者保护等社会问题。在这群新成员中,老朽陈腐、抑制竞争、保护大公司的民用航空局几乎没有朋友。1978年的《航空公司放松管

---

① "水门婴儿"指1974年8月9日尼克松因水门事件辞职后,于1974年首次当选美国国会议员的民主党人。——编者注

制法案》在参议院和众议院轻松通过。

民用航空局成了撤销管制的典型代表。在这个机构中,《全国工业复兴法》的结社主义基因仍然清晰可见,它将"公众利益与最有权势的工业部门的愿望"捆绑在一起。[49]改变这个机构的是民用航空局局长阿尔弗雷德·卡恩。这位由卡特总统任命的康奈尔大学经济学家自称是自由民主党人,并且在总统的劝说下才接受了他的角色——撤销管制的先驱。[50]在1977年被任命为该机构的主席之前,卡恩曾执掌大权在握的纽约州监管委员会,这一经历佐证了他关于管制与竞争、市场稳定与消费者价格之间权衡的学术观点。卡恩被称为"航空界撤销管制之父",他信奉边际成本理论:消除价格扭曲型监管后,竞争会导致价格下降,让更多美国人选择乘坐飞机。航空业撤销管制的做法迅速扩展至卡车运输业、公共汽车运输业、铁路运输业、电信业、石油业和金融业。[51]

在"跛脚鸭"①时期,民用航空局放松了一些吸烟规定,作为承诺"允许航空公司进行试验并鼓励创新"的一部分。[52]航空公司更乐意宣传他们新设置的非吸烟区,而不是落实保障乘客的权益。根据1981年颁布的新规定,不吸烟的人无权抱怨周围的吸烟者给他们带来的"不合理负担",这给了航空公司更多的回旋余地,可以把小的非吸烟区"夹在"较大的吸烟区之间。根据新规定,即使没有使用通风系统,吸烟行为也将被允许。如果乘客不符合航空公司制定的办理登机手续的要求——即使乘客的迟到是由于转机延误,新规定允许航空公司拒绝将乘客安排在非吸烟区中。吸烟与健康行动组

---

① 美国人用"跛脚鸭"形容那些竞选失败、即将离任的官员,尤其是即将卸任的总统。"跛脚鸭"时期指的是大选结束后的新旧权力交接时期。——编者注

织很快便开始对它的长期对手、促成者、验证者和合作者采取最后行动。在1983年的"吸烟与健康行动组织诉民用航空局"一案中，班扎夫取得了最后的胜利，哥伦比亚特区巡回上诉法院下令恢复更严格的规定。[53]但是，正如吸烟与健康行动组织与监管机构之间的许多次交锋一样，这场胜利是局部的。烟草业发起的反对进一步限制的信件以及来自国会盟友的政治压力如潮水般涌入，民用航空局拒绝了吸烟与健康行动组织在短途飞机上禁烟的提议。[54]民用航空局虽提高了非吸烟者的期望，却没有始终如一地消除非吸烟者的怨气，最终黯然退场。

尽管班扎夫的法律路径根植于对机构为公众利益进行监管的能力的基本怀疑，但它也依赖一个强有力的监管国家。[55]《吸烟与健康行动通信》指出，1984年底民用航空局的没落带来了"特殊问题"，预示着"新一轮诉讼"。[56]班扎夫的法律行动具有极高的专业性，依靠的是上诉律师的策略，而不是对官僚主义、产业集中或消费者保护的广泛批评。尽管他经常被称为"吸烟界的拉尔夫·纳德"，但班扎夫和他的手下并没有通过揭发丑闻的调查、智囊团或公民游说组织，对烟草行业的政治权力发起多管齐下的攻击。这种具有技术官僚性质的法律行动从根本上与他所代表的多数人的意愿相矛盾。吸烟与健康行动组织不知不觉地成为自己所推动的政治进程的牺牲品。出于对传统机构为公众利益进行监管的能力的怀疑，吸烟与健康行动组织应运而生，它依靠法律手段寻求将权力从机构本身转移到法院，但由于请愿或起诉的机构逐渐减少，班扎夫在反烟草运动中的领导地位被大大削弱。幸运的是，另一个组织早就代表非吸烟者行动了起来。

反吸烟污染组织：声音、视觉和警惕

为了让非吸烟者被更多人关注，吸烟与健康行动组织依靠律师们在特定法律论坛上的努力。但反吸烟污染组织坚持认为，非吸烟者无处不在——他们只是需要让人们了解他们。

反吸烟污染组织（GASP）和吸烟与健康行动组织体现了两种不同的组织传统。吸烟与健康行动组织在法庭上茁壮成长，而反吸烟污染组织却活跃在图书馆的会议室、教堂的地下室和全国各地的家庭里。反吸烟污染组织是草根组织，主要由女性领导，其成员也并非来自华盛顿法律领域的精英人士。[57]

这个专注禁烟的组织于1971年1月在马里兰州大学公园市的克拉拉·古因的起居室里成立。克拉拉·古因是个家庭妇女，有两个女儿，其中小女儿对烟雾严重过敏，以致全家人都无法出去吃饭。还有一点比在公共场所受限更为糟糕，那就是不吸烟的人不得不在自己家里接待吸烟的客人。非吸烟者家中的烟灰缸是吸烟者至上地位的纪念碑。"我们这些不吸烟的人真是受气包！"克拉拉·古因回忆说。有一天晚上，她躺在床上无法入睡，思考着非吸烟者的无奈。她的共鸣者们共愤于家具和地毯上的烧焦痕迹，以及晚上外出回来后还要晾晒外套、洗头发等额外的杂务。克拉拉·古因也知道吸烟的严重代价——她父亲是个老烟鬼，死于肺癌。[58]

大学公园市的反吸烟污染组织的启航朴实无华。克拉拉·古因用派发给她的50美元"杂货费"购买了第一批徽章，那句"GASP——非吸烟者也有权利"的标语也成为全国非吸烟者运动的标志。克拉

拉·古因的六位不吸烟的朋友——"大部分是母亲，还有几位是仍在上班的秘书"——在她的起居室里碰头，开始了他们的第一次行动：通过移走烟灰缸和张贴禁止吸烟的标志来禁烟。几周后，多亏了乔治王子县的肺结核和呼吸系统疾病协会允许克拉拉·古因使用其油印机，GASP的第一期新闻稿《呼吸机》得以出版（见图5.2）。肺结核和呼吸系统疾病协会（后来被称为肺脏协会）在另一个关键方面发挥了重要作用：它将《呼吸机》邮寄给周边县的会员，并通过全美200个州和地方附属机构传播。凭借协会在全国范围内的影响力和声誉，克拉拉·古因的新闻稿迅速吸引了众多不同的受众。[59]

数天内，全国各地的人纷纷询问，希望能帮助他们建立自己的GASP分会。当肺结核和呼吸系统疾病协会分会的一位理事写信给克拉拉·古因，向她咨询更多信息时，伯克利市也开始创建自己的第一个GASP分会。不久，圣弗朗西斯科湾区便出现了其他分会。GASP分会的人立刻取得了一场胜利——他们在一份请愿书上收集了超过650个签名，要求伯克利市的一家食品杂货店禁烟。[60] 在大学公园市之外，格林贝尔特市、霍华德县和蒙哥马利县都相继创建了GASP分会。到1972年春天，大学公园市GASP的积极分子已经收集并邮寄了超过500套"新分会工具包"——这些材料能指导初出茅庐的反吸烟积极分子如何将合理诉求转化为实际行动。[61] 在纽约州的罗彻斯特市，一位情况与克拉拉·古因相同的家庭主妇也花50美元在报纸上刊登了一则广告，宣布成立GASP分会。几个月内，这个组织就有了130名成员，并说服市长将1972年5月的一周定为"善待非吸烟者"周。全国各地的报纸都注意到了这场运动，并打出了诸如《新的战斗会有结果》《哪里有烟，哪里就有怒火》《GASP

图 5.2 克拉拉·古因编写反对吸烟者污染组织的新闻稿。(由克拉拉·古因提供)

试图清洁吸烟者的空气》这样的标题。⁶²

尽管 GASP 最早的分会在大学公园市、伯克利市和圣弗朗西斯科湾区这样的大学城和自由主义飞地蓬勃发展,但反吸烟的活动受到了除波希米亚人、左翼人士和大学教授圈子之外的人士欢迎。GASP分会是完全分散的：大学公园市或华盛顿特区均不存在中心机构。GASP分会在密歇根州、佐治亚州、亚利桑那州、堪萨斯州和纽约州也在蓬勃发展。⁶³密歇根州弗林特市的一位GASP成员威胁要起诉庞蒂亚克综合医院，因为她的丈夫因心脏病发作而住院，却被分配与两个吸烟者合住一间病房。最终，她的丈夫得到了一个包间——"不需要支付额外费用"，伯克利市的《GASP消息》开心地向人们传播这一消息。⁶⁴类似的新闻不断地让反吸烟运动的积极分子了解全国各地的创新活动，激励人们在自家附近采取行动。例如，在1974年，《呼吸机》的读者便了解到，纽约州达文波特市的威利万德兰餐厅和塔霍湖的哈拉剧院餐厅开始向顾客提供非吸烟区。这可不是非吸烟者版本的《黑人驾驶者绿皮书》^①。它的目的在于激励马里兰州的非吸烟者更加光明正大地向当地餐馆老板"表达他们的意见"，要求更多的无烟设施。

怨恨是20世纪70年代的一种典型情绪，而反吸烟积极分子将个人愤怒和自责转化为政治诉求。从历史压迫中塑造身份的例子不胜枚举。20世纪70年代，许多美国群体的声音和知名度都有所上升。这些群体有些是民权运动的直接遗产，有些则是针对民权运动而形成的。以身份为中心的社会运动在大学校园、出版行业、流行文化领域和公共空间方兴未艾。非洲中心主义对历史和艺术的研究方法为各个年龄段的学生重新设计了教科书和课程；女权主义者让提高自我意识成为一种广泛使用的工具，用来挖掘并描述具有共性、难

---

① 《黑人驾驶者绿皮书》是美国人从1936年开始发行的年刊，是给长途旅行的黑人提供的旅行指南，指导种族隔离时代的黑人旅行者在每个城市找到合适的食宿场所。——编者注

以提及的隐私型侮辱经历。即使是"不可融合的种族"——那些离开故国一两代的美国蓝领白人——也借阿奇·邦克这类荧幕形象宣泄不满。[65]

法律运动和基层运动协同合作，催生出对非吸烟者的身份的认同。这种共生模式在20世纪60年代末和70年代初蓬勃发展的每一场权利运动中都很明显。受全国有色人种促进会非常成功的法律保护基金的启发，墨西哥裔美国人法律保护和教育基金、妇女法律辩护基金和浪达法律机构（美国少数人群权益组织）应运而生，以扩大拉丁美洲人、妇女和同性恋者的合法权利。[66] 班扎夫的请愿和写信运动得到了GASP的热情推动，而GASP的新闻又让成员们了解班扎夫在华盛顿的活动。

这场以"解放"之名的身份政治运动让人立刻想起受压迫的历史以及群体表达的世界历史意义。GASP1973年的《非吸烟者解放指南》——"一本旨在确保各地非吸烟者呼吸权的革命战术和战略手册"——显示了在郊区自由主义的安全范围内部署革命言论的运动趋势。这本小册子用了10页的篇幅，详细阐述了非吸烟者可以使用的个人、社区和法律策略，以及他们事业的"大战略"。它鼓励非吸烟者通过工作场所的标识，向私营企业和市政建筑提出要求，并且在要求被忽视时提出投诉。GASP建议教师、议员等具备公共话语权的从业者"演讲时提出禁烟要求""推动禁烟政策决议"或向与会者分发"礼貌而理性"的倡议书（见图5.3）。

虽然这些举措可能会让非吸烟者松一口气，但一个中产阶级的专业人士在会议上宣布一项行为准则，算不上什么革命。有关法律和社区行动的建议，虽然侧重于政策的改变，但都源于这样一种基

A Polite and Reasonable Request
(Please pass it on)

SOME OF US here suffer discomfort and annoyance from tobacco smoke. Won't you please refrain from smoking while we share the same breathing space? You will have our sincere thanks.

Group Against Smokers' Pollution
P.O. Box 632, College Park, Maryland 20740

...a gentle reminder

perhaps you haven't noticed--
this is a "NO SMOKING" area

THANK YOU for your compliance

Group Against Smokers' Pollution
P.O. Box 632, College Park, Maryland 20740

图5.3 GASP制作的分发给吸烟者的倡议书,鼓励非吸烟者争取公共空间,同时尽量减少言语冲突。(由克拉拉·古因提供)

本信念：教育、反思和对政治官员施加适当的压力会促成对吸烟的限制。《非吸烟者解放指南》没有对权力进行分析，没有对生产和补贴烟草的政治制度提出控诉，没有把卷烟比喻为消费主义的毒物和乐趣，也没有考虑对室内吸烟的制裁可能会不公平地落在处于边缘地位的人身上。随着中产阶级权利的高涨，GASP抓住了解放的声音和象征。《非吸烟者解放指南》是同时期维珍妮牌女士香烟的广告（"宝贝，你终于来了"）的翻版（见图5.4）。[67]菲利普·莫里斯公司推出了薄荷香烟，GASP则解放了资产阶级。

图5.4 GASP利用维珍妮牌女士香烟的广告语，为非吸烟者制作了代表当代非吸烟者解放运动的标志。[《非吸烟者解放指南》（1973），克拉拉·古因提供]

许多GASP活动人士都倾向民主党，但尼克松对"沉默的大多数"①的比喻，道出了体面的公民长期忍受的怨恨。"大约2/3的成年人不吸烟！"大学公园市的GASP在1973年出版的一本小册子中宣称，"现在是沉默的大多数人反对被动成为烟草烟雾受害者的时候了。"68 为了让非吸烟者不再沉默，GASP鼓励会员"彰显自己的存在"——用各种醒目的方式（如佩戴禁止吸烟的徽章、张贴海报等）在自己身上、自己的财产所有物上以及（如果可能的话）他人的财产所有物上表明态度。克拉拉·古因的GASP分会的第一项行动是给马里兰州南部的700名医生写信，要求他们在候诊室张贴禁止吸烟的标志。虽然大多数医生没有回应，但有50间医生办公室宣称它们是无烟的。在伯克利和威奇托这些独特的地方，GASP分会出售徽章、保险杠贴纸和海报，上面印有"你的香烟要了我的命""是的，我介意你吸烟""亲吻吸烟者就像舔烟灰缸"等标语。这些物品的经济价值远逊于宣示非吸烟者权利的象征意义（见图5.5）。

徽章和贴纸不只是身份标识，它们还是这场运动的工具。即使佩戴者很胆小，不敢大声提出要求，也能通过它们改变房间或交流的气氛。不吸烟的人占绝大多数，其中大多数人都保持沉默。对于这些人，GASP组织了一个"自信训练"讲习班，一些地方分会甚至开设了一个提供支持的电话热线，GASP成员可以通过这个电话热线倾听那些与吸烟者发生冲突后"身心俱疲"的非吸烟者诉苦。69 就像给人进行

---

① 20世纪60年代，美国深陷越南战争的泥沼，大量美国民众发起游行示威，强烈反对越南战争。1969年，尼克松在总统竞选演讲中使用了"沉默的大多数"的说法，为自己的越南战争政策辩护，寻求民众支持。尼克松所谓的"沉默的大多数"指的是那些没有公开发表反战言论、参加反对越南战争游行的人，尼克松认为他们的声音被"吵闹的少数派"掩盖（而事实与尼克松的论调截然相反）。——编者注

图 5.5 徽章构成了非吸烟者权利运动的视觉语言。(由克拉拉·古因提供)

心理治疗一样,GASP 让人们发泄潜藏的怨恨,并提供了一个环境和工具,让非吸烟者能够将他们的愤怒转化为对一个病态社会的健康批判。"如果你吸烟成瘾,请离我远点。"伯克利 GASP 的一个小册子上用 Blippo 字体写道,这是 20 世纪 70 年代印刷审美的标志。

提高自我意识是增加非吸烟者不满情绪的另一种手段。GASP 效仿当代女权主义者,将私人场景下被动吸烟的不满公之于众。用女权主义历史学家萨拉·埃文斯的话来说,这种做法的前提是"人会改变……通过共同交谈这一过程,发现共同的问题,从而理解集体行动的必要性"。[70] 这是一个非常适合非吸烟者运动的方式——不仅仅因为它的早期参与者都是女性。"长久以来，许多不吸烟的人都对被动吸烟感到恼火，却默默忍受着。"克拉拉·古因在1972年的一份情况介绍中解释道："当人们知道其他人有同样的想法时，他们更有可能说出来。"[71] 非吸烟者占人口的绝大多数，而正是由于这一点，发表言论比其他行动的风险低。但是被动吸烟带来的痛苦让非吸烟者抗争的事业变得更加崇高，从而为其他被压迫人民的解放斗争提供了可以借鉴的途径。

GASP试图促进人们意识的转变——引导非吸烟者将自身视为被压迫的群体。对于GASP中占主导的白人中产阶级来说，把非吸烟者权利运动理解成为他们自己的自由斗争无疑是一种浪漫行为。1975年2月，在美国国会大厦举行的林肯生日集会上，一位身材瘦高的非吸烟者装扮成林肯，宣布这一活动为"非吸烟者的解放仪式"（见图5.6）。"我们今天聚集在这里是为了宣布解放大量被强迫、奴役的美国人。"装扮成林肯的人大声说道，"他们就是数以百万计的非吸烟者，他们选择不吸烟，却成了别人烟雾下的奴隶。"[72] 林肯的装扮者无意中为该组织的成员提供了一个非常恰当的隐喻。尽管将吸烟视为奴隶制度的枷锁，但非吸烟者权利运动人士也试图寻求在美国政治文化中为有组织的、受过教育的白人保留一种特殊权利。

有时，非吸烟者权利运动人士会用"民权"和"解放"等令人兴奋的文字发声，将非吸烟者权利运动与非裔美国人的自由斗争相提并论。借用法律历史学家塞雷娜·梅耶里的话，非裔美国人的民权与非吸烟者的民权之间有相似之处。[73] 尽管非吸烟者权利运动人士很快就对这种比较进行了反驳，但他们使用类比推理的方式，常

图 5.6　1975 年 2 月 12 日是林肯的生日，这位装扮成林肯的先生在美国国会大厦的台阶上宣布正在举行的活动为"非吸烟者的解放仪式"。（由克拉拉·古因提供）

常会淡化非裔美国人所面临的结构性歧视与非吸烟者作为消费者所面临的不公正选择之间的差异。"尽管我不认为非吸烟者的权利被践踏到和少数族裔的权利同等的程度，"伯克利 GASP 分会的联合创始人彼得·哈诺尔 1976 年对一群反对吸烟的活动家说，"但我认为两者之间有一些平行的发展轨迹。"他想知道，"对一个人说'你不能在这个餐馆吃东西'与对他说'如果你担心自己的健康，或者想尽情享用自己的午餐,就不能在这个餐馆吃东西',这两种说法之间有区别吗?"[74]在哈诺尔看来,非吸烟者——就像在《吉姆·克劳法》统治下无法使用公共设施的非裔美国人一样——是被压迫的受害者。[75]

生活质量

在全国各地,像克拉拉·古因这样的人组成了志愿团体,以维护自身对环境的控制权,并干预政治进程,这些政治进程决定了对发展、污染和噪声的容许限度。[76]参与式民主的风气以及保持房地产价值的迫切需求,促使这些郊区环保人士清理河流和绿地,反对在空中喷洒杀虫剂,并坚持分区标准以控制发展。在郊区,20世纪70年代的环保主义经常借用"生活质量"的说法,强调诸如公园和自行车车道等公共设施的使用权。[77]非吸烟者权利运动人士是这个重视"生活质量"的群体的一部分。毕竟,烟雾弥漫的环境会让成千上万的家庭无法进入那些被认为是专属于中产阶级的地方——餐馆、咖啡馆和电影院。[78]郊区的环保主义者和禁烟的改革者都对公共空间抱有相同的消费主义态度:他们理应享有公共空间。

中产阶级权利和政治舞台的结合催生出"NIMBY"(Not In My Back Yard,"别在我家后院")的概念。[79]NIMBY最初指反对在附近设置垃圾填埋场或监狱的社区团体的精神,但在这个充满活力的缩写词背后,隐藏着一种狭隘而尖刻的政治逻辑,其政治行动是为阶级特权服务的:"不得在我家后院,但可以在别人家后院。"1978年,一名非吸烟者在《费城公报》上怒气冲冲地写道:"我不介意吸烟者背着人群慢性自杀，但我非常反对他污染我的空气。"[80] 这表达了非吸烟者公民自由主义强硬立场的边界。有时，非吸烟者会公开对吸烟者表示蔑视。

GASP 与"反雾霾和污染组织"（总部位于匹兹堡的草根环保组织）有着相同的首字母缩写名。匹兹堡的反雾霾和污染组织成立于1969年，代表着一个广泛参与的、由妇女领导的环保联盟，并得到了教会、社区团体和工会等大型机构的支持。[81] 这两个组织不仅共享一个令人难忘的首字母缩写，也都拥有以女性为主的成员结构。匹兹堡的反雾霾和污染组织因1967年《空气质量法》而生，该法案要求通过公开听证会在州一级制定空气质量标准。[82] 由于钢铁和煤炭工业在空气污染控制委员会中具有压倒性的影响力，匹兹堡人只能寻求公民的力量来与之抗衡，反雾霾和污染组织应运而生。[83]

反吸烟污染组织同样将自己视为一个环保组织，其《非吸烟者解放指南》将烟草烟雾称为"空气污染"，认为空气污染应当包括"可能损害公共福利、人类健康、动植物生命或财产，或妨碍享受生命或财产的污染物"。这种说法与国会1970年通过的《清洁空气法》惊人地相似，该法案谴责污染"对公众健康和福利造成越来越大的威胁，包括对农作物和牲畜的伤害"以及"对财产的损害"。[84]

联邦政府的环境立法强化了环保人士的权利意识。20世纪60年代后期，国家开始邀请公民参与环境立法的制定和实施。例如，1967年的《空气质量法》规定公民可以参与公开听证会，并鼓励全国各地的社区团体参与。1970年的《清洁空气法》鼓励基层参与决策，要求各州就环境法提案举行公开听证会，这样公民团体就可以提前提交证词。[85] 从消除贫困的社区行动机构到以城市社区警务实验，再到职业安全与健康管理局的咨询委员会，国家法规开始以引人注目的方式向新群体开放，这反映了"公众"概念的扩大。这些开放的实验从来没有像它们的设计师期望的那样容易接近，但它们确实刺激了无数公民团体的形成，并在美国人当中激起了一种不断上升的期待感，他们可以从新的社会立法中看到希望和危机。公民、群体和法律之间的关系是辩证的：法律意识催生了新的社会事实和法律事实，这些事实反过来又重塑了新组织的期望和前景。

"诉讼资格"概念的扩展在精英法律运动和寻求公民参与政治决策之间架起了另一座桥梁。例如约翰·班扎夫的"不公平贸易行为"课程中的学生组成的一个重要小组——挑战监管机构程序学生小组（SCRAP）。环保组织塞拉俱乐部在1972年"塞拉俱乐部诉莫顿"一案中试图阻止加州一个滑雪胜地的开发，但最高法院驳回了这一诉讼。不过，法院仍然认定"审美权利的受损"为诉讼提供了合法理由。[86]在"塞拉俱乐部诉莫顿"一案中，法院发现，由于塞拉俱乐部没有证明他们对相关区域的使用会受到滑雪场建设的影响，因此原告没有受到《美国联邦行政程序法》规定的"事实上的伤害"。然而，法院与此同时扩大了"事实上的伤害"的定义，将"审美和环境福祉"也包括在内，认为"审美和环境福祉""就像经济福祉一样，是我们社会生活质量的重要组成部分"。[87]环保人士仍然有机会明确宣称监管决策对审美权利造成了损害从而提起诉讼。[88]

挑战监管机构程序学生小组始于课堂，终于最高法院。美国环境保护基金会与该学生小组联手，向州际商务委员会提出的运费上涨的提案提出了挑战，因为该提案可能会提高回收材料的运费。1970年的《国家环境政策法》为学生们提供了一个机会，让他们能坚称公众被不恰当地排除在了州际商务委员会的价格决策之外。《国家环境政策法》要求各机构编制一份环境影响报告书，其中必须包含公众审查和评估环节。由于不鼓励使用可回收材料，州际商务委员会的涨价提案会无意中增加"采矿、造林和其他获取原始材料的活动对自然环境的破坏"以及"加剧国家的垃圾处理问题"。学生们声称，他们实际上受到了事实上的伤害，因为"铁路运费结构对环境的不利影响直接对娱乐和审美权益造成了损害"。减少使用可回收材料意味着将产生更多的垃圾，这些垃圾很可能被丢弃在学生居住的社区以及他们"露营、远足和钓鱼"的地方。学生们还认为，州际商务委员会的运费上涨提案会增加运输可回收产品的成本，从而导致零售商店中可回收产品的价格更高。

最高法院以6票赞成、2票反对的结果裁定，州际商务委员会不必提交环境影响报告书；但在同一裁决中，法院以5票赞成、3票反对的结果，确认学生们有权挑战州际商务委员会，尽管他们所受的损害具有"间接性"。法院认同这些法学学生的主张，即作为华盛顿特区的居民，他们将受到州际商务委员会运费上涨的"不利影响"。法官波特·斯图尔特写道，"华盛顿大都会地区的自然资源"周围的垃圾让学生们遭受了"经济、娱乐和审美权益上的损害"，这番话呼应了"塞拉俱乐部诉莫顿案"的说法。[89]

"挑战监管机构程序学生小组诉州际商务委员会"这一案件是诉讼资格扩展的高潮，也是公共利益法领域的一个里程碑。在给予公民诉讼资格的同时，司法系统也进行了自我改造：让更多的美国人提出更广泛的主张。它更接近约瑟夫·萨克斯所梦想的民主建制——公民能够清晰地表达他们的需求，而不被掌控了行政和立法部门的特殊利益集团所压制。甚至那些反对这项裁决的人也明白它的重要性。安东宁·斯卡利亚后来在担任华盛顿特区巡回法院法官期间撰写了一篇法律评论文章，嘲笑这一裁决，并认为这表明最高法院固执地"热衷于从国会立法中过度解读诉讼资格授权"。[90]事实上，就在该案的裁决下达几年后，最高法院开始废除这一逻辑，提高了诉讼资格的门槛。[91]

20世纪70年代中期，班扎夫和非吸烟者权利运动乘着公民参与联邦决策的浪潮前行。他们的成功建立在针对环境保护和消费者权益保护的法律活动家的成功之上，建立在广泛的草根阶层将社会运动纳入政治的要求之上，也建立在联邦政府对普通民众参与政策执行的暧昧认可之上。[92]"挑战监管机构程序学生小组诉州际商务委员会"这一案件对环境法的贡献众所周知。[93]但正是通过对室内吸烟的争论，班扎夫发展出了公民监管理论，而这一理论最终催生了该学生小组。非吸烟者权利运动与环保运动在制度框架、法律逻辑和知识体系上都有一定的共性，反映了法律对公众参与理念的吸纳。[94]同样的法律生态系统孕育了非吸烟者权利运动和环保运动。对健康、环境保护、休闲娱乐权益的关注塑造了非吸烟者的社会身份与法律诉求的深层关联。

定义权利、评估风险

杰西·斯坦菲尔德发表了一项令人惊讶的声明，为呼吁非吸烟者的权利赋予了权威的光环。1971年1月，正当克拉拉·古因和她的反吸烟同伴们将烟灰缸从家中移走，并以此作为对抗烟草业的第一步时，斯坦菲尔德发起了他个人的反吸烟运动。在具有里程碑意义的1964年《卫生总署关于吸烟与健康的报告》发表七周年之际，斯坦菲尔德出席了吸烟与健康跨机构理事会，这是个由公立组织和私营卫生组织组成的庞大联合会。"它和联合国一样有效（意思是它毫无效力）。"[95]斯坦菲尔德回忆说。他讲话的大部分内容都集中在吸烟对烟民自身的影响上。但他在演讲结束时话锋一转——这段内容没有经过卫生教育福利部的老板们的审查。斯坦菲尔德发表了一个大胆的声明，成功地将环保主义、权利话语与强烈的不满结合在了一起。"非吸烟者有权呼吸干净和健康的空气，就像吸烟者有权吸烟一样，我将后者定义为'污染的权利'。"面对友好的听众，他信心倍增，继续说道："现在是时候在所有封闭的公共场所禁烟了，比如餐馆、剧院、飞机、火车和公共汽车。"这是需要三十多年才能实现的愿景，而且远远超出了班扎夫、反吸烟污染组织甚至纳德当时的诉求。"是时候为非吸烟者与吸烟者共同阐释《权利法案》了。"[96]

"非吸烟者权利法案"这一比喻与当时消费主义运动的说辞是一致的。尼克松总统从纳德等狂热的拥护者那里夺取了"消费主义"的大旗，并于1969年向国会提交了一份"消费者权利法案"。[97]该法案的核心是消费者保护运动对公司欺诈行为的批判，意在将消费者保护运动纳入共和党的市场参与构想中。[98]与此同时，美国医学会遭到了特别的鄙视，因为它拒绝了下属委员会的一项提案，该提案旨在向美国患者提供一项"医疗权利法案"，让他们确立与美国医疗系统互动时的合理期望。斯坦菲尔德的措辞可能是从一位纽约州议员那里借用的，这位议员在1970年提出了一项注定失败的"非吸烟者权利法案"，要求在公共交通设施上限制吸烟。[99]这些"权利法案"

均没有通过立法，但引起了极大的共鸣，不仅揭示了公民身份与消费行为的深度绑定，也揭示了公民身份与人们对构建商品和服务市场的那些机构的不信任之间的联系。无论是对烟草消费者、病人还是非吸烟者，"权利法案"这一措辞表明，人们越来越认识到社会经济风险正威胁着美国人对生活质量的期望。

在一个以提供各种服务和消费为中心的经济体系中，有关权利的言论帮助美国人思考自己属于哪个阶层。如果没有明确的权利保障，个人消费者很可能会被行业强大的组织力量所淹没。正如1974年一篇颇有影响力的法律论文所言：法律助长并强化了这个扭曲的政治经济舞台，确保了"富人"始终占据上风。"常胜玩家"（如公司和有组织的专业团体）甚至能设计构建法律秩序的核心规则。[100]即使在没有立法的情况下，为病人、烟草消费者或非吸烟者制定一项权利法案的呼吁，也使这场争取权利的斗争变得更加崇高，从而开辟了新的权利途径。

《权利法案》的框架也引用了启蒙运动自由主义的优雅修辞，特别是约翰·斯图亚特·穆勒在《论自由》中阐述的伤害原则："权力被正当地行使于文明社会任一成员的唯一目的，是防止他伤害别人，即便如此行使权力违背他的意愿。"[101]烟草业把反吸烟运动人士描绘成禁酒主义者，是禁酒斗士嘉丽·南希"斧头精神"的继承者。但反吸烟运动人士表现得冷静理性，只要求当吸烟者和非吸烟者发生冲突时，非吸烟者在权利等级中享有优先权。非吸烟者坚称他们并不反对吸烟本身，但是，就像性行为一样，他们认为它"应该被限制在成年人私下同意的范围内"。[102]当然，中产阶级的反吸烟运动人士也将对"伟大社会"的期望带入了他们的19世纪式分析中：他们希望政府能够介入，提高他们的生活质量。[103]

自由主义者的冲动——倾向于将非吸烟者的权利设定为至高无上，因为这种权利确保了不受他人的选择影响的自由——从运动的早期就一直存在。事实上，将非吸烟者的权利解释为消极的权利，有助于左倾活动家调和对扩大公民自由（将娱乐性的毒品使用合法化，废除流浪罪、淫秽罪和鸡奸等方面的立法）的支持与要求管制公共场所吸烟之间的矛盾。1970年，年轻的公益律师安东尼·罗伊斯曼在吸烟与健康跨机构理事会的一次会议上发表了讲话，他曾代表拉尔夫·纳德参与反对在飞机上吸烟的斗争。罗伊斯曼既不是科学家，也不是公共卫生组织的成员，他的演讲与其他演讲者的不同之处在于，他没有详述吸烟对健康的危害。相反，罗伊斯曼解构了"未经检验的假设"，即"所谓的吸烟权不应低于免受烟草烟雾之害的权利。"他借用美国建国一代的言辞，继续说道："我们可以陈述这样一个通则，任何对社会没有任何益处并且对参与者明显有害的活动，只能是局限于私人场所并且无辜的社会成员不会被迫从中遭罪的活动。"斯坦菲尔德出席了会议，并听到了罗伊斯曼关于非吸烟者权利法案的呼吁，该法案根植于《独立宣言》，用罗伊斯曼的话来说就是"免受烟草烟雾之害的权利"。[104]

对吸烟与健康行动组织、反吸烟污染组织和斯坦菲尔德来说，室内限制吸烟的基础是权利而不是健康风险。甚至在1971年1月在吸烟与健康跨机构理事会的演讲中，斯坦菲尔德也没有引用新的研究来证明二手烟对非吸烟者的危害。[105] 1972年《卫生总署关于吸烟与健康的报告》首次提出了这个问题，并在新章节中提到了过敏、"烟草烟雾造成的空气污染"和烟草烟雾中的有害成分。该报告也承认，当时尚缺乏流行病学研究来确定接触二手烟和疾病之间的因果关系。例如，还没有人设计出研究途径来"确定烟草过敏的患病率"。这意味着该报告只能明确地说，"烟草烟雾会导致许多人不适"，并可能加剧"非吸烟过敏患者的症状"。[106]

当时也没有大量关于烟草烟雾"大气污染物"的影响的文献，这些污染物含有高浓度的已知毒素，如一氧化碳、苯并芘和氮氧化物。人们早已确认，即使是低水平的一氧化碳也会对人体造成危害："会影响听觉辨别能力、视力和分辨相对亮度的能力。"长时间接触污染物——比如附近的同事吸烟——会降低运动机能，给"心脏病患者带来生理压力"。[107]但研究人员还无法测量非吸烟者的标准暴露量。这在很大程度上取决于房间的大小、结构和通风情况，吸烟者的数量、距离和吸烟方式等变量，当然，还有非吸烟者的身体状况。二手烟对健康的年轻人来说可能仅有刺激性，但"对已经患有慢性支气管炎和冠心病的人来说颇有威胁"[108]。

然而，联邦环境法也制定了一些标准，供非吸烟者权利活动家们参考。1967年，《科学》杂志上发表了一篇题为《空气污染的一个破坏性源头》的简短文章，指出虽然"公众对空气污染的关注在过去几年里迅速增长"，但很少有人考虑到卷烟烟雾加剧了污染。这篇文章提到，一氧化碳和二氧化氮——这两种有毒物质都存在于汽车尾气中——实际上在卷烟烟雾中浓度更高。在车库和隧道工作的人经常暴露在一氧化碳浓度为 100 ppm 的环境中。在一氧化碳浓度为 120 ppm 的环境中暴露 1 小时会引起头晕、头痛和疲倦。然而，在通风不良、充满烟雾的房间里，一氧化碳的浓度很容易达到几百 ppm，因此吸烟者和非吸烟者将面临中毒的危险。二氧化氮是一种棕色气体,是导致洛杉矶标志性红色雾霾的元凶,其浓度达到 5 ppm 便被认为是危险的。该文章没有指出具体暴露时间的长短,也没有推测这种暴露可能在何种条件下发生,只是指出,卷烟烟雾中含有 250 ppm 的二氧化氮。这篇文章还列出了卷烟烟雾污染可能带来的其他危险,即"卷烟烟雾中与普通空气污染不相对应的有毒物质"。作者提出的问题比他回答的多,但他的目的很清楚:他希望公众在谈论污染及其监管时,要把卷烟和"汽车、烟囱或焚烧炉"放在一起谈论。[109]

通过将烟草烟雾归类为更广泛的污染问题的一部分,非吸烟者权利活动家让支持环境监管的美国人了解他们的事业。作为卫生局局长,斯坦菲尔德支持这种归类方式。他在 1971 年发表的有争议的演说中将吸烟称为"污染的权利"。1972 年《卫生总署关于吸烟与健康的报告》用了一章来论述"公众暴露于烟草烟雾造成的空气污染中"。在回顾有关"烟雾污染物"的研究时,该报告得出结论,在许多情况下,二手烟吸入者吸入的焦油和尼古丁水平高于吸烟者吸入的水平。研究人员在实验条件下测量了一氧化碳、苯并芘和氮氧化物,发现它们会造成视觉和运动功能损伤。

简而言之,1972 年的报告为愤愤不平的非吸烟者提供了证据——按照斯坦菲尔德的说法,这些人"不是令人不快的发牢骚者",而是"有正当理由抱怨的人"。该报告弥补了流行病学和实验文献中关于二手烟的研究空白,为未来的研究确立了方向,确保人们将二手烟作为诱发癌症、心脏和肺部疾病的危险因素来仔细研究。[110] 斯坦菲尔德的报告将为未来二十年的研究制定框架。

其他研究集中在卷烟违反联邦空气质量标准上。这些标准为研究接触烟草后的影响提供了一个结构框架,也为非吸烟者权利组织发出了战斗口号。1975年庞蒂亚克体育馆的开放为进一步的科学研究提供了契机。作为底特律雄狮队的主场，这座拥有82 000个座位的穹顶建筑是当时全美最大的橄榄球联盟场馆——这一殊荣保持了20多年。但仅凭庞大的空间还不足以减轻数千烟民带来的空气污染。中场休息时，体育场里的一氧化碳浓度使得研究人员的仪器发出警报，它所记录的一氧化碳浓度达到50 ppm，而比赛前后为5 ppm。美国政府建议，美国人每年接触一氧化碳浓度超过35 ppm的次数不要超过一次。体育场的氮氧化物含量也超过了联邦政府的空气质量标准。[111]心脏病学家威尔伯特·阿罗诺在1977年美国癌症协会主办的一次公众听证会上指出，比赛期间的颗粒物浓度高到足以"在美国任何一个主要城市触发空气污染警报"。[112]

这些研究帮助掩盖了这样一个事实：科学家们还没有对"被动吸烟"的长期影响进行明确的研究。麦格劳-希尔公司的医疗主管用概率术语来描述这种不确定性："吸烟者造成的空气污染很可能对非吸烟者有害，因为烟草烟雾让所有人吸入的空气中都含有一氧化碳、焦油和尼古丁。"或者正如伊利诺伊州公共卫生部主任解释的那样："暴露在吸烟者的烟草烟雾中，可能会让某些患有心脏病、肺部疾病和过敏症状的人的症状加重。"就连美国国家癌症研究所1977年的一份报告也承认，"非吸烟者吸入一氧化碳的影响仍有待充分了解"，而且"尽管环境中的尼古丁值得关注，但测量非吸烟者吸入尼古丁量的尝试尚未证明它构成了重大健康威胁"。[113]尽管暴露在烟草烟雾中对非吸烟者的危害尚未确定，但联邦政府的空气质量标准为非吸烟者活动家要求管控公共场所吸烟提供了合法依据。正如加州室内空气清洁组织的联合主席所说："烟草烟雾污染已经影响到美国公众的健康。"[114]与汽车或烟囱的排放不同，烟草烟雾污染不会引发联邦政府的监管，但这并不意味着吸烟者的污染未受遏制。

呼吁非吸烟者享有权利的背后动机源自公民意识，而非科学诉求。它建立在非吸烟者对公民道德的主张之上，推动这一主张的是公民对吸烟者的怨恨。一位愤怒的《乡村之声》读者写道："理智的非吸烟者总是被世界上最自私、最愚蠢、最冷漠、最软弱、最肮脏的懒汉——吸烟者所摆布。"[115]一位专栏作家对吸烟习惯的辩护尤其激怒了这位读者。把非吸烟者归为一类特定人群意味着要正视吸烟行为对非吸烟者造成的伤害，引起非吸烟者的怒气，给其带来不便。尽管斯坦菲尔德的讲话比《乡村之声》的一些读者要严肃得多，但他的立场同样具有对抗性。这与以前的卫生局局长的做法不同，他们在发表有关烟草的声明时往往非常谨慎，直到积累了压倒性的甚至是冗余的证据，才会发表有关烟草危害的声明。在1972年《卫生总署关于吸烟与健康的报告》发布前的新闻发布会上，斯坦菲尔德承认"我们无法肯定地说暴露在烟草烟雾中会导致非吸烟者患上严重疾病"——只能肯定"暴露在烟草烟雾中会加剧非吸烟者的不适"。[116]广泛的不适足以促使政府采取行动，让"非吸烟者减轻"在公共场所被迫吸入烟雾的痛苦。这种逻辑令人信服，至少对纽约市海洋和航空局局长来说是这样的，他很快便在斯塔滕岛渡轮上禁止了吸烟，据说是根据斯坦菲尔德的建议。[117]

斯坦菲尔德本人的职业生涯未能逃脱烟草业的阴谋。斯坦菲尔德是民主党人，父辈为犹太移民，他在尼克松政府中始终难以完全自在。"我和尼克松在政治上当然不是同一阵营。"他后来回忆说。[118]而且，他特立独行的性格也很难让卫生教育福利部的政客喜欢。[119]当斯坦菲尔德打破先例，禁止烟草业说客进入他的办公室时，卫生教育福利部部长艾略特·理查森反而向烟草业敞开了大门，理查森提醒斯坦菲尔德，卫生局局长办公室没有什么影响力。[120]

1972年尼克松以压倒性优势连任，他要求卫生教育福利部所有被任命的人辞职。斯坦菲尔德的辞呈被批准了。直到去世，斯坦菲尔德都一直坚称，他的离职是由于雷诺兹烟草公司的总裁对美国总统的直接施压。[121] 由于缺乏证据支撑他的说法，斯坦菲尔德同样有可能只是被视为政治立场不忠，在政治上与尼克松政府不合拍。卫生局局长一职空缺了四年，直到1977年卡特总统任命朱利叶斯·里士满为卫生局局长。斯坦菲尔德后来哀叹道，他"看到自己本可以取得多大的成就，也看到自己实际取得了多大的成就，因此感到很沮丧"。但他低估了自己的重要性。[122] 斯坦菲尔德帮助创造了一个新的政治角色——非吸烟者——并赋予其权利，使其诉求合法化。

卷烟联邦主义

罗伯特·德里南神父是马萨诸塞州的国会议员、反战活动家和耶稣会牧师。他于1975年宣布推行《吸烟者和非吸烟者健康保护法》时，约翰·班扎夫、卢瑟·特里和克拉拉·古因就站在他身旁。该法案将加强对进口卷烟警示标签的要求，对卷烟征税以资助与吸烟有关的疾病的研究，并限制在联邦机构吸烟，以维护"非吸烟者的权利"。作为回应，烟草研究所向国会议员分发了一份"事实清单"，称该法案是"强制禁止吸烟和隔离吸烟者的一个不加掩饰的借口"，并认为"它会让美国倒退一大步，回到禁酒斗士嘉丽·南希和种族隔离的时代"。[123] 烟草研究所本就不必浪费纸墨：德里南为通过禁烟立法所做的多项努力都在委员会中失败了。

然而，到了20世纪70年代中期，非吸烟者权利运动开始取得立法胜利，这种胜利表明非吸烟者权利活动家更接近他们的目标，即破坏吸烟的社会认可度，而且烟草业难以通过向政府施压来破坏这些胜利。的确，烟草行业仍在继续展示它的力量，帮助策划了卡特总统时期的卫生教育福利部部长约瑟夫·卡利法诺的下台。但是，烟草业的影响力已经变成了一把双刃剑：它证明了维权人士的主张，即只有草根运动才能对抗烟草业的影响力，也让烟草业疲于应对地方监管。

1973年，经过两年的不懈努力和激烈的游说，贝蒂·卡恩斯成功说服亚利桑那州立法机构实施了美国第一部全州范围内限制在某些公共场所吸烟的法律。和克拉拉·古因一样，卡恩斯也从个人的切肤之痛中走了出来，投身反烟运动。卡恩斯是在一位密友死于肺癌、两个年幼的孩子失去母亲后才加入吸烟与健康行动组织的，并最终成为该组织的筹款主席。[124] 吸烟与健康行动组织帮助卡恩斯起草了亚利桑那州的法令，卡恩斯自己则参与了政治活动，研究她试图说服的那些立法者的吸烟史。她还得到了自己设计的一件道具的帮助——"请勿吸烟"标牌，她把它送给了立法者和卫生局局长斯坦菲尔德，后者骄傲地把标牌放在自己的桌子上，直到离职时被要求清理掉个人物品。[125]

卡恩斯被烟草研究所描述为"财力雄厚的鸟类学家"，因为她长期活跃在环保界，强调环境保护和反吸烟运动在亚利桑那州（那里长期是呼吸系统疾病患者的疗养地）的重叠性。[126] 亚利桑那州的这

第五章　非吸烟者问世 | 237

项法律是温和的：它禁止在电梯、剧院、图书馆和公共汽车上吸烟，并在政府大楼和医疗机构设立吸烟区。它没有为执法拨款。即便如此，烟草研究所也明白自己被打了个措手不及，并宣布加利福尼亚州、马萨诸塞州、伊利诺伊州、亚利桑那州、康涅狄格州、密歇根州、得克萨斯州、佛罗里达州和纽约州将被视为加强立法监督的"优先州"。但是，正当协会在这些人口众多的州紧盯立法议程时，南达科他州和内布拉斯加州通过了与亚利桑那州几乎相同的吸烟限制。烟草研究所自吹自擂的防御依赖集中的政治和媒体力量，但是在玩州与州之间的立法"打地鼠"游戏时却显得力不从心，尽管它确实阻挠了伊利诺伊州和缅因州通过关于禁烟的法律。

1975年，明尼苏达州避开了该行业的现场游说官员，成为第一个全面通过《室内空气清洁法》的州。明尼苏达州的法律更进一步规定，禁止在所有封闭的公共场所吸烟，特别指定为"吸烟区"的除外，并以此将禁烟作为社会的一种默认规则。明尼苏达州的这项法律最重要的部分或许在于，它要求在餐馆设立非吸烟区，这一规定的受欢迎程度减弱了烟草行业的论点的说服力——烟草行业曾认为限制吸烟会导致外出就餐者人数减少。烟草行业不免哀叹道，在明尼苏达州，"大多数接受调查的餐馆老板发现遵守这项法律'比预期的要容易'"。对于烟草行业来说，这是一个特别令人失望的结果，因为这项调查的对象是明尼苏达州餐馆与食品供应商协会的成员，他们"可能被理所当然地认为是我们在这个问题上的盟友"。[127]

这项法案的主要推手是菲利斯·卡恩。卡恩是耶鲁大学培养的生物物理学博士，是明尼苏达州农工党在州议会的议员——农工党是该州民粹进步主义传统的遗产。卡恩表示，该法案是"保护环境免受工业污染"这一"毫无争议诉求"的延伸。毕竟,"我们只是在寻求将呼吸清洁空气确立为一项基本权利"。支持该州非吸烟者的是杰西·斯坦菲尔德,他被联邦政府免职后,有了更多的自由为各州法律摇旗呐喊。"未来的公民将把我们的时代视为一个不健康、不明智的原始时代,这只能归咎于那些贪婪的卷烟制造商和依赖烟草税收的政府","当我还是卫生局局长的时候,我不能这么说,但我早就想这么说了"。斯坦菲尔德在卡恩的邀请下在州众议院做证时说道。[128]

斯坦菲尔德在接受质询时承认,科学家还没有证明与吸烟者共处一室会对"每个人造成伤害"。但他指出,1958年《美国食品、药品和化妆品法案》德莱尼修正案规定,如果发现一种物质会致癌,那么它就不能作为食品添加剂使用,因此他认为对二手烟采取预防措施是必要的。明尼苏达州采纳了斯坦菲尔德的逻辑,甚至将该法律描述为"为四分之三不吸烟的明尼苏达人制定的权利法案"。[129] 尽管联邦政府尚未代表非吸烟者立法,但它鼓励各州和各城市自主行动。1977年,加利福尼亚人领导的卫生教育福利部下属的国家癌症研究所发表了一份报告,称赞国家反吸烟立法的通过对于保护"非吸烟者的权利和健康"至关重要。它完整地转载了明尼苏达州的法令,并提出立法的要点:精准定义所有的术语,要求设置醒目的禁烟标志,明确宣传执法职责,公布违规处罚。[130] 更重要的是,报告指出,地方条例比州或国家一级的法令更容易通过,并允许市政府强化各州室内空气法执法力度。[131]

加利福尼亚是美国人口最多的州,也是组织完善的大型非吸烟者权利运动的发源地,非吸烟者权利活动家亲身体验到了联邦制的可能性和局限性。受明尼苏达州例子的启发，圣弗朗西斯科湾区一个受过良好教育的反吸烟污染组织小团体将制定州法律定为自己的目标。伯克利反吸烟污染组织分会的两名成员——都是律师——试图利用加利福尼亚的全民公投程序，倡议加利福尼亚人支持《室内空气清洁法》。在为1978年全民公投收集了足够多的签名之后，非吸烟者权利活动家发现，烟草业投入的资金远远超过了他们——烟草业投入了600多万美元来挫败这项倡议。烟草业的策略之一是虚伪地断言禁烟法将花费纳税人数千万美元才能实施——烟草业是在蓄意利用因一年前夏天第13号提案通过而引起的纳税人的不满情绪。最终，关于支持《室内空气清洁法》的公投以失败告终，54%的选民反对该提案。两年后，类似的公投遭遇了同样的命运，同样多的人投了反对票。面对接二连三的挫折，加利福尼亚的非吸烟者权利活动家改变了策略，把精力全部投入地方法令上。[132]

烟草研究所注意到了一些城市通过的各种禁烟法令。1976年，只有4个州通过了《室内空气清洁法》；但是，同年通过禁烟法令的城市有59个，比1975年的54个有所增加，但是比硕果累累的1974年的64个有所减少。[133] 在1974年烟草研究所的一次会议上，负责人哈罗德·科恩盖指出，"华盛顿的相对平静"掩盖了"各州的暴风雨，各州的抗议浪潮正在震撼这个国家"。就抗议而言，最大的代表是伯克利，这座城市通过了一项法令：禁止在电梯、多数市政设施、公共交通工具和私营企业的公共区域（不包括餐馆和酒吧）吸烟。[134]

伯克利是美国第二个建立反吸烟污染组织分会的城市，当时圣弗朗西斯科湾区肺结核和呼吸系统疾病协会董事会的一名妇女注意到了克拉拉·古因的大学公园市反吸烟污染组织分会。通过禁止——

而不仅仅是限制——在各种场所吸烟，伯克利市通过了一项严格的法律，与它作为社会抗议先锋的声誉相符。然而，并非所有居民都严格遵守法律，这也与这座城市的倔强精神相一致。电报大道是伯克利市波希米亚街头文化的核心，这里的一位书店老板公然违抗该法令，拒绝在店里掐灭自己的雪茄。他把这项法律描述为"地方政府受到隐性的清教主义影响的一个例子"，但市政府官员对他的反对无动于衷："他只是请求被逮捕，这样就可以启动宪法审查。"[135]

在伯克利很少有人因为违反该法令而被捕，少数因违反禁烟规定而被捕的人往往是黑人或棕色人种。地方法令以非吸烟者民权的名义通过，同时出于基层施加的压力得到执行。然而，非吸烟者权利法的实施，在警察执法与公共空间使用方面都遇到了种族和经济上的不平等。例如，芝加哥建立了一个"吸烟者法庭"来审理涉及违反该市反吸烟条例的案件，该条例禁止在地铁、火车和公共汽车上吸烟。一位花了两天时间观察法庭运作的记者注意到，在法官面前的50起案件中，有两起涉及白人被告，两起涉及英语水平有限的拉丁裔男孩，其余的被告大多是非裔美国人，而且大多是年轻人。虽然反吸烟法令很少会对违反者处以监禁的惩罚（实际上会被逮捕的更少），但在芝加哥，贫穷的违反法令者有时会因为无法支付25美元的保释金而入狱。[136]非吸烟者权利法证明了地方主义的力量，以及地方警察执法的阶级和种族主义偏见。

到20世纪70年代中期，非吸烟者权利运动取得了一系列显著的成功，颠覆了烟草业在国会的垄断地位。禁烟活动家在飞机、火车、地铁和公共汽车上净化空气。他们推动全国各地通过立法，禁止或限制在各种公共场所吸烟——从电梯到音乐厅，从市政大楼到餐馆。

通过公开发声，他们为私营企业打开了空间，让它们自己制定吸烟限制措施，并让私营企业意识到顺应非吸烟者需求的商业价值。这些胜利之所以成为可能，是因为非吸烟者作为一个政治主体被赋予法定权利并享有法律保护。非吸烟者权利运动被更宏大的法律、政治和文化潮流推动，例如环保运动、女权运动和公益运动。活动家们借用非裔美国人民权运动——美国人追求正义和解放的终极叙事——的修辞包装非吸烟者的权利，推崇权利话语的运用，却遮蔽了其诉求的阶级属性。非吸烟者试图从种族的角度展开论证，这终究是肤浅的。无论是吸烟与健康行动推行的精英、技术官僚式的法律运动，还是反吸烟污染组织进行的草根努力，都没有考虑到他们的修辞、策略甚至目标都反映了白人、中产阶级的特权。

20世纪70年代末通过的一系列非吸烟者权利条例显示了将公共空间作为一种可消费的便利设施这种观念的力量。许多非吸烟者权利活动家感受过所处环境中的烟草烟雾对身体的危害，这种烟雾在餐馆、剧院、大学教室、公共交通工具甚至医院里无处不在，阻碍了他们享受日常生活。与此同时，吸烟被定义为一个公共问题，因为它侵犯了"非吸烟者权利"，这种论点对于如何认知和管理烟草、吸烟和吸烟者产生了影响。

第六章
从权利到成本

吸烟行为看似契合社交与工作节奏,但越来越多的证据表明,这种契合可能会给公司带来损失。

——《公共卫生报告》,1985 年

1985年10月15日,太平洋西北贝尔电话公司在俄勒冈州、华盛顿州和爱达荷州北部的所有工厂实施全面禁烟政策,成为全美最大的禁烟雇主。[1]这意味着,公司数百个工厂的1.5万名员工必须离开办公场所才能吸烟。太平洋西北贝尔电话公司引领了全国禁烟趋势。里根总统的卫生局局长查尔斯·埃弗里特·库普表示,他希望太平洋西北贝尔电话公司能够成为美国其他行业的榜样,成为"到2000年实现无烟社会"的梦想在工业领域的起点。[2]

1990年以前,太平洋西北贝尔电话公司的禁令还只是一个特例,如今却已实实在在地成为企业界的主流做法。当年的全国调查显示,38%的受访企业已全面禁烟,68%的企业有一些正式政策,而在十年前的调查中,只有15%的企业有相关政策。[3]这些政策基本上是自愿的,因为大多数企业都不受当地法规的约束。[4]即使在有法律的地方,企业有时也会制定严于法律的标准,形成自我强化的趋势。正如1989年的一项管理调查观察到的,"一旦设立了某些限制,这些限制往往就会演变成全面的禁令"。工作场所的吸烟限制成为积极反馈循环的一部分,使禁烟成为社会默认行为。[5]公共空间越受限制,非吸烟者就越期待他们的偏好占主导地位,也越容易在期待未得到满足时投诉。在20世纪80年代,非吸烟者这个群体真正显现在人们的视线中，摘掉禁止吸烟的徽章，他们曾通过这些徽章（而不是大声提出要求）幽默地对吸烟者提出抗议。

尽管禁烟政策在整个20世纪80年代都以越来越快的速度被采纳，但通往无烟空气的道路并不顺畅。太平洋西北贝尔电话公司的禁烟令在1985年的美国西部开始实施，而十年前新泽西州贝尔电话公司的一名员工唐娜·森普起诉该公司允许员工在她的工作区域吸烟。在1976年"唐娜·森普诉新泽西州贝尔电话公司案"中，新泽西高级法院认定，新泽西州贝尔电话公司违反了其普通法义务，没有为唐娜·森普提供"安全和健康的工作环境"。尽管如此，最高法院并没有要求新泽西州贝尔电话公司颁布公司禁烟政策，这个未做过多解释的案件也没有开创先例。在过去的十年中，其他法院一再拒绝认定在工作场所吸烟侵犯了雇员享有安全工作环境的普通法权利。为非吸烟者争取权利的法律斗争看似走入了死胡同，但另一条途径出现了。

这场一开始只是为非吸烟者争取权利的斗争，后来变成了对吸烟者成本的精细计算。禁烟活动家利用他们掌握的一切有说服力的依据——法律、科学、道德和经济方面的依据——将建设无烟工作场所推上了公司议程。尽管在道德上肯定不如民权运动或性别平等运动那样能引起共鸣，但在20世纪末期，禁烟行动是职场管理的官僚化转型的重要环节。[6] 20世纪70年代和80年代的公司官僚化是对联邦反歧视法的回应——这些法律本身也覆盖到更广泛的美国人口。[7]但是，平等就业法的不确定性本身就是美国权力分散性的副产品，这种权力分散性让人力资源专家在那些担心被起诉或遭到负面宣传的公司里得到了特殊权力。[8]

工作场所的禁烟规定始于20世纪70年代末，在80年代激增，部分原因在于法律对无烟空气权的界定的模糊性。在20世纪80年代，许多力量聚集起来限制工作场所吸烟：禁烟运动，越来越多的对二手烟危害的科学研究，促使企业视工作场所吸烟为法律风险的矛盾判决，以及日益突出的反对吸烟的经济效益。这些因素相互作用。证实二手烟危害的科学研究为活动家的诉求提供了依据，也促使企业考虑实施自己的吸烟限制。禁烟活动家将工作场所的禁烟规定描述为降低法律风险、提升经营利润的合理商业政策。

更深层的文化变迁为非吸烟者权利运动推波助澜，使商业案例产生了特殊的共鸣。正如丹尼尔·罗杰斯观察到的，20世纪70年代出现了一种"抽象和理想化"的市场观念，成为"这个时代的主流社会隐喻"。[9]经济学家开始为个体行为、实践和商品分配离散成本，这些行为、实践和商品曾经很难脱离其原始的社会和制度语境。就像空气污染或者邻居家的争吵闹得周边居民夜不能寐一样，吸烟被认为是一种"社会成本"——禁烟活动家们学会了量化这种成本。[10]今天，我们可以把这些成本称为"负外部性"，即决定吸烟的个人并不承担其决定的全部成本。在吸烟方面尤其如此，因为围绕二手烟健康危害的新兴科学扩大了吸烟的个人成本和社会成本之间的差距。非吸烟者权利运动统计了这些社会成本，并将其引入工作场所——一个特别注重经济效益的场所。随着每一个"禁止吸烟"标志的竖立和办公室、停车场吸烟室的开设，烟草离美国的主流生活越来越远。曾被宽松的联邦监管制度保护的无处不在的吸烟行为，如今越来越多地被地方立法和私营企业的禁烟政策所遏制。

"唐娜·森普诉新泽西州贝尔电话公司案"

1976年2月，唐娜·森普给美国前卫生局局长卢瑟·特里写了一封感谢信。44岁的白人森普是新泽西州贝尔电话公司米尔维尔办事处的客服代表。她对烟草烟雾"极度敏感"，正在起诉她的公司没有禁止吸烟，从而未能给她提供一个安全的工作环境。特里已经同意担任森普的专家证人。新泽西州高级法院法官菲利普·格鲁乔于当年春天开始审理森普的案子。森普告诉特里，她的案例特别需要他的专业意见："工作场所的烟草烟雾会对很多人的健康造成危害，也会对更多的人产生轻微的刺激。"[11] 森普希望，特里的这一声明能在第一起由员工提起的针对公司吸烟政策的诉讼中发挥重要作用。

工作场所吸烟只是禁烟活动家在这十年中挑战的众多习惯之一。随着民权法和平等就业机会委员会为妇女和少数族裔要求改变就业惯例开辟了新的途径，有关工作场所行为规范的观念也发生了改变。贝尔电话公司的母公司——美国电话电报公司，是美国最大的私营企业，也是雇用美国妇女最多的公司。员工的民权控诉对美国电话电报公司而言并不陌生。在平等就业机会委员会所有的歧视诉讼中，该公司占6%~7%。[12] 事实上，与1970年平等就业机会委员会代表新泽西州贝尔电话公司1.5万名女性和少数族裔员工提起的里程碑式的歧视诉讼相比，森普的不满看起来微不足道。

唐娜·森普并不是反吸烟污染组织的成员。她不知道约翰·班扎夫打算"起诉那些混蛋"。只是她的身体对办公室里烟雾的不适反应，以及公司和工会对她的态度，迫使她进行了反抗。1961年，29岁的唐娜·森普在新泽西州贝尔电话公司位于塞勒姆的一间办公室开始了她的职业生涯。她家位于新泽西州西南部的特拉华河畔，离办公室不太远。1975年，该公司关闭了塞勒姆的办公室，森普被调到位于原公司东南方向16英里外的布里奇顿的新工作场所——一座低矮、坚固的砖砌建筑，窗户很少。森普在布里奇顿的同事大量吸烟，烟雾让森普恶心，她的脸上起了皮疹，眼睛几次因受到强烈的刺激而发红、流泪、肿胀。由于她对烟雾敏感，长期以来，森普都备有一份止吐药。她每天都要服用止吐药，以防止因烟草烟雾而产生的恶心感。抵达布里奇顿后不久，她就开始戴着防毒面具上班——宾夕法尼亚州匹兹堡煤矿安全设备公司生产的"Gasfoe"型号。[13]当她打电话或当面与客户交谈时，她会把面具放低，但不会把它拿掉。后来让她感到惊讶的是，公司对于她在这些顾客面前戴防毒面具视若无睹。

在布里奇顿的办公室里，13名员工中有7人上班时吸烟，而且没有禁止顾客在办公室吸烟的相关规定。与新泽西州贝尔电话公司的其他办公室相比，布里奇顿办公室里的烟雾尤其严重，正如森普案审理过程中的文件显示，据估计该公司有30%的员工吸烟。办公室经理们并没有试图在空间上隔离吸烟者和非吸烟者，因为他们认为这会干扰森普作为客服代表的工作。森普认为，要想改善她的工作环境，唯一的办法就是找一个能证明办公室限制吸烟的必要性的医生，而不是只给她开针对性缓解药物的医生。需要处方的是办公室，而不是个人。森普通过一位过敏专科医生确认了自己身体和精神上受到烟雾侵害的事实，医生建议森普的办公室打开通风口。新泽西州贝尔电话公司并没有尝试采用这种看似简单却能改善办公室通风的补救办法。公司很尊重医生的要求，但仅仅维持了一个下午，因为员工们抱怨太冷，这项建议无疾而终。仿佛是为了炫耀吸烟者们重新掌控了空间，布里奇顿的工会管事当天下午就关上了森普办公桌旁已经打开的窗户（见图6.1）。

1975年4月，公司的医生终于对森普进行了检查，并且告诉她，"让员工在这样的环境中工作是一种耻辱"。[14]医生命令她带薪回家休假，直到她的主管找到办法满足她对无烟工作环境的需求。森普相信自己只会在家待几天，但是几天变成了几个月。在这漫长的休假期间——如此漫长，肯定表明她的公司非常不愿意执行禁烟政策——森普成为一名禁烟活动家。她投身于反吸烟研究和政治事务。她与吸烟与健康行动组织建立了联系，而吸烟与健康行动组织也无

图6.1　唐娜·森普在新泽西州贝尔电话公司办公室前。（唐娜·森普的论文与环境改善协会的档案，加利福尼亚大学圣弗朗西斯科分校特别收藏）

偿给她提供了建议；她与最近成立的新泽西州反吸烟污染组织取得了联系，该组织是全国性反吸烟宣传组织的地方分支。[15]她开始更多地了解烟草研究领域的现状。

1971年，尼克松政府的卫生局局长杰西·斯坦菲尔德宣布"是时候为非吸烟者和吸烟者共同阐释《权利法案》了……"，这件事成为重大新闻。[16]1972年的《卫生总署关于吸烟与健康的报告》为上述宣言提供了实质内容，成为第一个研究被动吸烟问题的卫生局局长报告。该报告引用了对暴露于烟草烟雾中的人和动物的最新研究，得出结论说，卷烟燃烧端释放的"侧流烟"含有多种危险化合物，会导致非吸烟者不适，产生一系列症状，包括偏头痛、呼吸系统疾病、皮肤刺激和肠胃不适。[17]

通过详细阐述像"不适"这样模糊的术语在临床上的表现，该报告有助于使非吸烟者身体上（而不是情感上）的困境受到法律关注。对妇女而言，这种科学依据可能尤为重要。女性身体上的痛苦仍然很容易被认为是不真实的——仅仅是过度敏感的结果，或者是刻板的道德说教的躯体化表现。非吸烟者的性别差异有着事实基础。1975年，39%的美国男性和29%的美国妇女吸烟，而且这个比例还因社会阶层而不同。政府调查结果显示，超过50%的蓝领男性和39%的蓝领女性吸烟。[18]在工作中，男性工人中更有可能出现"万宝路硬汉"——他比其他的女同事级别高，收入也更高，常对女同事的身体敏感感到不满。烟草业人士将非吸烟者权利活动家描述为"现代版的禁酒斗士嘉丽·南希"，将女性特质与社会监管过度的最糟糕情况——禁酒令——微妙地联系在一起。[19]在尼克松解雇了斯坦菲尔德之后，斯坦菲尔德加入了卢瑟·特里的阵营，成为反烟草运动的发言人。就像森普很快发现的那样，在缺乏为工作场所制定禁烟规则的官僚机构的情况下，他们的个人干预起了决定性的作用。

森普待在塞勒姆的家中，给新泽西州卫生局、新泽西州劳工部、县卫生局、公共卫生局、环保署、吸烟与健康行动组织和健康志愿组织写信。她要求这些单位或组织为她提供更多支持工作场所禁烟的证据和帮助。她收到的回复表明，她正处于一个空白的法律领域。吸烟与健康行动组织和健康志愿组织代表她联系了新泽西州贝尔电话公司，就如何在工作场所实施禁烟政策向公司提供建议。卫生局和劳工部告诉她，目前没有法律涉及工作环境中的烟草烟雾，除非是关于消防安全的问题。《清洁空气法》和《职业安全与健康法》力求限制空气污染，确保员工享有"安全和健康的工作条件"。但是环保署和职业安全与健康管理局都没有颁布有关室内吸烟的规定。[20]

1975年6月，来自50多个国家的500多名医生、政府官员、经济学家、活动家和公共卫生官员齐聚纽约市的华尔道夫酒店，参加第三届世界吸烟与健康大会。这次会议由美国癌症协会和国家癌症研究所主办，为反烟草活动家提供了学习和分享医学技术研究、教育举措、政策倡议和社会行动的机会。这次会议是那些从事反烟草的科学研究和行动的人们的活百科全书。会议首次设立了"非吸烟者权利"专题研讨，与"吸烟与怀孕""吸烟与心血管疾病""儿童与成人禁烟教育"以及"戒烟方法"等传统议题并列。几乎每一个森普联系过的机构都有代表参加了会议，她仔细研究了大量的会议记录。

不到一周，她就准备了一份建议，建议新泽西州贝尔电话公司实施禁烟政策，并将建议递交给了美国电话电报公司首席执行官约翰·德布兹和董事会。她的计划是"在商业办公室的工作区域禁止吸烟，就像在中心办公室、总机室和公共办公室里一样"。她引用了第三届世界吸烟与健康大会上提交的"被动吸入数据"来说明被动吸入烟雾……对每个人的健康都有害。森普还重点引用了1972年的《卫生总署关于吸烟与健康的报告》，主张非吸烟者的权利，同时指出职业安全与健康管理局缺乏立法授权来监管吸烟对职业安全构成的危害。这种"权利"话语与往届卫生局局长的措辞如出一辙，但也反映了权利作为一种赋权话语的时代特色。这个词允许非吸烟者借用民权和女权主义运动的道德权威。[21]

没有任何法律或法规强迫新泽西州贝尔电话公司认可非吸烟者的权利，因此像森普这样的倡导者提出了创造性的论点来改变公司政策。除了对权利的诉求，森普的简短建议中，很多分析都集中在工作场所吸烟的"成本因素"上：禁烟政策不需要花钱，反而会为公司省钱；肺脏协会已经提出免费戒烟课程；吸烟的员工是高成本的员工。森普引用公共健康协会的报告指出，吸烟员工"病假时长比从不吸烟的人多1/3"，吸烟的女性卧床日数比不吸烟的女性多17%。如果新泽西州贝尔电话公司不为员工的健康着想，它也可以为公司的经济效益采取行动——通过鼓励吸烟的员工戒烟来提高他们的生产力。[22] 森普的建议将对非吸烟者权利的诉求与反对员工吸烟的经济效益结合在了一起。[23]

该公司的法务部对森普的提议做了直率且实事求是的回应："现在没有任何具体的法律法规可以强制我们公司禁止在商业办公室吸烟。"新泽西州贝尔电话公司的法律总顾问表示，他们担心在没有事先与美国通信工人协会谈判的情况下单方面改变吸烟政策可能会引发骚乱。对新泽西州贝尔电话公司来说，在没有司法授权的情况下独断实施禁烟政策,将违反公司与其最大工会之间的集体谈判协议。新泽西州贝尔电话公司不愿意冒这样的风险。它通过请求法院在为森普提供无烟工作环境这件事上提供司法授权,加剧了森普和工会之间的冲突,因为工会一直小心翼翼地保护集体谈判协议不受法院的干涉。[24]

森普在提议中坚持认为"员工应该得到与对我们的通信网络至关重要的机器同样的保护,因为每个人都是独一无二的"。看来,新泽西州贝尔电话公司至少认真对待了森普的部分提议。7月初,森普的上司给了她一份处于无烟环境的工作:把她降级为总机接线员。森普不是自己指出在这个职位工作的员工由于接近宝贵的设备,享受到一个无烟的工作环境吗?对森普来说,幸运的是,另一个解决方案出现了。

1975年7月底,唐娜·森普被调到新泽西州米尔维尔的一间新办公室,在她家东南方向,45分钟车程。一开始,她对这次调动很满意:办公室只有一名员工吸烟,且管理层数月间遵守医嘱使她远离吸烟的员工。可10月之后,米尔维尔的经理不再按照医生的要求办事,而且森普一直使用的空气循环机也被关掉了,因为同事们抱怨气温下降,空气变得很凉。当森普重启该设备时,她受到了停职的威胁。她的秋季业绩评价有所下降。她怀疑公司和工会正密谋解雇她。

森普起诉新泽西州贝尔电话公司并不令人感到惊讶。各种势力都将她推向法庭,因为那里是她的不满能够得到解决的唯一场所。非吸烟者权利运动的盟友认为法律行动是改变空间管理制度的重要工具。吸烟与健康行动组织很快在法律战中提供了帮助。监管机构告诉森普，工作场所吸烟不在他们的管辖范围之内；她的公司告诉她，只有在法院下达命令后，公司才会重新考虑禁烟政策；美国通信工人协会明确表示，工会认为在工作场所吸烟是一项权利，而不是对员工的威胁。

这些势力都将目光对准了法律行动，但意外事件在"唐娜·森普诉新泽西州贝尔电话公司案"中发挥了重要作用。正当她在寻找更多有关吸烟危害的科学依据时，有人绝望地给罗格斯大学的图书管理员打了个电话，让森普联系上了就业与劳动法教授阿尔弗雷德·布鲁姆罗森。布鲁姆罗森在20世纪60年代的大部分时间里都在约翰逊政府担任公共事务助理，之后又回到罗格斯大学任教。布鲁姆罗森在平等就业机会委员会的创立过程中发挥了积极作用，后来成为该机构的法律顾问。布鲁姆罗森一贯主张联邦政府有权干预工作场所，以积极地解决就业中的种族歧视问题。[25]森普非常需要这位教授在就业与劳动法课程中形成的法律理论，而幸运的是，布鲁姆罗森愿意无偿为森普提供服务。

"唐娜·森普诉新泽西州贝尔电话公司案"的程序非比寻常。根据森普的医疗鉴定报告，新泽西州高等法院于1976年春天发布了一项禁止在米尔维尔办公室工作区域吸烟的法令。在复诉日期确定之后，新泽西州贝尔电话公司没有回应森普的指控，这表明公司确实希望法庭采取强制行动。律师们只提交了书面证明，未进行法庭辩论。但根据法官早先的禁令，森普提供的专家证词似乎非常有分量。

事实上，当菲利普·格鲁乔法官在1976年12月作出最终裁决时，他不仅引用了1964年和1972年的《卫生总署关于吸烟与健康的报告》，还引用了签发这些报告的卫生局局长卢瑟·特里博士和杰西·斯坦菲尔德博士的宣誓书。"证据是明确的、压倒性的，"格鲁乔写道（他借鉴了特里的观点），"在工作场所被动吸烟会对很大一部分人的健康造成伤害。"令格鲁乔印象深刻的还有新泽西州贝尔电话公司现有的防止机器损坏的政策——正是这种政策使得森普被降职为总机接线员。格鲁乔写道："新泽西州贝尔电话公司已经实施了一项规定，禁止在电话设备周围吸烟。一家对机器表现出如此关注的公司，至少应该同样关注人类。"[26] 按照普通法，新泽西州贝尔电话公司有义务为员工提供安全、健康的工作环境，对唐娜·森普来说，这意味着一个没有烟草烟雾的环境。因此，根据法院的命令，无论森普在哪里的办公室工作，新泽西州贝尔电话公司都必须将吸烟场所限制在午餐室。这个命令只适用于唐娜·森普，它没有改变公司的总体政策。新泽西州贝尔电话公司没有对判决提出上诉。

法律上的模棱两可

尽管"唐娜·森普诉新泽西州贝尔电话公司案"被誉为各地非吸烟者的胜利，但之后寻求非吸烟者合法权利的尝试很少成功。[27] 正当唐娜·森普在新泽西州等待禁烟令的时候，路易斯安那州一群非吸烟者对负责管理庞蒂亚克体育馆的州机构提起了集体诉讼。原告声称，庞蒂亚克体育馆举办赛事时不受限制的吸烟产生的雾霾侵犯了他们"自我保全的权利；不受干扰的权利；不受伤害的权利；避免接触、非自愿吸入危险烟雾颗粒的权利"。他们声称这些权利受到第五、第九和第十四修正案的保护——环保律师曾试图从这些宪法修正案中推导享受清洁环境的权利，但均以失败告终。[28] 在"贾斯珀诉路易斯安娜体育馆管理局案"中,第五巡回上诉法院认为"将法院及其颁布禁令的权力引入这一关于烟草烟雾的争议中"没有宪法依据。[29]

第二年,一群在巴尔的摩园区里工作的社会保障局员工也验证了宪法是否赋予他们享受无烟空气的权利。换句话说,他们起诉了联邦政府。一群自称为非吸烟者权利联邦雇员组织(FENSR)的员工请求吸烟与健康行动组织给予帮助,后者代表他们提交了一份"法庭之友意见书"。[30]美国哥伦比亚特区联邦地方法院的法官援引了诉庞蒂亚克体育馆一案的裁决,认为原告的主张"虽然值得其他法庭借鉴,但不应被提升到宪法层面"。考虑到作为非吸烟者权利运动的法律路径探索者的声誉,吸烟与健康行动组织与政府工作人员采用的宪法策略保持了距离。[31]吸烟与健康行动组织在它的简报中指出,提交"法庭之友意见书"是为了维护一个原则——职业安全与健康管理局可以为在不同情况下提起的诉讼提供依据。[32]为享受无烟空气的权利寻求宪法依据的努力陷入僵局。[33]

即使"唐娜·森普诉新泽西州贝尔电话公司案"是确立普通法权利(而非宪法权利)的直接先例,其价值似乎也比较有限。1980年,保罗·史密斯这位圣路易斯郊外西部电器公司办公室的技术员起诉其公司未能提供安全的工作环境。保罗·史密斯与唐娜·森普之间的联系不只是电信供应链上下游的关系,他们在工作场所也面临着许多相同的挑战,要对抗管理人员的冷漠和同事的怨恨。1975年,史密斯开始抱怨充满烟雾的工作场所导致了他身体上的问题:恶心、头晕、喉咙痛和注意力难以集中。尽管公司内部有横向调动,但史密斯发现其他办公场所同样烟雾弥漫。在被告知不要再向公司的匿名投诉系统提交任何意见后,史密斯面临着两种保留工作的选择:要么戴头盔式呼吸器,要么申请一份无烟机房的工作(这意味着月薪减少500美元)。史密斯选择戴上呼吸器,他形容这是一种"折磨",而且让打电话变得很困难。[34] 头盔式呼吸器让人发出类似吸尘器的声音,在《星球大战》第一部上映时,史密斯因此在办公室里获得了"达斯·维达"的绰号。[35]

史密斯最终聘请了律师并提起诉讼。以"唐娜·森普诉新泽西州贝尔电话公司案"为先例,史密斯辩称,密苏里州的普通法要求公司为其员工提供安全、健康的工作环境。但他的案子与森普的案子有一个关键的不同之处:烟草业的律师和西部电器公司的律师联手发起了强势反击。[36] 他们不希望"唐娜·森普诉新泽西州贝尔电话公司案"成为一个先例。史密斯的案子在初审法院被驳回后,他得到了吸烟与健康行动组织的帮助准备上诉。1982年,上诉法院发现史密斯确实有提起诉讼的依据。和"唐娜·森普诉新泽西州贝尔电话公司案"一样,史密斯的律师们收集了大量令人眼花缭乱的专家科学意见,作为上诉时提交的证明材料。烟草研究所特别注意到詹姆斯·雷帕斯的证词,他是环保署的空气质量研究员,也是克拉拉·古因的反吸烟污染组织第一个分部的创始成员。[37] 科温顿·柏灵律师事务所的一名律师对烟草研究所的律师说,史密斯似乎与"无处不在的唐娜·森普"有联系。[38]

当"唐娜·森普诉新泽西州贝尔电话公司案"在重审阶段再次被提起时,形势对保罗·史密斯而言急转直下。虽然"唐娜·森普诉新泽西州贝尔电话公司案"的法官非常愿意接受森普的医生的单方面证词和公共卫生专家的证词,但圣路易斯县法院的法官对科学证据的信任度较低。烟草行业的战略——质疑原告专家证人的可信度——起到了效果。法官发现对烟草烟雾敏感没有"生理学基础"，于是便给出了自己的诊断：史密斯患有"疑病症"。支持该诊断的事实为：办公室其他非吸烟者并没有"因为工作条件的原因遭受生理刺激和不适"。[39] 与对烟草烟雾不那么敏感（或者至少不那么抱怨）的员工进行比较后，法官更倾向于认为，一个其他方面身体健康的人如果身体因为烟草烟雾而出现反应，他只是在装病。到1985年，保罗·史密斯漫长的诉讼经历在屈辱和贫穷中结束。

但是，即使在显然无法依据普通法权利来实现无烟工作环境的情况下，员工们发起的诉讼仍然改变了企业的态度。艾琳·帕罗迪是美国国防部下属采购机构国防后勤局的员工，她声称工作场所的烟草烟雾导致她生病。1977年，帕罗迪开始在国防后勤局工作，她和另外六七十名员工共用一间办公室，其中许多人吸烟。不久，她就因为肺部症状而开始缺勤，并因接触卷烟烟雾而被诊断为"哮喘性支气管炎伴有气道高反应性"。医生建议她休假，她在家休养后症状有所减轻。事实上，她是因工作而致病的。在医生的建议下，她请假并申请伤残津贴。然而，负责裁定联邦雇员投诉的功绩制保护委员会拒绝了她的申请，认定她并没有传统意义上的工伤。

帕罗迪对委员会的决定提起上诉，第九巡回上诉法院裁定帕罗迪实际上有权获得2万美元的伤残津贴。这一裁决扩展了伤残概念，超出了要求雇员因身体或精神上的限制而无法履行其工作的范围。法院裁定，帕罗迪"受到了环境限制"。她可以"在适当的环境下完成分配给她的工作"，但"由于工作地点在烟雾弥漫的办公室里，她无法完成工作"。[40] 法院的结论是，艾琳·帕罗迪将能够在适当的环境中提供"有用且有效的服务"。因此，决定是否有合适的调岗职位的责任就落在了公司的肩上。如果公司没有承担调岗义务，那么像艾琳·帕罗迪这样对烟草烟雾敏感的不吸烟员工就有资格获得伤残津贴。旧金山上诉法院裁定公司应赔偿帕罗迪6万美元。[41] 也许很少有原告像帕罗迪一样有创造力，但其他人也成功地提起了残疾、失业和工伤索赔。[42] 美国肺脏协会的一份宣传册警告说："公司正在为不作为付出代价。"[43] 虽然唐娜·森普个人通过法律发出的挑战产生的影响有限，但有助于提高企业不作为的成本，并督促企业作出回应。

清洁空气咨询

"唐娜·森普诉新泽西州贝尔电话公司案"未能成为法律先例，森普决心通过游说来推动变革。在她的案子审理期间，森普开始考虑职业转型。毕竟，公司和工会似乎都不是特别愿意让她留在新泽西州贝尔电话公司。森普意识到，她拥有的专业知识恰恰来源于一件危及她工作的事情——起诉她的公司。在与新泽西州贝尔电话公司的斗争中，她掌握了劳动法知识，与一些公共卫生领域的领军人物建立了联系，甚至成为公共卫生领域的名人。通过她的努力，"森普"这个名字与争取无烟工作场所的斗争不可分割地联系在了一起。她意识到，自己是一个完美的顾问：为其他在工作场所饱受二手烟之苦的美国人提供知识、策略和灵感。

唐娜·森普创建了环境改善协会，这是美国（甚至可能是世界上）第一个此类组织。环境改善协会于1978年5月在新泽西州成立，致力于通过教育手段改善"室内工作环境"，尤其是办公室环境。它将成为工人、管理人员和律师的信息中介,分发"与改善室内吸烟环境有关的材料";"为将吸烟视为职业健康危害的公共听证会、私人听证会和立法听证会提供材料和专家证人";并协调"旨在消除工作环境中所有吸烟行为的全国性努力"。[44]

环境改善协会几乎没有资金来源,除了一家总部位于费城、以生产零食"美味蛋糕"而闻名的烘焙公司——美味烘焙公司。在环境改善协会运营的前四年里,这家公司每年拨款500美元。[45]森普没有拿薪水,但500美元还不够支付她参加地区肺脏协会会议的住宿费和机票钱。因此,森普经常在邮件中请求捐款,有时还直接与富有的董事会成员联系,请求他们捐款。[46]

由于"唐娜·森普诉新泽西州贝尔电话公司案"的重要性,环境改善协会令人尊敬的顾问委员会掩盖了该组织没有资金来源的弊病。卢瑟·特里是该顾问委员会的成员,罗伯特·德里南神父这位在美国国会中最直言不讳的非吸烟者权利捍卫者也是成员之一。顾问委员会的其他成员虽然知名度不高,却能让人对该组织的目标和政治环境略知一二。班扎夫当然在其中占有一席之地。还有亚利桑那州的禁烟活动家贝蒂·卡恩斯,该州1973年率先推出的禁烟法就归功于她,她还发明了"请勿吸烟"的标牌;埃莉诺·德马雷斯特是新泽西州反吸烟污染组织的领导人,森普的半个赞助人,也是该顾问委员会的创始成员之一。1973年因出版著作《工作危及健康》而一度声名狼藉的职业健康专家苏珊·多姆博士(但她成功驾驭了那场风波)也出现在了顾问委员会中,这表明环境改善协会将自己视为职业健康领域的一部分——这一观点与班扎夫以机构为重点的策略相一致。

森普从不以女权主义者自居,但她对吸烟、办公室工作和倡议中的性别差异很敏感。森普承认她担心"理事会中妇女代表不多",[47] 这种向一群几乎全是男性的团体直言性别平等诉求的大胆行径令人侧目。但是森普对性别的忧虑源自她作为工会成员的经历——她活跃于露丝·米尔曼定义的工会组织"第四次浪潮"的中心,该浪潮席卷电信、文秘、航空等拥有大量粉领和白领的部门。[48] "大多数被困在职场'隔离区'(秘书室、文员区等)的员工都是女性。"森普写道。[49] 她选用"隔离区"这个词暗藏深意:在20世纪70年代,美国职场的女权主义者观察家们越来越多地谈到"秘书隔离区"或"粉领隔离区"——这些收入低、地位低、没有前途的服务和文书工作使这些领域的劳动力趋于女性化。[50] 对森普来说,呼吸无烟空气的权利是关乎工作场所权利的问题。鉴于办公室女性职员的数量越来越多(她们的吸烟率低于男性同事),森普认为女性职员是需要特殊保护的劳动群体,需要让她们免遭周围烟草烟雾的伤害。

森普坚决要求环境改善协会的顾问委员会增加女性代表的席位,这也许是因为她自己在职场中体验的民主,以及这种民主在工会运动中的缺席。在理事会其他成员的建议下,森普在顾问委员会中又增加了4名女性代表。确实,她通过自己的经验来审视办公室职员的困境,甚至敦促卢瑟·特里为个别向环境改善协会求助的员工出面斡旋。"你在华盛顿能帮这个女人什么忙吗?"森普有一次直接问特里。"她工作的地方显然是一个旧仓库,尘土飞扬,烟雾弥漫。"媒体对此并不知情,森普也没有像她习惯的那样向环境改善协会的顾问委员会汇报她参与了这个女人的案子。相反,森普在关于这个问题的信件中,表达了自己对一个疾病缠身的中年女人的极度关切:

这个女人的才能被浪费了，她的同事对她嗤之以鼻，她的抱怨也进入了官僚主义的死胡同。森普没有使用女权主义的语言，却用行动表明了自己对女员工困境的敏锐感知。

撇开森普的个人干预不说，环境改善协会的日常工作包括鼓励人们向顾问委员会请求帮助。最终，追求无烟工作场所的诉讼集中在一个单一、明确、有说服力的论点上：吸烟——以及吸烟者——成本太高。吸烟的员工工作效率不高，烟雾会破坏设备，而且这类员工经常休息以满足自己的吸烟习惯，并因疾病而误工。在森普主动向美国电话电报公司提出的建议中，她提出了这个观点，但她还会为劳工、企业和员工提供建议。对于非吸烟者活动人士而言，以公司成本的名义来说服公司消除吸烟员工和其制造的麻烦比较容易，以非吸烟者权利的名义来说服公司采取措施禁止吸烟却比较困难。

森普的努力是管理咨询热潮的一部分，这些咨询从更广泛的角度分析了职场生活和工作效率。[51]咨询行业作为"世界上最年轻的行业"，起源于弗雷德里克·泰勒对科学管理的研究。但在20世纪80年代，咨询行业在商业生态中占据了更多的空间——事实上，这个行业极速扩张，连《福布斯》杂志也谴责咨询行业的增长是国家萎靡不振的表现。[52]1983年，在《哈佛商业评论》一篇颇有影响力的文章中，社会学家罗伯特·杰克考尔指出，尽管企业内部充斥着"工作生活质量"和"反馈环节"等说辞，但是"在企业等级制度中，唯一有分量的基本原理是生产性回报"。[53]对此森普心领神会，1981年他在给卢瑟·特里的信中写道："在限制吸烟方面，还有比通过经济效益来提高管理兴趣更好的方法吗？"[54]但对森普和其他公共健康活动人士来说，强调经济效益并不是为了追求利润，而是为了终

第六章 从权利到成本 263

结社会对吸烟的接受程度所采取的一种手段。

在美味烘焙公司的500美元资助下，环境改善协会于1978年发起了第一次活动——"无烟工作日"。"无烟工作日"打着自愿参与的旗号，实则是试图证明禁烟无需立法监管。环境改善协会在建议中写道："在工作地点限制吸烟是一个对员工和经济效益都有实质好处的目标。"环境改善协会要求参与活动的企业将1978年1月11日定为员工将打火机留在家中的日子。在请求企业参与该活动的过程中，环境改善协会将该倡议作为一项商业决策加以框定。仿佛是为了先打消人们对政府日益严格地监管劳工的担忧，协会的宣传材料强调这是一个"自愿的单日计划"，可以通过"制定基于群体健康的规范"来缓解办公室里的紧张关系。通过无烟计划，公司将获得改善员工健康状况这一"丰厚回报"。企业还可以获得更多的物质回报，而这些回报在任何资产负债表上都有体现："病假减少""残疾赔偿和工伤赔偿责任减少""水电费和后勤费用降低""生产率提高""法律费用减少"。但潜藏其中的法律风险实为双刃剑：环境改善协会鼓励非吸烟者在公司拒绝满足他们要求的情况下，可以采取法律行动。邀请函的结尾引用了森普"将烟草烟雾定义为一种职业健康危害的里程碑式的案件"，指出类似的诉讼可能会增加企业不作为的成本。环境改善协会严肃地警告说："根据普通法，诸位责无旁贷。"[55]

由于成本很低，而且时间有限，"无烟工作日"可谓非常成功，特别是在改善环境改善协会的形象和保障非吸烟者的权益方面。《华尔街日报》报道了这一活动，指出它与卫生教育福利部部长约瑟夫·卡利法诺宣布的一项重要的联邦政府反吸烟运动目的一致。森普借此主动向她的雇主公司（新泽西州贝尔电话公司）提议举办一个研讨会来纪念这一活动。未料该公司既拒绝了她的提议，也拒绝参与设立一个"无烟工作日"。不过，其他公司都愿意接受环境改善协会的建议。1978年，大通曼哈顿银行、美孚石油、金宝汤公司、美国通信工人协会、国际电气工人兄弟会，宾夕法尼亚州、新泽西州、佛罗里达州和费城的卫生部以及华盛顿、佛罗里达、南卡罗来纳和内布拉斯加州的肺脏协会均接受了新泽西州贝尔电话公司所拒绝的"无烟工作日"活动倡议。除此之外，环球航空公司、纽约电话公司、杜邦公司、《纽约时报》、美国广播公司电视台、加利福尼亚大学洛杉矶分校以及麻省理工学院均联系了环境改善协会，希望获得无烟环境方面的文献，尽管他们的工作单位并没有参加"无烟工作日"活动。[56]并非所有这些不同的组织都接受在全公司范围内执行禁烟令，但它们的兴趣表明，人们越来越意识到工作场所是烟草监管的前线。

在1月11日"无烟工作日"活动的前一天，唐娜·森普在全国电视节目《早安美国》中首次亮相，与保守派社会评论家、《国家评论》撰稿人欧内斯特·范·登·哈格展开对决。范·登·哈格经常出现在脱口秀节目中，因为他反对"布朗诉教育委员会案"，从优生学的角度为种族差异进行辩护，并且极力支持死刑。[57]在查理·罗斯主持的一集《深夜观点》中，约翰·班扎夫把一杯水泼在他脸上，熄灭了他点燃的雪茄。《早安美国》的观众不知道，范·登·哈格与烟草业的关系特别密切，他曾多次出席"菲利普·莫里斯圆桌会议"——一场为烟草业和学术界研究人员举办的会议，主题是提高烟草业研究的可信度。[58]

在《早安美国》节目中，森普以"博士"敬称对手，范·登·哈格却直呼其名。范·登·哈格认为"丘吉尔抽雪茄。如果没有雪茄，西格蒙德·弗洛伊德就不可能发明精神分析。如果没有雪茄，托马斯·曼就不会写出他的小说"。[59]不过，森普犀利反击道："当科学证实吸烟导致人体血氧含量降低时，您有权力令他人生病吗？"范·登·哈格反驳道："只要人们愿意，他们就有权这么做。"几秒钟后，电视节目结束了。对于这个初创的组织来说，即使是对抗性的公开活动也是很好的宣传方式。森普称这次活动是"在提高自我意识方面的巨大成功"。[60]

森普将自己的努力描述为"提高（非吸烟者的）自我意识"，并将非吸烟者定位为一个历史上受压迫的群体，如果非吸烟者能够认同自己的身份，那么他们的解放就会加速。通过教育和公共活动，非吸烟者可以认识到他们的共同立场，从而鼓起勇气去要求无烟环境——或者至少帮助他们在向老板提出这个要求时不那么局促不安。环境改善协会还以工作场所为中心举办了一些活动，希望能代表非吸烟者去影响企业自愿实施监管，同时向企业证明这种监管的收益大于成本。为了回应媒体对"无烟工作日"的报道，宾夕法尼亚州卫生部决定赞助每月一次的全州"无烟工作日"。森普在给环境改善协会顾问委员会的信中写道："如果我们用500美元和大量志愿者的时间做成这么多事，想象一下全面推广（"无烟工作日"）时的效果吧。"[61]到20世纪80年代初，这一策略已清晰可见。环境改善协会将发布吸烟成本的量化信息，以推动企业实行吸烟限制，并授权非吸烟者向雇主提出自己的理由。通过这些共同努力，环境改善协会将继续推动公众和工作场所将禁止吸烟视为常规。

对于20世纪初的经理人来说，森普以成本为中心的论点听起来很熟悉。在森普的案子审理结束之后,她出版了一份操作手册,受众是那些遭受周围环境中烟草烟雾困扰的工人。手册包括她本人案子涉及的所有法律材料,以及反吸烟组织和医学专家名录。这本名为《净化工作场所的空气》的手册通过肺脏协会分发,有助于让工人清晰地了解他们可以采用的法律措施,可以接触到的能证明吸烟环境危害的权威人士,以及了解工人们可以用来向公司提出申诉的论据。手册中详述了多个典型案例:例如,由新泽西州克里夫顿一家游泳池设备制造商进行的工时学研究显示,吸烟者的工作效率比非吸烟者低2%～10%——这足以让公司股东给不吸烟的员工支付2%的奖金。另一个例子是默尔·诺曼化妆品公司在1976年自愿禁烟,据估算,该公司通过降低缺勤率和提高生产率节省的资金高达数千美元。

环境改善协会提供的总体数据也令人印象深刻:美国工人每年因吸烟损失的工时达3.99亿个工作日;吸烟者发生事故的概率是非吸烟者的两倍;由于化合物和卷烟烟雾的协同作用,吸烟者更容易发生工业中毒;烟草烟雾损害设备和室内装潢;吸烟者增加了公司物业和公用设施的开支;而且——如果这些针对普通员工的担忧不足以说服管理层——"吸烟的高管在他们的事业黄金期更容易患冠心病或其他严重的疾病,而替换他们的成本非常高"。[62]人们应该明确的是不吸烟政策对经济效益有益,而吸烟却对此无益。

商业案例

许多经济学家和管理专家开始提出反对烟草的理由,并很快得到了科学发现的支持,这些发现提高了企业的责任风险。[63]与最初激励唐娜·森普和克拉拉·古因的基于权利的主张相比，他们的论点来自不同的渠道。这些学者和专家在《人事管理》《管理世界》《人事杂志》等刊物上发表文章，大肆宣扬禁烟可以节省商业开支。西雅图大学工商管理学教授威廉·韦斯是反对工作场所吸烟的商业案例中最著名的发言人之一。韦斯与吸烟与健康行动组织、反吸烟污染组织或唐娜·森普没有关联。事实上，1979年，在担任教授之前，他刚刚为一篇有关大学财务报告实务的博士论文进行了答辩。他学术生涯的起始恰逢工作场所中关于成本的争论日益突出，而在里根任总统期间，关于节约开支的争论也越来越普遍。正当美国企业在通货膨胀和全球竞争加剧的时代竭力保持竞争力时，韦斯和非吸烟者运动为企业提供了削减成本的途径。[64]

韦斯对工作场所吸烟的利润分析包括四个维度：缺勤率、生产率、设备损坏与折旧、保险支出。每一个维度都证实：吸烟的员工都比不吸烟的员工成本更高。"你愿意将人力成本削减20%、保险费削减20%、维修费削减50%、家具更换费用削减50%、残疾赔偿金削减75%吗？"1981年的一篇题为《利润化为乌有》的文章开头这样写道。[65] 人力成本是一个庞大的类别，包括各种各样的成本，既有吸烟者把上班时间浪费在吸烟休息上导致的工时损耗，也有采取措施保护员工健康的公司对非吸烟者士气的鼓舞。[66] "在我解雇一位砌墙工人之前，我看到他每小时都因为吸烟而浪费30分钟，"一位企业主有些满意地说，"吸烟会耽误工作。"[67] 这些以管理为中心的文章没有经过同行评审，它们并不总是引用数据来源，对作为证据的科学研究也只是含糊地提及，但它们为那些有意引入禁烟令的企业提供了保障。韦斯习惯性地强调，其他公司，无论规模大小，无论从事哪个行业，都已经实施了无烟政策，不仅利润增加，而且没有员工反对。

一家银行的副总裁抱怨道："女职员每划一根火柴，就意味着又一次非正式的、未经授权的休息时间到了。四五名员工下意识地反应过来，走向她的办公桌，开始另外 10 分钟的闲谈。她点燃的每一支烟都让我损失了一小时的生产力。"[68]人们对女性吸烟者和男性吸烟者的看法不同，更多的是因为女性在公司等级制度中的地位，而不是与她们的卷烟消费量有关。在办公室吸烟的男性更有可能在私人办公室独自吸烟，这样他们的习惯就不太可能被视为妨碍工作。在一间开放型办公室的秘书室里，点烟是一种社交行为，具有颠覆性和轻浮性。韦斯估计到 1981 年，公司为每个吸烟的员工"每年多花费 4 611 美元"。到 1987 年，韦斯向上修正了这个估计值："我可以比较有把握地保证公司每年从每个吸烟员工那里节省 5 000 美元以上的成本。"[69]这些数字没有考虑到地区卫生保健、工资和保险的差异，但重要的是它们传播范围广。

像福特汽车公司和美国通用电气公司这样的工业巨头也在 20 世纪初提出过相同的观点。在工作场所禁烟的趋势被认为是一种向更有效率、更有利可图和更有生产力的模式的理性演变。韦斯的任务是揭露常规做法和最佳做法之间的鸿沟，揭露吸烟员工的隐性成本。任何楼层经理都知道，有烟头印的家具和地毯需要临时更换，但他可能没有考虑到，禁止吸烟可以减少整体的粉刷需求和清洁需求。一家电子元件公司的总裁解释说，禁烟政策实施后，"清洁成本减少了一半以上"。这也正是弗雷德里克·温斯洛·泰勒观察生铁锻工时得到的结论。这位总裁继续说道："如果我们仍然允许员工吸烟，一个人将花费两个半人做事的时间。"[70]周围的烟草烟雾无声地消耗着公司的资源——这或许暗示了吸烟者自身的一种隐性成本。

保险公司开始有选择地以较低的价格向非吸烟者出售一些保单，从而使这一暗示成为现实。反烟草势力对保险公司的利润最大化策略表示欢迎，仿佛它揭示了吸烟者和非吸烟者的价值一样。"各种数据都已表明，非吸烟者为他人的吸烟习惯付出的代价比他们得到的收益多，"韦斯在1985年出版的《无烟工作场所：成本与健康后果》一文中写道，"这（吸烟者的行为）无异于盗窃！"[71]或者，正如加利福尼亚非吸烟者权益组织（前加利福尼亚反吸烟污染组织）负责人解释的那样，对非吸烟者来说，"在财政上为吸烟者所患的疾病提供补贴"是一种不公平的做法。[72] 1964年《卫生总署关于吸烟与健康的报告》发表后，人寿保险公司率先向非吸烟者提供优惠。后来，西雅图的一位餐馆老板在她的餐厅禁止吸烟后，通过谈判降低了她的火灾保险费。[73]像韦斯这样的支持者把各种形式的保险放在一起，声称通过禁烟政策，工作场所可以节省惊人的开支。但健康保险市场、火灾保险市场、事故和工伤理赔市场对企业禁烟的反应各不相同。由于大多数公司为员工购买了团体保险，因此吸烟者的差异风险评级是一个悬而未决的问题——但这个问题有很多象征意义。

推动基于吸烟状况的风险评级，这种做法代表了非吸烟运动将吸烟者赶出保险精算市场和实际公共场所的巅峰。吸烟与健康行动组织在1984年的《吸烟与健康》期刊上刊登的主要文章无意中揭示了保险评级在很大程度上只是一个象征性问题，而不是实质性问题。这篇文章用了几百字的篇幅解释了"要求非吸烟者承担吸烟者因自愿的吸烟行为而造成的更高昂的医疗费用是不公平的"，并在最后要求读者提交"任何关于这个问题的经济数据"。[74]同一期杂志上的一幅漫画更加接近问题的核心。漫画中,两名戴眼镜的男子坐在"卫生局局长办公室"里,查看超大的香烟盒上的警示标签。标签上写着:"你是地球上的渣滓。"漫画前景中的人评论道:"(措辞)太强硬了。"如果换一个环境,这样一幅漫画可能会在国会最终投票通过的轮换警示标签中被登记为夸张的讽刺。在致力于量化吸烟的社会成本的时事新闻背景下,这幅漫画描绘了这场运动的锋芒:从经济分析到道德批评不过咫尺之遥。

对保险公司来说,对吸烟进行风险评级的益处就不那么明显了。1993年对加利福尼亚私营保险公司的一项调查显示,尽管48%的保险公司考虑对吸烟进行风险评级,但只有不到1/4的公司采用了这一评级;只有2%的自保公司根据吸烟状况对员工进行了风险评级。考虑过风险评级的公司有很多,但拒绝采用风险评级的公司数量是采用风险评级的公司数量的三倍,理由是管理难度大、收取的保费差异不确定,以及成本效益方面存在问题。[75]事实上,卫生经济学家对于谁在补贴谁的问题有些模棱两可,特别是在公司提供福利的情况下。吸烟虽然是很大一部分医疗支出的罪魁祸首,这是无可争辩的,但健康经济学家也指出,吸烟者的过早死亡意味着他们可以补贴寿命较长的同事的退休福利。[76]非吸烟者可能在补贴吸烟者的罪过,但吸烟者也在补贴非吸烟者的美德。

量化吸烟社会成本的公共卫生攻势开始显效,与此同时,科学研究也在被动吸烟领域取得突破。在1979年《卫生总署关于吸烟与健康的报告》的前言中,约瑟夫·卡利法诺认为,联邦政府有必要"加强"对卷烟的行动,因为个人的吸烟习惯与"每个纳税人"都有关联。报告指出,美国每年要花费2 050亿美元用于"螺旋式上升的医疗保健费用",其中有50亿~80亿美元是因为吸烟产生的,即使这样一个惊人的数字也涵盖不了吸烟的全部成本。"生产力下降,工资下降,再加上由吸烟引起的疾病造成的误工"使这个数字接近"120亿~180亿美元"。[77]这些数据能否被可靠地统计出来固然重要,但更重要的是这些数据被应用在了禁烟运动的各个层面——从基层到雇用管理人员,再到联邦政府的官方出版物。

从非吸烟者到被动吸烟者

从20世纪70年代末起,研究人员开始提出环境中的烟草烟雾不仅让非吸烟者烦恼,也对像唐娜·森普、保罗·史密斯和艾琳·帕罗迪这样的过敏者有害。1978年,海军研究实验室的生物物理学家詹姆斯·雷佩斯开始了一项测量室内环境污染水平的业余项目。雷佩斯对室内空气污染问题的研究起源于他为自己职场中的空气质量所做的斗争。海军研究实验室的办公室位于一个污水处理厂旁边。1973年,工厂宣布了一项计划,开始建造垃圾焚烧炉。雷佩斯仔细研究了为建设焚烧炉而发布的环境影响报告书后,认为该计划歪曲了焚烧炉对空气污染的影响。"除非我死了,否则他们别想烧掉那些垃圾。"雷佩斯回忆道。为了准备好与海军研究实验室的上司们斗争——海军研究实验室的上司同意焚烧炉的选址,希望焚烧垃圾会比用化工手段处理垃圾少一些臭味。雷佩斯则着手研究焚烧炉对空气污染的影响,并量化了焚烧炉可能释放的毒素。不久,《华盛顿邮报》对此事进行了报道,在一位同事的建议下,雷佩斯将他的报告寄给了美国国家自然资源保护委员会一位专门研究空气污染标准的律师。环保署最终拒绝批准在波托马克河岸边建造垃圾焚烧炉。[78]

雷佩斯成功地运用了他的专业知识阻止了焚烧炉的建造,这使他受到华盛顿特区反对建造焚烧炉的公民团体的青睐。[79]也就是说,雷佩斯成了一名"NIMBY"专家。在与马里兰州的一个市民团体会面后,一名听众鼓励雷佩斯将他的专业技能转向对室内空气污染问题的研究。经雷佩斯测算,密闭环境中的烟草烟雾的有害成分含量将超过环保署规定的空气质量标准。说来也巧,雷佩斯关注这个问题的时间点恰好与杰西·斯坦菲尔德政治生涯的终点相吻合。斯坦菲尔德卸任后在巴尔的摩的一所社区大学组织了一次关于非吸烟者权利的会议。在这次活动中,雷佩斯根据他的测算设计了一张海报,引起了一名国家安全局的工程师和一位鲍伊市民的注意(见图6.2)。他们决定一起成立一个新的反吸烟污染组织分会——请克拉拉·古

图 6.2 詹姆斯·雷佩斯和他的女儿在马里兰州鲍伊市一家商场的反吸烟污染组织展台后(詹姆斯·雷佩斯提供)

第六章 从权利到成本 273

因提供帮助，雷佩斯和她一起在乔治王子县的肺结核和呼吸系统疾病协会工作。阶级、地域和对环保行动的共同承诺对非吸烟者运动至关重要。[80] 雷佩斯的专业能力也将起到决定性的作用。

在鲍伊市反吸烟污染组织分会，雷佩斯决心说服市议会通过一项法律，要求在餐厅设立吸烟区和非吸烟区。为此，雷佩斯运用了他的专业技能。他和海军研究实验室的同事阿尔弗雷德·劳里一起，使用一种叫作"压电天平仪"的机器——本质上是测量空气中微粒的盖革计数器——在酒吧、保龄球馆、宾果（一种赌博游戏）游戏厅、图书馆、教堂、餐馆和他家附近的私人住宅中测量可吸入微粒数据。现场研究的结果，加上侧流烟、标准房间通风和吸烟流行率之间相互作用的数学模型，一起发表在了1980年5月的《科学》杂志上。雷佩斯和劳里发现，马里兰州这些烟雾缭绕的室内空间的空气污染水平超过了为工厂或繁忙的通勤公路设立的法定标准。与有关室外空气的立法和标准得到通过形成对比的是，美国人"对有关室内空气质量的立法关注很少"，但美国人90%以上的时间都在室内。"显然，由烟草烟雾造成的室内空气污染对非吸烟者的健康构成了严重风险。"[81]

正如森普所说，吸烟者是"人形的烟囱"。[82] 和吸烟者住在一起就像住在工厂的下风处——只是工厂造成的污染尚有联邦空气质量标准制约。雷佩斯和劳里总结说："由吸烟者产生的污染超出了通风设备的净化能力，给公众造成了严重的空气污染。"[83] 研究发表之后，两位作者收到了大约200份重印请求。[84] 这样的调查引起了越来越多在密闭办公大楼工作的白领工作者的共鸣。非吸烟者（比如在20世纪80年代早期领导办公室员工运动并要求承认"大楼综合征"的女性）试图控制室内环境，以满足人们对舒适和安全的更高期望。[85]

这项研究发表之前，雷佩斯已经在环保署任职，这给非吸烟者运动提供了更大程度的技术可信度，但也使雷佩斯这个联邦机构的雇员成为靶子，该机构已经不受国会亲烟政客的欢迎。约翰·班扎夫回忆说，在通风和空气质量等技术问题上，雷佩斯是他的"得力助手"。雷佩斯的研究成果被纳入了非吸烟者在工作中寻求赔偿的辩护状中。[86]雷佩斯本人经常以专家证人的身份出现在这类案件中，或在国会委员会审议命运多舛的非吸烟者权利立法时到场做证。他带头发布了美国国家环境保护署关于环境中的烟草烟雾的报告。[87]

由于出庭辩护，雷佩斯成为烟草业的眼中钉，于是烟草业雇用科学家毫无科学依据地诽谤他，而烟草研究所的发言人也在媒体上对他进行抨击。[88]烟草行业成功地做到了让雷佩斯度日如年。田纳西州议员唐·森德奎斯特呼吁机构调查雷佩斯"明显不当的外部活动"。[89]雷佩斯最终洗清了不白之冤，部分原因或许在于有更多的研究结果被发表，证明了他早期的分析是正确的。

正如经济学家和会计师对吸烟者造成的经济负担进行量化一样，公共卫生领域的专家也试图对吸烟者对他人造成的健康负担进行量化。雷佩斯和劳里的研究结论仅限于公众暴露在侧流烟气微粒中的程度。该研究员不是流行病学层面的调查，但在论文发表后不久，大量流行病学研究提供了证据，表明环境中的烟草烟雾增加了非吸烟者患肺癌的风险。[90]

此类研究中最重要的一项，由东京国家癌症中心的一位日本流行病学家进行研究，发表在1981年1月的《英国医学杂志》上。1965年，平山武开始的这项关于253人的调查，本为探究生活方式因素和疾病预后之间的关系（见图6.3），并没有专门针对烟草，这些"生活方式因素"除了经济和婚姻状况等社会因素外，还包括卷烟、酒精、绿色蔬菜、酱油和奶制品等。这项研究的规模和敏感性使平山武能够调查经常暴露在烟草烟雾中的非吸烟者的疾病模式。

平山武的研究结论是非吸烟者运动的转折点。数据显示，如果丈夫吸烟，其不吸烟的妻子死亡率增加两倍。丈夫的吸烟状况和妻子的肺癌易感性之间的关系遵循剂量－反应模型——建立因果关系的一个重要因素。吸烟最严重的人的妻子患肺癌的风险更大，而配偶吸烟较少的人患肺癌的风险更小。这项研究立即引起了美国媒体的注意。[91]《纽约时报》《洛杉矶时报》《芝加哥论坛报》都在研究发表后的一天内对其进行了报道；《纽约时报》甚至在头版刊登了这项

图6.3 平山武、约翰·班扎夫和马萨诸塞州反吸烟污染组织分会负责人丽塔·艾迪森1983年在加拿大温尼伯举行的世界卫生组织会议上。（加利福尼亚大学圣弗朗西斯科分校图书馆）

研究的摘要。从代托纳到开普吉拉多，美国各地的报纸都刊登了相关报道。美国人不需要上流行病学的高级课程就能理解平山武的研究的主旨：其他人的烟草烟雾会毒害他们。[92]

平山武的研究意外地揭示了政府对烟草的价格支持和其他补贴制度。到1965年研究开始时，日本丈夫所抽的卷烟大多是美国烤烟。烟叶通过美国烟草协会以及"粮食换和平计划"到达日本，该计划是处理美国剩余商品的工具。到20世纪70年代末，日本已成为美国烤烟烟叶最重要的出口市场之一。[93]在美国政府的资助下，由美国补贴的烟草生产商将生烟叶出售给日本，如今却又以流行病学的方式重新引入美国。

1987年在东京举行的世界吸烟与健康大会上，唐娜·森普、平山武和詹姆斯·雷佩斯一起成为主角；威廉·韦斯没有参加会议，但他在温尼伯举行的前一次全球反烟草活动人士会议上发表了一篇题为《无烟工作场所：成本与健康后果》的论文。在东京的一个讲台上，森普自信地预测，从"纯粹的经济学"层面（即吸烟者的成本和企业的责任问题）来反对吸烟的做法,必将取代强调被动吸烟"侵害肺脏"的做法。非吸烟者积极分子已经建立了一个针对烟草的案例，将吸烟导致的工作效率问题提升到与吸烟有关的权利和责任问题同等重要的地位。[94]"侵害肺脏"不但意味着对非吸烟者的侵犯，更意味着对企业、（保险）风险池和纳税人的盗窃行为。

工人之友

由于针对烟草的商业案例的论点紧紧围绕着成本和效率，支持烟草继续在工作场所存在的理由，最初来自那些一直质疑以市场为导向的逻辑的人——工会。这对唐娜·森普来说肯定是喜忧参半的，因为她坚信工会的重要性，认为它可以保护工人个体免受雇主的任意摆布。1975年，她在给一位同事的信中写道："我觉得，要让人们认识到'二手烟'对健康的真正危害，唯一的办法就是通过集体行动。"[95]但是，为消除工作场所的空气污染而采取的行动，却让非吸烟者的运动与战后劳工运动中最神圣不可侵犯的东西——集体谈判——发生了冲突。非吸烟者运动兴起之时，也出现了一系列新的力量——女权主义、工作生活质量运动、公共部门工会的兴起、职业健康运动——使以男性为主导、以资历为中心的劳工传统变得复杂起来。[96]

工会领导在程序、政治和政策上与倡导禁烟者意见不一。从劳工组织的角度来看，森普开创了一个危险的先例：以司法裁决代替集体谈判协议。事实上，唐娜·森普在起诉新泽西州贝尔电话公司时，她的对手不仅有她的雇主，还有她所在的工会——美国通信工人协会。烟草反对者提出的管理争论很难引起工会的共鸣，因为工会试图代表所有的工人，而不仅仅是那些对公司来说成本最低的员工。

事实上，劳工最初对在工作场所限制吸烟表现出的敌意体现了更广泛的劳工对职业健康的态度。从塞缪尔·冈珀斯开始，工会领导就担心改善职业健康的尝试会让管理人员筛选出生病的、不合格的工人。这种担忧在20世纪70年代随着《职业安全和健康法》（既是工会施压的结果，也是管理控制的工具）的通过而加剧。例如，当职业安全与健康管理局在1974年发布氯乙烯标准时，它在没有保障工人地位或权利的情况下强制要求解雇高风险工人。[97]而且，在尼克松政府和福特政府时期，该机构制定的规则不允许工人查看自己的医疗记录。[98] 让事情更加复杂的是，一旦吸烟受到管理方的控制，那么被报道为解决职业健康问题而投入最多的工人和工会——代表塑料、橡胶和石棉工人的石油、化学和原子工人国际工会——将面临更多的法律风险和个人监控。

在工作场所吸烟凸显了员工的自主权和隐私权，也凸显了有组织的工人控制车间条件的力量。吸烟之所以对员工有价值，恰恰是因为它没有生产力：吸烟休息是一种日常享受，无论是独自抽烟还是在应酬中抽烟，都不会给公司带来任何经济效益。从某种意义上说，卷烟是工会战后权力的象征。[99] 象征美国工业实力的工厂被迫放弃了战前对工作时吸烟的顾虑。在弗林特、迪尔伯恩和底特律的雪佛兰和福特工厂，为抗议禁烟令而举行的"抽烟静坐"和罢工迫使汽车制造商和汽车工人就新的吸烟规定展开谈判。1945年以后，工人们越来越多地在休息时间和各种不同的地点（洗手间、大堂、餐厅和装配线）吸烟。[100] 数十年来，卷烟广告一直将吸烟与汗流浃背的工业生产联系在一起，而烟草业也通过这种形象塑造来利用管理与吸烟限制之间的联系。当雷诺兹烟草公司在自己的卷烟生产工厂里与工会交锋时，烟草业摆出了工人之友的形象。即使大多数工会成员不再吸烟，或者大多数工作场所不再像通用汽车工厂流水线一样嗡嗡作响，这些都无关紧要。

在日益多样化的工作场所，吸烟问题体现了工会内部的矛盾。多数主义并没有像为非裔美国人或妇女的权利而斗争一样，与非吸烟者的个人权利对抗。相反，工会试图保护少数成员的特权，作为一种维护自己作为工人的首要代表的地位。并非所有工会都为抗议禁烟而斗争。事实上，1988年，空乘人员工会率先通过了第一部成功的联邦政府工作场所吸烟法，禁止在两小时以内的国内航班上吸烟。[101]但工会领袖和美国劳工联合会－产业工会联合会执行委员会的立场是一致的：坚决反对企业在没有事先谈判的情况下强行实施吸烟限制，无论这种政策在工人中多么受欢迎。

这并不是唐娜·森普想象中的非吸烟者运动展开方式。工会实际上是环境改善协会最初提议的各种活动的中心，因为她希望一旦承认吸烟"是一种职业健康危害"，就能促使关注安全的工会和关注成本的管理层达成协议。森普经常提到她是美国通信工人协会的成员，并且自豪地提到她是当地协会的管事。唐娜·森普与美国通信工人协会的关系说明了工作场所吸烟问题的复杂性：布里奇顿办公室的管理人员拒绝协助她启动申诉程序。当森普向当地同情她的副主席求助代为申诉时，工会主席插手阻止了此事。1975年7月，森普与这位工会主席进行了面对面的会谈，其间，工会主席告诉她：除非法院下令，否则她的申诉无受理的可能。

但是工会领导的态度最终还是改变了。在她的案子得到审理之后，森普与美国通信工人协会主席格伦·沃茨保持着友好的通信，后者曾给环境改善协会为工会制作的《无烟工作区》小册子写了序言。"我们的工会不仅采取行动保护非吸烟会员的健康，"沃茨写道，"我们还试图教育他们，每个非吸烟者都有享受无烟环境的权利。"[102]但随着围绕工作场所吸烟问题的斗争进一步展开，工会选择保持中立。1986年，美国通信工人协会的健康与安全负责人对国家事务局说："我们有意不制定工会（在吸烟方面的）政策。"与沃茨十年前的立场划清界限。[103]

在非吸烟者的运动中,森普为工会世界——一个中产阶级和反吸烟污染组织白领社区不熟悉的世界——充当纽带。她与美国肺脏协会和国家安全委员会保持了数十年的关系,帮助这些组织瞄准有组织的劳工。她对这些组织的建议始终如一:在制定政策时争取有组织劳工的支持,通过集体谈判达成协议限制吸烟。她走遍美国,在国际上发表演讲,讲述工会如何将禁烟纳入对工作场所"健康权利"更广泛的承诺之中。[104] 环境改善协会描绘了谈判模式、政策建议、教育文献以及戒烟和成瘾研讨会的蓝图。[105] 尽管在申诉听证会上,森普大肆赞扬代表非吸烟工人的工会官员,但即便是在他们破坏集体谈判协议的情况下,非吸烟倡导者也不可能不对管理层发起禁烟令表示赞许。没有什么比环境改善协会对约翰-曼维尔公司禁烟令的支持更能体现非吸烟者权利和工会主义之间的紧张关系。

1976年,约翰-曼维尔公司在旗下几个石棉加工厂采取了严格的禁烟令。它这样做并不是出于对非吸烟者的关心,而是出于减轻责任风险的愿望。这个石棉巨头正面临着数量前所未有的侵权索赔案件,索赔的员工因受雇于该公司而患上了肺癌、间皮瘤和石棉肺。这场法律大战展现了人们对于工作中看不见的危害的普遍关注。大众市场一些廉价平装书的书名证明了人们对职业中的隐形危害的普遍关注:《肌肉和血液》《可消耗的美国人》《工作危及健康》。[106]

到1982年约翰-曼维尔公司申请破产时,已经有16 500件未决诉讼,另有130 000件索赔案被收集起来准备提交。石棉加工厂案件原告的律师后来将他对这类诉讼案的深刻见解和巨额赔偿应用到随后十年的烟草诉讼中。[107] 在20世纪70年代末,研究表明,吸入石棉和吸烟之间存在着可怕的协同效应,约翰-曼维尔公司则在竭尽全力应对这些研究成果。吸烟的石棉工人死于肺癌的风险是不吸烟的在石棉周围工作的人的90倍。[108] 约翰-曼维尔公司为了尽量降低需要为此超高死亡率承担的责任,实施了一项禁烟令。

石棉工人工会对约翰-曼维尔公司的政策嗤之以鼻。约翰-曼维尔公司不仅破坏了集体谈判协议,单方面实施了禁烟令,而且禁烟令本身也暗示了工人们要为自己接触的有毒物质负责。工会声称,禁烟令免除了公司参与更大规模的清理工作的责任,同时也使他们免于全额赔偿那些提起诉讼的患病工人。虽然管理者们赞扬禁烟令限制了暴露风险,但为那些接触过各种毒素的工人代讼的人士也以同样的理由谴责禁烟令。代表达拉斯和波士顿石棉工厂工人的国际机械师协会就该公司的禁烟令起诉了该公司。虽然波士顿的仲裁员支持该公司的决定,但达拉斯的禁令被宣布无效。然后,约翰-曼维尔公司提起诉讼,而且正是基于像森普这样的非吸烟者权利倡导者试图强化的理由:普通法支持公司为消除工作危害而做的努力。1980年,第五巡回上诉法院维持了仲裁员的裁决:达拉斯禁令无效。[109] 维护集体谈判协议完整性(的决心)战胜了管理层就工作场所安全问题提出的倡议。

在这个工厂关闭、对责任管理和疾病潜伏期的意识日益增强的时代,这一胜利遗憾地反映出了劳工权力的削弱。[110] 国际机械师协会为集体谈判的诚信辩护,这也是在为工人自愿暴露于风险中的特权辩护——工会后来协助组织了一场针对违规企业的集体诉讼,但获胜的前景并不乐观。然而,法院同时裁定吸烟的工人要对他们在工作中感染的疾病负部分责任。1981年,北卡罗来纳州最高法院部分撤销了对伯灵顿纺织公司(北卡罗来纳州的一家纺织厂)一名工人的伤残赔偿金。法院发现,她因吸入棉尘而患上的肺部疾病——

尘肺病，因吸烟习惯而恶化。因此，她的残疾赔偿金减少了一半。[111]

20世纪70年代，私企的工业工会遭遇的一系列逆转，可能使他们对任何会造成工人分裂或被视为向管理层投降的政策产生了消极的看法。蓝领工人比白领工人更容易吸烟，而且工作时更容易接触多种有毒物质。[112]1986年，化工工人工会癌症控制工作组的负责人说："我们担心的是，吸烟将被公司用来试图减少对工人的赔偿。"[113]工业和化学部门的工人仍然捍卫集体谈判协议，并拒绝接受这样的暗示：吸烟能减轻公司因为让工人接触有害物质而需承担的责任。后一种担忧足以让《工作危及健康》一书的作者苏珊·多姆从环境改善协会的理事会辞职，以抗议她所认为的该组织以管理为中心的做法。[114]多姆警告说："我认为，这种策略只会导致公司对特定员工采取纪律处分。我仍然可以在一些具体项目上提供帮助，只要这些项目不会让公司掌握针对工人的额外武器。"[115]

为了保持团结的形象并且让管理部门承担责任，工会都回避了工作场所吸烟的问题。美国劳工联合会－产业工会联合会断然拒绝承认1985年《卫生总署关于工作场所癌症和慢性肺病的报告》中提出的观点，因为该报告认为工作场所吸烟是造成绝大多数美国工人死亡和残疾的主要原因。服务业雇员国际工会的健康与安全主任指责该报告将责任推卸到受害者身上，让公司摆脱困境——卫生局局长查尔斯·埃弗里特·库普认为这是一种"误解"。[116]领导层之所以拒绝在工作场所禁烟，部分原因在于工会对里根政府的不信任，他们声称里根政府"夸大了吸烟的危害（相对工业危害）的科学依据"[117]。工会对里根政府的敌意有着充分的理由，这也对它如何解读职业健康科学带来了一些变数。

在1986年的行政会议上，美国劳工联合会－产业工会联合会对立法机关和雇主强加的吸烟限制表示反对。其反对理由并不令人感到陌生：集体谈判应该是制定工作场所政策的工具，"政策由每个工作场所的工人和管理人员自愿制定，以保护所有工人的利益和权利"[118]。末尾这一条理由对于工会如何构想工作场所的吸烟政策至关重要。在一个工会努力探索如何最好地保护工人健康的时代，它们不愿意把注意力集中在禁烟政策上，因为禁烟政策会分散（甚至可以免除）工业污染的责任，同时把患病的责任推给吸烟者自己。美国劳工联合会－产业工会联合会公共雇员部门的一名官员说："无论支持还是反对（禁烟政策），都会遭人讨厌。"[119] 鉴于20世纪80年代工会的经济和政治地位均被削弱，对于一个可能分裂工会、削弱其谈判协议、加剧工人对隐私的担忧、妨碍工会要求企业为职业暴露①负责的问题，领导层拒绝接受就不足为奇了。

烟草工人领导了反对限制工作场所吸烟的劳工运动。从结构上讲，国际糖果、烘焙和烟草工人工会凭借组织结构优势，得以接触"工会精英层"——其他工会、与劳工结盟的团体以及美国劳工联合会－产业工会联合会执行委员会的领导。烟草工人和烟农一样，在保持卷烟的广泛存在方面有着明显的经济利益。自20世纪60年代以来，烟草工人工会一直公开反对联邦政府或州政府对卷烟实施监管，理由是会导致烟草工人失业。在1979年美国劳工联合会－产业工会联合会年会上，国际糖果、烘焙和烟草工人工会向美国劳工联合会－产业工会联合会执行委员会提交了一份决议，该执行委员会成员包括国际

---

① 职业暴露是指由于职业关系而暴露在危险因素中，从而有可能损害健康或危及生命的一种情况。——编者注

糖果、烘焙和烟草工人工会的主席。该决议呼吁结束"正在进行的煽动性的反吸烟运动",于1980年由美国劳工联合会－产业工会联合会执行委员会正式通过。[120] 该决议仅通过了领导层之手,并没有在普通民众中进行投票表决。虽然普通民众吸烟人数比白领工人多,但他们中大多数仍是不吸烟的。这确保了存在于地方工会内部和工人个体之间的分歧不会受到关注。工会领导层必须公平代表所有工人,这种责任迫使他们对工作场所的吸烟问题视而不见。在更大的范围内,承诺支持占多数的非吸烟者(或保持沉默),有助于确保美国劳工联合会－产业工会联合会执行委员会成员提出的决议被采纳。

一些结构和政治方面的要求左右着工会在吸烟问题上的立场,卷烟制造商对此非常清楚。烟草业还意识到,地方工会权力下放这一本质赋予了它在市政委员会和州立法机构中的可信度,而烟草业在这些地方的影响力远不如烟草业在国会的影响力。工会不仅可以公开反对对烟草业产生不利影响的立法,而且还可以监督那些在远离白宫前街的烟草协会办公室的地方提出的立法和关于工作场所的提案。通过与工会就工作场所吸烟问题结成联盟,烟草公司就空气质量发出了积极的倡议而不仅仅是蓄意阻挠的政策。烟草协会的副会长解释说,在围绕"室内空气质量这一更广泛的问题"展开辩论时,烟草业可以"在这一问题的解决中占据主动位置"。[121] 这一战略目标与工会组织的担忧相吻合,即只关注工作场所的烟草烟雾暴露会阻碍公司承诺对更广泛的工作场所进行清理。

工会的政治命运日渐黯淡,这让它成为一个容易对付的目标——用1984年烟草协会一份备忘录上的话来说,工会会接受"由各个公司直接给予的刺激"。[122] 因此,尽管雷诺兹烟草公司数十年来一直采取高压政策,反对其工厂中的工人组织(雷诺兹烟草公司的产品被美国劳工联合会-产业工会联合会列入"抵制购买清单"),工会和烟草业还是在反对限制室内吸烟方面有所合作。[123] 当参议员泰德·史蒂文斯在1985年提出一项禁止在联邦政府大楼吸烟的非吸烟者权利法案时,美国劳工联合会-产业工会联合会提交了一份反映其成员工会一致反对的声明。根据公职人员部门的声明,该法案在"许多现有的保护工人权利的机制已经被侵蚀之时,""侵犯了集体谈判协议"[124],劳工组织的弱点使其成为烟草业最强大的盟友之一。尽管上述法案在听证会后被废除,但在整个20世纪90年代,许多工会继续与烟草协会合作,在各州和地方废除限制工作场所吸烟的规定。[125]

国际糖果、烘焙和烟草工人工会是最容易对付的目标,它既是工作场所吸烟禁令最尖锐的反对者,也是烟草协会最可靠的朋友。1984年,烟草协会联合五个工会组建劳工管理委员会。在双方共同关心的、不属于谈判协议范围的问题上,劳工管理委员会是劳资双方进行合作的工具。[126] 除了国际糖果、烘焙和烟草工人工会,其他"第三方联盟"也加入了协议中,如机械师与航空工人工会、消防员与加油工兄弟会、钣金工人工会以及木工与细木工联合兄弟会。由于种族多样化,而且女工比例过高,烟草工人工会与这些文化上保守、以白人男性为主的行业工会格格不入。正如烟草研究所在内部备忘录中指出的那样,国际糖果、烘焙和烟草工人工会是一个"资源有限"的小联盟。但在广告业高管手中,这些劣势却能转化为政治筹码。

烟草协会通过在《新共和国周刊》《国家报》《进步农民报》《时代》《评论》等报刊上刊登的广告宣布了劳工管理委员会的成立。它的目标是"有组织劳工的传统盟友——过去支持过许多自由主立场的个人"，而宣传的目的在于强调一个事实，即"反吸烟运动实质是对那些与烟草相关的就业岗位的系统性打击"——具体来说是对非裔美国人的攻击。这则社论式广告的标题为"我们也是烟草业"，下方的配图中有三名国际糖果、烘焙和烟草工人工会第 203 分会成员，他们都在里士满的菲利普·莫里斯公司工作。一名黑人男子、一名白人妇女和一名白人男子直视着照相机，目光中带着一丝蔑视，也带着一丝恳求；随附的文字叙述了工会最近为支持自由主义事业而采取的行动——从游行到支持社会保障，再到为拯救食品券计划而斗争。"我们想让你知道，我们的产业受到了威胁——不是来自外国竞争或技术过时"，而是——直接对自由主义读者说——"来自那些没有停下来考虑他们的行为可能会对他人产生什么影响的怀有善意的人。"[127] 这三名烟草工人排成三角形——两个男人站着，女人坐在前面——让人联想到盾牌的防御姿态。

卷烟制造商们将"成千上万的美国工人——他们游行、工作、奋斗——的生计"作为抵御禁烟令的盾牌。烟草公司高管对工会成员说，如果工作场所继续实行禁烟令，他们将失去工作。布朗·威廉姆森烟草公司的法律总顾问在 1985 年一次由烟草业主办的工会成员会议上指出："吸烟者表示，一旦在工作场所吸烟被限制，他们每天的吸烟量要减少 1.25 支。从更个人的角度来说，这些限制意味着我们烟草行业将失去约 5 000 个工作岗位，其中仅制造业就失去 750 个。"由于烟草业的庞大规模，工作场所禁烟令让更多"在供应商行业、农业部门、批发和零售层面"的人失业。[128]

律师没有说错。工作场所禁烟令的确减少了烟草消费，帮助许多吸烟者戒烟。[129] 1996 年的一项研究发现，对那些继续吸烟的人来说，这种限制既降低了吸烟率，也降低了卷烟消费量。[130] 根据全国健康访谈数据，限制工作场所吸烟导致吸烟率下降了5%，卷烟消费量下降了10%；换言之，在有吸烟限制的工作场所，吸烟的人少了，吸烟量也少了。禁令实施得越彻底，这种关联性就越牢固。工作场所的吸烟限制反映了阶级差别，也创造了新的阶级差别。到了20世纪90年代中期，上班族和非上班族的吸烟率出现了差距。在1985年之前，上班族和非上班族的吸烟习惯没有显著差异。1985年之后，工作场所的吸烟限制更加普遍，上班族吸烟率的下降速度明显快于非上班族。[131] 当工作场所的吸烟限制触及大多数美国工人时，吸烟已经成为一种完全阶级化的现象。

到1986年，约翰·班扎夫已能在消散的烟雾中窥见新的社会形态。这是一个在公共场所没有吸烟者的未来社会。这个社会的轮廓对许多观察者来说也是可见的。在唐娜·森普和反吸烟污染组织积极分子的眼中，这个社会对于绝大多数不吸烟的美国人来说更健康、更公平。对公共卫生领域的人而言，这样的社会代表着一种"流行病"被征服。对管理大师们来说，它看起来高效、成本效益高，而且在法律方面很谨慎。然而，对于许多参与劳工运动的人来说，无烟工作场所的前景反映了劳工权力的削弱和商业特权的提升。这样的社会也引发了对吸烟者就业机会减少的担忧。班扎夫举例说："健身俱乐部早就认识到，如果它们雇用肥胖、不结实的员工，它们的形象和销售额都会受到很大影响。一些主要的卫生组织、医院……和许多其他机构现在都明白了，如果人们在这些机构的工作场所吸烟，结果也会一样。"[132]

商业案例的成功让这种未来成为可能——所有这些都不需要联

邦政府的强力干预。商业案例的出现正是因为在工作场所吸烟问题上缺乏统一的国家规定。法律上对于工作场所吸烟的问题模棱两可,为维权人士提供了一个机会,将限制吸烟定义为负责任之举,旨在规避法律风险与成本损耗。然而,随着每一个工作场所限制吸烟,烟草变得越来越边缘化,更与新生的政治文化相左,这种政治文化重视每一位从业者、每一种社会习惯或每一项政府举措的价值评判,不仅要衡量它们带来的积极贡献,更要清算它们所带来的负外部效应。

第七章
打破旧网,建立新网

现在请跟着我说:没有烟草补贴。

——杰西·赫尔姆斯,1981

1975年，拉尔夫·纳德的公共市民组织的健康研究小组发表了一份题为《联邦政府出资危害公共健康：6 000万美元的烟草补贴》的报告。它提出了终止联邦烟草计划的理由，因为它认为该计划成本高昂且有违道德。"6 000万美元的烟草补贴"与该计划的每年支出相吻合。诚然，该报告承认，"贷款补贴本身只占过去44年所有大宗商品价格补贴计划总成本的0.13%"，但这个联邦烟草计划的成本仍然太高，其中大部分费用都用于行政开支和资助烟草公司参与"粮食换和平计划"。而且，以"小烟农的名义"发放的补贴实际上惠及了"富裕的农民"。报告承认，"减少烟草补贴将使小烟农遭受损失"，但这样的补贴值得保留吗？这些小烟农"将从与烟草无关的政府直接援助中获益更多"。报告指责联邦烟草计划阻碍了更高效的烟草生产——如果没有烟草计划，烟叶会变得更便宜。然而，卷烟的价格不会受到影响，因为烟草的价值只占消费者购买卷烟的成本的7%。纳德的指控与烟草消费无关，它涉及的是供应控制和配额制度造成的经济扭曲。该报告似乎指出，烟草农场的状况很糟糕，但实际在烟草补贴中所得的份额不多——而且纳税人不应该为这笔钱买单。

在烟草补贴反对者的眼里，只有来自烟草生产州的国会议员所施加的压倒性、腐败性影响才会产生这样一种扭曲的制度。从烟草项目一开始，烟农就"受到了国会的特别优待"，并且"一直享有特殊待遇"。烟草生产州的国会议员在国会委员会及其下属委员会系统中有着很强的控制力。北卡罗来纳州国会议员哈罗德·库利是任职时间最长的众议院农业委员会主席，从1949年到1966年，只中断了两年。在20世纪70年代，赫尔曼·塔尔梅奇担任参议院农业和林业委员会主席。

即使是在南方民主党人最终从高高在上的职位上退下来之后，烟草业仍然在政治特权中备受宠爱，这是因为专门针对商品的农业小组委员会的力量。[1] 1980年共和党赢得参议院选举时，杰西·赫尔姆斯出任参议院农业委员会主席，直到1987年。"除了两名成员之外，烟草小组委员会的其他成员都来自主要的烟草生产州"，众议院关于国家计划的决定几乎都是由那些将获得烟草补贴的州的成员作出的。《公共市民报道》对此做了评论，却没有指出这种利益相关者占据主导地位的状况完全是所有农业政策的特征。[2] 在烟草项目中，纳德以及吸烟与健康行动组织、反吸烟污染组织和美国医学协会都看到了烟草罕见的政治脆弱性。"水门事件"发生后，华盛顿的政治风向发生了变化。一群新当选的国会议员对新政式的规定——以及产生这些规定的烟雾弥漫的房间——不再像以前那样一味支持。

"6 000万美元的烟草补贴"因纳德的公共市民组织发表的报告而受到其他媒体的大肆宣传。这份报告出现在美国消费者运动的高潮时期，也是拉尔夫·纳德作为该运动精神领袖的政治巅峰期。[3]《纽约时报》的标题是："纳德称烟草补贴提高了癌症死亡率。"《华盛顿邮报》宣布："纳德呼吁终止对烟草的补贴。"[4] 不到十年，纳德和他在反烟草运动中的盟友就已经接近他们的目标。在烟草计划面临越来越严格的政治审查的情况下,烟农们在1982年接受了对该计划的重大修改——这只是一个开始,而这个过程将终结施行长达50年的烟草计划。但与反烟草积极分子的愿望相反,扼杀烟草计划反而增强了烟草公司的权力。制造商对它的消失并不感到遗憾。

国会对烟草支持的减弱,以及"烟草家族"内部的分歧,与在全国各地城市兴起的禁烟立法形成鲜明对比。联邦政府为农民提供的安全网已经出现磨损,越来越多的美国人被一张限制吸烟的网络所覆盖。到20世纪80年代末,某种意义上的政治逆转已然发生:随着国会对烟草业越来越敌视,烟草业开始采用联邦制来对抗非吸烟者权利运动高度成功的地方化策略。从烟草结社主义的灰烬中诞生了新的、以成本为中心的高尚公民观念,在这种观念中,美国人根据自己在公共记录上留下的少之又少的足迹来评价自己。在这种新的政治环境中,人们认为烟农和吸烟者都应该对他们自身的健康与经济上的得失承担责任,烟草业的力量虽不再那么强势,却仍然真实存在。[5]

"我们认为我们可以投票击败烟草利益集团"

烟草生产商有理由希望1976年吉米·卡特当选总统后会让他们的作物免受政治审查。[6]的确,总统候选人卡特在竞选时曾立下誓言,将任命"拉尔夫·纳德能接受的"监管人员。[7]卡特总统兑现了这一承诺,任命了60多名消费者、健康和安全活动人士担任重要行政职务,包括提拔迈克尔·珀楚克为联邦贸易委员会主席。在珀楚克的领导下,联邦贸易委员会被称为"华盛顿最大的公共利益公司"。珀楚克曾作为沃伦·马格努森的参议院商务委员会的律师，帮助制定了卷烟标签和广告法规。[8]

但卡特也是一个南方人，农民出身，而且也通过参与花生项目获得过联邦政府的农业资助——花生项目是在结构上与烟草项目最为相似的商品项目。在1972年的民主党初选中，卡特支持斯库普·杰克逊而不是自由主义的热门候选人乔治·麦戈文，这表明卡特愿意与党内的保守派妥协。卡特的出身背景与改革诉求相矛盾的特点最终也导致了内阁的运转不良，而且他本人也变得犹豫不决。

但是在1976年，烟草生产商很乐观。同年10月，卡特向北卡罗来纳州国会议员沃尔特·琼斯保证，作为总统，他将继续支持烟草计划，并以负责该计划的人的措辞赞扬了该计划。"近60万农户的收入很大一部分来自烟草销售，"卡特在一份邮递公函中写道，"我个人认为，没有必要取消这个政府几乎不花一分钱，却能让那么多勤劳的农民得以维生的项目。"[9]这份邮递公函作为新闻稿被广泛传播。卡特在北卡罗来纳州赢得了55%以上的选票，超过了他在全国所获得的50%的选票。

卡特获得了南方农民的支持，部分原因在于这些农民反感尼克松和福特时期的农业部部长厄尔·巴茨。巴茨是继艾森豪威尔时期的农业部部长埃兹拉·塔夫脱·本森之后最具争议的人物，而巴茨曾在本森手下担任助理。巴茨以及在他之前的本森都是"新政"农业体制的强烈反对者，尤其在供给调控方面。巴茨决心将"自由市场体系"重新引入美国农业，逐步减少或取消对农业的补贴，并将生产从供应控制的束缚中解放出来。他直言应将风险作为经济政策的基本导向，并批评"新政"农业政策使农民，尤其是那些处于边缘地位的小农民，与"市场法则"绝缘。但他自己也承认，他反对对"低效的家庭农场"的政治保护，因为这种人为干预会扭曲市场规律，抑制了农业的集约化、高效化和机械化。美国农民需要为出口生产更多、更便宜的产品。巴茨在20世纪50年代对农民说："要么适应，要么死亡；要么抵制，要么灭亡。"那是个见证了大批农民离开美国农场的时代。[10] 在这期间，巴茨的理念和他粗暴的风格均没有任何改变。

在农业领域，巴茨有许多狂热的支持者。他在中西部的大型谷物和玉米生产商、加工商和分销商、保守的美国农业局联合会以及像拉尔斯顿·普瑞纳公司这样的农业企业中很受欢迎。1972年加入尼克松政府之前，巴茨是拉尔斯顿·普瑞纳公司在内的三家公司的董事之一。但他被诸多利益集团联合唾骂：将商品价格补贴视为神圣不可侵犯的南方民主党人和农民；小生产者的拥护者和"家庭农场"的捍卫者（如农民联合会）；质疑巴茨与农业企业合作的优秀政府团体；以及健康、安全和环保活动人士。巴茨这位农业部部长称这些人要对"数以亿计因营养不良和饥饿而慢性死亡的人"负责。他在消费者维权人士和对食品价格上涨感到沮丧的家庭主妇面前屈尊俯就，对调查中间商（如加工商、包装商和零售连锁店等）在食品价格上涨中的作用的呼声置之不理。当面对一个对水果价格感到愤怒的"家庭主妇"时，巴茨告诉她："售价太高？你真是大错特错——它们的价格太低了，我妻子打发我来买草莓，草莓早就卖光了。"[11] "家庭主妇们只有'低水平的经济智慧'，不明白'好货不便宜'这个道理。"巴茨在1973年的一次农业信贷协会聚会上说。[12]

在1976年大选前几周，最终迫使这位农业部部长辞职的是种族主义，而非性别歧视。共和党全国代表大会结束后，在一架飞机上，巴茨将美国黑人描述为"有色人种"，他们的愿望局限于"第一，一个小妞；第二，宽松的鞋；第三，一个适合上厕所的温暖地方。仅此而已！"[13]尼克松的前白宫法律顾问约翰·迪恩在《滚石》杂志上发表了一篇文章，报道了这番言论，但没有指名道姓地提到巴茨。缺乏敬意的《新时代》杂志最终将这番话的源头追溯到了这位农业部部长身上。

烟草种植带彻底摆脱了巴茨——不是因为他的种族主义或性别歧视，而是因为他想改革配额制度。巴茨提议大幅增加烟草种植者可以销售的总量，从而降低他们因此获得的价格补贴水平。他试图迫使农民增产，让世界市场成为决定价格的最终因素。如果某个烟农在没有高价格补贴的情况下无法生存，那么他不应该再从事烟草种植。不出所料，烟草计划的支持者们对这项计划嗤之以鼻。詹姆斯·格雷厄姆是坚定的民主党党员，也是北卡罗来纳州的农业委员，他形容"尼克松－福特－巴茨"是在推行封建政策，只会让"肥猫"①和中西部农民受益。1976年，格雷厄姆在评论卡特的巡回竞选演说时说："如果让华盛顿那帮人随心所欲，农业生产必定会沦为'种下就开始祈祷'的营生，所有人都会不计后果地想种什么就种什么，想种多少就种多少。"[14]

卡特的当选暂时缓解了局面，却无法解决联邦烟草计划面临的问题。在卡特的整个任期内，他一再向农民保证，只要他当一天总统，联邦烟草计划就不会遇到危险。[15]但是卫生教育福利部部长约瑟夫·卡利法诺的做法与总统的保证背道而驰。在1964年的《卫生

---

① "肥猫"指在选举中为政客提供大笔捐款的富翁。——编者注

总署关于吸烟与健康的报告》发表14周年纪念日,卡利法诺宣布了一项强有力的反烟草计划。卡利法诺在约翰逊政府担任白宫助理期间,每天要抽四包烟,他以一种皈依者的热情对待烟草业。他宣布烟草为"头号公敌",并表示每年有30多万名吸烟者因吸烟而导致本可避免的死亡,吸烟实际上是在"慢性自杀"。他提议禁止在飞机上吸烟,恢复反吸烟广告的免费播出时间,以及禁止人们在卫生教育福利部的办公大楼内吸烟。[16]

烟草业的反应非常激烈。肯塔基州议会启动了弹劾卡利法诺的法律程序。北卡罗来纳州州长詹姆斯·亨特敦促卡特将卡利法诺革职。在烟草种植区的乡间道路上,皮卡车的车身贴满了"卡利法诺对你的健康有害"的抗议标语。1979年《卫生总署关于吸烟与健康的报告》发表后,烟草界称他为"阿亚图拉·卡利法诺"①。卡利法诺的朋友、众议院议长蒂普·奥尼尔规劝卡利法诺辞职,并告诉他,烟草业很可能会对他进行打击。最终,烟草业决定剥夺卡利法诺的工作。卡特在1979年夏天以内阁重组之名解雇了这位部长,此举被大众解读为民主党派为应对1980年总统竞选而做的政治妥协。[17]

1978年,《烤烟农民》杂志进行的一项调查发现,人们对卡特的处境既有同情,也有怀疑:这种交织的情绪反映了卡特政府传递的信息很混乱。"我认为卡特试图让种植者和非吸烟者一起给他投票。"北卡罗来纳州的一个持批评观点的农民说。"他竭尽全力不让别人指责他偏袒南方。"另一个农民抱怨道——尽管这个农民确实表示他赞赏总统的表现。还有一个烟农认为:"考虑到双方和外界的情绪,卡

---

① 阿亚图拉是对伊斯兰什叶派宗教领袖的尊称,此处隐射当时伊朗的宗教领袖阿亚图拉·霍梅尼,因为美国人将其视为暴君。——编者注

特的表现很好。"[18]

国会曾经是烟草游说团体不容置疑的主场，现在却比行政部门更难以预测。"水门事件"后新当选的民主党议员公开质疑烟草计划。与年长的民主党同僚相比，这些"水门婴儿"不那么信奉"新政"的正统经济理论，因而更有可能接受公众对受监管行业的批评。他们中的许多人是靠承诺整顿政府而赢得席位，而他们进入国会削弱了委员会主席的权力——这些职位历来由保守的南方民主党人把持。1974年选举产生的一大批民主党议员加剧了该党联合政府的分裂。"我们不是一群小休伯特·汉弗莱。"科罗拉多州新参议员加里·哈特宣布，他曾于20世纪70年代至80年代与特德·肯尼迪一起在参议院健康小组委员会对抗烟草。[19]

新一代的民主党议员代表了郊区选民的物质利益：环境保护、反通胀、削减赤字、公民自由。[20]他们所在的地区与劳工组织或农业没有联系，在这些地方，政府培育的经济组织被认为是腐败和污染的源头。亨利·韦克斯曼或许是"水门事件"后被选入国会的民主政治论者中最具影响力的一个。到20世纪70年代末，这位来自洛杉矶的众议员已经挑战并击败了北卡罗来纳州的民主党议员伦斯福·理查德森·普雷尔，成为众议院健康与环境小组委员会主席。韦克斯曼属于自由派，支持他的富裕选区包括贝弗利山、圣莫尼卡、马里布和好莱坞的部分地区；普雷尔年长资历深、为人谦和，更重要的是代表着烟草业。韦克斯曼战胜普雷尔代表着民主党的卫士已经改朝换代。[21]

普雷尔是前联邦法官，他在国会任职十年，经验丰富，就连《华盛顿邮报》也力挺他担任主席一职。但是韦克斯曼将多余的竞选资金捐赠给了 10 名委员会成员,这些人便投票将主席一职给了韦克斯曼这个加利福尼亚人。[22] 曾帮助确保烟草公司在华盛顿享有特权地位的资历体系正在衰落,可是韦克斯曼通过交易获得席位的做法也让其胜利蒙上了一层道德瑕疵。[23] 到 20 世纪 80 年代初,人们已经将韦克斯曼视为烟草业在美国国会最强大的对手——用拉尔夫·纳德的话来说,是"很特别(的对手)",而用菲利普·莫里斯公司律师的话来说,是"非常危险的对手"。[24]

一直以来,共和党人对烟草种植者的利益构成的威胁要大于民主党人。共和党普遍厌恶税收,对新一代的公共利益改革者持怀疑态度(如果不是蔑视的话),对大企业的特权持开放态度,因此自詹姆斯·布坎南·杜克时代以来,共和党一直受到烟草制造商的青睐。[25] 烟草计划为共和党人提供了一个反对大政府的虚伪的新机会。但这一次,他们得到了反烟草的民主党人的支持。在参议院中,犹他州的摩门教共和党人奥林·哈奇和杰克·加恩代表着反烟草选民的利益。1977 年,加恩、特德·肯尼迪和加里·哈特共同赞助了一项大幅提高烟草税的提案,而哈奇则与专注于烟草和毒品监管的亨利·韦克斯曼保持了长达数十年的合作关系。1984 年,韦克斯曼和哈奇共同起草了一项法案,要求在卷烟包装上使用更严厉的警告标签,并首次披露卷烟添加剂的危害。两人因此获得了"最不可思议的组合"的称号。[26]

一些共和党人抓住了国际援助项目中的烟草出口的机会。1977 年,科罗拉多州众议员詹姆斯·约翰逊在"粮食换和平计划"的指导下,领导了众议院消除烟草出口的行动。俄勒冈州共和党人马克·哈特菲尔德则主导了参议院的相关行动,他曾在 1975 年提出过罗伯特·德里南神父的《吸烟者和非吸烟者健康保护法》的参议院版本。尽管如此,烟草州的代表团仍然有还击之力。休伯特·汉弗莱斯在最后的几项立法提案中,代表烟草州众议员提交了一项替代修正案。"汉弗莱斯修正案"规定,在"粮食换和平计划"销售的农产品中,粮食和纤维类作物将优先于烟草,而这正是该计划在实际操作中本就遵循的原则。[27]烟草计划因此没有受到影响。约翰逊当年对烟草计划发起了另一场攻击,威胁要提出一项法案取消给烟草项目的资金时,却遭到了北卡罗来纳州民主党人查理·罗斯的警告。如果约翰逊坚持取缔烟草项目的资金,众议院农业委员会将不得不考虑对科罗拉多州甜菜种植者提供补贴的成本与效益。罗斯在接受《华盛顿邮报》采访时表示:"我们增加了筹码。我们需要在烟草问题上得到帮助。我们说服他改变了立场。"[28]只要农业委员会通过补贴来发挥影响力,政府的补贴政策就需要道德上的妥协。在短暂取得这场斗争的胜利之后,支持烟草计划的众议员们很清楚这个计划与华盛顿的风向不一致。1978年1月,休伯特·汉弗莱斯死于癌症。面对两党的共同反对,他所代表的民族主义、支持烟农的自由主义也陷入了困境。

1981年,针对烟草计划的两项立法攻击迫使烟农修改他们的计划。当年6月,威斯康星州共和党人托马斯·佩特里推出了《烟草放松管制法案》,并希望该框架能在里根政府时期的华盛顿引起共鸣。与此同时,俄亥俄州的民主党人罗伯特·沙曼斯基对悬而未决的《农业法案》提出了一项修正案,旨在废除烟草项目。当这项修正案提交到国会表决时,众议院已经通过投票决定对糖和花生项目进行大幅调整。沙曼斯基嘲笑这个烟草项目是与当前"把政府赶出市场经济"的潮流格格不入的"畸形产物"。其废除烟草项目的修正案因为

《农业法案》中的一个承诺而失败。该承诺声明,根据"国会的意图",烟草项目将在第二年以专门立法的形式进行修订。[29] 这是一场惨烈的胜利,是被执行死刑前的最后一根烟:烟草是1981年《农业法案》中唯一没有被列入预算的商品项目。次年,《1982年无净成本烟草法案》得到通过。

取消烟草管制

从纳德指控"烟草补贴"到《1982年无净成本烟草法案》的通过,数年的公开辩论揭示了烟草结社主义在经济和政治两方面充满焦虑的本质,也揭示了烟草政策制定者无法将超出烟草项目受益人范围的公众需求拒之门外。在繁荣和烟雾弥漫的20世纪50年代和60年代,农业媒体和烟草行业敦促"烟草家庭"团结起来,捍卫它们在烟草产业中的共同投资。1981年,烟草协会开展了针对烟草家族成员——公司雇员、种植者、零售商和批发商——的态度的调研。在发现"烟草家族……坚定地站在烟草业背后"之后,该研究建议烟草协会加强对烟农的宣传活动。[30]

正如它当初对待烟草工会那样,烟草业热切地把家族式烟农美化成了行业美德的象征:勤劳、谦虚、爱国。[31] 但是,在公众的敌意、科学界在反吸烟问题上达成的共识以及对"大政府"项目日益缺乏宽容度的背景下,这种被包围的心态加剧了烟草供应链内部的紧张局势。农民们贴在其皮卡车上的标语——"感谢吸烟""卡利法诺对你的健康有害"——几乎无法掩盖烟草行业内部的分裂。[32] 在国会听证会的公开展示中,内部斗争损害了家族式烟农的形象。到

第七章 打破旧网,建立新网

20世纪80年代初,烟草家族看起来更像美剧《全家福》,而不是《奥兹和哈里特的冒险》。

烟草计划本身的两大支柱——烟草的生产权利和烟草的价格——使烟草家族四分五裂。这些问题既有地方性因素,也有全球性因素。在烟草生产带,活跃的种植者——通常较年轻,经营着多个规模更大的农场——憎恨那些唯唯诺诺的配额持有者,后者靠出租其配额产生的租金收入为生。与此同时,卷烟制造商开始进口越来越多的廉价外国烟叶。联邦政府的价格补贴——对美国烟农而言是最低保障价,对劳动力成本低的国家的烟叶生产商则是价格的天花板——已经成为外国烟草生产发展的孵化器。农业领域和汽车制造业一样,战后的国内福利——国家投资和对外发展援助——所带来的不可预见的后果,给美国生产商带来了反噬。[33] 日本的汽车和巴西的烤烟侵蚀了以生产为中心的供应管理模式,尽管这种模式在战后数十年里曾很好地服务于有组织的劳工和农业。

烟农们有理由质疑卷烟制造商的动机,后者可谓烟草家族中富有而专横的族长。多年来,卷烟制造商们一直在利用官僚主义的手段进口越来越多的廉价、劣质烟草,逐步取代卷烟中美国本土的烟叶。《农业调整法》的起草者明白,进口将破坏整个价格补贴计划,毕竟,从定义上讲,价格补贴高于当前的世界价格。出于这个原因,该法案包含了一项条款,授权总统对"导致或倾向于导致有效或实质性干扰某些农业项目"的物品实施进口限制。[34]

只有在坚持农业保护主义的情况下,国内供给限制才能有效。这种以国家为中心的农业政策经受住了冷战早期促进国际贸易的努力。1947年的《关税及贸易总协定》(关贸总协定)不仅将农业排除在外——农业是唯一被排除在外的产业——而且允许对美国的农产品进行出口补贴,在确保国际价格不影响国内计划的同时,使农民在国际市场上占有优势。[35]

卷烟制造商通过改变他们的产品——降低价格和减少纯烟叶的含量——来规避进口限制。制造商增加了对被归类为"废料"的烟草的采购量,因为"废料"没有被归类为烤烟烟叶的替代品和竞争对手,因此进口关税较低。从1975年开始,农业组织就向国会成员和贸易代表提出了警告,称"所谓的"发展中国家正在"扼杀我们的烟农"。[36] 从1972年到1979年,"废料"烟草进口从27 000吨增加到72 200吨。按百分比计算,"废料"占烟草进口总额的比例从25%增加到了42%。1981年北卡罗来纳州农业局关于此问题的一份报告指出:"进口烟草的成本仍然是国内同类烟草的1/2到2/3。"美国本土烟草在美国卷烟中所占的份额正在下降——尽管业界普遍推崇美国本土烟叶的优良品质。到1981年,"废料"烟草占了美国制造商在卷烟中所用烟叶量的30%。[37]

卡特政府和里根政府曾多次调查进口对美国烟草生产商的影响,也就是说,没有任何调查能让令烟农们满意的立法得到通过。卡特在离职前两天下令美国国际贸易委员会调查烟草进口的情况——这一政治举措旨在帮助北卡罗来纳州民主党州长吉姆·亨特获得农民的支持,以对抗杰西·赫尔姆斯。1984年,亨特曾计划挑战后者,成为参议员。

卡特原以为自己可以轻而易举地在政治上帮吉姆·亨特一把,却没有想到这一举动后来会危及烟草计划。"你确信公众听证不会带来不利于你们州和其他州烟草生产商利益的立法反应吗?"里根政府时期的农业部部长约翰·布洛克问亨特。[38] 毕竟，取消对烟草计划实施补贴的提案已经在参议院获得了 42 票。若对烟草计划进行彻底的公开审查会有什么样的结果？进口廉价烟草问题的根源恰恰来自该计划本身提高价格的设计。当调查在 1981 年夏天结束时，美国国际贸易委员会发现，尽管有相反的证据，但烟草进口实际上并没有干扰国内烟草计划。美国国际贸易委员会以 3∶1 的投票结果否决了实施进口配额的建议。[39] 烟草种植者将无法通过征收关税来重新实现收支平衡。进口问题几年后再次出现。1984 年春季的民意调查预测，赫尔姆斯和亨特之间的竞争将十分激烈。面对这场被认为非常艰难的连任竞选，赫尔姆斯大声呼吁美国国际贸易委员会对飙升的"废料"烟草进口量再次展开调查。随着美元走强，"废料"烟草的进口量仍在攀升。

1984 年，由于里根政府对农业项目的厌恶和管理不善，里根在农民中并不是特别受欢迎。管理和预算办公室主任大卫·斯托克曼——某位农业经济学家形容其"吝啬""鼠目寸光，小钱精明，大钱愚蠢"——成为烟草种植区特别反感的对象。[40] 正如 1984 年《进步农民报》上的一篇文章所宣称的那样，"如果大卫·斯托克曼如愿以偿，你就得失业了"。[41] 1984 年 9 月，为了准备连任竞选，里根政府特别愿意代表烟农发声，并散布谣言说北卡罗来纳州农业局支持这一请求。里根和赫尔姆斯都成功连任——总统在北卡罗来纳州以 62% 的压倒性优势获胜，赫尔姆斯以领先对手 4% 的优势获胜，但资深的政治记者汤姆·威克将这称作"美国最丑陋、最昂贵的竞选"。[42] 1985 年 2 月，在竞选运动的紧张局势平息几个月后，美国国际贸易委员会宣称：烟草进口不影响国内烟草计划。限制进口外国烟叶的提议再次遭到拒绝。[43]这场调查只不过是选举年精心编排的政治大戏。

农民们在自家后院就能感受到这些遥远的、全球性的力量。尽管国内价格补贴体系使他们免受全球价格波动的影响,但这种补贴也通过种植配额体系将他们与整个烟草市场拴在了一起。由于昂贵的美国烟草失去了国际市场份额,种植配额被大幅削减:1975年,烤烟的总配额为14.914亿磅。到了1981年,这个数字降到了10.126亿磅。[44]

到20世纪70年代末,并非所有拥有烟草种植配额的人都积极从事农业;事实上,大多数人都没有。美国政府问责局1981年的一项研究发现,57%的烤烟配额持有者将他们的种植权租给了仍在耕种的烟农。[45]不从事生产的配额持有者基本上就是那些因出租烟草种植面积和产量配额而享受高额月租的获利者。由于总体配额不断缩减,租借生产权的成本也随之而上升。20世纪70年代末,在通货膨胀导致烟农投入的成本增加的背景下,租赁成本已吞噬了烟草销售利润的1/3以上。正如烤烟稳定合作公司长期任职的总经理1978年对《烤烟农民》所说的那样,就连烟草计划最坚定的拥护者也承认"租赁成本是个严重的问题"。[46]

别叫它补贴!

为了应对围绕烟草计划的不断加剧的反对声浪,烟草计划的捍卫者采取了否认的策略。[47]在这个关键时刻,政治家、农民和烟草行业资助的公关机器坚持认为,烟草从未接受政府补贴,烟农只是得到了政府针对滞销烟叶提供的法定贷款。补贴发放给了那些不够格的人——政府决定了赢家和输家。相比之下，烟草贷款计划确保了诚实劳动的合理回报。

杰西·赫尔姆斯是参议院中对政府资助穷人项目最严厉的批评者，他针对烟农这种带有种族特权的补贴提出了一个很好的观点。作为1981年烟草协会年会的主题发言人，赫尔姆斯带领一群人进行一种复古式的互动。"现在请跟我念，"赫尔姆斯用他那慢吞吞的声音吼道，"没有烟草补贴！"聚集在罗利市喜来登酒店的500名烟农和仓库主异口同声地作出了回应——当有报道称烟草计划在其47年的历史中损失了近5 000万美元时，他们会不由自主地重复这句咒语。[48]但是过去十年对烟草计划的修订让这种否认显得空洞无力。烟农确实得到了保护他们的安全网。到20世纪80年代末，由于烟草行业不同部门为残羹剩饭而争斗不休，这张安全网已经支离破碎。

不同阶层的烟草生产者之间的紧张关系在华盛顿和烟草生产地区有关该计划的听证会上得到了充分的体现。依靠烟草生产获得收入的烟农支持烟草项目的自由化。具体而言，他们要求放松生产管控，并降低租赁成本。他们的理由是，即便放松管控后烟草的价格下降，但由于租赁成本的降低，反而能通过扩大烟草生产提升经济效益。这些商人型农民对取消烟草计划后预计会发生的农场合并表示欢迎。

然而，这种商人型农民属于明显的少数。绝大多数的种植配额由20世纪30年代新获得田地的遗产所有者持有。价格补贴制度的支持者倾向于把地主阶级描绘为退休的农民和寡妇群体。事实上，退休的农民和寡妇是最通情达理的配额持有者。"一个非常有名的穷烟农，名叫杰西·赫尔姆斯夫人，是这种配额体系的受益者。"沙曼斯基在1981年谈论烟草计划的命运时说道。杜克大学和卡罗来纳电力与照明公司等富裕的非农业机构也持有种植配额，这两家机构都通过向烟农出租配额而获利。[49]

在公众监督下，联邦烟草计划最多只是让许多美国人感到困惑。由于农场规模小，劳动力要求高，烟草种植的动态似乎存在于不同的时空中。聚焦于该计划的不同方面，既可以窥见中世纪的管制遗风，也可以发现诺曼·洛克威尔画作般的田园幻象。《华盛顿邮报》上一篇文章写道，配额制度"使南方种植烟草的小农场得以生存"。这种补贴体系让美国种植者在国际市场上丧失了竞争力，同时也使成千上万的小农场主得以维系生产。美国农业部的一位经济学家向报社坦言："在这个世界上，绝对没有任何东西能与烟草带来的利润竞争。"他补充道："除了非法吸食的东西。"根据美国农业部1980年的一份报告，一英亩烤烟能给农民带来2 700美元的净收入，而玉米为150美元，大豆为250美元。[50] 1980年，北卡罗来纳州只有0.5%的农田用于种植烟草，然而烟草为该州带来了超过1/3的农业收入。[51]

由于种植配额制度对农场规模的限制，烟农多集中于农场收入的中间阶层，而在顶层的烟农相对较少。根据1974年的农业普查，只有15%的烟草农场收入超过4万美元，而种植其他主要商品的农场收入超过4万美元的比例达26%。正如烤烟稳定合作公司总经理所说，该项目"并不能为家庭提供比生产其他作物更好的生活质量"。[52]

事实上，烟草计划维持了整个地区的经济。农场规模小、劳动力需求大、作物附加值高，这意味着住在烟草产区的人比住在人口稀少的小麦和玉米地带的人要多。烟草是生产供应链的一部分，其分支远远超出了卷烟制造：肥料产销、物流运输、仓储管理等领域都参与其中。通过确保所有农民都能得到报酬，该计划还为该作物地区的消费经济奠定了基础。在夏末秋初，烟草种植者稳定的资金流为零售商、餐馆、汽车经销商、百货公司以及银行提供了保障。毕竟，向负债累累、死气沉沉的南方城镇注入资金，正是"新政"设计者的目标。[53]

最重要的是，被资本化的种植配额制度具有了土地价值——新的田地成为不动产。带配额的土地具有同一县不带配额土地两倍的价值，对配额所有者而言也是贷款绝佳的抵押品。北卡罗来纳州一位银行行长解释说，如果没有烟草计划，信贷将"在很多情况下"枯竭，因为"银行贷款将会增加向烟草生产商的放贷风险"。在1977年的一次听证会上，他解释说："所有银行都将因利息收入降低、存款水平降低、信托账户减少而蒙受损失，更重要的是，这将对零售贸易产生负面影响。"[54]烟草计划不仅滋养了私营部门，也扩大了国家和地方政府在农村地区提供社会服务的能力。更高的不动产价值意味着更高的财产税，从而增加州政府和地方政府的收入。弗吉尼亚州农业和商业部的一名官员说："这使得农场家庭得以维持他们的农场，教育他们的孩子，建造学校、教堂和医院，并为该州大部分地区的经济福祉做贡献。"[55]

烟草计划通过创造新的财产形式，使烟草生产者免受全球市场波动的影响，使许多美国人实现了中产阶级生活：一个家，偶尔买辆新车，孩子们上着体面的学校，也许可以上大学，过上有保障的退休生活。同时，在这个过程中也催生出一些新社区，虽然算不上奢华，但至少有足够的人口来支持学校、主要街道、银行、教堂、夏季垒球联盟赛和电影院的发展。[56]农业经济学家肯定了这些因烟草计划带来的积极影响。1978年，北卡罗来纳州农业推广服务局的负责人向国会做证说，如果没有联邦烟草计划，土地价值将会下降，农场将会合并，经营将会机械化，农村社区将会被掏空。[57]

批评人士关注的是那些依赖烟草的地区，并没有看到政府有效干预的证据，他们看到的是"古老的"，甚至是"封建的"计划。1979年，19.35万烤烟种植配额持有者中有12万人出租了自己的生产权。媒体中流传着这样的故事：配额持有者从父亲或祖父那里继承了生产权，赚取了数千美元的租金，却从未涉足"自家的"烟草农场。[58]更糟糕的是，许多非农业机构也参与了烟草计划，他们是纳税人转让的间接受益者，而那些实际从事烟草生产的人则直接受害。"杰西·赫尔姆斯这位美国参议员的妻子与杜克大学、北卡罗来纳国家银行、罗马天主教罗利教区、艾派克基督无限教堂、浸信会教堂和绍索尔游泳俱乐部有什么共同之处？"《华盛顿邮报》的一篇报道的标题质问道，"或许是它们都与烟草有关吧。"[59]杰西·赫尔姆斯在国会的民主党同僚中不受欢迎，这使得烟草计划成为一个特别有吸引力的目标。1980年，在共和党人掌控众议院后，作为参议院农业委员会主席，赫尔姆斯对烟草的支持——赫尔姆斯曾经解释说，烟草不是一种商品，而是一种宗教——与他对领取食品券、学校午餐和外国援助的人的恶毒攻击相比，显得更加虚伪。[60]

甚至烟草项目的支持者也开始公开质疑种植配额制度的运作。"我承认种植配额制度已经失控，"一名烟农在《烤烟农民》中写道，"为什么20世纪30年代如此神奇，以至于在随后约40年的时间里都以此作为烟草分配的基础？"[61]这样的分歧甚至让烟草家族内部也出现分裂。《烤烟农民》的编辑是民主党人，也是卡特和联邦政府价格补贴的坚定捍卫者。他在里根就职时警告说:"如果烟农无法维持自己的经济秩序,那将会有外部力量介入。"[62]

没有净成本

国内政治和全球经济迫使烟农必须管好自己的一亩三分地——或者至少试着这么做。《1982年无净成本烟草法案》是在支持烟草的国会议员的领导下通过的。该法案要求烟农承担烟草项目的全部费用,而这之前是由纳税人承担的。按照《1982年无净成本烟草法案》,烟农每卖给烤烟稳定合作公司一磅烟草都必须支付一笔费用,最初是每磅烟草3美分。这将用于弥补价格补贴操作中的一切损失。该法案还授权农业部部长根据烟草过剩的情况下调各等级烟草的价格补贴水平。最后,该法案还要求分配种植配额,将更多的种植面积交到真正种地的烟农手中,并要求非农业实体在1983年年底之前出售他们的种植配额。

结社主义即使迈向黄昏时期,也仍然在指导烟草计划的管理。《1982年无净成本烟草法案》最初是由北卡罗来纳州农业局联盟的一个烟草委员会提出的。的确,"不进行净成本评估"实质上是对卖给烤烟稳定合作公司的烟草征税,这使人回想起第一部《农业调整法》的加工税。只有这一次,种植者自己——而不是卷烟制造商——要承担该计划的财政负担。烟草计划的财务风险又回到了生产者身上,这标志着社会保障出现了新的节约开支的手段。[63]有组织的生产者努力从自由主义的破损结构中编织起一张安全网,这张他们构思出来的网却有着可以让他们直接掉出去的大孔。

烟农们不情愿地接受了这个评估，算是他们为继续实施烟草计划所付出的代价。[64]民主党众议员查理·罗斯是烟草小组委员会的主席，也是小型农场主在华盛顿的代言人。他明白，对该计划的任何改变都意味着"破坏农民的安全网"。[65]起初，该法案的通过似乎会带来政治和经济利益。正如长期担任北卡罗来纳州众议员的L.H.方丹所说，这些修订将使烟草计划"强大到足以在未来几年承受最严厉的批评者的持续攻击"。[66]不仅如此，它还让烟草计划穿上了"是一种牺牲"而"不是获利"的高尚外衣。罗斯骄傲地指出，随着《1982年无净成本烟草法案》的通过，"我们是第一个承担全部项目成本的"。当然，罗斯并没有详述1981年的《农业法案》对糖、花生和牛奶项目成本进行了更大幅度的削减。最后，通过强迫烟农承担烟草计划的一部分成本，议员们希望烟农能开始生产更多消费者可以接受的烟草。换句话说，农民们将更直接地受市场的影响。

在某种意义上，这种情况确实发生了——只是烟草市场仍由卷烟寡头垄断。《1982年无净成本烟草法案》为烟草计划参与者设下了一个陷阱，因为它允许卷烟公司通过拒绝购买来与之对抗——这算是恢复了三州合作时期卷烟公司所拥有的权力。到1983年，也就是修订方案实施整整一年后，《1982年无净成本烟草法案》将烟农需支付的费用增加了一倍多，达到每磅7美分，以支付烤烟稳定合作公司在超量收购烟草之后的资金池需求。1982年生产的烤烟有1/4沦为库存。[67]在破坏了该计划的稳定之后，一些公司同意"拯救"烟农，以极低的价格从烤烟稳定合作公司购买过剩的烟草。烟农指责卷烟制造商造成了烟草过剩的问题。[68]毕竟，卷烟公司在巴西和马拉维等劳动力成本低的国家积极赞助烟草产业的发展，把美国本土烟农挤出了市场。当雷诺兹烟草公司和菲利普·莫里斯公司指责烟农无法保持国际竞争力时，烟农又怎么能相信他们会真的支持烟草项目呢？

这些公司敏锐地意识到烟草家族内部出现了裂痕。[69]当烟草公司的高管公开宣扬他们对烟草计划的承诺时，他们私下里却怀疑是否真的还需要烟农。雷诺兹烟草公司的一名说客在1983年的一份备忘录中写道："过去几年，烟草计划提供的政治基础已经严重恶化。为了维持这个计划所付出的政治代价是需要对无烟草计划情况下可能提供的政治基础进行审查。"[70]换言之，烟草计划的政治责任是否大于烟农的政治资产？雷诺兹烟草公司的"以烟草为傲"的公关运动——旨在加强烟农对烟草业更大的政治斗争的支持——掩盖了其对烟草计划日渐冷淡的承诺。

随着时间的推移，烟农对于卷烟制造商的重要性逐渐降低。1982年，国会将自1951年以来一直保持不变的卷烟消费税提高了一倍。不出所料，这一举措导致了卷烟销售量减少，但是烟草公司的利润仍然极为可观，即便它们大声抱怨政府给它们增加的税收负担。它们只要提高价格，便足以抵消增税带来的需求效应。1980年至1984年间，烟草的投资回报率超过20%，是其他公司回报率的两倍多。[71]

就在烟草公司利润膨胀的同时，烟农的利润率却越来越低。在20世纪80年代，价格补贴先是被冻结，然后降低，随后种植配额被削减，而进口则继续有增无减。在中西部数千家农场被戏剧性地取消抵押品赎回权的十年农业危机期间，大批小型烟农弃农改行并未掀起太大的波澜。全国范围的农场集约化和资本集约化生产的趋势，在烟草区得到了小规模的体现。[72]烤烟作为美国烟草的真正定义几乎不复存在，取而代之的是金属烤烟房里成堆的批量熏制、未经分类、机械收割的烟叶。那些老式的、盒子式的木质烤烟房空空荡荡,烟叶在田野里腐烂。十年前的时代一去不返,那个时代虽然辛苦,但回报丰厚。[73]

1986年,过剩的烟草生产迫使烟草计划再度修改。到1985年,烤烟稳定合作公司储存的烟叶量足以维持一整年的烟草生产,而烟农为了支付储存费用几乎到了破产的边缘。农业组织和国会议员们愤怒地匆忙安排对烟草计划的救助。救助计划使力量的天平进一步向卷烟制造商倾斜。制造商们同意以低价——低于贷款价格的90%——购买储存的烟叶。作为交换,烟农被要求接受较低的价格补贴水平,从而确保卷烟制造商可以继续以较低的价格从国内和国外烟农那里收购烟叶。烟草公司在设定配额方面也被赋予了更多的控制权,这是一种权力从农业部向雷诺兹烟草公司和菲利普·莫里斯公司的非正式转移。烟农们再次受到了烟草公司的摆布。这也是一种结社主义——以牺牲有组织的农业为代价来强化有组织的资本的结社主义。在其最后的岁月里,烟草计划所提供的补贴比大多数支持者所意识到的还要多,而且重新分配了政治和经济权力。

不合格的医生,犹豫不决的医生

正当国会开始放开在烟农脚下摇摇欲坠的安全网时,限制吸烟的规定扩大到了越来越大的公共场所。联邦烟草管制的放松与地方和州一级烟草管制的加强并行。这种加强是法律学者希瑟·格肯所说的进步联邦制的一种表达——地方主义可以保护少数族裔和持不同政见者,使他们在国家层面上免受边缘化的影响。[74]在一些地方,非吸烟者可以统治公共场所，不仅因为他们的人数超过了吸烟者，而且因为烟草业在华盛顿以外拥有的资源较少。在城市，甚至在一些州议会大厦，关于非吸烟者权利的讨论已经转变为非吸烟者的统治——许多工作场所反对吸烟的商业案例加速了法律的重构，并使之合法化。

在里根政府的卫生局局长查尔斯·埃弗里特·库普的鼓励和支持下，地方性的非吸烟者权利运动得到了实质性的推动，彰显了联邦官员和当地活动家之间的动态互动。在吸烟问题上，这位卫生局局长影响政策的权力显然不如当地的活动家；但活动家的知名度明显低于这位里根任命的最受欢迎的卫生局局长。库普虎背熊腰，喜

图7.1 1985年，在阿灵顿公墓，卫生局局长查尔斯·埃弗里特·库普身穿军装，向卢瑟·特里的墓致敬。（美国国家医学图书馆）

欢打领结，留着林肯式的胡子，他深知自己的话语的说服力。他在接受《纽约时报》的采访时回忆道："我的强项就是尽可能诚实地说出我能说的话，用一种有力而权威的声音。人们非常认真地对待卫生局局长说的话，这一点非常重要。"[75] 他在所有职业场合亮相时总是穿着军装，这既是对卫生局局长办公室源自海军医院服务部的一种致敬，也体现了库普独特的表演技巧和庄重（见图7.1）。

当1981年春天库普被任命为卫生局局长时，参议院中负责对库普进行任命的民主党人没有几个把他当回事。这位外科医生被认为在公共卫生领域完全不合格——任命他为卫生局局长是为了安抚获胜的里根联盟中的反堕胎派。[76] 事实上，库普以前唯一涉及公共卫生的声明都是从他的基督教信仰的立场来阐述的。他写了一本书，宣称自己基于教义，反对堕胎和安乐死。他还与一位福音派长老教会的牧师朋友弗朗西斯·谢弗一起出演了几部电影。作为国家生命权委员会和美国生命联合会的理事，库普以一个外科医生的强硬口吻谈论堕胎，他反对羊膜穿刺术，认为它的任务就是"寻找和摧毁"；他谴责支持堕胎权的宗教派别犯有"堕落"罪；他认为堕胎本身就是一个滑向安乐死的过程，"并将开启导致奥斯威辛、达豪、贝尔根-贝尔森等纳粹集中营出现的政治气候"。[77] 全国各大报纸都毫不掩饰地排斥库普，认为他没有资格，用《纽约时报》社论版的话来说，他的入选"不是因为他的医疗技术，而是因为他的政治兼容性"。[78] 库普承诺不会"利用政府职位宣扬意识形态"，并退出"反堕胎巡回演讲"，这最终安抚了参议院的民主党人——他们已经将他的提名拖延了数月之久。[79] 杰西·赫尔姆斯欣喜若狂，[80] 但他高兴得太早了。

库普被证明是20世纪在反吸烟问题上表现最出色的卫生局局长。众议院卫生与环境小组委员会主席亨利·韦克斯曼反对对库普的提名。"库普医生让我感到害怕。"韦克斯曼在1981年说。但是库普很快就减轻了韦克斯曼及其在反烟草运动中的盟友的焦虑。库普以前从未发表过反对烟草的声明,甚至偶尔也会抽一会儿烟斗,他在上任之初就开始谈论非吸烟者权利运动。在上任几个月后,他发布了1982年《卫生总署关于吸烟与健康的报告》。库普几乎没有过多监督这份文件,但他坚持要通读并在最终的修改版出台之前进行彻底的修改。[81]

1982年的《卫生总署关于吸烟与健康的报告》对美国人而言几乎是老生常谈:"在我们的社会中,吸烟是主要的死亡原因,但可以预防。"该报告确实粉碎了烟草业任何残存的希望——里根的反监管运动可能使他们免受政府大规模声明的影响。毕竟,总统候选人里根曾向北卡罗来纳州的人民承诺:"我自己的内阁成员将忙于实质性的事务,不会浪费时间去说服人们反对吸烟造成的危害。"——这是在暗指令人憎恨的卡利法诺的反吸烟运动。[82]政府已经大幅削减了吸烟与健康办公室的预算和工作人员,令其元气大伤。[83]库普通过利用非政府卫生组织的工作,并鼓励地方一级改变政策,克服了这些限制。[84]

1982年的《卫生总署关于吸烟与健康的报告》确实为研究和政策指明了一个重要的新方向:"非自愿吸烟"造成的健康风险。以这种形式来确定"非自愿吸烟"问题的框架对反吸烟活动人士来说就像猫薄荷一样充满诱惑。"非自愿吸烟"让人们注意到,吸烟是对不情愿的、被动吸入烟雾的人的一种伤害。[85]《卫生总署关于吸烟与健康的报告》指出，量化非吸烟者接触烟草烟雾的程度在技术上存在困难，但同时也提出了一种可能性，即"一些（有害化学物质）成分在侧流中的浓度明显高于主流烟雾"。这些化学物质究竟是如何影响非自愿吸烟者的还不太清楚，这取决于多种变量，但该报告指出，一项动物研究和一项具有启发性的人类研究表明，人类（因为接触烟草烟雾）吸收了有毒化合物。[86]

被动吸烟的风险最令人信服的证据来自1981年发表的三个主要的前瞻性队列研究，考察了不吸烟的妻子和吸烟的丈夫的健康状况。这些研究分别是来自日本的平山武的研究，以及两个类似的研究——一个来自希腊，一个来自美国。尽管希腊和日本的学者研究方法不同，但都发现了一点：经过统计，如果丈夫吸烟，其不吸烟的妻子患肺癌的风险显著升高。[87]他们还发现，不吸烟的妻子如果嫁给了烟瘾较重的人，患肺癌的可能性更大。报告中引用的第三项研究则有些模棱两可：美国癌症协会在1960年至1970年间收集的数据分析显示，不吸烟的妻子患病的风险有所增加，但没有上升到具有统计学意义的水平。报告总结说，这三项研究加在一起，引起了人们对非自愿吸烟可能造成的严重公共健康问题的关注。[88]尽管如此，库普还是承认，被动吸烟和肺癌之间的联系并非无懈可击——"鉴于目前的数据和研究设计存在局限性,还不能对因果关系做判断"[89]。然而，"出于谨慎的考虑，非吸烟者应尽量减少暴露在环境烟草烟雾中"[90]。《卫生总署关于吸烟与健康的报告》指出，被动吸烟和疾病之间的关系缺乏充足的"现有证据"，这为科学家们提出了一项研究议程。在接下来的五年里发表的十项流行病学研究表明，与吸烟者生活在一起的非吸烟者患肺癌的风险会增加。[91]

尽管库普几乎没有任何法定权力，也没有科学上的授权，当然也没有来自里根政府的政治指令，但他还是利用自己相当大的声望来迫使其他人采取联邦政府不愿采取的行动。1984年5月，库普写了一篇演讲稿，打算在迈阿密海滩举行的美国肺脏协会年会上发表。由于担心遭到政府的阻拦，他没有征求同事的意见，更不用说在办公室里展示他的草稿了。一位烟草研究所的与会者嘲讽地说："他穿着白色的衣服，却看起来光彩夺目。"库普呼吁"到2000年建立一个无烟社会"。考虑到20世纪80年代反吸烟政策取得的进步，库普将卷烟消费的下降归因于教育，以及烟民吸烟所带来的日益增加的成本。

但是，最重要的是库普将吸烟文化的转变归因于"非吸烟消费者、选民和纳税人的新斗争"。他沾沾自喜地借用了非吸烟者权利运动的说法，认为吸烟"越来越不被社会所接受"。[92] 他说，"许多女主人都希望禁止客人在自己家里吸烟，但又担心破坏社交礼节"，并在无意间回忆起克拉拉·古因和朋友们早年的禁烟咖啡壶。"如今，1.4亿非吸烟者有了一种可以接受的方式来通知客人们进入了一个禁烟的房间：门铃按钮上方的门框上可以安装一块八角形的黄铜牌，上面写着现在大家熟悉的'请勿吸烟'。"库普也许在这里无意识地让人们想起了贝蒂·卡恩斯的开创性工作。贝蒂·卡恩斯是美国第一部全州禁烟法的幕后推手，也是"请勿吸烟"标志的设计者。

库普的演讲借鉴了非吸烟者权利运动在法律和文化上的成功经验。也许是为了平息里根政府的批评，库普坚持认为"到2000年建立一个无烟社会"的目标应该"主要是公民和私营部门的胜利，而不是政府的胜利"。[93] 不过，很明显库普说的政府指的是联邦政府。

他列举了20世纪70年代和80年代在公众健康方面取得的巨大成功，包括亚利桑那州的禁烟令、马里兰州禁止在医疗机构吸烟的禁令、圣弗朗西斯科的工作场所吸烟法，"有30多个州和数百个地方社区纷纷效仿"。[94] 库普特别赞扬了反对吸烟的商业案例，并专门提及得克萨斯州的阿灵顿、弗吉尼亚州的亚历山大和费尔法克斯县要求警察不得吸烟，以避免养老金索赔。引入无烟乌托邦的关键在于主动出击的禁烟公民"要求酒店、出租车、短租汽车、等候室、办公室、学校和餐馆都成为无烟场所"。[95] 演讲显示了库普的天才之处，他善于将联邦政府的疲态转化为州、地方和私人活动的活力。库普身着笔挺的白色海军制服站在那里，一边否认联邦政府的高压手段，边赞扬私营部门作出的数千项节约成本的决定，此时就连政府内部支持烟草的势力也很难与他抗衡。

被动吸烟，主动出手的政府

联邦官员的言论和地方积极分子的行动产生了协同效应。一些地方非吸烟者权利组织将"无烟社会"的呼吁作为进一步行动的催化剂。在加利福尼亚，生物统计学家、加利福尼亚大学圣弗朗西斯科分校教授、加利福尼亚非吸烟者权益组织（加利福尼亚反吸烟污染组织的后继组织）主席斯坦顿·格兰斯注意到了库普广为宣传的演讲。格兰斯看到了一个构建无烟社会的模式。"州及地方级别的活动尤其有效，因为竞选募捐不那么重要，但选民的压力更有效。"格兰斯在致马修·迈尔斯的信中写道。迈尔斯是总部设在华盛顿的吸烟和健康联盟的法律总顾问，该联盟的成员包括美国癌症协会、美国肺脏协会和美国心脏协会。"烟草生产州以外的选民们都支持我们。"[96]有时候，联邦官员和活动人士之间的协作是在幕后展开的。在辞去美国联邦贸易委员会委员一职之前，迈克尔·珀楚克私下会见了格兰斯，指导他"如何运作非吸烟者权利立法"。[97]珀楚克曾在卡特政府时期担任美国联邦贸易委员会主席，但他与其他支持企业的同僚观点越来越不一致。珀楚克建议格兰斯专注于"由相关地方领导和公民组成的土生土长的地方组织"[98]。

影响力之箭从联邦政府指向各州，又指向各城市，然后再回到联邦政府手中。例如，为了回应美国肺脏协会密歇根分会主席的请求，库普写了一封信，警告被动吸烟带来的风险。美国肺脏协会的主席随后在支持《室内空气清洁法》的听证会上引述了信中内容作为证词的一部分，同时还向整个密歇根州立法机构分发了这封信的副本，该州最终在1986年通过了《室内空气清洁法》。[99]库普的这封信也被呈递至密歇根州兰辛市议会，供其审议地方性禁烟条例时参阅。在库普的支持下，美国肺脏协会主席发誓要在州内推行地方性禁烟条例，从而逼疯烟草业的那些说客。密歇根州的烟草业说客认为这是一个"大问题"，因为他们不可能"一周又一周地为一系列地方问题奔波于全州各地"。[100]在各级政府中，烟草业的同盟和敌人都很清楚——用珀楚克的话来说——"离服务对象（公民）越近的那些政府，就越不容易受到外部势力左右。"[101]

地方一级禁烟令的通过也引起了联邦层级的讨论。1985年，阿拉斯加共和党人泰德·史蒂文斯向参议院提出了一项非吸烟者权利法案，该法案要求在美国所有政府大楼内限制吸烟，这与明尼苏达州、犹他州、内布拉斯加州、康涅狄格州、缅因州和新泽西州以及数百个城市的法律一致。在长达数日的听证会的开幕陈述中，史蒂文斯列举了一些禁烟法的成功案例、圣弗朗西斯科严格的市政法规以及波音公司和太平洋西北贝尔电话公司自愿采取的政策。约瑟夫·卡利法诺作为首位听证会证人出席，这也是对其被迫解除卫生教育福利部部长职务的反击。库普提到，"保护非吸烟者的权利在科学文献中有足够的证据"。[102] 随后他引用了大量的科学研究，指出烟雾环境提高了风险系数，并且预示了1986年《卫生局局长关于非自愿吸烟的报告》将第一次完全针对"非自愿吸烟的健康后果"。[103]

不出所料，史蒂文斯的法案未能逃脱夭折的命运，在参议院的议事日程表中没有了音讯，但史蒂文斯的努力并非徒劳。联邦政府工作场所的吸烟限制最终通过行政手段得以实现。美国总务管理局局长特伦斯·戈尔登在参议院小组委员会面前也提出过同样的建议，他发誓，无论非吸烟者权利法案是否通过，他都会行使自己的权力。[104] 到1986年底，戈尔登宣布政府大楼将禁止吸烟，但指定的地方除外。这是有史以来实施的范围最大的工作场所禁烟政策，它改变了在全国7 000栋政府大楼里的80多万美国人的日常生活、人际交往和身体状况。值得注意的是，史蒂文斯以非吸烟者权利法案的提出为契机，向负责给国会提供科学分析的技术评估办公室索取了关于被动吸烟的健康和经济后果等信息的报告。

技术评估办公室这份60页的报告中凝练了关于被动吸烟对健康的影响、美国各地工作场所吸烟法的执行情况以及对工作场所吸烟限制的成本效益评估。技术评估办公室以"现有数据足以引起关注"为结论，指出工作场所限制吸烟的规定为雇主提供了巨大的好处而几乎没有坏处。当总务管理局在1986年底发布规定时，人事管理办公室主任康斯坦斯·霍纳称该决定关系到"健康和生产力的问题"，并引用了心脏协会、技术评估办公室和管理学教授兼反吸烟顾问威廉·韦斯的成本估算数据。[105] 在洞察到自己的支持会带来什么样的可能性后，库普进一步推广了技术评估办公室的报告。这位卫生局局长致信州长和大城市市长，详述了总务管理局的规定和《室内空气清洁法》的示范立法——这项立法被认为是美国人为伯克利反吸烟污染组织的后继组织非吸烟者权利运动组织制定的法案，但实际上是由美国联邦贸易委员会委员珀楚克制定的。[106] 一开始看似徒劳的立法尝试，最终却导致数百万美国人在工作场所受到了更严格的吸烟规定的约束——并未经国会的正式立法程序。

技术评估办公室的报告只是冰山一角。到当年底，又有两项主要的评估对二手烟的危害提出了警告。美国国家科学院受美国国家环境保护署和卫生与人类服务部的委托，承担了研究非吸烟者暴露在烟草烟雾中的危害这一重任。这项任务的形成与里根时代对健康危害的态度相一致。"我们必须假设生命生存在有数百甚至数千种物质构成的危险雷区中。"美国国家环境保护署署长威廉·鲁克尔斯豪斯在对美国科学院的一次演讲中说。在一个充满风险的世界里——每一种风险在量化及最终影响方面都受到研究方法不确定性的影响——人们很难期望政府保护每个公民免遭不利结果的影响。结果虽难以确定，但监管的成本可以用冷冰冰的确凿账目来说明。

对认识论不确定性的政治支持与烟草业培育怀疑的长期策略相吻合。但是库普认为接触别人的卷烟烟雾并不是现代生活无法避免的结果。到1986年，库普因忠于科学的形象而备受欢迎，他敢于在有充分证明的情况下采取与里根政府的政治和道德偏好相反的立场。他坦率而务实地谈论安全性行为，而里根联盟的基督教派则宣扬禁欲。他将艾滋病描述为一种可预防的性传播疾病，这种病虽然夺走了太多受害者的生命，却不是对罪恶生活的惩罚。尽管库普有自己的道德承诺——这也是他最初被任命为卫生局局长的原因——库普还是顶住了政府的压力，坚持认为堕胎会导致乳腺癌。

在库普公布1986年《卫生局局长关于非自愿吸烟的报告》时，他的实用主义表现的不仅仅是科学上的严谨。库普称报告中的数据丰富而连贯，因而能支撑"非自愿吸烟会导致非吸烟者患肺癌这一判断"，并且库普进一步断言，"可以肯定，非吸烟者中很大一部分肺癌患者是由于暴露在烟草烟雾环境中所致"。[107] 报告在随后的300页中对科学研究进行了比较谨慎、细致入微的解释。[108] 烟草业质疑科学研究的手法已经众所周知。大烟草公司已经喊了太多次"狼来了"，它们缺乏可信度，这为库普相当笼统的声明提供了借口，正如"绝大多数吸烟者和非吸烟者"支持限制吸烟的规定的事实。在发布该报告的新闻发布会上，库普称这是一个转折点，与1964年最初具有里程碑意义的吸烟危害报告一样。他说："大多数行动从基层开始，自下而上。"他重申了自己对地方行动的偏好。[109] 他的话有一部分说对了：1986年确实是一个转折点，但从下到上的道路并不是一条直线。

"深陷泥淖"

具有讽刺意味的是，正是在被动吸烟问题上，烟草业无法阻止监管潮流，因为这是一个存在不确定性的实际问题，而且在这个问题上，诚信的科学家们虽然一致认可二手烟会带来风险，但对风险的大小意见不一。[110] 烟草业无法跟上地方和州一级的立法，尽管它试图通过支持主张吸烟的组织，特别是所谓的"吸烟者权利"组织，在社区中造势。[111] 从最初追求无烟空气时，经过验证的风险就已经让位给了非吸烟者的要求。环境中的烟草烟雾是否造成每年多死500人或8400人并不是重点。非吸烟者比吸烟者多，他们拥有更多的经济、社会和教育资本，为什么他们必须接受环境中的烟草烟雾呢？尤其这种烟雾还要人付出代价。

烟草业意识到了被动吸烟问题带来的政治危险。1987年，菲利普·莫里斯公司的律师和高管聚集在南卡罗来纳州希尔顿黑德，制定应对环境中的烟草烟雾问题的策略。菲利普·莫里斯公司称其计划为"南部行动"。科温顿·柏灵律师事务所的律师约翰·拉普给这场会议定下了基调："我们陷入了严重的困境。"[112] 会议提出的116条建议中，有几条是人们熟悉的策略，如"培养自己的专家""开展更多研究""公开挑战科学界"等。[113] 还有一些更具野心，甚至有些异想天开的建议："总统初选倡议""重建国会中的资历体系""制造一个更大的政治怪物（艾滋病）"以及"出版一本与反工业邪恶势力有微妙联系的畅销小说"。但是会议的总体基调和建议揭示了烟草业已经在反吸烟运动中被对手们分散的策略击倒了。菲利普·莫里斯公司的高管们鹦鹉学舌地模仿着非吸烟者权利运动的语言，不仅盗用班扎夫的标志性口号（"起诉那些混蛋！"），并且计划组建一个"纳德式的组织来审查反（烟草）资金"。[114]

烟草业日益寄希望于发展一个广泛、分散的网络，以对抗地方层面的反烟草运动。会议记录显示，菲利普·莫里斯公司认为烟草研究所没有效率，缺乏公信力。为了"冷却"被动吸烟问题的热度，作为当时美国最大的卷烟制造商，菲利普·莫里斯公司需要巩固其传统盟友，并拓展一些新的盟友。它必须维护由"消费者、烟叶社区、分销商和零售商"组成的"大家庭"——不再像以前那样强调让烟农们证明烟草项目附带的责任。但烟草业真正需要的是"在一些目标州撤销吸烟限制"的州级策略。在20世纪70年代之前，烟草业的政治影响力来自烟草种植地区的国会议员们超比例的话语权，但随着烟草之战转移到州和城市，菲利普·莫里斯公司意识到需要进一步培养与"自由主义和保守团体"的关系，借鉴"国家复兴管理局的战略"来真正"制造威慑力"——"针对一些脆弱的候选人，打击他，并让所有人知道是我们干的"。[115]在非吸烟者权利运动和大烟草公司之间的博弈中，烟草业通过模仿进行反击，并且不惜耗费大量资金。

烟草业意识到，在某种程度上，争夺公共空间的战斗是基于公民（而非科学）展开的。有一点可以肯定，卷烟制造商对环境中的烟草烟雾问题持怀疑态度。烟草业资助了烟草研究中心，向科学家们提供资助以进行吸烟与健康研究，同时也资助了烟草研究中心发展的室内空气研究中心。[116]室内空气研究中心的研究人员发现，通风系统中的灰尘、空调管道中腐烂的动物、地毯中的有害气体、有毒的纺线等一系列有毒物质比环境中的烟草烟雾更能引起建筑物内人员广泛的刺激和不适。

此外，诋毁环境中的烟草烟雾问题的各种论点在类型上也有相似之处。从20世纪50年代起，烟草行业就对"吸烟是引起肺癌和心血管疾病的主要原因"这一说法提出了质疑，并资助了一些拓宽癌症病因（如基因、性格和环境）的研究。对于环境中的烟草烟雾，烟草业同样试图扩大造成非吸烟者不适和疾病的罪魁祸首的清单。正如烟草研究中心在其发展室内空气研究中心的提案中所说，新组织的目标是"转移人们的关注点，让他们不再过分强调环境中的烟草烟雾问题"。[117] 格雷·罗伯逊是一家空气质量研究公司的老板，他是烟草业在这个职位上最受欢迎的发言人。罗伯逊称自己为"建筑医生"，因为他擅长诊治"病态建筑综合征"（指办公室环境让员工——尤其是女性出现的无法解释的症状）。[118] 面对麦克风、摄像机、国会、市议会和从博伊西到波士顿的州议会，罗伯逊坚称烟草被错误地当作现代办公室危害的替罪羊。[119] "环境中的烟草烟雾经常被认为是导致病态建筑综合征的罪魁祸首，"罗伯逊在雷诺兹烟草公司的《选择》杂志中说，"原因很明显：空气中的其他污染物是看不见的。烟草烟雾往往是更严重问题的第一个可视化指标。"[120]

在与反烟草势力的斗争中，烟草业帮助打造了一种新的商业行动主义模式。[121] 打造该模式的基础工作在十年前就已经做好了。刘易斯·鲍威尔在撰写他那份著名的1971年备忘录（其中概述了企业应积极介入政治斗争的战略）之前，便以难以置信的态度关注着约翰·班扎夫的反吸烟运动。[122] 鲍威尔当时是里士满的著名律师，自1964年以来一直在菲利普·莫里斯公司的董事会任职——1964年是卷烟业历史上关键性的一年。1969年，当菲利普·莫里斯公司的高管试图理解由班扎夫等律师制造的日益严峻的"反香烟环境"时，曾向鲍威尔咨询过意见。在一次会议上，鲍威尔为公司提出了一条战略，这也是他提前给整个烟草业的建议。[123] 在"像绵羊一样的政客"和"知识分子阶层的态度"的推动下，反吸烟运动"现在具有了全国运动的特征"。为了应对日益恶化的情况，这位未来的最高法院法官建议采用"行业对抗"的策略来为吸烟辩护。[124]实际上，烟草业早就采用了鲍威尔建议的策略以及后来的一些建议。正是鲍威尔对卷烟社会地位迅速下降的深刻认识，以及他对烟草业试图阻止这一趋势的观察，促使其构思出了这份战略建议。

到20世纪70年代末，鲍威尔对烟草业的商业行动主义的看法催生了新的游说形式。美国立法交流委员会是一个保守的非营利组织，负责起草和传播一系列问题的示范立法，而烟草研究所和一些卷烟制造商成了其重要的资助者。1979年，美国立法交流委员会的执行主任写信给烟草研究所所长，请求财政支持。[125]会员组织每年缴纳的1万美元会费对于一个深陷公信力危机的行业来说是一项很好的投资。美国立法交流委员会洗白了烟草业的影响，为烟草业官员提供了接触立法人员关系网的机会，这些立法人员可能对在公共场合讨好大烟草公司十分谨慎，但愿意在反监管网络的掩护下这样做。例如，1981年，美国立法交流委员会主持了一次白宫内阁简报会，与会者包括国会议员、里根内阁官员和里根总统本人。烟草研究所负责人塞缪尔·奇尔科特接受了8月在旧行政办公楼的佩蒂格鲁小会议室参加单独会议的邀请。[126]

除了为烟草业提供接触到比较谨慎的立法者的机会外，美国立法交流委员会还宣传了烟草业对被动吸烟的态度。用雷诺兹烟草公司一位官员的话来说，整个20世纪80年代，该组织"在向其成员提供有关问题的确凿证据方面，对我们非常有帮助"。[127]美国立法交流委员会的期刊《立法政策》的一篇文章的标题写道："公共场所吸烟法：谁需要它，谁想要它？"该期刊被邮寄给全国各地一些接受它的立法者。该文章接下来原封不动地引用了烟草业关于环境中的烟草烟雾研究缺乏可信度的观点，原文的作者是南卡罗来纳州的一名参议员，他同时也是该州烟草咨询委员会主席。美国立法交流委员会教条主义式的反监管立场也有助于将公共场所吸烟争论的风险从实质性的健康问题转变为"又一项政府法令"的抽象问题。这篇文章宣称，"禁烟令是对自由社会的不合理的政府干预，是不能被容忍的"——本质上是通过右翼游说机器来传播烟草业的思想。[128]

美国立法交流委员会和烟草业之间的关系起初几乎没有引起人们的注意。美国立法交流委员会成立于1973年，当时还是一个年轻的组织，与21世纪初相比，它在州立法机构中的影响力还比较小。[129]甚至像吸烟与健康行动组织这样的行业监管机构，似乎也没有意识到大型烟草公司和美国立法交流委员会之间的深层次联系。1986年，吸烟与健康行动组织的法律总顾问雅典娜·米勒给美国立法交流委员会主任康斯坦斯·赫克曼写了一封信，对美国立法交流委员会的期刊发表的一期烟草业关于被动吸烟的片面观点的文章表示"担忧和沮丧"。米勒建议美国立法交流委员会编写一份"最新报告"，补充从卫生专业人员的共识中得出的事实，恳切表示："贵组织在其他领域做了那么多工作，定能为此作出贡献，吸烟与健康行动组织很乐意以任何可能的方式提供帮助。"[130]赫克曼不仅拒绝了吸烟与健康行动组织的提议，还把米勒的信件转交给了烟草研究所的一位官员。烟草业顾问约翰·拉普随即着手"起草美国立法交流委员会应对此类请求的标准答复"。[131]

美国立法交流委员会的策略以各州议会为中心，这正是烟草业应对非吸烟者权利立法的地方。[132]支持烟草的势力挥舞着法律优先的原则意图削弱地方法令。根据这一原则，当联邦法与州法发生冲突时，联邦法可以取代州法。同样地，当州法与地方法发生冲突时，州法优先。许多健康和安全法的制定初衷是为保护消费者设定最低标准而非最高限制——各州和地方可以比国会更严格地进行监管。例如，1972年的《消费者保护和安全法》为几乎所有消费产品（不包括烟草）制定安全标准的同时，明确允许地方和州法规建立更大程度的保护。

但法律也可以为随后的监管设置上限，而不是下限。由于烟草业创建可信草根组织的努力举步维艰——当许多烟民自己都希望摆脱吸烟习惯的时候，很难编造一个支持吸烟的运动——卷烟制造商试图孤注一掷地从立法的角度绕过建立草根组织这一问题。在法律方面先发制人对烟草业来说并非新鲜事：1969年的《公共健康与吸烟法案》就已禁止各州和各城市对卷烟广告或促销活动进行管理。烟草研究所负责国家活动的高级副总裁总结了从20世纪80年代末加利福尼亚州和马萨诸塞州通过的地方法令的冲击中吸取的教训，他说："那些优先于地方反烟草法令的州法律是应对地方挑战的最有效手段。"[133] 州议会比地方议会更容易被组织化的权力和金钱渗透。烟草研究所的说客沃克·梅里曼解释说："如果你有一个曾经是州议员的说客，而且他熟识该州酒店协会的执行董事、商会会长和该州劳工联合会-产业工会联合会的负责人，以及其他可能提供帮助的组织负责人的话，你的工作会简单得多。"[134] 梅里曼预测，如果所有州的立法机构都有说客，法律优先原则便可以扼杀"90%左右对我们产业不利的州一级立法"。到1994年，26个州通过了禁止公司拒绝雇用吸烟者的法律。今天，许多公共卫生界人士认为法律优先原则是"对烟草控制的最大挑战"。[135]

从卷烟制造商的角度来看，这些法律还增加了在公共卫生队伍中制造分裂的好处。烟草业试图将法律优先原则这颗毒丸植入由公共健康倡导者认真提出的法案中，从而迫使反烟草联盟在有缺陷的法案和完全没有法案之间做抉择。1987年，匹兹堡、费城、哈里斯堡、伊利和小拉德诺镇的市政委员会提出了规范餐馆、公共场所和工作场所吸烟的措施，哈里斯堡随即通过了一项力度不大的《清洁空气法》，以低标准立法阻止了地方政府更强力的举措。[136] 烟草业终于找到了一种成功的策略，来对抗地方非吸烟者的行动。根据美国疾病控制与预防中心的数据，在1992年至1998年间，有31个州颁布了遵循法律优先原则的烟草控制法律。这些措施大多阻止了更严格的无烟法律，到了20世纪90年代中期，针对青少年购烟的限制和营销管制也加快了步伐。[137] 在认识到自身的防御弱点后，烟草业改变了策略，加速了美国商业游说的转型。

然而，断言烟草业和反烟草运动两者势均力敌有失公允，因为在1987年，非吸烟者权利运动终于在国会取得了突破。美国国家科学院关于飞行途中空气质量的报告为国会立法做好了铺垫。反吸烟势力以微弱的多数促成了所有航空公司两小时以内短途航班中不准吸烟的禁令。伊利诺伊州的民主党人迪克·德宾将其作为对一项交通运输法案的修正案提出，并得到了吸烟与健康行动组织、无数反吸烟污染组织分会、美国非吸烟者权利组织、美国医学协会、美国心脏协会、美国肺脏协会、美国卫生局局长库普，以及两个作为劳工健康联盟界先驱的空乘人员工会的联合支持。[138] 该修正案在众议院以198票对193票勉强通过，但在参议院顺利通过。杰西·赫尔姆斯以保护烟农为由，威胁要阻挠这项措施。[139] 但84名参议员依然投票支持。正如支持者所预测的那样，无烟航班很受欢迎。[140] 1990年，国会禁止在所有国内航班上吸烟。

有了航空公司的禁烟令，非吸烟者权利运动又回到了起点。关于公共场所吸烟的争论始于航空业，当时约翰·班扎夫和拉尔夫·纳德都提出了飞行途中的禁烟规定。在20世纪70年代，吸烟与健康行动组织主要致力于确保民用航空局执行禁烟规定。在"德宾修正案"通过之前，烟草的朋友和敌人都认为行政手段最有可能成为实现无烟天空的途径，相比之下，在国会通过立法则是最不可能实现的。

这种考量在里根任总统时期发生了变化，当时行政机构对实施监管的成本变得更加敏感。在美国国家科学院的研究结果出台之后，来自北卡罗来纳州的交通部部长伊丽莎白·多尔向国会建议，交通部不采取任何行动，理由是需要进一步的研究。[141]美国国家科学院的建议和交通部的不妥协促使德宾提出了甚至连支持者都认为不可能实现的修正案。首先，这项修正案改变了数百万美国乘客的旅行体验，也改变了数千名飞行员和空乘人员的工作场所。但联邦政府对航空公司吸烟行为的监管也标志着烟草政策的巨大变化。烟草业在国会的影响力已经减弱，留下了一个支离破碎的烟草计划，成千上万的烟农在这个再次被烟草业控制的市场上奋力竞争。它的力量聚集在州议会大厦，这使得非吸烟者权利运动争相重申其对公共空间和民主机制的主张。

到20世纪80年代末，围绕公共场所吸烟的争论改变了美国人的生活。美国的吸烟率保持在第二次世界大战前的水平。不出所料，这个由非吸烟者和已戒烟者组成的国家不希望被烟草烟雾包围。美国疾病控制与预防中心的一项大型调查显示，在1986年，88%的受访者——包括79%当时仍在吸烟的人——认为环境中的烟草烟雾对健康有害。这些人的态度与不到十年前的美国人持有的态度明显不同：1978年，罗珀公司组织的一项民意调查发现，58%的受访者认为被动吸烟会对非吸烟者造成伤害，而当时仍在吸烟的人中只有40%的人持相同观点。如果有机会的话，大多数不吸烟的人——甚至是相当一部分吸烟者——都会选择非吸烟区。人们态度方面的这些变化既体现了也加速了美国人对周围世界物理体验的改变：机动车辆管理局里视野清晰的大厅，飞机客舱里的气味，第一次在餐馆无烟区品尝到一顿特殊晚餐的美味。

美国人喜欢这些变化，甚至许多吸烟者也逐渐适应只能待在吸烟区的卫生警戒线后面。在美国，烟民的比例在不断减少。20世纪80年代末期，烟民的比例为28%，他们比非吸烟者更穷，受教育程度也更低。对他们来说，禁烟标志也可能是一种解脱：至少他们知道自己应该站在哪里以避免冲突。到1988年，42个州和哥伦比亚特区限制人们在公共场所吸烟，另外至少还有969条法令正式成文。[142] 随着越来越多的证据表明，吸烟会导致非吸烟者的不适、疾病甚至死亡，吸烟者被社会边缘化已成为一个不可避免的趋势。卫生局局长库普关于"到2000年实现无烟社会"的呼吁听起来不像是一个目标，而像是一个预测。

非吸烟者权利运动改变了美国人的身体、环境和期望的同时，也反映了美国政治和政治经济学的变化。非吸烟者权利活动家和国会中越来越多的盟友指责联邦政府对烟草烟雾带来的伤害反应过于软弱，抨击政府在新政时期对烟农的承诺。这些跨党派的攻击开启了瓦解烟农安全网的进程——通过放松对烟草控制计划的管制，至少部分纠正了联邦政府对烟草的"精神分裂"立场。由于国会资历制度的改革，烟草州的国会议员们已不再像20世纪50年代和60年代那样有影响力。他们意识到，如果不迅速采取行动改变烟草计划，它将会如里根政府取消的其他商品补贴计划般被终结。

《1982年无净成本烟草法案》对烟农来说是一场灾难。该法律要求烟农承担更多的烟草计划的成本，却让卷烟制造商控制了烟草经济的各个方面。国内的卷烟制造商增加了烟叶的进口，国内的烟草种植者被自己过剩的产量所淹没，而卷烟制造商们对此视而不见。烟草家族内部重新出现的敌对情绪也反映在卷烟制造商的私密文件中，他们判断到了20世纪80年代，数量锐减的烟农不再拥有象征意义或政治声望。尽管卷烟制造商继续把烟农树立为烟草业的光荣代表，但他们私下里表示，希望制订一个更"高效"的烟草计划，而这只是降低支持价格和提高烟叶产量的委婉说法。烟草业最终成功地将价格补贴计划的政治脆弱性转化为了压制烟叶采购价的战略工具。

烟草业对地方反吸烟法令运动的反应也显示出了将明显的失败转变为战略胜利的智慧。烟草公司的律师、高管和公关战略家可以清楚地看到，通过在地方层面上的运作，非吸烟者权利运动比那些气喘吁吁地去华盛顿活动的大烟草公司更加灵活机动。烟草业试图削弱地方反吸烟法令的力量，这一行动实则是保守派商业游说策略的广泛变革的一部分。通过支持州一级法令相对于地方法令的优先权，商人、智囊团和立法者表面上维护了权力下放的政治理想，实则挫败了不利于烟草业的地方监管。法律优先原则并没有阻止反烟运动，但它预示着草根运动阶段的结束，因为更多的资金被投入禁烟斗争中。

烟草计划的解体和草根非吸烟者权利运动的影响力的减弱形成一种可悲的对称。非吸烟者权利运动列举吸烟的成本以及人们对新政时期监管计划日益增长的反感，呼吁废除烟草计划并且成功了。在废除该计划的过程中，烟草公司向它们在20世纪早期所占据的权力地位又靠近了一步。非吸烟者权利活动家也发现，他们以前成功地采用的进步联邦主义策略在政治上也存在局限性。在改变公共空间的过程中，从查尔斯·埃弗里特·库普到无数坚持自己有权坐在无烟区的大众，非吸烟者权利倡导者改变了美国人的身体；更重要的是，他们也促使国家政策得以改变。通过对个人行为的以成本为中心的分析和对已有几十年历史的集体主义计划的拆解，非吸烟者权利运动让美国人对政府与公民之间的权利与义务的关系有了新的认识。非吸烟者在他们非凡的成功中，不知不觉地促成了一种保守的政治策略，这种策略的深远影响难以估量，却又过于真实。

结　论　"杂草难以根除"：烟草政治的未来

抛开"拉链门事件"不谈，烟草问题与政治丑闻和折中主义政策一样，是比尔·克林顿总统任期的鲜明标签，还有烟草政策。[1]克林顿1993年推行的全民医保计划欲以联邦烟草消费税为资金来源，却以失败告终。他任期内的食品药品监督管理局局长与前任局长决裂，宣称对烟草拥有监管权。在第一夫人希拉里·克林顿、副总统阿尔·戈尔和克林顿的民意测验专家迪克·莫里斯的鼎力支持下，食品药品监督管理局局长大卫·凯斯勒获得了总统对食品药品监督管理局所提议的监管条例的支持。[2]在州检察长和烟草公司达成里程碑式的和解之后，克林顿政府的司法部起诉了烟草业。克林顿在1999年的国情咨文中解释说："纳税人不应该为肺癌、肺气肿和其他与吸烟有关的疾病买单。烟草公司应该为这些疾病买单。"[3]终于，烟草业似乎将在法院、各州政府、国会以及行政部门的监管下接受新的监管制度。

随着烟草业越来越多地成为恶棍的避难所（甚至更糟），烟草的文化声望也在衰退。1994年的一项网络新闻调查显示，烟草公司在其产品中添加了过量的尼古丁——烟草公司没有否认这一指控，却辩称此举旨在提升风味。数周后，在众议院能源与商业委员会下属的健康与环境小组委员会的会议上，烟草业高管们的两面派作风被戏剧性地展现了出来，该小组委员会主席是来自加利福尼亚州的民主党人亨利·韦克斯曼。来自俄勒冈州的民主党众议员罗恩·怀登质问六名高管是否相信1989年《卫生局局长的报告》中关于吸烟会上瘾的判断时，所有人都一致否认。美国有线电视新闻网对这场会议进行了全程直播。[4]正是在这样的背景下，由布朗·威廉姆森烟草公司高管转变为告密者的杰弗里·威根成为焦点人物，他接受了多次高调采访，好莱坞还以他为原型拍了一部电影。在电影《圈内人》中，演员罗素·克劳饰演了遭行业围剿的威根——一个对行业巨人歌利亚无比愤怒的大卫。

但一个政治时代不会轻易让位于下一个政治时代。机构、个人和争论将一直存在。人们大声而坚决地抵制变革，并将所有可以支配的资源——历史、种族、怀旧情结与资本力量——集合在一起。就20世纪所有重大政治议题——从公民权利到湿地管理再到福利分配——而言，美国联邦制始终默许矛盾重重且互相交叠的监管体系并存。此外，即便某个时代终结，其特征依旧可能存续，或成为新一代政治活动家的灵感源泉。

尽管20世纪90年代动荡不断，这十年的结局从很多方面来看却惊人相似：联邦政府虽承认每年有数万美国人死于二手烟，却没有对室内吸烟进行监管；联邦政府的价格补贴计划虽然聊胜于无，却依然存在；吸烟者人数减少，而且与非吸烟者相比，吸烟者拥有更少的资源和更低的受教育程度；遭到削弱的烟草业则通过监管协定形成了更为稳固的卡特尔联盟。食品药品监督管理局的监管策略被最高法院2000年对"食品药品监督管理局诉布朗·威廉姆森烟草公司案"的裁定所挫败，该案的裁定是行政法领域中一个里程碑。直到2009年《家庭吸烟预防和烟草控制法》

通过，食品药品监督管理局才获得管理烟草产品的合法权力。与此同时，各州和地方政府继续限制室内吸烟；国会继续阻挠针对税收、广告、工业责任和年轻人吸烟所采取的更严厉的措施。

机构介入又退出

到20世纪90年代初，许多人认为是时候对室内吸烟制定联邦法规了。工作场所吸烟限制毕竟已经在美国扩散开来，这在很大程度上让工人和管理人员都感到满意。1980年，詹姆斯·雷佩斯和阿尔弗雷德·劳里对二手烟的危害进行了开创性的科学研究，该研究表明，二手烟是导致每年5 000名非吸烟者死于肺癌的原因。[5]当时在环保署工作的雷佩斯，率先为该机构进行了长达一年的风险评估研究。环保署将这一共识向下修正，得出结论称，二手烟是导致每年3 800名非吸烟者死于肺癌的原因。研究人员当时指出，这个估值严重低估了二手烟的危害，因为绝大多数的衰弱和死亡病例——无论是吸烟者还是非吸烟者——是由心脏病而不是癌症造成的。一项研究表明，死于心血管疾病的人数是死于肺癌的人数的10倍。[6]然而，环保署的报告意义重大，因为这是联邦机构首次以具体死亡人数量化二手烟危害。

环保署将二手烟列为已知的致癌物，但环保署的权限范围也仅此而已。有关室内工作场所的联邦法规必须由职业安全与健康管理局制定。约翰·班扎夫很高兴，因为他已经两次起诉职业安全与健康管理局未能将吸烟作为工作场所的危害加以管理。他希望环保署的评估能为他再次将职业安全与健康管理局告上法庭提供证据。[7]

图 8.1 在 1994 年《华盛顿邮报》的一则广告中,雷诺兹烟草公司谴责烟草管制"无异于禁止烟草"。(转载自哈佛图书馆特别收藏与档案)

然而，这一次，职业安全与健康管理局首先采取行动，提出了一项规定，要求企业将吸烟限制在室外或室内单独通风的指定区域。"职业安全与健康管理局已经采取这一行动来防止（吸烟导致的）死亡。"克林顿的劳工部部长罗伯特·赖克解释说。这些规定影响深远，估计将影响600多万个工作场所中的9 200万名工人，从工厂到办公室，从体育场到酒吧和餐馆。[8]一项机构成本效益分析显示，这些限制每年的合规成本约80亿美元，但可通过提高工人效率和生产力、降低操作和维护成本以及减少财产损失方面节省150亿美元。[9]在唐娜·森普的《如何在工作中保护你的健康》出版近20年后，她对管理层务实的呼吁得到了民主党人控制的劳工部的响应。

烟草业的反应非常强烈。它向职业安全与健康管理局提交了质疑科学研究结果的报告，并在报纸上刊登整版广告谴责职业安全与健康管理局的行为太过分（见图8.1）。它还策划了一场大规模的写信运动，并串通亲烟草业人士在听证会上做证。[10]

职业安全与健康管理局收到了11万条关于该规定的评论，这是该机构收到评论最多的一次，也是遭遇责骂最严厉的一次。在一场由烟草制造商精心策划的运动中，该机构官员要处理的东西包括装满烟头的烟灰缸、画有纳粹十字记号并充满脏话的信件，甚至是死亡威胁。[11]即便如此，该规定的支持者认为，没有理由对这种反应感到惊慌。毕竟，职业安全与健康管理局明确规定要保护工人远离工作中的危险，而二手烟现在已被联邦政府列为与石棉和氯乙烯同等级的致癌物。

更重要的是，食品药品监督管理局也加入了反对烟草业的行列。1994年，食品药品监督管理局局长大卫·凯斯勒宣布，他的机构将尝试以药品标准来监管卷烟。揭发者披露，烟草公司多年来一直在操纵尼古丁含量，以维持吸烟者对尼古丁上瘾，这为食品药品监督管理局的上述说法提供了佐证。凯斯勒的这一策略与前几任局长的决定大相径庭，他们没有把1938年的《联邦食品、药品和化妆品法案》理解为赋予他们监管烟草的权力。但是到1995年8月，克林顿总统在电视新闻发布会上宣布了他对食品药品监督管理局提议的支持。[12]食品药品监督管理局在1996年夏天发布了最终规定。

正如职业安全与健康管理局和食品药品监督管理局后来发现的那样，即便烟草业自身的信誉崩溃，其往日在国会、唯利至上的科学家和第三方幌子团体中所做的投资也继续带来收益。不到24小时，五大卷烟制造商就起诉并阻止了食品药品监督管理局的行动。在格林斯伯勒（一个位于温斯顿－塞勒姆和达勒姆之间的城市）的联邦地区法院，烟草业发言人争辩说食品药品监督管理局的行为已经越过了其权限范围。室内空气研究中心和雷诺兹烟草公司的科学家们设计了"16个城市研究"来回应职业安全与健康管理局的规定。该研究刻意选择在一些有吸烟限制的工作场所采集样本，并伪报数据营造"这些场所完全未受监管"的假象，从而弱化暴露在工作场所的二手烟中的危害。当这项研究在职业安全与健康管理局听证会上被引用时，烟草业参与其资金和设计的情况被刻意隐瞒了。[13]

到1996年底，职业安全与健康管理局的裁定以及食品药品监督管理局的行动停滞不前。随着共和党人接管国会，亨利·韦克斯曼不再担任众议院能源与商业小组委员会主席，而正是这个小组委员会让凯斯勒有机会阐述尼古丁的成瘾性。接替韦克斯曼担任主席的是弗吉尼亚共和党人托马斯·布莱利——人们通常称他为"来自菲利普·莫里斯公司的众议员"。面对烟草业的反对,同时又担心国会将削减该机构的资金并限制其执行权力,职业安全与健康管理局搁置了禁止在工作场所吸烟的提案。"在过去两年里,我们一直在一个充满敌意的环境中工作,这种环境不允许每一个理智的官员鲁莽冒失。"1996年,经历了磨砺的罗伯特·赖克在《华盛顿邮报》中说。

食品药品监督管理局的行动也遇到了司法上的阻力。虽然格林斯伯勒地区的法院最初的裁决有利于食品药品监督管理局,但第四巡回上诉法院推翻了这一裁决。位于里士满的法院得出结论:"食品药品监督管理局已经越过了国会授予它的权力。它制定规则的行动站不住脚。"1999年末,美国副检察长为食品药品监督管理局扩大职权辩护时,遭到了最高法院的质疑。尽管食品药品监督管理局的案件以尼古丁是一种成瘾药物这种新认识为后盾,但绝大多数法官仍然认为,烟草产品"根本没有列入"1938年《联邦食品、药品和化妆品法案》所确定的目录。对于占多数的五位保守派法官来说,法院的决定取决于国会的意图:食品药品监督管理局的规定是否体现了国会明确的意图?法官桑德拉·戴·奥康纳撰写的多数意见没有详述食品药品监督管理局精心收集的科学证据。[14]相反,食品药品监督管理局过去几十年来对自己权威的否定是至关重要的。《联邦食品、药品和化妆品法案》自身的致命漏洞也是如此。《联邦食品、药品和化妆品法案》要求食品药品监督管理局禁止销售没有治疗效果的致命药物,而按照食品药品监督管理局自己的标准,卷烟也属于这一类。但是国会已经多次消除了禁止烟草产品的可能性。简而言之,国会认为烟草太危险、太没用,算不上一种药物。"如果它们既不能安全地用于任何治疗目的,又不能被禁止,那它们就不能被列入(药物)目录。"奥康纳在多数意见中写道。[15] 尽管烟草在国会的影响力已经衰退,但是,当法官们回顾历史以确定机关权力的边界时,它的影响仍在暗中留存。

"美国食品药品监督管理局诉布朗·威廉姆森烟草公司案"是行政法学生非常熟悉的案子,不是因为此案说了烟草什么,而是因为它体现了法院如何评估机构的决策。自1984年"雪佛龙公司诉自然资源保护委员会案"以来,法院采用了两步测试法来确定一个机构对法规的解释是否合法:国会是否已对争议问题作出明确表态?如果是,那么该机构必须遵循国会明确的意图;如果不是,那么只要该机构的解释"既不武断、反复无常,也不明显违反法规",法院就必须尊重该解释。奥康纳大法官的观点扩展了这一测试法的第一步。他没有直接审查国会在《联邦食品、药品和化妆品法案》中明确授权食品药品监督管理局监管烟草(《联邦食品、药品和化妆品法案》没有提到烟草),而是考虑了法案制定的监管方案的"背景"——具体来说,就是国会对烟草问题的一再不作为。也就是说,法院以牺牲行政机构权威为代价扩大了自己的解释权。

尽管民主党政府领导下的环保署更愿意依据气候科学扩大其监管权力,但"食品药品监督管理局诉布朗·威廉姆森烟草公司案"给环保人士带来了一个问题:该案的判决禁止行政机构在其传统权限范围之外进行监管——即使科学研究表明这样做是有必要的。[16]具有讽刺意味的是,现代反烟草运动的成功却破坏了环境保护——正是这些法律曾经使非吸烟者将烟草烟雾视为环境污染物的观念合法化。随着公共利益运动曾经高度信任的司法机构变得越来越保守,从国会一些烟雾弥漫的议事厅发出的法律文本的明文表述变得更加与禁烟休戚相关。

地方政府的承诺与危险

然而，尽管联邦政府在20世纪90年代采取了一些大刀阔斧的行动，但在地方层面上，限制吸烟的规定仍在不断扩散。事实上，当职业安全与健康管理局在2001年撤回其提出的禁止在工作场所吸烟的规定时，许多非吸烟者权利运动人士都松了一口气，他们认为在地方一级通过的规定将比该机构颁布的任何规定都更有力。约翰·班扎夫甚至将职业安全与健康管理局的退缩描述为非吸烟者的胜利。"我们现在可以更加成功地说服各州和地方，一旦他们不再有职业安全与健康管理局制定的工作场所吸烟法规作为挡箭牌，他们最终会自己禁烟。"[17]虽然一些地方继续通过限制或禁止在公共场所或许多工作场所吸烟的法令，但很少有人能达到职业安全与健康管理局所建议的标准。

当环保署宣布二手烟为A级致癌物时，一些企业出于对责任的担忧而自发地禁止吸烟。在环保署的报告发出24小时后，雷神公司位于马萨诸塞州列克星敦总部的经理们，计划与工会代表坐下来讨论禁烟令。最令人担忧的是不吸烟的员工提出的工人赔偿诉讼，因为原告的律师希望利用环保署的报告来证明在工作中接触二手烟导致工人患病。雷神公司的一位发言人认为二手烟被划为A级致癌物显然带来了一些新的责任问题。[18]在20世纪70年代和80年代，限制吸烟曾是工作场所新增的一项全新的责任，如今已进入了企业风险分析的范畴。

与此同时,患病的工人在与烟草行业本身进行斗争——在等待人们认识到二手烟的危害的过程中,有些工人离开了人世。1991年,迈阿密的一名律师代表美国航空公司的空姐诺玛·布劳恩对烟草公司提起诉讼。布劳恩是个虔诚的摩门教徒,不抽烟,但她被诊断为肺癌。这起诉讼后来成为代表6万名不吸烟的空乘人员的集体诉讼,这些空乘人员因在工作场所接触二手烟而患病。在进入庭审后,原告和烟草公司宣布达成和解。两家公司没有直接向空乘人员支付赔偿金,而是支付了3亿美元建立了一个专门研究二手烟的研究基金会——空乘医学研究所(于2001年成立)。[19]

"诺玛·布劳恩诉菲利普·莫里斯公司案"是烟草业第一次主动达成和解的诉讼案。它从两个方面刺穿了烟草公司厚实的法律盾牌:其一是人数庞大的原告形成的诉讼效应,使得被告"针对个体疾病因果关系"的质疑失效,其二,烟草商惯用的"风险自负"抗辩——吸烟者知道吸烟的危害,应该停止吸烟——并不适用于在工作过程中生病的非吸烟者。[20]在20世纪60年代和70年代,制定吸烟法规的方法为"诺玛·布劳恩诉菲利普·莫里斯公司案"奠定了基础。由于达成和解的条款包括设立一个研究基金,所取得的研究成果将被运用到随后针对烟草业的诉讼中,非吸烟者权利运动便产生了独特的间接影响。

但对于餐馆和酒吧员工来说,要从吸烟的工作场所中解脱出来,还需要好几年的时间。纽约市在2003年大张旗鼓地宣布禁止在酒吧吸烟,对纽约市而言,随之造成的税收减少几乎可以忽略不计。十多年后,以美食和享乐主义著称的城市新奥尔良也采取了类似的做法。在拉斯维加斯，酒店、赌场和餐馆的工作人员仍在与二手烟做斗争。美国非吸烟者权利基金会起源于伯克利的反吸烟污染组织。该组织估计，截至2018年，41%的美国工人仍暴露于工作时的二手烟中。[21] 非裔美国人的这一比例甚至更高，与非西班牙裔白人或墨西哥裔美国人相比，他们更容易在工作场所和家里遭遇二手烟。[22]

烟草业领导的一场反制运动凸显了地方在重塑吸烟社会格局方面的控制力量。自20世纪80年代以来，烟草业在打击吸烟限制方面的努力主要集中在制定凌驾于地方法令之上的州法律，为烟草法规的严格程度设定了上限。在1982年到1998年之间，有31个州颁布了这种优先法律。[23] 这些法律不仅服务于烟草业的经济目标，也侵蚀了地方政府的民主自主性。尽管非吸烟者权利运动和民权运动有着微妙的相似之处，也有着狭隘的阶级划分方式，但它成功地激发了地方民主的特性。反吸烟行动者通过给编辑写信、公共电视节目、自制通信刊物等方式，让公民认识到二手烟的危害，推动"非吸烟者身份认同"的社会建构——且这种认知动员效果显著。烟草业推行的优先法律限制了人们在多种问题上的民主参与——从室内吸烟限制到最低工资标准，再到拆除南北战争期间南部邦联的纪念碑。

艰难的和解

然而，在20世纪90年代，最引人关注的不是各州立法机构对烟草业采取的行动，而是州检察长采取的行动。从1994年密西西比州开始，州检察长以追偿与吸烟有关的疾病的医疗补助费用为由，对烟草公司发起诉讼。在密西西比州，律师们估计，那些患有与吸烟相关疾病的人每年的医疗补助费用高达7 000万美元到1亿美元。[24]这些诉讼的前提是纳税人为与吸烟有关的疾病承担了经济重担，但是，正如密西西比州的一名律师所说的："密西西比州从未吸过一支烟。"在这种解读中，各州本身就是无辜的第三方——属于被卷烟烟雾呛到的非吸烟者。[25]明尼苏达州、西弗吉尼亚州、佛罗里达州和马萨诸塞州的总检察长均在一年内提出了同类诉讼。到1997年春，已有31个州提起诉讼。[26]他们得到了一大批律师的帮助，人人都急于从针对烟草业的案子中分一杯羹。

  面对自身内部的分裂，以及可能需要支付的巨额诉讼费用，烟草业同意通过谈判达成和解。烟草制造商基本同意食品药品监督管理局关于烟草广告和营销的规定，同意为反烟草广告活动提供资金，同意如果青少年吸烟率没有下降就接受罚款，并同意在25年的时间内向各州支付数千亿美元的医保费用。作为交换，烟草业得到了它渴望的比金钱甚至摆脱监管更重要的东西：集体诉讼的终结和对个人诉讼的惩罚性赔偿设定上限。尽管和解协议是由律师协商达成的，但其中一些条款只有在国会通过立法后才能生效。

  与几十年前国会的闭门交易形成鲜明对比的是，这项烟草和解协议受到了公众的密切关注。许多公共卫生活动人士嘲笑这项协议是对烟草公司作出的一种妥协。[27]亨利·韦克斯曼、大卫·凯斯勒和查尔斯·埃弗里特·库普认为这是一笔糟糕的交易。凯斯勒对参议院说："你们本可以做得更好。"[28]尤其令反烟草活动人士恼火的是该协议的豁免条款——正是这些条款使得烟草业最初愿意进行和解。

  亚利桑那州共和党人约翰·麦凯恩发起了一项激进的法案，令许多党内领导人感到意外。该法案取消了对未来诉讼的保护，提高了烟草业的责任上限,上调了联邦烟草消费税,对烟草广告实施进一步限制,还制定了罚款条款。当该法案被提交到参议院时,数百条修正案被提出并投票通过——其中一些修正案旨在破坏该法案。[29]烟农被完全排除在这些谈判之外,这在一定程度上说明他们作为一个政治盟友已经被边缘化。这一事实导致烟草种植州的立法者们反对和解协议时,不必向公众揭露烟草公司已经花费了4 000万美元做广告来阻止这项法案。[30]到1998年夏天,该法案被否决。卷烟制造商再一次在国会占了上风。密苏里州共和党人约翰·阿什克罗夫特是参议院中最直言不讳地反对烟草和解协议的人之一。他解释说:"这是对低收入美国人征收的巨额税收,结果却被用来扩大政府的官僚主义。"[31]

美国联邦制的灵活性——正是这种灵活性使得一场强有力的反吸烟运动在地方层面成功,从而激发各州和国会采取监管行动——阻碍了一项咄咄逼人的烟草和解协议的达成。司法部部长和审判律师在寻求和解的过程中对自己的经济和政治动机作出了回应。国会议员们嫉妒他们拥有发起立法的特权,同时又对企业和农民的反对意见非常敏感,因此他们面临一种独特的政治动机——共和党议员更倾向于将这些动机重新定义为"对小政府的监管责任"。

各州与烟草公司最终达成的协议让公众健康倡导者感到失望。那些需要国会批准的条款已经消失:食品药品监督管理局的规定、公共场所和工作场所的禁烟令、要求生产商使用更醒目的包装警告标签的规定、强制青少年减少吸烟的规定。相反,1998年的主和解协议要求烟草公司在接下来的25年里向各州支付2 060亿美元——这个数字甚至还不包括与吸烟有关的疾病的医保费用。各州对如何使用这笔钱没有任何限制，如今只有不到3%的主和解协议资金被用于戒烟和预防吸烟危害。烟草公司还同意了一系列营销限制："骆驼老乔"退休了；禁止提供免费产品样品；禁止赞助体育赛事；禁止投放植入式广告。此外，还成立了一个基金会，为"真相运动"等坚定的反烟草广告提供资金，并且解散了烟草行业最臭名昭著的游说团体和幌子团体。烟草研究所、室内空气研究中心和烟草种植者信息委员会都关闭了。[32]

一种新的监管形式试图用信息公开来净化烟草业的信息污染，在诉讼的审理阶段披露的机密行业文件现在可以在网上自由获取。目前，网上有超过1 400万份与游说、广告和科学研究有关的烟草业文件，为民众提供了一个无与伦比的视角来了解美国最大的行业之一的运营情况。这些文件不仅对历史学家来说是一个宝库，而且在随后的诉讼和监管程序中成为关键证据。作为这些适度让步的交换（所有这些让步在以前的提案中都曾以更有力的形式出现过），卷烟制造商可以获得各州政府永久性放弃追诉的法定赦令，但个人和集体诉讼未被剥夺追诉权。2006年，美国地方法院法官格拉迪斯·凯斯勒裁定，烟草业隐瞒吸烟对健康的危害，违反了联邦《受敲诈者影响和腐败组织法》。[33]作为判决的一部分，凯斯勒要求烟草公司在2021年前进一步披露诉讼所需的行业文件。

公共健康倡导者认为主和解协议是公共健康的彻底失败，却是烟草业的一次重大胜利。华尔街也认同这一看法：烟草股在主和解协议宣布后全线上涨。[34]在许多方面，主和解协议颠覆了过去在公共卫生方面取得的斗争成果。如果非吸烟者运动让吸烟的社会成本成为烟草业的致命弱点，那么主和解协议就为该成本能增加到何种地步设定了上限。将主和解协议达成之后的真相宣传活动与公平原则下获得的免费播放时间进行比较，结果令人感到一丝失望，因为我们记得，现代反烟草广告并不是免费的——它必须用主和解协议的资金购买。如果说各州曾经酝酿过一项国会中不存在的监管措施，那么1998年的主和解协议扭转了这一局势。由于各州从主和解协议中得到的资金主要用于填补财政亏空，因此各州越来越关注针对这些公司的诉讼。"毫无疑问，烟草业最大的金融利益相关者是我们的州政府。"雷诺兹烟草公司的一位副总裁在2003年指出。[35]

吸烟者与烟农

到21世纪初，吸烟者和烟农已经跟不上以非吸烟者的特权为中心的监管制度。长期以来，联邦政府的烟草计划一直被认为是大萧条时期的遗物。事实上，年轻一代的烟农也开始对其生计产生了清醒的认识。1995年，维克森林大学鲍曼·格雷医学院（以雷诺兹烟草公司一位总裁的名字命名）进行了一项研究，发现年轻烟农比他们的父母和祖父母更加怀疑做烟草生意的可行性。该研究的一位作者同意年轻烟农的观点。年长的烟农"生活在过去，他们赖以生存的东西已经土崩瓦解"。[36]

烟农们面临的未来比他们所预期的还要黯淡。主和解协议没有对烟农作出任何补偿安排。但随后的一项协议建立了一个50亿美元的信托基金，由烟草公司集体支付，以补偿由于卷烟销售下降而造成的烟农收入损失。这是20世纪80年代对烟农进行"救助"的先例的一种延续。但是这一次的救助更像是一笔遣散费，而不是对烟草生产领域的初级合伙人施加控制的手段。在主和解协议达成的前夕，美国农业部记录了进口烟草所占的最高比例：美国卷烟制造业使用的烟草中，41.6%来自海外，比1990年增加了10%。[37]1999年，一个反烟草集团联盟发布的一份报告强调了美国烟草业对外国烟草的过度依赖：1997年至1999年，国内卷烟制造商购买美国本土烟草的数量减少了35%，而同一时期国内吸烟率仅下降了4%~5%。[38]随着美国卷烟公司在俄罗斯和亚洲建立业务，美国烤烟的出口量也在下降。到21世纪之交，世界上90%的烤烟和白肋烟——也就是所谓的"美式"卷烟——都是用境外的烟农种植的烟草生产的。在1980年到1998年间，美国烟农在每包卷烟销售额中提取的利润从7美分下降至不到2美分，而制造商的利润从36美分上升到49美分。[39]凭借烟草业从危机中获利的特有能力，这些卷烟制造商以牺牲国内烟农的利益为代价，完成了产业集权化，在宣称支持美国烟农和吹捧美国烤烟的品质的同时，构建了多源烟叶供应商渠道。

在卷烟制造商减少国内烟草购买量的情况下，烟农的收入也在下降：配额减少，价格补贴水平降低。烟草计划之所以受欢迎，正是因为它能保护烟农免受市场冲击，并限制了卷烟制造商控制价格的能力，但最终还是失败了。仍在种植烟草的烟农和配额所有者开始支持终止延续了70年的烟草计划。国会考虑通过立法将烟草计划的终止与食品药品监督管理局对卷烟的监管联系起来。然而，公司的游说，特别是雷诺兹烟草公司的游说，最终导致食品药品监督管理局撤销了相关条款。即使没有了烟草种植者信息委员会，烟草公司仍然组织烟农反对包含食品药品监督管理局条款的法案——甚至不惜牺牲烟农的利益。烟草种植地区谣言肆虐，说食品药品监督管理局监管的人员将突袭至农场检查烟叶。"让食品药品监督管理局远离农场"成为农场集会上的示威口号。[40] 一些旨在维持一定经济调控程度的提案也被否决了,比如对农作物征收消费税以维持国内烟叶价格,以及一项帮助小农户的许可计划。

2004年通过的《公平公正烟草改革法案》,结束了美国对所有烟草种植的价格补贴和市场限制。该法案还包括对烟草配额的"买断":配额持有者和租赁配额的真正种植者有资格通过卷烟制造商的评估获得补偿。这是将旧的《农业调整法》的加工税颠倒了过来:资金终于从卷烟制造商那里转移到了烟农手中,只是这一次烟农被引入了自由市场,必须在没有任何保护的情况下直面各种变数。

烟草地区的变化迅速且可预测:烟草价格下降了25%。一些年迈和边缘化的烟农利用买断后得到的资金,完全退出了烟草种植,而高度资本化的种植者则扩大了生产规模并实现了生产机械化。在50万名接受买断补偿的烟农中,80%的人每人仅获得大约5 000美元,远远不够支撑退休生活。大约有500人每人得到了100多万美元,他们大部分住在北卡罗来纳州东部。[41] 这次买断反映了烟草计划所推崇的土地分配中的精英主义和种族主义本质。它无意补偿那些以烟草为生计的人——临时工、仓库工人、仓库所有者、拍卖师,因为他们不是配额持有者或承租人。

尽管媒体宣称总计100亿美元的烟草配额的买断对北卡罗来纳州的经济来说是一笔意外之财,但烟草项目的取消对当地税收基础的影响却是立竿见影的。在最大的烤烟产地威尔逊县,全县财产总值缩水了2 500万美元,由此产生的税收缺口不得不通过减少公共服务来弥补。但威尔逊县相对之下还是幸运的。自买断计划实施以来,一些边缘化的烟草种植区的农场亏损和人口减少的势头都在不断加速。[42]

关于联邦烟草计划的两个矛盾事实在终止烟草计划后变得很明显:它既是精英主义的,又是民粹主义的,它把原本会在全球竞争的挤压下消失的社区团结在一起。对于那些仍然从事烟草生产的人来说,产业的全球化属性是显而易见的:烟草价格由世界市场决定;烟叶被卖给跨国烟草公司,而这些公司越来越多地在海外寻找未开发的市场;[43]美国的烟草是由拉丁裔移民劳工种植的,这些劳工(及其子女)通常为非法移民,他们的收入甚至低于最低工资。[44]

烟草计划的结束见证了拍卖行的关闭,它们在2004年完全停止运作。[45]拍卖师的吆喝声如今只能在州博览会上听到——夹杂在漏斗蛋糕的香味和获奖牲畜的身影之间。现在,烟草完全根据个体种植者与烟草公司签订的一年合同来种植。农民没有了集体谈判的权力,企业再一次处于价格支配者的地位。但是合同也使卷烟制造商能够确定烟草的种植条件,并以此作为授予合同的先决条件,比如使用什么肥料,使用什么类型的烤烟房。合约体系也使烟农们被纳入全球监控网络,每包与菲利普·莫里斯公司或雷诺兹烟草公司签订合同的烟草都被贴上了条形码,因为它们会在全球供应链中流动——这是一个比食品药品监督管理局所设想的任何网络都要庞大的网络。具有讽刺意味的是,尽管精通计算机技术的农民代表着农业的最前沿,他们相对于卷烟制造商的地位却让人回想起烟草托拉斯的时代,那时,种植合同即为阻挠集体抗争的工具。

潜伏在每一份合同中的不稳定因素——担心来年被压价,或者被撤销——也决定了商品链的终点。吸烟者的社会和经济地位也不稳定。美国的吸烟率正处于20世纪初以来的最低水平。2016年，只有15%的美国人吸烟，比10年前的21%有所下降，与20世纪中叶的46%相比，仅相当于其三分之一。[46]这些数字是反吸烟活动人士努力的结果。在过去的50年里，他们的努力估计挽救了800万人的生命。[47]如今，随着电子烟的流行——尤其是在青少年中——实际吸烟者的人数可能比以上数据反映的更少。电子烟不含烟草，但含有尼古丁和其他一系列化学物质，它们对人体的长期影响尚不清楚，而它们产生的烟雾影响尚不明显。尽管电子烟被吹捧为有效的戒烟工具，但新的研究表明吸电子烟的青少年更有可能成为老烟民。[48]那些从事公共卫生工作的人担心，随着青少年把发光的烟筒放在嘴边，吸烟会慢慢地重新获得社会的接纳。

尽管如此，美国成年人还是更倾向于点燃一支传统卷烟而不是电子烟。隐藏在可燃香烟使用数据中的社会经济差距，既暴露了反吸烟运动的局限，也印证了烟草业的掠夺本质。与非吸烟者相比，吸烟者更穷，受教育程度更低，而且他们更有可能生活在乡村贫困社区，那里的肺癌发病率比城市地区高出20%。由于暴露在更多的二手烟中，贫穷的非吸烟者也更有可能出现亚健康问题。[49]烟草业是造成这些健康不平等的推手：烟草业通过折扣和优惠券直接针对低收入群体，而且在贫穷的社区密集设置香烟零售点。[50]但是，美国富人和穷人在吸烟习惯上的一些差异，很可能是由于过去五年中那些非吸烟者活动人士采取的策略所致。与白领工人相比，蓝领工人更少受到工作场所吸烟限制的保护，部分原因或许是非吸烟者维权人士偏重管理层的禁烟路径所带来的结果。与富裕的美国人相比，贫穷的美国人成功戒烟的可能性更小——这是一个不足为奇的事实，因为辅助戒烟的药物大部分需要开具处方购买，才能实现医保报销。[51]

从种子到化为烟雾，烟草生产和消费的责任已经私有化和个性化。非吸烟者权利活动家实现了他们的目标，使吸烟在社会上不被接受——这一成就导致了吸烟率的进一步下降。[52]吸烟曾经是一种普遍的公共行为，现在却变成了一种可耻的个人恶习。尽管由于种族和社会经济地位的不同而导致的吸烟率差异表明了公共卫生的普遍失灵，但吸烟仍然是一种个人判断力和意志力缺失的表现。[53]吸烟者和非吸烟者将与吸烟有关的疾病归咎于吸烟者而非烟草公司的比例是2：1。[54]正如烟草公司对烟农有了更多的控制权，工作场所也对员工的私生活拥有巨大的管理权。在许多地方，公司解雇或拒绝雇佣吸烟者是合法的——这是非吸烟者权利运动以成本为中心的逻辑的结果。一些公司甚至以医疗费用为由，拒绝雇用配偶吸烟的求职者。[55]无烟工作场所渐渐变成无吸烟者工作场所。

在过去数百年里，烟草的政治经济一直是一个矛盾的丛林，这或许正适合这种既刺激又能使人放松的致命物质。这种物质早期为少数人带来了经济稳定，却牺牲了公众健康；新制度虽然让人蒙羞，却挽救了许多人的生命。这两个体系的危险与承诺让我们同情、想象并有信心相信一个不同的未来。

注 释

前 言

1. "Smoking Banned at News Parley," *New York Times*, January 12, 1964.
2. "Only a Temporary Decline in Sales Expected," *Washington Post*, January 12, 1964; "Britons' Smoking Up after Report," *New York Times*, January 13, 1964.
3. "Wall Streeters Recommending Tobacco Stocks," *Los Angeles Times*, January 10, 1964.
4. Allan M. Brandt, *The Cigarette Century: The Rise, Fall, and Deadly Persistence of the Product that Defined America* (New York: Basic Books, 2007), 237.
5. Centers for Disease Control and Prevention, "Trends in Current Cigarette Smoking among High School Students and Adults, 1964–2014," accessed September 4, 2018, https://www.cdc.gov/tobacco/data_statistics/tables/trends/cig_smoking/index.htm.
6. Danielle Flood, "School for Smoking," *New York Times*, March 20, 1977.
7. Centers for Disease Control and Prevention, "Trends in Current Cigarette Smoking."
8. Elizabeth Drew, "The Quiet Victory of the Cigarette Lobby: How It Found the Best Filter Yet—Congress," *Atlantic*, September 1965, 76.
9. For a thorough examination of the tobacco industry's power in Congress during the 1950s and 1960s, see A. Lee Fritschler, *Smoking and Politics: Bureaucracy Centered Policymaking* (Englewood Cliffs, NJ: Prentice Hall, 1975). Legal scholars call this dynamic "compensatory federalism": the expansion of policies at the subnational level precisely *because of* inaction at the federal level. See Brent Cebul, Karen Tani, and Mason Williams, "Clio and the Compound Republic," *Publius: The Journal of Federalism* 47, No. 2 (April 2017): 235–259; Sara Mayeux and Karen Tani, "Federalism Anew," *American Journal of Legal History* 56 (2016): 128–138. For an in-depth examination of "uncooperative federalism," see Jessica Bulman-Pozen and Heather Gerken, "Uncooperative Federalism," *Yale Law Journal* 118 (2009): 1256–1310. For the possibilities of progressive federalism, see Richard Schragger, *City Power:*

Urban Governance in a Global Age (New York: Oxford University Press, 2016). In attending to tobacco federalism, this book cuts against the tendency to view policy made at the local and state levels as reactionary—as was so often the case when many of these same white southerners invoked "states' rights" in opposition to demands for national civil rights legislation by African Americans. See Mayeux and Tani, "Federalism Anew," 130.

10. Glenn A. Goldberg, "Legal Aspects of Non-Smokers' Rights or 'If We Are Not For Ourselves, Then Who Will Be For Us'" in *Smoking and Health: Proceedings of the Third World Conference On Smoking and Health* (Washington D.C.: United States Department of Health, Education and Welfare, National Institutes of Health, National Cancer Institute, 1976), 366.

11. For the "family farm" mythology that helped to sustain producerism, see Shane Hamilton, "Agribusiness, the Family Farm, and the Politics of Technological Determinism in the Post-World War II United States," *Technology and Culture* 55, No. 3 (2014): 560–590. See also Shane Hamilton, *Supermarket USA: Food and Power in the Cold War Farms Race* (New Haven: Yale University Press, 2018), 144–150.

12. Indeed, agriculture has been a source of much scholarship on the development of the American state. See Gabriel Rosenberg, *The 4-H Harvest: Sexuality and the State in Rural America* (Philadelphia: University of Pennsylvania Press, 2015); Ariel Ron, "Developing the Countryside: Scientific Agriculture and the Roots of the Republican Party" (PhD diss.; University of California, Berkeley, 2012); Bill Winders, *The Politics of Food Supply: U.S. Agriculture Policy and the World Economy* (New Haven: Yale University Press, 2010); Adam Sheingate, *The Rise of the Agricultural Welfare State: Institutions and Interest Group Power in the United States, France, and Japan* (Princeton: Princeton University Press, 2002); Daniel Carpenter, *Forging of Bureaucratic Autonomy: Reputations, Networks and Policy Innovations in Executive Agencies, 1862–1928* (Princeton: Princeton University Press, 2001); Victoria Saker Woeste, *The Farmer's Benevolent Trust: Law and Agricultural Cooperation in Industrial America, 1865–1945* (Chapel Hill: UNC Press, 1998); David Hamilton, *From New Day to New Deal: American Farm Policy from Hoover to Roosevelt* (Chapel Hill: UNC Press, 1991); Kenneth Finegold and Theda Skocpol, *State and Party in America's New Deal* (Madison: University of Wisconsin Press, 1991); John Mark Hansen, *Gaining Access: Congress and the Farm Lobby* (Chicago: University of Chicago Press, 1991). However, among modern American political historians, the New Deal's long-lasting agricultural legacy has largely been overshadowed by the New Deal's legacy on labor, business, and the welfare state. The seminal volume *The Rise and Fall of the New Deal Order*, for example, does not devote a single essay to agricultural regulation. See *The Rise and Fall of the New Deal Order, 1930–1980*, Steve Fraser and Gary Gerstle, eds. (Princeton: Princeton University Press, 1989). Indeed, farm regulations barely make an appearance in synthetic assessments of the New Deal's legacy on business or political realignment.

13. Beginning in 1933, the government began directly shaping the price and supply of most types of tobacco grown in the United States. The most widely produced types of tobacco were those that went into the manufacture of cigarettes: Burley and flue-cured. The latter was mostly grown in Kentucky and Tennessee, whereas flue-cured accounted for the bulk of all U.S. tobacco production and was grown in Virginia, North Carolina, South Carolina, Georgia, and Florida. Together, North Carolina and Kentucky produced 66 percent of the total U.S. tobacco crop. Because flue-cured tobacco is the primary tobacco ingredient in an American-style cigarette and because the majority of flue-cured tobacco was grown in North Carolina, this study focuses upon the federal flue-cured tobacco program, and primarily utilizes sources from North Carolina. For a technological history that demonstrates the legal construction of the flue-cured variety, see Barbara Hahn, *Making Tobacco Bright: Creating an American Commodity, 1617–1937* (Baltimore: Johns Hopkins University Press, 2011). For an ethnographic account of recent transformations in Burley tobacco, see Ann K. Ferrell, *Burley: Kentucky in a New Century* (Lexington: University Press of Kentucky, 2013).
14. The most comprehensive study to date about the operation of the tobacco program during the New Deal continues to be Anthony Badger, *Prosperity Road: The New Deal, Tobacco, and North Carolina* (Chapel Hill: University of North Carolina Press, 1980). For the persistence of multiracial landownership despite U.S. Department of Agriculture (USDA) discrimination, see Adrienne Petty, *Standing Their Ground: Small Farmers in North Carolina since the Civil War* (New York: Oxford University Press, 2013). For a social history of tobacco production in the historic flue-cured areas of Virginia and North Carolina, see Evan Bennett, *When Tobacco Was King: Families, Farm Labor, and Federal Policy in the Piedmont* (Gainesville: University Press of Florida, 2014). For an environmental history of tobacco in the Old Belt region of flue-cured production, see Drew Swanson, *A Golden Weed: Tobacco and the Environment in the Piedmont South* (New Haven: Yale University Press, 2014). For the New Deal's transformation of southern agriculture generally, see Jack Temple Kirby, *Rural Worlds Lost: The American South, 1920–1960* (Baton Rouge: LSU Press, 1987); Pete Daniel, *Breaking the Land: The Transformation of Cotton, Tobacco, and Rice Cultures since 1880* (Champaign: University of Illinois Press, 1986); Gilbert Fite, *Cotton Fields No More: Southern Agriculture, 1865–1980* (Lexington: University Press of Kentucky, 1984). For more on the USDA during the New Deal, see Jess Gilbert, *Planning Democracy: Agrarian Intellectuals and the Intended New Deal* (New Haven: Yale University Press, 2015); Sarah Phillips, *This Land, This Nation: Conservation, Rural America, and the New Deal* (New York: Cambridge University Press, 2007); Richard S. Kirkendall, *Social Scientists and Farm Politics in the Age of Roosevelt* (Aimes: Iowa State University Press, 1966).
15. This book joins other recent reassessments of the rise-and-fall framework for understanding twentieth-century political life. See *Shaped by the State*, Cebul, Geismer, and Williams, eds. See Brent Cebul, Lily Geismer, and

Mason B. Williams, eds., *Shaped by the State: Toward a New Political History of the Twentieth Century,* (Chicago: University of Chicago Press, 2018).

16. This approach draws upon the "organizational synthesis" framework, which highlights the interconnections between elites and experts in private and public sector bureaucracies. See Louis Galambos, "The Emerging Organizational Synthesis in Modern American History," *Business History Review* 44, No. 3 (Autumn 1970): 279–290; Brian Balogh, "Reorganizing the Organizational Synthesis: Federal-Professional Relations in Modern America," *Studies in American Political Development* 5, No. 1 (Spring 1991): 119–172.

17. For more on the associational model of state-building, wherein formal public capacity is enhanced and legitimated by reliance on civic, voluntary, and private sector organizations, see Brian Balogh, *The Associational State: American Governance in the Twentieth Century* (Philadelphia: University of Pennsylvania Press, 2015); William J. Novak, "The Myth of the 'Weak' American State," *American Historical Review* 113, No. 3 (June 2008): 752–772. The associational approach bears many similarities to European studies of corporatism in the 1970s and 1980s. Animating questions centered on the structure of interest groups—whether unions, agriculture organizations, or trade and peak associations—and their relation to political bargaining and the allocation of resources and entitlements. Neo-corporatist scholarship rejected as "insufficiently complex" the oppositional binary between state and market implicit in many pluralist accounts between the state and market/community. As transnational scholarship on corporatism developed, scholars of American institutions played only a limited role, even as foundational works in American political development began to interrogate some of the same questions—namely, those about the state itself as an organizational structure. To a large extent, the siloed development of the "neo-corporatist" European school, on the one hand, and the "state-centered" American school, on the other, represented both American and European assumptions about U.S. exceptionalism. As one neo-corporatist theorist wrote, "It is illuminating to remember . . . that while pluralism was an American creation, neo-corporatism was primarily a European one. [It was] originally inspired by reflection upon the different relationship between the state and subgroups which distinguished the European world from the USA." See Noel O'Sullivan, "The Political Theory of Neo-Corporatism," in *The Corporate State: Corporatism and the State Tradition in Western Europe,* Andrew Cox and Noel O'Sullivan, eds. (Aldershot, UK: Elgar, 1988), 5; Philippe Schmitter, "Still the Century of Corporatism?" *Review of Politics* 36, No. 1 (1974): 85–131. See also *Trends towards Corporatist Intermediation,* Schmitter and Gerald Lembruch, eds. (New York and London: Sage, 1979); Alan Cawson, *Corporatism and Political Theory* (Oxford: Blackwell, 1986). One notable exception to the Eurocentric focus of most studies in corporatism is Donald Brand, *Corporatism and the Rule of*

Law: A Study of the National Recovery Administration (Ithaca: Cornell University Press, 1988). More recently, some scholars of the American state have begun to use the vocabulary of corporatism. See Laura Phillips Sawyer, *American Fair Trade: Proprietary Capitalism, Corporatism, and the "New Competition," 1890–1940* (New York: Cambridge University Press, 2018).

18. Indeed, scholars of U.S. foreign policy have long attended to the ways in which private business and interest groups expand the formal capacities of U.S. diplomatic and economic power. Michael Hogan is the exemplar of this paradigm. See Michael J. Hogan, *The Marshall Plan: America, Britain and the Reconstruction of Western Europe, 1947–1952* (Cambridge: Cambridge University Press, 1987); Hogan, "Corporatism: A Positive Appraisal," *Diplomatic History* 10, No. 4 (October 1986): 363–372.

19. Balogh, *The Associational State*, 3. For accounts of the ways in which the U.S. state frequently operates "out of sight" of most citizens, see Suzanne Mettler, *The Submerged State: How Invisible Government Policies Undermine American Democracy* (Chicago: Chicago University Press, 2011); Jacob Hacker, *The Divided Welfare State: The Battle over Public and Private Social Benefits in the United States* (New York: Cambridge University Press, 2002); Jennifer Klein, *For All These Rights: Business, Labor, and the Shaping of America's Public-Private Welfare State* (Princeton: Princeton University Press, 2003).

20. Mark Tushnet, "An Essay on Rights," *Texas Law Review* 62 (1984): 1371.

21. Ira Katznelson, *Fear Itself: The New Deal and the Origins of Our Time* (New York: Liveright, 2013), 14–16. See also Katznelson, *When Affirmative Action Was White* (New York: Norton, 2005). Historians of southern agriculture have been particularly attentive to the discriminatory elements of USDA policy. See Pete Daniel, *Dispossession: Discrimination against African American Farmers in the Age of Civil Rights* (Chapel Hill: UNC Press, 2013). A class-action discrimination suit was brought by African-American farmers against the USDA for the agency's discrimination against them between 1983 and 1997. See Timothy Pigford, et al., v. Dan Glickman, Secretary, United States Department of Agriculture, U.S. District Court for the District of Columbia, Civil Action No. 97-1978.

22. For the left-wing version of the critique, see C. Wright Mills, *The Power Elite* (New York: Oxford, 1956); Gabriel Kolko, *The Triumph of Conservatism: A Reinterpretation of American History, 1900–1916* (New York: Free Press, 1963); Grant McConnell, *Private Power and American Democracy* (New York: Knopf, 1966). McConnell especially discusses the way in which agricultural interest groups and the USDA maintained a high-level integration. Marver Bernstein's thesis of the "life cycle" of regulatory agencies was particularly influential to economists' understanding of "captive agencies" as promoting economic inefficiencies through the rent-seeking behavior of regulated industries. See Marver Bernstein, *Regulating Business by Independent Commission* (Princeton: Princeton University Press, 1955). For the right-wing version of the capture thesis, see George J. Stigler, "The Theory of Economic Regulation,"

Bell Journal of Economics and Management Science 2, No. 1 (1971): 3–21; Richard A. Posner, "Theories of Economic Regulation," *Bell Journal of Economics and Management Science* 5, No. 2 (1974): 335–358. For an overview of the history of the capture thesis, see William J. Novak, "A Revisionist History of Regulatory Capture," in *Preventing Regulatory Capture*, Daniel Carpenter and David Moss, eds. (New York: Cambridge, 2013).

23. For a discussion of the way in which young activist lawyers reimagined the judiciary as a site of democratic participation, see Reuel Schiller, "Enlarging the Administrative Polity: Administrative Law and the Changing Definition of Pluralism, 1945–1970," *Vanderbilt Law Review* 53, No. 5 (2000): 1389–1453; Schiller, *Forging Rivals: Race, Class, Law and the Collapse of Postwar Liberalism* (New York: Cambridge University Press, 2015), especially 143–146; Sean Farhang, *Litigation State: Public Regulation and Private Lawsuits in the United States* (Princeton: Princeton University Press, 2010). In what political theorist Michael McCann calls the "judicialization of public institutions," reformers reimagined the courts as a respite from and check on the elite-dominated legislative and administrative branches. See Michael W. McCann, *Taking Reform Seriously: Perspectives on Public Interest Liberalism* (Ithaca: Cornell University Press, 1986), 104.

24. Robert L. Rabin, "Federal Regulation in Historical Perspective," *Stanford Law Review* 38, No. 5 (1986), 1304. For an examination of the United States' early leading role in the passage of stringently precautionary laws, see David Vogel, *The Politics of Precaution: Regulating Health, Safety, and Environmental Risks in Europe and the United States* (Princeton: Princeton University Press, 2012). For an engaging study of the Reagan-era rollback of EPA and the Federal Trade Commission (FTC), see Richard Harris and Sidney Milkis, *The Politics of Regulatory Change: A Tale of Two Agencies* (New York: Oxford University Press, 1989); David Vogel, "The New Social Regulation in Historical and Comparative Perspective," in *Regulation in Perspective: Historical Essays*, Thomas McCraw, ed. (Boston: Graduate School of Business Administration, Harvard University, 1981).

25. The only sustained treatment of the history of smoking as an aspect of the history of organized labor is Gregory Wood, *Clearing the Air: The Rise and Fall of Smoking in the Workplace* (Ithaca: Cornell University Press, 2016).

26. U.S. Public Health Service, Office of the Surgeon General, *The Health Consequences of Smoking: A Report of the Surgeon General, 1972* (Washington, DC: Government Printing Office, 1972); Takeshi Hirayama, "Non Smoking Wives of Heavy Smokers Have a Higher Risk of Lung Cancer," *British Medical Journal* 283 (1981): 183–185; D. Trichopoulos et al., "Lung Cancer and Passive Smoking," *International Journal of Cancer* 27 (1981): 1–4; L. Garfinkel, "Time Trends in Lung Cancer Mortality among Non-Smokers and a Note on Passive Smoking," *Journal of the National Cancer Institute*, 66 (1981): 1061–1066.

27. U.S. Department of Health and Human Services, *The Health Consequences of Involuntary Smoking: A Report of the Surgeon General* (Washington, D.C.: Gov-

ernment Printing Office, 1986); National Research Council Committee on Passive Smoking, *Environmental Tobacco Smoke: Measuring Exposures and Assessing Health Effects* (Washington, DC: National Academy Press, 1986).

28. See Brandt, "Blow Some My Way: Passive Smoking, Risk and American Culture," in *Ashes to Ashes: The History of Smoking and Health*, Stephen Lock, Lois Reynolds, and E. M. Tansey, eds. (Amsterdam: Rodopi, 1998), 167. See also Constance Nathanson, *Disease Prevention as Social Change: The State, Society, and Public Health in the United States, France, Great Britain, and Canada* (New York: Russell Sage, 2007).

29. C. B. Barad, "Smoking on the Job: The Controversy Heats Up," *Occupational Health and Safety* 48 (1979): 21.

30. Bureau of National Affairs, *Where There's Smoke: Problems and Policies Concerning Smoking in the Workplace, a BNA Special Report*, 2nd ed., 1987; Tobacco Institute Records, n.d., University of California at San Francisco (UCSF) Library, https://www.industrydocumentslibrary.ucsf.edu/tobacco/docs/yzhv0060.

31. The argument that civil rights claims accelerated the demise of the collective-bargaining paradigm has been advanced by a number of labor historians. See especially Nelson Lichtenstein, *State of the Union: A Century of American Labor* (Princeton: Princeton University Press, 2002); Reuel Schiller, *Forging Rivals: Race, Class, Law, and the Collapse of Postwar Liberalism* (New York: Cambridge University Press, 2015); Paul Frymer, *Black and Blue: African Americans, the Labor Movement, and the Decline of the Democratic Party* (Princeton: Princeton University Press, 2009). For a cultural account of the role of "identity politics" in dissolving the class solidarism of labor, see Jefferson Cowie and Nick Salvatore, "The Long Exception: Rethinking the Place of the New Deal in American History," *International Labor and Working-Class History* 74, No. 1 (2008): 3–32. Historians of race and gender have highlighted how African Americans, women, and ethnic minorities reconstituted the meaning of citizenship at worksites, expanding upon the institutional mechanisms established during the New Deal. See Nancy MacLean, *Freedom Is Not Enough: The Opening of the American Workplace* (Cambridge, MA: Harvard University Press, 2006); MacLean, "Getting New Deal History Wrong," *International Labor and Working-Class History* 74 (2008): 49–55; Alice Kessler-Harris, *In Pursuit of Equity: Women, Men, and the Pursuit of Economic Citizenship in 20th-Century America* (New York: Oxford University Press, 2003). Legal historians have focused in particular on the role of Title VII of the Civil Rights Act of 1964 in expanding the fabric of economic inclusion while at the same time drawing new battle lines over the meaning of "equal opportunity." See Katherine Turk, *Equality on Trial: Gender and Rights in the Modern American Workplace* (Philadelphia: University of Pennsylvania Press, 2016); Sophia Z. Lee, *The Workplace Constitution: From the New Deal to the New Right* (New York: Cambridge University Press, 2014); Serena Mayeri, *Reasoning from Race: Feminism, Law, and the Civil Rights Revolution* (Cambridge, MA: Harvard University Press,

2011); John Skrentny, *Minority Rights Revolution* (Cambridge, MA: Harvard University Press, 2002).
32. Lily Geismer, *Don't Blame Us: Suburban Liberals and the Transformation of the Democratic Party* (Princeton: Princeton University Press, 2015). Geismer provides a compelling account of the ways that suburban quality of life concerns helped to reshape the Democratic Party.
33. Wendy Brown, "The End of Liberal Democracy," in *Edgework: Critical Essays on Knowledge and Politics* (Princeton: Princeton University Press, 2005), 43. For an engaging case study of the multiple dimensions of the economy of cheap, see Bryant Simon, *The Hamlet Fire: A Tragic Story of Cheap Food, Cheap Government, and Cheap Lives* (New York: New Press, 2017).
34. Some scholars use the term *neoliberalism* to describe the ascent of free-market orthodoxy. For a historical account of neoliberal ideas, see Angus Burgin, *The Great Persuasion: Reinventing Free Markets since the Great Depression* (Cambridge, MA: Harvard University Press, 2012); Daniel Stedman Jones, *Masters of the Universe: Hayek, Friedman, and the Birth of Neoliberal Politics* (Princeton: Princeton University Press, 2012); Philip Mirowski and Dieter Plehwe, eds., *The Road from Mont Pelerin: The Making of the Neoliberal Thought Collective* (Cambridge, MA: Harvard University Press, 2009). For a theoretical account of neoliberalism as a political project, see David Harvey, *A Brief History of Neoliberalism* (New York: Oxford University Press, 2005); Wendy Brown, *Undoing the Demos: Neoliberalism's Stealth Revolution* (New York: Zone, 2015). My understanding of modern political economy has been greatly enriched by these texts. However, this study does not use the term *neoliberalism* to describe the political economy of the last decades of the twentieth century because of the multiple meanings that it carries, a point highlighted by Daniel Rodgers. See Rodgers, "The Uses and Abuses of 'Neoliberalism,'" *Dissent* 65, No. 1 (Winter, 2018): 78–87. For example, the political economy reflected in the rise of the nonsmoker was far from deregulatory.
35. In 2005, 63 percent of flue-cured producers and 56 percent of Burley producers who had farmed the previous year quit farming tobacco. See Linda Foreman and William McBride, "Policy Reform in the Tobacco Industry: Producers Adapt to a Changing Market," *Economic Information Bulletin* 77 (May 2011), https://www.ers.usda.gov/webdocs/publications/44553/7423_eib77.pdf?v=41055; Erik Dohlman, Linda Foreman, and Michelle Da Pra, "The Post-Buyout Experience: Peanut and Tobacco Sectors Adapt to Policy Reform," EIB-60, U.S. Department of Agriculture, Economic Research Service, November 2009.
36. Ariel Ramchandani, "The Overlooked Children Working America's Tobacco Fields," *Atlantic*, June 21, 2018, accessed September 12, 2018, https://www.theatlantic.com/family/archive/2018/06/child-labor-tobacco/562964/; Oxfam America and the Farm Labor Organizing Committee, *A State of Fear: Human Rights Abuses in North Carolina's Tobacco Industry* (2011), accessed September 12, 2018, https://www.oxfamamerica.org/static/media/files/a-state-of-fear.pdf.

37. Peter Benson, *Tobacco Capitalism: Growers, Migrant Workers, and the Changing Face of a Global Industry* (Princeton: Princeton University Press, 2012).
38. Kristin Collins, "Tobacco Buyout Shows Shift to Giant Farms," *Raleigh News and Observer*, October 17, 2004.
39. Allen Ginsberg, *Howl and Other Poems* (San Francisco: City Lights Pocket Bookshop, 1956).
40. Allan Brandt's *Cigarette Century*, Richard Kluger's *Ashes to Ashes*, and Robert Proctor's *Golden Holocaust* are models of meticulous, ethical scholarship. And in the case of Proctor and Brandt, their scholarship has also served to regulate the industry, compelling further disclosure of once-secret documents that have provided the basis for subsequent research and litigation. Both historians testified against the companies in United States v. Philip Morris *USA, Inc.* (2006), which found that the companies had engaged in a "massive 50-year scheme to defraud the public, including consumers of cigarettes" and had violated the Racketeer Influenced and Corrupt Organizations Act. See especially Robert Proctor, *Golden Holocaust: Origins of the Cigarette Catastrophe and the Case for Abolition* (Berkeley: University of California Press, 2011); Brandt, *Cigarette Century*; Richard Kluger, *Ashes to Ashes: America's Hundred Year Cigarette War, the Public Health, and the Unabashed Triumph of Philip Morris* (New York: Knopf, 1996); Philip Hilts, *Smokescreen: The Truth behind the Tobacco Industry Cover-Up* (Boston: Addison-Wesley, 1996); Stanton A. Glantz, John Slade, Lisa Bero, Peter Hanauer, and Deborah Barnes, *The Cigarette Papers* (Berkeley: University of California Press, 1996). For an insider's account, see David Kessler, *A Question of Intent: A Great American Battle with a Deadly Industry* (New York: Public Affairs, 2001); Louis M. Kyriakoudes, "Historians' Testimony on 'Common Knowledge' of the Risks of Tobacco Use: A Review and Analysis of Experts Testifying on Behalf of Cigarette Manufacturers in Civil Litigation," *Tobacco Control* 15, Suppl. 4 (2006): iv107–iv116; Jon Wiener, "Big Tobacco and the Historians," *The Nation*, February 25, 2010. For a journalistic account that emphasizes the relationship between the tobacco industry and the modern Tea Party, see Jeff Nesbit, *Poison Tea: How Big Oil and Big Tobacco Invented the Tea Party and Captured the GOP* (New York: Thomas Dunne Books, 2016).
41. Proctor, *Golden Holocaust*, 261–262.
42. Naomi Oreskes and Erik M. Conway, *Merchants of Doubt: How a Handful of Scientists Obscured the Truth on Issues from Tobacco Smoke to Global Warming* (New York: Bloomsbury Press, 2010); *Golden Holocaust*; *Agnotology: The Making and Unmaking of Ignorance*, eds. Robert N. Proctor and Londa Schiebinger, (Palo Alto: Stanford University Press, 2008).
43. "Smoking and Health Proposal," 1969, Brown & Williamson Records, https://www.industrydocumentslibrary.ucsf.edu/tobacco/docs/psdw0147.
44. As Naomi Oreskes and Erik Conway have demonstrated, these techniques proved inspirational to a variety of other industries, especially the fossil fuel industry in its denial of global warming. Against the backdrop of

today's climate crisis, a deeper understanding of the cigarette's history promises insights beyond smoking. Oreskes and Conway, *Merchants of Doubt*, 169–215.
45. In looking beyond Big Tobacco, my approach is consistent with one recently called for by historian Nan Enstad, whose *Cigarettes, Inc.* situates the rise of the multinational tobacco corporation within broad cultural currents running from the Jim Crow south to China. In this rendering, the cigarette functions less as an object lesson in corporate villainy than as an emblem of particular forms of political power. Nan Enstad, *Cigarettes, Inc.: An Intimate History of Corporate Imperialism* (Chicago: University of Chicago Press, 2018), x–xii.
46. Brandt, "Blow Some My Way," 165. Historians of foreign relations have thus far been the most attentive to the relationship between American systems of production and international consumption patterns. See Nick Cullather, *Hungry World: America's Cold War Battle with Poverty in Asia* (Cambridge, MA: Harvard University Press, 2010); Winders, *The Politics of Food Supply*.
47. The nexus between agricultural producer associations and state policy regarding consumption can provide a model for future research into the nexus between producer associations and the federal government that has shaped global consumer capitalism since World War II. See Sarah Milov, "Promoting Agriculture: Farmers, the State, and Checkoff Marketing, 1935–2005," *Business History Review* 90, No. 3 (2016): 505–536; Hamilton, *Supermarket USA*, 4, for a similar approach to the "intertwined politics of food production and consumption." The historiography of consumption and consumerism in modern America is vast. See Lizabeth Cohen, *A Consumers' Republic: The Politics of Mass Consumption in Postwar America* (New York: Vintage, 2003); Meg Jacobs, *Pocketbook Politics: Economic Citizenship in Twentieth Century America* (Princeton: Princeton University Press, 2007); Robert Collins, *More: The Politics of Growth in Postwar America* (New York: Oxford University Press, 2000); Gary Cross, *An All Consuming Century: Why Commercialism Won in Modern America* (New York: Columbia University Press, 2002). Louis Hyman powerfully highlights the role that credit and debt played in the construction of the consumer economy. See Hyman, *Debtor Nation: The History of America in Red Ink* (Princeton: Princeton University Press, 2011). For analyses of rural America as a staging ground for a consumerist, market-oriented ethos, see Shane Hamilton, *Trucking Country: The Road to America's Wal-Mart Economy* (Princeton: Princeton University Press, 2008); Bethany Moreton, *To Serve God and Wal-Mart: The Making of Christian Free Enterprise* (Cambridge, MA: Harvard University Press, 2009).
48. The movement for nonsmokers' rights grew out of a broader suburban environmental ethos, frequently woman-led, and focused on quality of life issues. For more on suburban environmentalism, see Christopher Sellers, *Crabgrass Crucible: Suburban Nature and the Rise of Environmentalism in the Twentieth Century* (Chapel Hill: UNC Press, 2012); Adam Rome, *The Bulldozer in the Countryside: Suburban Sprawl and the Rise of American Environmentalism*

(New York: Cambridge University Press, 2001); Geismer, *Don't Blame Us: Suburban Liberals and the Transformation of the Democratic Party* (Princeton: Princeton University Press, 2015), especially chapters 4 and 7.

49. The history of the cigarette complicates the historiography of modern conservatism that emphasizes business's dismantling of New Deal economic commitments. For histories of the political mobilization of business, see Benjamin Waterhouse, *Lobbying America: The Politics of Business from Nixon to Nafta* (Princeton: Princeton University Press, 2014); Kim Philips-Fein, *Invisible Hands: The Businessman's Crusade against the New Deal* (New York: Norton, 2009); Elizabeth Fones-Wolf, *Selling Free Enterprise: The Business Assault on Labor and Liberalism, 1945–1960* (Urbana: University of Illinois Press, 1995).
50. Campaign for Tobacco-Free Kids, "The Toll of Tobacco in the United States," updated October 6, 2017, https://www.tobaccofreekids.org/problem/toll-us/.
51. Wendy Brown, "Suffering the Paradoxes of Rights," in *Left Legalism / Left Critique*, Janet Halley and Wendy Brown, eds. (Durham: Duke University Press, 2002), 421.
52. Brandt, "Blow Some My Way." For a provocative exploration of the way in which modern notions of health are tools of censure that serve economic and political interests, see Jonathan Metzl and Anna Kirkland, eds., *Against Health: How Health Became the New Morality* (New York: NYU Press, 2010).
53. J. J. Prochaska, A. K. Michalek, and C. Brown-Johnson, "Likelihood of Unemployed Smokers vs Nonsmokers Attaining Reemployment in a One-Year Observational Study," *JAMA Internal Medicine* 176, No. 5 (2016): 662–670.
54. Frank Newport, "Impact of Smoking, Being Overweight on a Person's Image," *Gallup Poll Briefing*, 2008, 1; *Business Source Complete*, EBSCOhost, accessed October 12, 2017, https://www.ebsco.com/products/research-databases/business-source-complete.
55. Wendy Brown, *Undoing the Demos: Neoliberalism's Stealth Revolution* (New York: Zone, 2015); Daniel Rodgers, *Age of Fracture* (Cambridge, MA: Harvard University Press, 2011), 3.
56. Ganna Sheremenko and James E. Epperson, "The United States Tobacco Industry after the Buyout," Selected Paper prepared for presentation at the Southern Agricultural Economics Association Annual Meeting, Corpus Christi, TX, February 5–8, 2011, http://ageconsearch.umn.edu/bitstream/98630/2/The%20U.S.%20Tobacco%20Industry%20after%20the%20Buyout-1.pdf.

第一章 美国工业化中的烟草

1. Robert Penn Warren, *Night Rider*, reprint ed. (Nashville and Lanham, MD: J. S. Sanders Books, 1992), 15.
2. Ibid., 16.

3. In the nineteenth and early twentieth centuries, producerism was a powerful political ethic that valorized the sweated labor of farmers and workingmen who produced tangible wealth. These Americans were understood as true stewards of Republican virtue and national character. Michael Kazin, *The Populist Persuasion: An American History* (Ithaca: Cornell University Press, 1995), 13–17.
4. The phrase "little white slaver" was popularized by Henry Ford, who published a four-volume treatise against cigarettes between 1914 and 1916. Henry Ford, *The Case Against the Little White Slaver* (Detroit: 1914).
5. Lizabeth Cohen, *Making a New Deal: Industrial Workers in Chicago, 1919–1939* (New York: Cambridge University Press, 1990), esp. chapter 1; Elizabeth Sanders, *Roots of Reform: Farmers, Workers, and the American State, 1877–1917* (Chicago: University of Chicago Press, 1999); Nelson Lichtenstein, *State of the Union: A Century of American Labor* (Princeton: Princeton University Press, 2002); Ellis Hawley, *The New Deal and the Problem of Monopoly: A Study in Economic Ambivalence* (Princeton: Princeton University Press, 1966); Hawley, ed., *Herbert Hoover as Secretary of Commerce: Studies in New Era Thought and Practice* (Iowa City: University of Iowa Press, 1981); Robert H. Zieger, "Labor, Progressivism, and Herbert Hoover in the 1920's," *Wisconsin Magazine of History* 58, No. 3 (1975): 196–208.
6. "Tobacco Trust Worst Cormorant, He Asserts," *New York Times,* May 29, 1906.
7. Ibid.
8. Allan Brandt, *The Cigarette Century: The Rise, Fall, and Deadly Persistence of the Product That Defined America* (New York: Basic Books, 2007), 39–41; "An Illegal Trust Legalized," *World Today,* 21 (December 1911): 1440–1441.
9. Robert F. Durden, *The Dukes of Durham*, 1865–1929 (Durham: Duke University Press), 10–12.
10. Ibid., 12.
11. Robert Proctor, *Golden Holocaust: Origins of the Cigarette Catastrophe and the Case for Abolition* (Berkeley: University of California Press, 2011), 31–35.
12. As Nan Enstad has pointed out, "the story of entrepreneurial innovation in the US cigarette industry properly begins with Ginter rather than Duke." Nan Enstad, *Cigarettes, Inc.: An Intimate History of Corporate Imperialism* (Chicago: University of Chicago Press, 2018), 16.
13. Nannie Mae Tilley, *The Bright Tobacco Industry, 1860–1929* (Chapel Hill: UNC Press, 1948), 559.
14. Leonard Rogoff, *Homelands: Southern Jewish Identity in Durham–Chapel Hill and North Carolina* (Tuscaloosa: University of Alabama Press, 2001), 42; Joseph C. Robert, *The Story of Tobacco in America* (New York: Knopf, 1949), 141.
15. Rogoff, *Homelands,* 43.
16. Quoted in Enstad, *Cigarettes, Inc.,* 63.
17. Ibid.
18. For a history of the ascendancy of the industrial logic on U.S. farms, see Deborah Fitzgerald, *Every Farm a Factory: The Industrial Ideal in American Ag-*

riculture (New Haven: Yale University Press, 2003); Alan Olmstead and Paul Rhode, "An Overview of California Agricultural Mechanization, 1870-1930," *Agricultural History* 62, No. 3 (1988): 89.

19. Bonsack was never awarded the prize money, as Lewis Ginter judged his machine too unreliable. Enstad, *Cigarettes, Inc.*, 59.
20. Cassandra Tate, *Cigarette Wars: The Triumph of the "Little White Slaver"* (New York: Oxford University Press, 1999), 15.
21. The tax reduction, which had been debated in front of Congress sporadically since 1880, passed in 1883. Duke responded by immediately cutting the price of cigarettes in half, to 5 cents a package. This gave him an immediate foothold in the market, despite selling at a loss for several months. Tate, *Cigarette Wars*, 14.
22. Enstad, *Cigarettes, Inc.*, 63.
23. Tate, *Cigarette Wars*, 16; Proctor, *Golden Holocaust*, 39; Jordan Goodman, *Tobacco in History and Culture: An Encyclopedia* (Detroit: Thomson Gale, 2005), 42; Richard B. Tennant, *The American Cigarette Industry: A Study in Economic Analysis and Public Policy* (New Haven: Yale University Press, 1950), 41.
24. As Enstad notes, historians have also long attributed the success of the American Tobacco Company to Duke's genius for innovation, manifested in his use of the Bonsack cigarette machine. Enstad, *Cigarettes, Inc.*, 52-53, 58.
25. Quoted in Kluger, *Ashes to Ashes: America's Hundred Year Cigarette War, the Public Health, and the Unabashed Triumph of Philip Morris* (New York: Knopf, 1996), 25.
26. Enstad, *Cigarettes, Inc.*, 67-68; Charles McCurdy, "The Knight Sugar Decision of 1865 and the Modernization of American Corporation Law, 1869-1903," *Business History Review* 53, No. 3 (1979): 304-342; Naomi R. Lamoreaux, *The Great Merger Movement in American Business, 1895-1904* (New York: Cambridge University Press, 1985), 1; Jonathan Levy, *Freaks of Fortune: The Emerging World of Capitalism and Risk in America* (Cambridge, MA: Harvard University Press, 2012), 276-277.
27. Santa Clara County v. Southern Pacific Railroad Company, 118 U.S. 394 (1886); Enstad, *Cigarettes, Inc.*, 75-76. As Enstad notes, what was significant about the creation of corporate personhood was the way in which it augured a shift in the public imagination of the corporation as a private rather than public entity.
28. Enstad, *Cigarettes, Inc.*, 67.
29. Brandt, *Cigarette Century*, 32-36.
30. P. G. Porter, "Origins of American Tobacco Company," *Business History Review* 43, No. 1 (1969): 59-60.
31. Brandt, *Cigarette Century*, 38; Tennant notes that "the total return on $1,000 invested in 1890 without withdrawal and also without reinvestment of dividends would have been $35,197." *American Cigarette Industry*, 39.
32. Lamoreaux, *The Great Merger Movement in American Business*.
33. Porter, "Origins of American Tobacco Company," 66-67.

34. Kluger, *Ashes to Ashes*, 37.
35. Enstad, *Cigarettes, Inc.* 82.
36. Enstad, *Cigarettes, Inc.*; Nan Enstad, "To Know Tobacco: Southern Identity in China in the Jim Crow Era," *Southern Cultures* 13, No. 4 (2007): 6–23.
37. Emily Rosenberg, *Spreading the American Dream: American Economic and Cultural Expansion* (New York: Macmillan, 1982).
38. Morton Keller, *Regulating a New Economy: Public Policy and Economic Change in America, 1900–1933* (Cambridge, MA: Harvard University Press, 1990), 23.
39. William Leuchtenberg, *The American President: From Teddy Roosevelt to Bill Clinton* (New York: Oxford University Press, 2015), 23.
40. Keller, *Regulating a New Economy*, 27–28.
41. Robert Wiebe, *The Search for Order, 1877–1920* (New York: Hill and Wang, 1967).
42. United States. Department of Justice, *The United States of America, appellant, v. the American tobacco company and others: The American tobacco company and others, appellants, v. the United States of America . . . Brief for the United States* (Washington, D.C.: Government Printing Office, 1910).
43. United States v. American Tobacco Company 221 U.S. 106 (1911).
44. Tate, *Cigarette Wars*, 7.
45. Leonard Rogoff, "Jewish Proletarians in the New South: The Durham Cigarette Rollers," *American Jewish History* 82, No. 1/4 (1994): 141–157.
46. See ibid., Table 2.
47. For a history of Italian cigarette consumption see Carl Ipsen, *Fumo: Italy's Love Affair with the Cigarette* (Palo Alto: Stanford University Press, 2016), especially 15–25; "Murder over Cigarettes," *New York Times*, April 2, 2011; "Necklace of Dynamite, Novel Suicide Method," *Washington Post*, June 18, 1922.
48. Tate, *Cigarette Wars*, 6.
49. This narrative is suggested by a number of historians. Duke's sympathetic biographers, Alfred Chandler's machine-centered account of the rise of business management, and critical accounts of the tobacco industry share a teleological conception of the cigarette's eventual triumph over other forms of consumption. Referring to the historiography of Duke's Tobacco Trust, one historian has deemed this tendency the "Whig fable of American Tobacco." See Leslie Hannah, "The Whig Fable of American Tobacco," *Journal of Economic History* 66, No. 1 (2006): 42–43.
50. Ibid., 45.
51. Tate, *Cigarette Wars*, 4.
52. Ibid., 130.
53. "Letters to the Editor," *Journal of Education*, August 15, 1907, 156.
54. For more on the association of the cigarette and male effeminacy, see Enstad, *Cigarettes, Inc.*, 39–42.
55. Tate, *Cigarette Wars*, 21.

56. Quoted in ibid., 18.
57. Ibid.
58. Ford, *The Case against the Little White Slaver*, 27.
59. Quoted in Tate, *Cigarette Wars*, 125.
60. Ibid., 66.
61. Ibid.; Brandt, *Cigarette Century*, 51; Michael Schudson, *Advertising, the Uneasy Persuasion: Its Dubious Impact on American Society* (New York: Basic Books, 1984), 186.
62. Although tobacco had long been associated with war, the centrality of cigarettes was novel. Previous wartime rations had only included pipe and smoking tobacco. See Tate, *Cigarette Wars*, 81.
63. Quoted in ibid., 73.
64. "They've Had a Lot of Tobacco," *New York Times*, May 24, 1918; Tate, *Cigarette Wars*, 83.
65. *Don't Forget the Smoke* (Monographic, 1918), Notated Music, https://www.loc.gov/item/2009440254/.
66. William H. Nicholls, *Price Policies in the Cigarette Industry: A Study of "Concerted Action" and Its Social Control, 1911–1950* (Nashville: Vanderbilt University Press), 18.
67. Tate, *Cigarette Wars*, 151.
68. William Leach, *Land of Desire: Merchants, Power, and the Rise of a New American Culture* (New York: Pantheon, 1993); Roland Marchand, *Advertising the American Dream: Making Way for Modernity* (Berkeley, Los Angeles, and London: University of California Press, 1985).
69. Nicholls, *Price Policies in the Cigarette Industry*, 59–61.
70. Brandt, *Cigarette Century*, 73–75.
71. Tate, *Cigarette Wars*, 117.
72. The True Inwardness of the Tobacco Situation," *Progressive Farmer*, September 25, 1920, 16.
73. Historian Evan Bennett has cautioned against nostalgia for historical tobacco production practices. Evan P. Bennett, "Dubious Heritage: Tobacco, History, and the Perils of Remembering the Rural Past," *Agricultural History* 86, No. 2 (2012): 23–40.
74. Samuel Huntington Hobbs, *North Carolina: Economic and Social* (Chapel Hill: UNC Press, 1930), 119.
75. Evan Bennett, *When Tobacco Was King: Families, Farm Labor, and Federal Policy in the Piedmont* (Gainesville: University Press of Florida, 2014), 63.
76. Tilley, *Bright Tobacco Industry*, 356–357.
77. Tobacco buyers relied on a complicated set of gesticulations to signal their purchase to the auctioneer. For an excellent atmospheric description of the process, see Pete Daniel, *Breaking the Land: The Transformation of Cotton, Tobacco, and Rice Cultures since 1880* (Urbana: University of Illinois Press, 1985); Thomas Jackson Woofter, *The Plight of Cigarette Tobacco* (Chapel Hill: UNC Press, 1931), chapter 4.

78. Daniel, *Breaking the Land*, 209; Bennett, *When Tobacco Was King*, 37–38; Tilley, *Bright Tobacco Industry*, 205.
79. Quoted in Daniel, *Breaking the Land*, 27.
80. Quoted in Tilley, *Bright Tobacco Industry*, 305.
81. Woofter, *Plight of Cigarette Tobacco*, 42.
82. Tilley, *Bright Tobacco Industry*, 205.
83. Woofter, *Plight of Cigarette Tobacco*, 45.
84. *Report of the Federal Trade Commission on the Tobacco Industry* (Washington, DC: Government Printing Office, 1921), 53.
85. Ibid., 144.
86. Quoted in ibid., 26.
87. G. Cullom Davis, "The Transformation of the Federal Trade Commission, 1914–1929," *Mississippi Valley Historical Review* 49, No. 3 (1962): 437–455.
88. William Nicholls, *Price Policies in the Cigarette Industry*, 207.
89. Ibid., 214; *Report of the Federal Trade Commission*, 120; Reavis Cox, *Competition in the American Tobacco Industry, 1911–1932* (New York: Columbia University Press, 1933), 146.
90. Woofter, *Plight of Cigarette Tobacco*, 48.
91. "The True Inwardness of the Tobacco Situation," *Progressive Farmer*, September 25, 1920, 16.
92. The literature on land tenure and credit markets in the rural South is vast. See Gavin Wright *Old South–New South: Revolutions in the Southern Economy since the Civil War* (New York: Basic Books, 1986); Harold D. Woodman, *New South–New Law: The Legal Foundations of Credit and Labor Relations in the Postbellum Agricultural South* (Baton Rouge: Louisiana State University Press, 1995). Scholars have demonstrated that a lack of rural credit facilities exacerbated tenancy rates across the South. To finance a tobacco harvest, landowners, tenants and sharecroppers had to borrow money at high interest rates. Heavily indebted, farmers faced both subtle and outright pressure to settle outstanding notes as soon as possible. From a farmer's perspective, quick cash was the main advantage of the auction system—and the only way he could borrow more money to finance the next year's crop.
93. Hawley, *New Deal and the Problem of Monopoly*; Gabriel Kolko, *The Triumph of Conservatism: A Re-Interpretation of American History* (New York: Free Press of Glencoe, 1963); Louis Galambos, "The Emerging Organizational Synthesis in Modern American History," *Business History Review* 44, No. 3 (1970): 279–290; Galambos, "Technology, Political Economy, and Professionalization: Central Themes of the Organizational Synthesis," *Business History Review* 57, No. 4 (1983): 471–493; Gerhard Lehmbruch and Philippe C. Schmitter, eds., *Patterns of Corporatist Policy-Making* (London: Sage, 1982).
94. Throughout the 1920s, no less than 46 percent, and as much as 57 percent of the entire bright leaf tobacco crop was exported yearly, primarily to the United Kingdom. See Tilley, *Bright Tobacco Industry*, 338.
95. *Yearbook of Agriculture 1921* (Washington, DC: Government Printing Office, 1922), 4–12.

96. James H. Shideler, *Farm Crisis, 1919–1923* (Berkeley: University of California Press, 1957), 46.
97. Ibid., 190.
98. As farmers throughout the United States floundered during the farm crisis of the 1920s, there were several attempts to pass comprehensive farm legislation. The most influential of these attempts was the McNary-Haugen Plan, which was first proposed in 1924, but was not passed for another three years. The bill stipulated that commodities in surplus of domestic demand were to be purchased at the domestic price by a government corporation, which would sell the surplus abroad at the world price. Farmers would finance the losses sustained by the surplus corporation through a tax, or "equalization fee," assessed on each unit of the commodity purchased by the corporation. The two most interventionist aspects of the legislation, the "equalization fee" and the government storage and loan corporation, were the direct antecedents of the "processing tax" and stabilization agencies passed as part of the New Deal's agricultural policy. The most extensive work on the agricultural politics of the 1920s, especially the McNary-Haugen legislation, remains Gilbert Fite, *George N. Peek and the Fight for Farm Parity* (Norman: University of Oklahoma Press, 1954).
99. For more on the USDA as an incubator of assertive public policy, see Daniel Carpenter, *The Forging of Bureaucratic Autonomy: Reputations, Networks, and Innovation in Executive Agencies, 1862–1928* (Princeton: Princeton University Press, 2001). Indeed, the USDA's reputation for scientific expertise was cemented by the tenure of Gifford Pinchot as the chief of the Division of Forestry at the USDA, which began in 1898. See Brian Balogh, "Scientific Forestry and the Roots of the Modern American State: Gifford Pinchot's Path to Progressive Reform" in *The Associational State: American Governance in the Twentieth Century* (Philadelphia: University of Pennsylvania Press, 2015).
100. As some scholars and participants in the BAE's founding have pointed out, the establishment of the bureau was actually an act of administrative preemption against Hoover's designs on transferring "the marketing work of the Department of Agriculture to the Department of Commerce." See Harry C. McDean, "Professionalism, Policy and Farm Economists in the Early Bureau of Agricultural Economics," *Agricultural History* 57, No. 1 (1983): 77; see also Lloyd S. Tenny, "The Bureau of Agricultural Economics, The Early Years," *Journal of Farm Economics* 29, No. 4 (1947): 1017–1026. For the history of the BAE, see David E. Hamilton, *From New Day to New Deal: American Farm Policy from Hoover to Roosevelt, 1928–1933* (Chapel Hill: UNC Press, 1991), 20–25; Carpenter, *The Forging of Bureaucratic Autonomy*, 323–325; Shideler, *Farm Crisis*, 133–135. Many scholars have noted that some of the most innovative policy solutions of the New Deal were incubated at the BAE: see Richard S. Kirkendall, *Social Scientists and Farm Politics in the Age of Roosevelt* (New York: Columbia University Press, 1966); Jess Gilbert, "Eastern Urban Liberals and Midwestern Agrarian Intellectuals: Two Group Portraits of Progressives in the New Deal Department of Agriculture,"

Agricultural History 74, No. 2 (2000): 162-180; Jess Gilbert and Ellen Baker, "Wisconsin Economists and New Deal Agricultural Policy: The Legacy of Progressive Professors," *Wisconsin Magazine of History* 80, No. 4 (1997): 280-312.

101. Shideler, *Farm Crisis,* 141-151; Hamilton, *From New Day to New Deal,* 133.
102. Joan Hoff Wilson, "Herbert Hoover's Agricultural Policies, 1921-1928," in *Herbert Hoover as Secretary of Commerce*, 121.
103. Shideler, *Farm Crisis,* 141-151; Joseph G. Knapp, *The Advance of American Cooperative Enterprise: 1920–1945* (Danville, IL: Interstate Printers and Publishers, 1973), 32.
104. John Mark Hansen, *Gaining Access: Congress and the Farm Lobby, 1919–1981* (Chicago: University of Chicago Press, 1991), 46-70; Philip A. Grant, "Southern Congressmen and Agriculture, 1921-1932," *Agricultural History* 53, No.1 (1979): 339.
105. Bennett, *When Tobacco Was King*, 63-64.
106. Hutcheson to Taylor, November 22, 1920, Folder 1, Box 1, Tobacco Growers' Cooperative Association (TGCA) Records, Southern Historical Collection (SHC), Louis Round Wilson Special Collections Library, University of North Carolina at Chapel Hill, Chapel Hill, North Carolina.
107. Hanna, "Agricultural Cooperation in Tobacco," 303. For a full account of the Tobacco Wars of 1904-1906, see Tracy Campbell, *The Politics of Despair: Power and Resistance in the Tobacco Wars* (Lexington: University Press of Kentucky, 2005).
108. 62 Cong. Rec. 2057 (1922).
109. Grace H. Larsen and Henry E. Erdman, "Aaron Sapiro: Genius of Farm Cooperative Promotion," *Mississippi Valley Historical Review* 49, No. 2 (1962): 242-268. For an extensive analysis of the way that cooperative marketing laws shaped agricultural development, see Victoria Saker Woeste, *The Farmer's Benevolent Trust: Law and Agricultural Cooperation in Industrial America, 1865–1945* (Chapel Hill: UNC Press, 1998).
110. Julie A. Hogeland, "The Economic Culture of U.S. Agriculture Cooperatives," *Culture and Agriculture* 28, No. 2 (2006): 68.
111. Ibid. For an illuminating analysis of the role of trade associations and cooperatives in creating new understandings of market fairness and competition, see Laura Philips Sawyer, *American Fair Trade: Capitalism, Corporatism, and the "New Competition," 1890–1940* (Cambridge: Cambridge University Press, 2018).
112. Victoria Saker Woeste, "Insecure Equality: Louis Marshall, Henry Ford, and the Problem of Defamatory Antisemitism, 1920-1929," *Journal of American History* 91, No. 3 (December 2004): 877-905; Woeste, *Henry Ford's War on Jews and the Legal Battle against Hate Speech* (Palo Alto: Stanford University Press, 2012).
113. "North Carolina Tobacco Farmers Organize," *Progressive Farmer,* October 2, 1920, 21.

114. Ibid.
115. Hamilton, *From New Day to New Deal*, 25. Farmers were not strangers to organizing for business. As historian Charles Postel has argued, the Populist movement of the late nineteenth century was sought to "adapt the model of large-scale enterprise to their own needs of association and marketing." Postel, *The Populist Vision* (New York: Oxford University Press, 2007), 4. As Evan Bennett has pointed out, the roots of cooperative organizing ran deep in the tobacco belt, with decades of (faltering) attempts at organizing against the auction system beginning in the 1870s with the Patrons of Husbandry. Bennett, *When Tobacco Was King*, 48–62.
116. See, for instance, "Cooperative Marketing Has Grown Tremendously," *Progressive Farmer*, July 4, 1925, 4; "Brightening Outlook for Tobacco Marketing Associations," *Progressive Farmer*, August 22, 1925, 4.
117. For more on the transatlantic world of agricultural reform in the Progressive era, see Daniel Rodgers, *Atlantic Crossings: Social Politics in a Progressive Age* (Cambridge, MA: Harvard University Press, 1998), 318–340.
118. Clarence Poe to J. Y. Joyner, 19 November 1920, Folder 24, Box 2, TGCA Records, SHC.
119. Quoted in Woeste, *Farmer's Benevolent Trust*, 198.
120. Ibid., 195.
121. Ibid., 194.
122. Undated, Folder 6, Box 1, Ralph Waldo Green Papers, Special Collections Library, North Carolina State University (NCSU), Raleigh, North Carolina.
123. Hanna, "Agricultural Cooperation in Tobacco," 305.
124. Quoted in Woeste, *Farmer's Benevolent Trust*, 199.
125. "News Letter," November 23, 1922, Folder 35, Box 3, TGCA Records, SHC. Emphasis in original.
126. "News Letter," April 2, 1923, Folder 40, Box 3, Folder, TGCA Records, SHC.
127. Tobacco Growers' Co-op. Association v. Jones, 185 N. C. 265, 117 S.E. 174 (1923).
128. Tilley, *Bright Tobacco Industry*, 456.
129. Woeste, *Farmer's Benevolent Trust*, 206.
130. Daniel, *Breaking the Land*, 36; Hanna, "Agricultural Cooperation in Tobacco," 313.
131. Credit, Credit Union, Folder, "War Finance Corporation," Box 7, General Correspondence, Records of the Bureau of Agricultural Economics, Record Group 83, National Archives and Records Administration–II, College Park, Maryland (NARA-II). BAE records indicate that livestock co-ops borrowed 99.9 million; cotton co-ops 81.8 million; tobacco co-ops 52.5 million; grain co-ops 36.79 million, and sugar beet co-ops 11.46 million.
132. Oliver Sands to John Hutcheson, May 13, 1921, Folder 20, Box 2, TGCA Records, SHC.
133. *Tri-State Tobacco Grower*, June 1922, 1. Emphasis and capitalization in the original.

134. Tilley, *Bright Tobacco Industry*, 152–154.
135. Indeed, flue-cured tobacco cultivation was spreading particularly rapidly in South Carolina during the years of the TGCA's operation. See Eldred E. Prince and Robert R. Simpson, *Long Green: The Rise and Fall of Tobacco in South Carolina* (Athens: University of Georgia Press, 2000).
136. Quoted in Nathaniel Browder, *The Tri-State Tobacco Growers Association, 1922–1925* (Raleigh: 1983), 8.
137. W. T. Joyner to A. J. Davis, 12 December 1922, Folder 38, Box 3, TGCA Records, SHC.
138. John R. Hutcheson to M. O. Wilson, 19 November 1921, Folder 24, Box 2, TGCA Records, SHC.
139. Tilley, *Bright Tobacco Industry*, 469–472.
140. Hanna, "Agricultural Cooperation in Tobacco," 319; ibid., 468.
141. "Tobacco Association Goes Forward," *Progressive Farmer*, January 17, 1925, 4.
142. Tilley, *Bright Tobacco Industry*, 462–463.
143. "American Tobacco Profits a Record," *New York Times*, March 18, 1927, 33.
144. United States, Federal Trade Commission, *The American Tobacco Company and the Imperial Tobacco Company. Message from the President of the United States transmitting the Report of the Federal Trade Commission of its investigation of charges against the American Tobacco Company and the Imperial Tobacco Company . . .* (Washington, DC: Government Printing Office, 1926), 3.

第二章　烟草的新政

Epigraphs: Samuel Huntington Hobbs Jr., *North Carolina: Economic and Social* (Chapel Hill: UNC Press, 1930), 117; "Southern Tobacco Farmer, Prosperous Again Pays Off Old Debts," *Wall Street Journal*, December 28, 1934.

1. Henry A. Wallace, *New Frontiers* (New York: Reynal and Hitchcock, 1934), 162. For a sympathetic biography of Wallace, see John C. Culver and John Hyde, *American Dreamer: The Life and Times of Henry A. Wallace* (New York: Norton, 2000).
2. Quoted in David T. Bazelon, "The Faith of Henry Wallace: The Populist Tradition in the Atomic Age," *Commentary*, April 1, 1947.
3. United States, Agricultural Adjustment Administration, *Agricultural Adjustment: A Report of Administration of the Agricultural Adjustment Act, May 1933 to February 1934* (Washington, DC: Supt. of Docs., GPO, 1934), 3.
4. Federal Reserve Bank of Richmond, Research Department, *Flue-Cured Tobacco: An Economic Survey* (Richmond: Author, 1952).
5. Anthony Badger, *Prosperity Road: The New Deal, Tobacco, and North Carolina* (Chapel Hill: UNC Press, 1980), 23.
6. Henry Wallace credited Rex Tugwell, Mordecai Ezekiel, Jerome Frank, Chester Davis, George Peek, and Charles Brand with the drafting of the 1933 Agricultural Adjustment Act. See Wallace, *New Frontiers*, 163.
7. Ellis Hawley, *The New Deal and the Problem of Monopoly: A Study in Economic Ambivalence* (Princeton: Princeton University Press, 1966); Brian Balogh, *The Associational State: American Governance in the Twentieth Century* (Philadelphia:

University of Pennsylvania Press, 2015), 147; Theda Skocpol and Kenneth Finegold, "State Capacity and Economic Intervention in the Early New Deal," *Political Science Quarterly* 97, No. 2 (1982): 264; Arthur Schlesinger, *The Coming of the New Deal* (Boston: Houghton Mifflin, 1958), 97.

8. Donald Brand, *Corporatism and the Rule of Law: A Study of the National Recovery Administration* (Ithaca: Cornell University Press, 1988), 266.
9. Laura Philips Sawyer, *American Fair Trade: Proprietary Capitalism, Corporatism, and the New Competition 1890–1940* (New York: Cambridge University Press, 2018), 266–289; Peter H. Irons, *The New Deal Lawyers* (Princeton: Princeton University Press, 1982), 17; Hawley, *The New Deal and the Problem of Monopoly*; Charles Frederick Roos, *NRA Economic Planning* (Bloomington, IN: Principia Press, 1937), 36–50.
10. James Morone, *The Democratic Wish: Popular Participation and the Limits of American Government* (New Haven: Yale University Press, 1990).
11. Hugh Johnson, *The Blue Eagle from Egg to Earth* (Garden City, NY: Doubleday, Doran, 1935), 263.
12. Though as Sawyer notes, "little NRAs" continued to exist at the state level. See Sawyer, *American Fair Trade,* 293. For more on the court's invalidation of the NRA, see Barry Cushman, *Rethinking the New Deal Court* (New York: Oxford University Press, 1998), 156–159; Irons, *The New Deal Lawyers,* 86–107.
13. Brand, *Corporatism and the Rule of Law,* 290; Hawley, *The New Deal and the Problem of Monopoly,* 130.
14. Tugwell was more favorably impressed with the "pragmatic government" of the Russians than he was with the "backwardness of rural life" that he saw sentimentalized in French culture. See Rexford G. Tugwell, "The Agricultural Policy of France I," *Political Science Quarterly* 45, No. 2 (1930): 221; Tugwell, "Experimental Control in Russian Industry," *Political Science Quarterly* 43, No. 2 (June 1928): 161–187.
15. Sawyer, *American Fair Trade,* 256.
16. The term *parity* was not used in the law until the Agricultural Adjustment Act of 1938, but the concept was present in the 1933 legislation.
17. Agricultural Adjustment Act of 1933, PL 73-10, Section 2.1.
18. Murray R. Benedict and Oscar C. Stine, *The Agricultural Commodity Programs: Two Decades of Experience* (New York: Twentieth Century Fund, 1956), 52.
19. Howard Wiarda describes the WIB as "essentially corporatist" in its "tripartite (business, labor, state) arrangement to protect against strikes during the war and to ensure the necessary massive and uninterrupted production." See Wiarda, *Corporatism and Comparative Politics: The Other Great "Ism,"* (Armonk, NY: M. E. Sharpe, 1997).
20. Willard W. Cochrane, *The Development of American Agriculture: A Historical Analysis* (Minneapolis: University of Minnesota Press, 1979), 118.
21. George Peek and Hugh Johnson, *Equality for Agriculture,* 2nd ed. (Moline, IL: Moline Plow Company, 1922), 32.
22. See Gilbert Fite, *George N. Peek and the Fight for Farm Parity* (Norman: University of Oklahoma Press, 1930); Cochrane, *Development of American Agriculture,* 118.

23. Lloyd Teigen, *Agricultural Parity: Historical Review and Alternative Calculations* (Washington, DC: USDA ERS, 1987).
24. United States, *Agricultural Adjustment*, 1.
25. Ibid., 74.
26. Ibid., 77.
27. For more on the Smith-Lever Act, which connected the land grant universities to rural areas, see Murray R. Benedict, *Farm Policies of the United States, 1790–1950: A Study of Their Origins and Development* (New York: Twentieth Century Fund, 1953), 153–154; Alfred True, *A History of Agricultural Extension Work in the United States, 1785–1923,* Miscellaneous Publication no. 15 (Washington, DC: USDA, 1928), 108–127; Wayne D. Rasmussen, *Taking the University to the People: Seventy-Five Years of Cooperative Extension* (Ames: Iowa State University Press, 1989), 48–94; Christopher Loss, *Between Citizens and the State: The Politics of Higher Education in the Twentieth Century* (Princeton: Princeton University Press, 2012), 64–66.
28. For the intertwined growth of the Farm Bureau and the Extension Service, see Christiana Campbell, *The Farm Bureau and the New Deal: A Study of Making of National Farm Policy, 1933–40* (Urbana: University of Illinois Press, 1962), 10; Adam D. Sheingate, *The Rise of the Agricultural Welfare State: Institutions and Interest Group Power in the United States, France, and Japan* (Princeton: Princeton University Press, 2001), 99–102; Oliver Merton Kile, *The Farm Bureau through Three Decades* (Baltimore: Waverly Press, 1948), 36–57. For a national overview of the use of the Extension Service offices as the field agents of the New Deal agriculture programs, see Loss, *Between Citizens and the States*, 66–68.
29. *Progressive Farmer*, February 1933, 24.
30. Though both discuss the network of agricultural policy planners who created and implemented farm legislation, neither Kirkendall nor Saloutos give more than passing mention to Hutson. Agricultural sociologist Jess Gilbert, who has written extensively on the geography and character of "urban liberal" and "Midwestern agrarian" policy circles, has also not devoted much discussion to Hutson's role in the Administration. See Richard S. Kirkendall, *Social Scientists and Farm Politics in the Age of Roosevelt* (Columbia: University of Missouri Press, 1966); Theodore Saloutos, *The American Farmer and the New Deal* (Ames: Iowa State University Press, 1982); Jess Gilbert, *Planning Democracy: Agrarian Intellectuals and the Intended New Deal* (New Haven: Yale University Press, 2015).
31. Hutson's own professional route into the heart of the New Deal agriculture circles ran straight through the Bureau of Agricultural Economics, the most significant source of agricultural policymaking of the 1920s. There he absorbed a faith in planning and a reverence for administration from his boss, Howard Tolley, whom sociologist Jess Gilbert has described as favoring "a developmentalist state, national economic planning, and the self-organization of labor as well as agriculture." See Jess Gilbert, "Eastern Urban Liberals and Midwestern Agrarian Intellectuals: Two Group Portraits

of Progressives in the New Deal Department of Agriculture," *Agricultural History* 74, No. 2 (2000): 176.
32. *Reminiscences of John B. Hutson,* 102, in the Columbia Oral History Collection (COHC), New York, New York.
33. Quoted in Badger, *Prosperity Road,* 46.
34. Ibid., 47.
35. Ibid.
36. Badger, *Prosperity Road,* 43–44.
37. I. O. Schaub to J. C. B. Ehringhaus, April 8, 1933, Folder, "NCSC, Extension Division," Box 12, Papers of Governor J. C. B. Ehringhaus (Ehringhaus Papers), North Carolina Division of Archives and History (NCDAH), Raleigh, N.C.
38. Badger, *Prosperity Road,* 50–51.
39. "Resolution," August 31, 1933, Folder, "Correspondence 9/1933," Box 107, Ehringhaus Papers, NCDAH.
40. Lionel Weil to J. C. B. Ehringhaus, August 3, 1933, Folder, "Correspondence 9/1933," Box 107, Ehringhaus Papers, NCDAH.
41. J. I. Hayes, *South Carolina and the New Deal* (Columbia: University of South Carolina Press), 124.
42. Badger, *Prosperity Road,* 52.
43. Ibid., 53.
44. In an uncanny coincidence, a Hollywood actor with the same name was the third to portray the Marlboro Man.
45. Daniel Carpenter, *The Forging of Bureaucratic Autonomy: Reputations, Networks, and Policy Innovations in Executive Agencies, 1862–1928* (Princeton: Princeton University Press, 2001); Kenneth Finegold and Theda Skocpol, *State and Party in America's New Deal* (Madison: University of Wisconsin Press, 1995).
46. Hutson, *Reminiscences,* 134, COHC.
47. For an overview of the evolution of scholarly perspectives on state power, which now stress public-private hybridity and the creative tension between state and private actors, see Balogh, *The Associational State,* 9–18. For an analysis of the New Deal as an exercise in associational governance see Balogh, *The Associational State,* 139–171.
48. Keel and Long to J. C. B. Ehringhaus, September 6, 1933, Folder, "Corresp. 9/1933," Box 107, Ehringhaus Papers, NCDAH.
49. "Tobacco Sign-Up at 95%," *Wall Street Journal,* March 6, 1934; Badger, *Prosperity Road,* 55–57.
50. For all commodities, securing the assent of processors was the result of intense negotiations. For Wallace's recollections of USDA deliberations with other commodity processors, see Wallace, *New Frontier,* pp. 190–195. For a systematic analysis of agricultural programs, including negotiations among producers, processors, and the USDA, see Benedict and Stine, *The Agricultural Commodity Programs.*
51. J. C. B. Ehringhaus to Franklin Roosevelt, October 6, 1933, Folder, "Corresp. 10/1933," Box 107, Ehringhaus Papers, NCDAH.

52. Franklin Roosevelt to J. C. B. Ehringhaus, October 14, 1933, Folder, "Corresp. 10/1933," Box 107, Ehringhaus Papers, NCDAH.
53. Badger, *Prosperity Road,* 63.
54. Quoted in ibid., 58.
55. Ibid., 63.
56. Ibid., 65.
57. "Southern Tobacco Farmer, Prosperous Again Pays Off Old Debts," *Wall Street Journal,* December 28, 1934.
58. *Progressive Farmer,* December 1933, 18.
59. Wallace, *New Frontier,* 199.
60. Kerr had some political capital to regain in his old Belt district after missing the vote on the original 1933 Agricultural Adjustment Act.
61. Advocates of compulsory control repeatedly used the word "chiseler" to describe potential overproducers. See Badger, *Prosperity Road,* 76, 78.
62. Ibid., 75–76.
63. Ibid., 78.
64. The "grassroots democracy" of the agriculture programs bore a striking resemblance to the "grassroots democracy" of the Tennessee Valley Authority (TVA). For acreage restriction programs and TVA's development programs, the language of grassroots participation justified iron-clad governing arrangements with local elites. See Balogh, *The Associational State,* 161–163; Philip Selznick, *TVA and the Grass Roots: A Study in the Sociology of a Formal Organization* (Berkeley: University of California Press, 1949).
65. North Carolina Department of Agriculture and North Carolina Agricultural Experiment Station, *Annual Report* (Raleigh, NC: 1935), 5.
66. Ibid.
67. United States, *Agricultural Adjustment,* 183.
68. Ibid., 206–207.
69. Adrienne Petty, *Standing Their Ground: Small Farmers in North Carolina since the Civil War* (New York: Oxford University Press, 2013), 99.
70. Ibid.
71. Quoted in Badger, *Prosperity Road,* 95.
72. Adrienne M. Petty, "Standing Their Ground: Small Farm Owners in North Carolina's Tobacco Belt, 1920–1982" (PhD diss., Columbia University, 2004), 34–35.
73. *Progressive Farmer,* March 1934; See also, Petty, *Standing Their Ground,* 103–106.
74. *Progressive Farmer,* October 1934.
75. Harold B. Rowe, *Tobacco under the AAA* (Washington, DC: Brookings Institution, 1935), 160–161.
76. Badger, *Prosperity Road,* 167–169.
77. Adrienne Petty's careful social history of small-scale North Carolina farmers reveals the sharp racial disparities of the tobacco program. See Petty, *Standing Their Ground,* 112.
78. Hutson, *Reminiscences,* 142–143, COHC.

79. The literature on the New Deal's role in accelerating southern agricultural change is vast. See Gilbert Fite, *Cotton Fields No More: Southern Agriculture, 1865–1980* (Lexington: University of Kentucky Press, 1984); Pete Daniel, *Breaking the Land: Transformation of Tobacco, Cotton, and Rice Cultures since 1880* (Urbana: University of Illinois Press, 1985); Jack Temple Kirby, *Rural Worlds Lost: The American South, 1920–1960* (Baton Route: Louisiana State University Press, 1987). Bruce Schulman, *From Cotton Belt to Sunbelt: Federal Policy, Economic Development, and the Transformation of the South, 1938–1980* (Durham: Duke University Press, 1994).
80. As Pete Daniel notes, the AAA in tobacco was more sympathetic to small growers than it was for cotton, "awarding tenants a greater share of government money." Pete Daniel, "The Crossroads of Change: Cotton, Tobacco, and Rice Cultures in the Twentieth-Century South," *Journal of Southern History* 50, No. 3 (1984): 441.
81. Badger, *Prosperity Road*, 203.
82. Ibid.
83. For transformations in cotton culture during the New Deal, see Daniel, *Breaking the Land*, 91–109; Fite, *Cotton Fields No More*; Donald H. Grubbs, *Cry from the Cotton: The Southern Tenant Farmers' Union and the New Deal* (Chapel Hill: UNC Press, 1971); Sidney Baldwin, *Poverty and Politics: The Rise and Decline of the Farm Security Administration* (Chapel Hill: UNC Press, 1968).
84. Congressional Record H11,802 (July 24, 1935) (statement of John Flannagan).
85. Ibid.
86. The echoes of the Populist criticism of discriminatory freight rates are unmistakable. Nearly a half-century earlier earlier, farmers decried the railroads' use of preferential rates for large shippers. See Lawrence Goodwyn, *The Populist Moment: A Short History of the Agrarian Revolt in America* (New York: Oxford University Press, 1978), 48; Charles Postel, *The Populist Vision* (New York: Oxford University Press, 2007), 43; Steven Hahn, *The Roots of Southern Populism: Yeoman Farmers and the Transformation of the Georgia Upcountry* (New York: Oxford University Press, 1983), 168.
87. Congressional Record H11,808 (July 24, 1935) (statement of Bayard Clark).
88. Badger, *Prosperity Road*, 122–123.
89. *Congressional Record*, 74th Congress, 2nd Session (1936), 2570.
90. Quoted in Badger, *Prosperity Road*, 122.
91. United States v. Butler 297 U.S. 1 (1936).
92. Ibid.
93. John W. Holmes, "The Federal Spending Power and State Rights: A Commentary on United States v. Butler," *Michigan Law Review* 34, No. 5 (1936): 637–649.
94. "Agricultural Adjustment and Marketing Control," *Yale Law Journal* 46, No. 1. (1936): 138–139.
95. Benedict and Stine, *The Agricultural Commodity Programs*, 78.

96. Section 314 of the 1938 Agricultural Adjustment Act.
97. Campbell, *The Farm Bureau and the New Deal*, 56.
98. Ibid., 3–5.
99. Ibid., 7–8.
100. Badger, *Prosperity Road*, 137–139.
101. "1936 Minutes," n.d., Folder 14. Box 9, Records of the North Carolina Farm Bureau Federation (NCFB Records), Special Collections Library, North Carolina State University (NCSU), Raleigh, North Carolina.
102. Badger, *Prosperity Road*, 139.
103. Ibid., 138.
104. Quoted in ibid., 158.
105. "Flue Cured Tobacco Vote Lessons," *Progressive Farmer,* January 1939, 6.
106. Badger, *Prosperity Road,* 162–164.
107. "Flue Cured Tobacco Vote Lessons," *Progressive Farmer,* January 1939, 6.
108. Cushman, *Rethinking the New Deal Court,* 190.
109. "Oral History Interview #9—J. Con Lanier," March 19, 1973, East Carolina Manuscript Collection, Digital Collections, East Carolina University, https://digital.lib.ecu.edu/text/10923.
110. Lanier later claimed to have been wrong in opposing the Inspection Act. See ibid.
111. Hughes was drawing upon the Progressive-era precedent of the Shreveport rate cases, decisions concerning Interstate Commerce Commission (ICC) rate regulation for railroads. See Currin v. Wallace at 11. For a discussion of the doctrinal history of Currin, see Cushman, *Rethinking the New Deal Court,* 190–193.
112. Currin v. Wallace at 14.
113. Currin v. Wallace at 15.
114. Ibid. Right to the present day, the use of referenda in agriculture regulations has been continually contested as the abuse of a minority by the (economically empowered) majority. See Milov, "Promoting Agriculture: Farmers, the State, and Checkoff Marketing," *Business History Review* 90, No. 3. (2016): 505–536.
115. The referendum approval of tobacco inspection was at over 90 percent. See also Evan P. Bennett, *When Tobacco Was King: Families, Farm Labor, and Federal Policy in the Piedmont* (Gainesville: University Press of Florida, 2014), 73.
116. Emphasis added. Brief for the *United States in Mulford v. Smith* at 39. For an in-depth discussion of the doctrinal implications of *Mulford v. Smith,* see Cushman, *Rethinking the New Deal Court,* 197–206.
117. *Mulford v. Smith* at 47.
118. Ibid., at 48.
119. *Progressive Farmer,* November 1939.
120. During that same period, the United States consumed an average of 302 million pounds yearly. Joseph W. Hines, "Recent Trends and Developments

in the Flue-Cured Tobacco Export Trade," *Southern Economic Journal* 18, No. 3 (1952): 382.
121. Badger, *Prosperity Road,* 179–180.
122. And, in fact, the vast majority of these tobacco stocks were sold to the Lend-Lease Administration. See Benedict and Stine, *The Agricultural Commodity Programs,* 68.
123. Quoted in Badger, *Prosperity Road,* 186.
124. Allan M. Brandt, *The Cigarette Century: The Rise, Fall, and Deadly Persistence of the Product that Defined America* (New York: Basic Books, 2007), 88–89.
125. Federal Reserve Bank of Richmond, *Flue-Cured Tobacco,* 134.
126. Ibid., 135.
127. Benedict and Stine, *The Agricultural Commodity Programs,* 70. "Flue-Cured Ceiling Raised on Tobacco," *New York Times,* July 8, 1945.

第三章　培养烟农

1. "The Story of the TGIC—Tobacco Growers Are Fighting Back," April 24, 1959, R. J. Reynolds Records, University of California at San Francisco (UCSF) Library, https://www.industrydocumentslibrary.ucsf.edu/tobacco/docs/sppv0099.
2. Untitled Speech at Washington, D.C.," n.d. (1947), Folder "Speech Folder," Box 1, Papers of J. Con Lanier (Lanier Papers), East Carolina University (ECU), Greenville, N.C.
3. Brian Balogh, *The Associational State: American Governance in the Twentieth Century* (Philadelphia: University of Pennsylvania Press, 2015), 141.
4. The literature documenting a change in Americans' conception of citizenship around the idea of consumption is vast. For the now-classic argument that the postwar period inaugurated a fundamental transformation in American society around private consumption and property ownership, see Lizabeth Cohen, *A Consumers' Republic: The Politics of Mass Consumption in Postwar America* (New York: Knopf, 2003); see also Gary Cross, *An All-Consuming Century: Why Commercialism Won in Modern America* (New York: Columbia University Press, 2000). Meg Jacobs argues similarly that activist politics of consumption were shunted to the sidelines of American politics after the Second World War. See Jacobs, *Pocketbook Politics: Economic Citizenship in Twentieth Century America* (Princeton: Princeton University Press, 2005), 252. Tracey Deutsch narrates a similar story of the declining power of women shoppers amid the consolidation of grocery chains in the postwar period. See Deutsch, *Building a Housewife's Paradise: Gender, Politics, and American Grocery Stores in the Twentieth Century* (Chapel Hill: UNC Press, 2010).
5. For more on agricultural productivity after the Second World War, see Paul Conkin, *A Revolution Down on the Farm: The Transformation of American Agriculture since 1929* (Lexington: University Press of Kentucky, 2008); Alan L.

Olmstead and Paul W. Rhode, *Creating Abundance: Biological Innovation and American Agricultural Development* (Cambridge: Cambridge University Press, 2008).

6. Edward L. Schapsmeier and Frederick H. Schapsmeier, "Eisenhower and Ezra Taft Benson: Farm Policy in the 1950s," *Agricultural History* 44, No. 4 (1970): 373.
7. "Tobacco Future Is Meeting Topic," *Raleigh News and Observer*, September 29, 1945; Folder "Clippings," Box 55, North Carolina Department of Agriculture Records (NCDA), North Carolina Division of Archives and History (NCDAH), Raleigh, N.C. Of course, tobacco farmers did not anticipate that India would very shortly be removed from the scope of the British Empire with its declaration of independence in 1947. See Federal Reserve Bank of Richmond, Research Department, *Flue-Cured Tobacco: An Economic Survey* (Richmond: Author, 1952), 48.
8. "The Price Outlook for Flue-Cured Tobacco," *Progressive Farmer*, June 1947, 82.
9. James T. Sparrow, *Warfare State: World War II Americans and the Age of Big Government* (Oxford: Oxford University Press, 2011), 247.
10. On the paradigm of scarcity in the early New Deal, see Robert Collins, *More: The Politics of Growth in Postwar America* (Oxford: Oxford University Press, 2000), 6–8; Alan Brinkley, "The New Deal and the Idea of the State," in *The Rise and Fall of the New Deal Order, 1930–1980*, Steve Fraser and Gary Gerstle, eds. (Princeton: Princeton University Press, 1989), 105–108. On the doctrine of growth in the immediate postwar period, see Collins, *More*, 17–39.
11. These goals were articulated in the Employment Act of 1946: "The Congress hereby declares that it is the continuing policy and responsibility of the federal government to use all practicable means consistent with its needs and obligations . . . to promote maximum employment, production, and purchasing power." See Employment Act of 1946, PL 79-304, ch. 33, 60 Stat. 23 (1946); see also Collins, *More*, 16.
12. Collins, *More*, 20–21.
13. Harry S. Truman: "Annual Message to the Congress on the State of the Union," January 5, 1949; online in Gerhard Peters and John T. Woolley, *The American Presidency Project*, http://www.presidency.ucsb.edu/ws/?pid =13293.
14. Nelson Lichtenstein, *Most Dangerous Man in Detroit: Walter Reuther and the Fate of American Labor* (New York: Basic Books, 1995), 221; Collins, *More*, 23.
15. Lichtenstein, *Most Dangerous Man in Detroit*, 220.
16. In October 1945, Governor R. Gregg Cherry named Scott the chairman of a "special committee" to "promote the welfare of tobacco in North Carolina." Others named to the committee included the state's Grange master, the Farm Bureau president, a former statewide AAA committee chair, a former governor, and two professors—one from Duke and one from North Carolina State. See R. Gregg Cherry to W. Kerr Scott, October 2, 1945, Folder "Correspondence," Box 55, NCDA, NCDAH.

17. "Agricultural Review," April 1, 1946, Folder "Clipping File," Box 55, NCDA, NCDAH; W. Kerr Scott to Dr. W. E. Colwell, July 19, 1946, Folder "Clippings," Box 55, NCDA, NCDAH.
18. Balogh, *The Associational State*, chapter 5.
19. Tobacco Associates, Articles of Incorporation, 1947; North Carolina Department of the Secretary of State, http://www.secretary.state.nc.us/search/CorpFilings/4645662.
20. Robert Proctor, *Golden Holocaust: Origins of the Cigarette Catastrophe and the Case for Abolition* (Berkeley: University of California Press, 2011), 32–33. Tobacco that has been flue-cured has a higher sugar content and is far less alkaline than pipe or cigar smoke. This "mildness" of taste is what makes cigarette smoke so dangerous. Flue-cured tobacco smokers can inhale more easily and with less coughing. Inhaled smoke encounters a large surface area in the lungs, which become the site of nicotine absorption, and therefore addiction. At the same time, the inhalation of tobacco smoke over this large surface area exposes the body to diseases of the lungs, such as cancer, bronchitis, and emphysema.
21. Historians of tobacco and public-health scholars point to the 1980s as the era in which modern tobacco companies became transnational, citing regulatory pressures at home and liberalized trade relations with Asia and Europe. See Allan M. Brandt, *The Cigarette Century: The Rise, Fall, and Deadly Persistence of the Product that Defined America* (New York: Basic Books, 2007), 450. By contrast, Nan Enstad has recently argued that at the turn of the twentieth century, the American Tobacco Company represented one of the first truly multinational corporations. Enstad, *Cigarettes, Inc.: An Intimate History of Corporate Imperialism* (Chicago: University of Chicago Press, 2018).
22. Federal Reserve Bank of Richmond, quoted in *Flue-Cured Tobacco*, 19.
23. Richard B. Tennant, *The American Cigarette Industry: A Study in Economic Analysis and Public Policy* (New Haven: Yale University Press, 1950), 393; F. S. Everts and E. M. Evans, "Export and Import Trade of the United States in Manufactured Tobacco," U.S. Department of Commerce, Office of International Trade, World Trade in Commodities 6, Pt. 8, No. 16 (October 1948), 4.
24. R. Flake Shaw to Gentlemen, February 19, 1947, Folder 1, Box 1, North Carolina Farm Bureau Records (NCFB Records), Special Collections Library, North Carolina State University (NCSU), Raleigh, N.C.
25. "U.N. and City Hail Gen. Bor as Hero," *New York Times*, May 25, 1946, 9. "Gromyko Protests Welcome to Bor by Official of U.N.," *New York Times*, May 26, 1946, 1; "Lie to Reorganize U.N. Cabinet Soon," *New York Times*, June 21, 1946, 1; *Reminiscences of John B. Hutson*, 501–504, Columbia Oral History Collection (COHC), New York, New York.
26. "Memorandum in Connection with Meeting of Producers," February 17, 1947, Folder 1, Box 1, NCFB Records, NCSU.
27. TA domesticated in South Carolina, Virginia, Georgia, and Florida the following year, where referenda were also held.

28. Interview with Frank Jeter, April 28, 1947, Folder 1b, Box 1, Papers of John B. Hutson (Hutson Papers), Special Collections Division, J. Y. Joyner Library, East Carolina University (ECU), Greenville, North Carolina.
29. Ibid.
30. "Farmers Cast Votes in Leaf Referendum Today," *Dispatch* (Lexington, NC), July 23, 1949, 1.
31. See, for instance, "Leaf Growers Will Vote on Assessment," *Loris Sentinel* (Conway, SC), December 10, 1958, 1.
32. 94 Cong., 2nd sess., part 4, 5341 (1976).
33. J. Bradford De Long and Barry Eichengreen, "The Marshall Plan: History's Most Successful Structural Adjustment Program," Discussion Paper 634 (May 1992), 3.
34. Daniel Sargent, *A Superpower Transformed: The Remaking of American Foreign Relations in the 1970s* (Cambridge, MA: Harvard University Press, 2014), 17. For the U.S. role in establishing the postwar order, see Elizabeth Borgwardt, *A New Deal for the World: America's Vision for Human Rights* (Cambridge, MA: Harvard University Press, 2005).
35. After all, tobacco was not one of the necessities shipped to Europe through the United Nations Relief and Rehabilitation Administration (UNRRA) during the three years of that program's aid work. For more on UNRRA, see William I. Hitchcock, *The Bitter Road to Freedom: A New History of the Liberation of Europe* (New York: Free Press, 2008), 212–214.
36. Cooley held the chairmanship of the House Agricultural Committee from 1949 until the Democrats lost control of the house in 1953. He again served from 1955 until he lost his House seat in 1967.
37. "Lucius Clay Dies," *New York Times*, April 17, 1978.
38. J. Con Lanier Oral History Interview, March 19, 1973, Special Collections, ECU. Lanier, an exporter and TA affiliate, as well as Hutson's old lieutenant in the tobacco section of the AAA, was present at the negotiations with Clay, Hutson, and Cooley.
39. The best history of the Marshall Plan remains Michael Hogan, *The Marshall Plan: America, Britain, and the Reconstruction of Western Europe, 1947–1952* (Cambridge: Cambridge University Press, 1987). For an account that emphasizes the role of European officials in shaping the priorities of the Marshall Plan, see Alan Milward, *The Reconstruction of Western Europe, 1945–1951* (Berkeley: University of California Press, 1984).
40. Federal Reserve Bank of Richmond, *Flue-Cured Tobacco*, 62; U.S. Department of State, Committee of European Economic Cooperation, "Technical Reports, July–September 1947," Vol. 2 (Washington, DC, October 1947), 39.
41. "The Marshall Plan: A Summary Prepared by J. B. Hutson of Tobacco Associates," n.d. (1947), Folder 1b, Box 1, Hutson Papers, ECU.
42. Ibid.
43. Hutson did not always think that his activities rose to the level of lobbying as defined in the Lobby Reorganization Act of 1946. During 1947–1948, the

years in which the ECA package was being put together, Hutson did not register as a lobbyist. He noted in his oral history that his goal in the Marshall Plan package was to remedy what the "tobacco people" saw as a historic discrimination against tobacco by the crop's exclusion from UNRRA aid. See Hutson, *Reminiscences*, 530.
44. Lanier Oral History, ECU.
45. In 1951, as Marshall Plan operations were drawing to a close, FitzGerald and Cooley once again worked together to bolster the American tobacco trade in West Germany. They authorized a trade mission to rectify the "falling off in tobacco exports to Germany" in spite of a "demonstrated preference on the part of German consumers for American tobacco products." See "Tobacco Trade Mission to Germany," May 5, 1951, Folder 1359, Box 33, Papers of Harold D. Cooley (Cooley Papers), SHC.
46. "Remarks of J. B. Hutson before Board of Governors, Tobacco Association of the United States," January 30, 1948, Folder 1c, Box 1, Hutson Papers.
47. John Flannagan, "Tobacco and the European Recovery Program in General," Cong. Rec ,80th Cong., 2nd sess. (March 31, 1948), H3881. See also Federal Reserve Bank of Richmond, *Flue-Cured Tobacco*, 60.
48. Federal Reserve Bank of Richmond, *Flue-Cured Tobacco*, 69.
49. John Flannagan, "Tobacco and the European Recovery Program in General," Cong. Rec., 80th Cong., 2nd sess. (March 31, 1948), H3881.
50. Proctor, *Golden Holocaust*, 46.
51. Hutson, "Maintaining Agricultural Exports," Address of J. B. Hutson, 29th Annual Convention of American Farm Bureau Federation, December 15, 1947, Folder 1b, Box 1, Hutson Papers, ECU.
52. Ibid.
53. *New York Times*, December 16, 1947, 8.
54. Robert N. Proctor, *The Nazi War on Cancer* (Princeton: Princeton University Press, 1999), 228. For an analysis of German public health attempts to deal with the postwar upsurge in smoking during the 1960s and 1970s, see Rosemary Elliott, "Inhaling Democracy: Cigarette Advertising and Health Education in Postwar West Germany, 1950s-1975," *Social History of Medicine* 28, No. 3 (August 2015): 509-531.
55. Rosemary Elliott, "Smoking for Taxes: The Triumph of Fiscal Policy over Health in Postwar Germany, 1945-1951," *Economic History Review* 65, No. 4 (2012): 1458-1460.
56. "Tabakwaren Ausverkauft," *Der Spiegel*, November 12. 1948.
57. Joseph W. Hines, "Recent Trends and Developments in the Flue-Cured Tobacco Export Trade," *Southern Economic Journal* 18, No. 3 (1952): 386-388, esp. appendix, fig. 4.2, and fig. 4.3.
58. "Bei aller Dankbarkeit," *Der Spiegel*, August 13, 1952, 19.
59. Éric Godeau, *Le tabac en France de 1940 à nos jours: Histoire d'un marché* (Paris: Presses Paris Sorbonne, 2008), 58.
60. Lanier Oral History, ECU.

61. Godeau, *Le tabac en France de 1940 à nos jours*, 119.
62. "Untitled Speech at Washington, N.C.," n.d. (1947), Folder "Speech Folder," Box 1, Lanier Papers, ECU.
63. Ibid.
64. Ibid.
65. For more on the partisan politics of PL 480, see Edward L. Schapsmeier and Frederick H. Schapsmeier, *Ezra Taft Benson and the Politics of Agriculture: The Eisenhower Years, 1953–1961* (Danville, IL: Interstate Printers and Publishers, 1975), 98–100. Indeed, the primary opponents of PL 480 were not congressional Democrats but the members of Eisenhower's own State Department. Secretary of State John Foster Dulles feared that U.S. commodity disposal abroad would weaken the economies of friendly governments and endow recipient states with bargaining leverage vis-à-vis the United States. See "Public Law 480: 'Better Than a Bomber,'" *Middle East Report* 145 (March–April 1987).
66. Robert R. Sullivan, "The Politics of Altruism: An Introduction to the Food-for-Peace Partnership between the United States Government and Voluntary Relief Agencies," *Western Political Quarterly* 23, No. 4 (1970): 763; Mitchel B. Wallerstein, *Food for War / Food for Peace: United States Food Aid in a Global Context* (Cambridge, MA: MIT Press, 1980).
67. At first, the United States refused to engage in trade with bloc countries. However, in 1955 Eisenhower embraced the idea of "net advantage," reasoning that if communist countries were going to import commodities, the United States might as well benefit from their trade. See Schapsmeier and Schapsmeier, *Ezra Taft Benson and the Politics of Agriculture*, 110.
68. *Policies and Operations under Public Law 480, Hearings before the Subcommittee on Agriculture and Forestry*, United States Senate, 85th Cong., 1st sess., 512 (1957).
69. "The Public Law 480 Market Development Program," July 11, 1958, Folder 1g, Box 1, Hutson Papers, ECU.
70. *Policies and Operations under Public Law 480*, 668.
71. United States, Foreign Agricultural Service, *New Markets for U.S. Agricultural Commodities: A Pictorial Report of Foreign Market Development* (Washington, DC: U.S. Dept. of Agriculture, 1958), 16.
72. Tobacco Institute, "Tobacco Associates Annual Report," February 25, 1969, UCSF Library, http://legacy.library.ucsf.edu/tid/kor59b00/pdf.
73. Ibid.
74. Tobacco Institute, "Tobacco Associates Annual Report," March 7, 1961, UCSF Library, http://legacy.library.ucsf.edu/tid/qor59b00.
75. "What Tobacco Associates Is Doing in Leipzig," *Tobacco Reporter*, January 1967, 34–35.
76. Stephen Gross, "Selling Germany in South-Eastern Europe: Economic Uncertainty, Commercial Information, and the Leipzig Trade Fair, 1920–40," *Contemporary European History* 21, No. 1 (2012): 29–30.
77. David F. Crew, ed., *Consuming Germany in the Cold War* (New York: Berg, 2003).

78. "What Tobacco Associates Is Doing in Leipzig," 35.
79. Ibid.
80. Tobacco Institute, "Tobacco Associates Annual Report," March 2, 1971, http://legacy.library.ucsf.edu/tid/mro6aa00.
81. Tobacco Institute, "Tobacco Associates Annual Report," February 25, 1969.
82. Tobacco Institute, "Tobacco Associates Annual Report," March 7, 1967, http://legacy.library.ucsf.edu/tid/mor59b00/pdf.
83. "USDA Trade Mission Reports on Overseas Markets," *Tobacco Reporter*, February 1969, 70.
84. *Farm Policy: The Politics of Soil, Surpluses and Subsidies* (Washington, DC: Congressional Quarterly, 1984), 118; USDA Economic Research Service, *Tobacco Situation 1959–1960* (Washington, D.C.: USDA, 1960), 5.
85. Wayne D. Rasmussen and Gladys L. Baker, "Price-Support and Adjustment Programs From 1933 through 1978: A Short History," Agriculture Information Bulletin, No. 424 (Washington, D.C.: USDA, 1979), 20; Schapsmeier and Schapsmeier, *Ezra Taft Benson and the Politics of Agriculture*, 85.
86. North Carolina Dept. of Agriculture, *North Carolina Tobacco Report* (Raleigh, NC: North Carolina Dept. of Agriculture, 1959), 19.
87. Ibid., 5.
88. USDA Economic Research Service, *Tobacco Situation 1959–1960*, 6.
89. Brandt, *Cigarette Century*, 136–148.
90. John Fischer, "The Country Slickers Take Us Again," *Harper's Magazine*, December 1955.
91. The reporter quoted, Harrison Salisbury, was the *New York Times* longtime Russian affairs correspondent most famous for reporting on the "Kitchen Debate" between Nixon and Khrushchev a few years later. His observations of the Iowa farm visit were quoted by Fischer, the editor of *Harper's*, in the "Country Slickers" article cited in note 90.
92. *Farm Policy*, 113.
93. "Public Found Divided on Farm Subsidy," *Los Angeles Times*, August 28, 1953.
94. United States, Bureau of the Budget, *The Federal Budget in Brief* (Washington, DC: Government Printing Office, 1952).
95. *Farm Policy*, 110.
96. Louis Galambos and Joseph Pratt, *The Rise of the Corporate Commonwealth* (New York: Basic Books, 1988), 153.
97. Ibid., 143.
98. Quote from Franklin Delano Roosevelt, Madison Square Garden Speech, October 31, 1936.
99. Marver Bernstein, "The Regulatory Process: A Framework for Analysis," *Law and Contemporary Problems* 26, No. 2 (1961): 329–346.
100. Galambos and Pratt, *Rise of the Corporate Commonwealth*, 144–153.
101. Karl Polanyi, *The Great Transformation: The Political and Economic Origins of Our Time* (1944; reprint, Boston: Beacon, 2001), 147.

102. For more on the politics and ideology of economic growth during the postwar years, see Collins, *More*. For the business-supported construction of the "American Way," see Wendy Wall, *Inventing the "American Way": The Politics of Consensus from the New Deal to the Civil Rights Movement* (New York: Oxford University Press, 2008).
103. For more on the relationship between the land grant colleges, the Extension Service, and the USDA, see Wayne D. Rasmussen, *Taking the University to the People: Seventy-Five Years of Cooperative Extension* (Ames: Iowa State University Press, 1989), and Roy Scott, *The Reluctant Farmer: The Rise of Agricultural Extension to 1914* (Chicago: University of Chicago Press, 1970).
104. Margaret Pugh O'Mara, *Cities of Knowledge: Cold War Science and the Search for the Next Silicon Valley* (Princeton: Princeton University Press, 2004); Fred Block, "Swimming against the Current: The Rise of a Hidden Developmental State in the United States," *Politics and Society* 36, No. 2 (June 2008): 169–206. For universities as intermediaries between citizens and state bureaucracy, see Christopher Loss, *Between Citizens and State: The Politics of American Higher Education in the Twentieth Century* (Princeton: Princeton University Press, 2012), esp. chapter 3; Balogh, *The Associational State*, 155–157. For more on the expansion of federal funding for science at universities during the Cold War, see Stuart W. Leslie, *The Cold War and American Science: The Military-Industrial-Academic Complex at MIT and Stanford* (New York: Columbia University Press, 1993); Rebecca Lowen, *Creating the Cold War University: The Transformation of Stanford* (Berkeley: University of California Press, 1997).
105. Block, "Swimming against the Current," 7–8.
106. Ibid.
107. Balogh, *The Associational State*, chapter 5. For a general theory of why Americans are so frequently ignorant of government programs, see Suzanne Mettler, *The Submerged State: How Invisible Government Policies Undermine American Democracy* (Chicago: University of Chicago Press 2011).
108. "When I became Secretary and surveyed the patchwork price support program I had inherited and was expected to administer for the welfare of agriculture and the nation, I thought of the words of the Master as related by Mark: 'No man also seweth a piece of new cloth on an old garment: else the new piece that filled it up taketh away from the old, and the rent is made worse.'" See Ezra Taft Benson, "Benson and Brannan Debate the Farm Issue," in *The Paradox of Plenty*, Robert Branyan and A. Theodore Brown, eds. (Dubuque, IA: William C. Brown, 1968), 106.
109. Edward L. Schapsmeier and Frederick H. Schapsmeier, "Eisenhower and Ezra Taft Benson: Farm Policy in the 1950s," *Agricultural History* 44, No. 4 (1970): 369–378.
110. Quoted in Barry Riley, *The Political History of American Food Aid: An Uneasy Benevolence* (New York: Oxford University Press, 2017), 180.
111. "Farm Surplus Hot Issue of Election Year," *Chicago Daily Tribune*, February 28, 1960, A8.

112. During and immediately after his tenure as secretary of agriculture, Benson authored a number of books elaborating his views on the spiritual and moral dimensions of efficient, free-marketing farming. See Ezra Taft Benson as told to Carlisle Bargeron, *Farmers at the Crossroads* (New York: Devin-Adair, 1956); Benson, *Freedom to Farm* (Garden City, NY: Doubleday, 1960); Benson, *Cross Fire: The Eight Years with Eisenhower* (Westport, CT: Greenwood Press, 1962).
113. Schapsmeier and Schapsmeier, *Ezra Taft Benson and the Politics of Agriculture*, 244–246.
114. "Farm Surplus Hot Issue of Election Year," *Chicago Daily Tribune*, February 28, 1960, A8.
115. Folder 2140, Box 51, Cooley Papers, SHC.
116. Reuel Schiller, "Enlarging the Administrative Polity: Administrative Law and the Changing Definition of Pluralism, 1945–1970," *Vanderbilt Law Review* 53, No. 5 (2000): 1389.
117. Alice Sturgis, *Your Farm Bureau* (New York: McGraw Hill, 1958), 3.
118. For a discussion of the intellectual history of interest group pluralism, see Schiller, "Enlarging the Administrative Polity," 1399–1410.
119. Earl Latham, *The Group Basis of Politics: A Study in Basing-Point Legislation* (Ithaca: Cornell University Press, 1952), 14–15.
120. Ibid., 36.
121. Ibid., 37. David Truman, *The Governmental Process: Political Interests and Public Opinion* (New York: Knopf, 1951), esp. 26–32.
122. C. Wright Mills, *The Power Elite* (New York: Oxford University Press, 1956), 355.
123. Political scientist E. E. Schattschneider memorably indicted interest group theory's naively blinkered approach to power. "The vice of the groupist theory is that it conceals the most significant aspects of the system," Schattschneider wrote in 1960. "The flaw in the pluralist heaven is that the heavenly chorus sings with a strong upper class accent." See Schattschneider, *The Semisovereign People: A Realist's View of Democracy in America* (New York: Holt, Rinehart, and Winston, 1960), 35.
124. Schiller, "Enlarging the Administrative Polity," 1411.
125. Grant McConnell, *Private Power and American Democracy* (New York: Vintage Books, 1966), 341–343. In applying this idea to American associational life, McConnell drew upon German sociologist Robert Michels, who asserted the law in his 1915 *Political Parties: A Sociological Study of the Oligarchical Tendencies of American Democracy*, trans. Eden and Cedar Paul (New York: Hearst's International Library Co., 1915).
126. Wesley McCune, *Who's Behind Our Farm Policy?* (New York: Praeger, 1956), 16.
127. Quoted in ibid., 17.
128. Ibid., 5.
129. Ibid., 7.
130. Ibid.

131. "R. Flake Shaw to Harold Cooley," November 26, 1951, Folder 1362, Box 33, Cooley Papers, SHC.
132. The NCFB shared with the AFBF an antipathy to organized labor. Indeed, the AFBF was a driving force behind the passage of right-to-work laws across the country. See, for example, McCune, *Who's Behind Our Farm Policy?*, 24–25; John G. Schott, *How "Right-to-Work" Laws Are Passed: Florida Sets the Pattern* (Washington, DC: Public Affairs Institute, 1956), pp. 26–30.
133. "Answers to Questions Farmers Ask about Farm Bureau," ca. 1955, Folder 17, Box 18, NCFB Records, NCSU.
134. "You Ought to Join the Farm Bureau," ca. 1955, Folder 17, Box 18, NCFB Records, NCSU.
135. Ibid.
136. "Resolutions Adopted at 18th Annual Convention, North Carolina Farm Bureau Federation, Raleigh, N.C., November 16, 1953," Folder 2, Box 16, NCFB Records, NCSU.
137. Ibid.
138. "Resolutions Adopted at the 19th Annual Convention Annual Convention, North Carolina Farm Bureau Federation, Asheville, N.C., November 24, 1954," Folder 2, Box 16, NCFB Records, NCSU.
139. For more on the expansion of white suburbs, see David Freund, *Colored Property: State Policy and White Racial Politics in Suburban America* (Chicago: University of Chicago Press, 2007).
140. Shane Hamilton, "Agribusiness, the Family Farm, and the Politics of Technological Determinism in the Post-World War II United States," *Technology and Culture* 55, No. 3 (2014): 571.
141. "1968 Policies, Resolutions, and Recommendations: North Carolina Farm Bureau Federation, Greensboro, N.C.," Folder 3, Box 16, NCFB Records, NCSU. The position of the Farm Bureau resonates with Ira Katznelson's reinterpretation of New Deal social welfare policies as beneficial to whites at the expense of African Americans—an in-built system of white racial privilege that Katznelson calls "affirmative action for whites." See Ira Katznelson, *When Affirmative Action Was White: An Untold Story of Racial Inequality in Twentieth Century America* (New York: W. W. Norton, 2005). See also Pete Daniel, *Dispossession: Discrimination against African American Farmers in the Age of Civil Rights* (Chapel Hill: UNC Press, 2013).
142. "North Carolina Policies and Recommendations to the American Farm Bureau Federation, Charlotte, North Carolina, November 21, 1956," Folder 3, Box 16, NCFB Records, NCSU.
143. "1959 Policies, Resolutions, and Recommendations: North Carolina Farm Bureau Federation, Greensboro, N.C.," Folder 3, Box 16, NCFB Records, NCSU.
144. Ibid.
145. "N.C. Lawmaker's 'Jokes' Offend, Listeners Walk-Out," *New Journal and Guide*, May 26, 1951.

146. Ibid. A handful of letters sent to the congressman, presumably written by African Americans (either present at the talk, or having read the coverage in the black media), reveal the depth of outrage at his comments.
147. David Westfall, "Agricultural Allotments as Property," *Harvard Law Review* 79, No. 6 (April 1966): 1181.
148. *Acreage-Poundage Marketing Quotas for Tobacco: Hearings on S.821, a Bill to Amend the Agricultural Adjustment Act of 1938, as Amended, to Provide for Acreage-Poundage Marketing Quotas for Tobacco*, 89th Con., 1st sess. 126 (February 9, 1965, and February 19, 1965).
149. "To Honorable W. R. Poage," 1/2/74, Folder K, Box 287, Walter B. Jones Papers (Jones Papers), Special Collections, ECU.
150. Randal R. Rucker, Walter N. Thurman, and Daniel A. Sumner, "Restricting the Market for Quota: An Analysis of Tobacco Production Rights with Corroboration from Congressional Testimony," *Journal of Political Economy* 103, No. 1 (February 1995): 160.
151. Harold Cooley, "The Real Peril to the Farm Program," ca. 1955, Folder 2119, Box 49, Cooley Papers, SHC.
152. See, for example, Sturgis, *Your Farm Bureau*, 2–4.
153. "Cancer by the Carton," *Reader's Digest*, December 1952, 7–8; "Medicine: Beyond Any Doubt," *Time*, November 30, 1953, 60–61; "Smoke Gets in the News," *Life*, December 31, 1953, 20–21.
154. National Institutes of Health, "Appendix: Cigarette Smoking in the United States, 1950-1978," https://profiles.nlm.nih.gov/ps/access/nnbcph.pdf.
155. Kelly Bedard and Olivier Deschenes, "The Long-Term Impact of Military Service on Health: Evidence from World War II and Korean War Veterans," *American Economic Review* 96, No. 1 (2006): 176–194.
156. Brandt, *Cigarette Century*, 105. For a discussion of the industry's use of health claims, see Brandt, *Cigarette Century*, 105–114.
157. For more on the use of doctors in cigarette advertising, see Martha Garnder and Allan Brandt, "The Doctor's Choice Is America's Choice: The Physician in Cigarette Advertisements," *American Journal of Public Health* 96, No. 2 (2006): 222–232.
158. Evarts A. Graham, "Foreword" in Alton Ochsner, *Smoking and Cancer: A Doctor's Report* (New York: Messner, 1954), viii. For a summary of the medical profession's increasing confidence in the cigarette-cancer link, see Brandt, *Cigarette Century*, 131–157.
159. Alton Ochsner, *Smoking and Cancer: A Doctor's Report* (New York: Julian Messner, Inc., 1954), 3.
160. National Institutes of Health, "Appendix," A-5.
161. Thomas R. Marshall, *Public Opinion, Public Policy, and Smoking: The Transformation of American Attitudes and Cigarette Use, 1890–2016* (Lanham, MD: Lexington Books, 2016), 52.
162. Proctor, *Golden Holocaust*, 260. For an in-depth history of the founding and operation of TIRC in the 1950s, see Brandt, *Cigarette Century*, 163–183.

163. The participation of farmers in the Big Tobacco lobby has largely been overlooked by historians of Big Tobacco. For example, Jack Hutson's presence at the Plaza meeting is not mentioned in Brandt's chapter on the industry's construction controversy in the 1950s. See Brandt, *Cigarette Century*, chapter 6.
164. "Notes on Minutes of the Tobacco Industry Research Committee Meeting—December 28 1953," Brown & Williamson Records, https://www.industrydocumentslibrary.ucsf.edu/tobacco/docs/spdx0225.
165. Brandt, *Cigarette Century*, 170-171.
166. Robert Proctor's *Golden Holocaust* contains the most extensive compendium of the manifold strategies of doubt utilized by the tobacco industry from the 1950s through the early 2000s. Proctor, *Golden Holocaust*, 260-288.
167. Brandt, *Cigarette Century*, 171.
168. Proctor, *Golden Holocaust*, 261.
169. "Board of Directors and Endorsing Organizations of the Tobacco Growers Information Committee, Inc." n.d. (1960), Uncategorized Binder Collection of TGIC Minutes, Tobacco Growers Information Committee Records (TGIC Records), Duke Homestead Historic Site (Duke Homestead), Durham, North Carolina.
170. "Carl T. Hicks, Leaf Co-op," 1973, Tobacco Institute, http://legacy.library.ucsf.edu/tid/lft58b00.
171. Tobacco Institute, "From the Desk of Tobacco Growers' Information Committee," October 14, 1968, http://legacy.library.ucsf.edu/tid/yro93b00.
172. "Tobacco Growers Information Committee Meeting Minutes," November 17, 1960, Uncategorized Binder Collection of TGIC Minutes, TGIC Records, Duke Homestead; "Board of Directors and Endorsing Organizations of the Tobacco Growers Information Committee," n.d. (ca. 1960), TGIC Records, Duke Homestead.
173. For the organization's 1960-1961 budget of $52,000, $25,000 was to come from Tobacco Associates, $25,000 from the Tobacco Institute, and $2,000 from unspecified member donations. See "Tobacco Growers Information Committee, Inc. Proposed Budget, November 1, 1960-October 31, 1961," TGIC Records, Duke Homestead.
174. Radio was a particularly important medium in tobacco-producing regions—not only because farmers were less likely to own televisions than other Americans, but also because of Jesse Helms's early popularity on the Raleigh-based Tobacco Radio Network. For an example of the industry emphasis on "facts" versus opinions, see "Tobacco Growers Information Committee News," August 1958, R. J. Reynolds Records, UCSF Library, http://legacy.library.ucsf.edu/tid/lws23a00.
175. Tobacco Growers Information Committee News, December 1958, R. J. Reynolds Records, UCSF Library, https://www.industrydocumentslibrary.ucsf.edu/tobacco/docs/tkgf0003.
176. "Tobacco Growers Information Committee News," August 1958.

177. Chambliss Pierce, "Abingdon Market One of Oldest," Tobacco Institute, UCSF Library, http://legacy.library.ucsf.edu/tid/jpl19a00.
178. Bold emphasis in original; "Virginia: The First American Heritage," File "American Heritage," Uncategorized File Cabinets, TGIC Records, Duke Homestead.
179. TIRC, "Confidential Report: Tobacco Industry Research Committee Meeting," 9 May 9, 1957, Council for Tobacco Research, UCSF Library, http://legacy.library.ucsf.edu/tid/uwr30a00.
180. Harold Cooley, "A Positive Public Relations Program for Farmers," June 15, 1955, Folder 2119, Box 49, Cooley Papers, SHC.
181. Ibid..
182. "Tobacco Growers Information Committee News," 1960, Philip Morris Records, Morris Records. UCSF Library, https://www.industrydocumentslibrary.ucsf.edu/tobacco/docs/fkby0141.

第四章 公众利益的挑战

1. First epigraph: "Hubert Says His Foes Have Dirty Souls," *Chicago Tribune*, October 29, 1964. Second epigraph: "Sacrifice Profits, Business Is Asked," *Washington Post*, May 5, 1970.
2. "Smoking Banned at News Parley," *New York Times*, January 12, 1964.
3. Ibid.; see also Allan M. Brandt, *The Cigarette Century: The Rise, Fall, and Deadly Persistence of the Product that Defined America* (New York: Basic, 2007), 229.
4. Surgeon General's Advisory Committee on Smoking and Health, *Smoking and Health: Report of the Advisory Committee to the Surgeon General of the Public Health Service* (Washington, DC: U.S. Department of Health, Education, and Welfare, Public Health Service, 1964), 31.
5. Ibid., 323.
6. Ibid., 301.
7. "Cigarettes Peril Health, US Report Concludes," *New York Times*, January 12, 1964.
8. The literature on the role of expertise and the vaunted place of scientific experts in the postwar United States is vast. For accounts that highlight role of the Cold War in consolidating scientific and social scientific expertise within the federal government, see Audra Wolfe, *Competing with the Soviets: Science, Technology, and the State in Cold War America* (Baltimore: Johns Hopkins University Press, 2012); Brian Balogh, *Chain Reaction: Expert Debate and Public Participation in American Commercial Nuclear Power, 1945–1975* (Cambridge: Cambridge University Press, 1991); Don K. Price, *The Scientific Estate* (Cambridge, MA: Belknap Press, 1965).
9. Brandt, *Cigarette Century*, 218.
10. Ibid., 219-220.
11. Hugh Heclo, "The Sixties' False Dawn: Awakenings, Movements, and Postmodern Policy-Making," in *Integrating the Sixties: The Origins, Structures, and*

Legitimacy of Public Policy in a Turbulent Decade, Brian Balogh, ed. (University Park: Penn State University Press, 1996), 49–50.
12. Adam Rome, *Bulldozer in the Countryside: Suburban Sprawl and the Rise of American Environmentalism* (New York: Cambridge University Press, 2001), 5.
13. Laura Kalman, *The Strange Career of Legal Liberalism* (New Haven: Yale University Press, 1996), 49.
14. Charles Reich, "The New Property," *Yale Law Journal* 73, No. 5 (1964): 754.
15. Karen Tani, *States of Dependency: Welfare, Rights and American Governance* (New York: Cambridge, 2016); Karen Tani, "Flemming v. Nestor: Anti-Communism, the Welfare State, and the Making of New Property," *Law and History Review* 26, No. 2 (2008): 379–414.
16. Reich, "The New Property," 761–764.
17. Ibid., 770.
18. Ibid., 767.
19. Ibid., 778.
20. Ibid., 786.
21. Goldberg v. Kelly, 397 US 254 (1970).
22. See Charles A. Horsky, *The Washington Lawyer* (Boston: Little Brown, 1952).
23. For an analysis of Reich's contribution to the campaign for welfare rights, see Martha Davis, *Brutal Need: Lawyers and the Welfare Rights Movement, 1960–1973* (New Haven: Yale University Press, 1993), 82–86, 104; Rodger D. Citron, "Charles Reich's Journey from the *Yale Law Journal* to the *New York Times* Best-Seller List: The Personal History of *The Greening of America*," *New York Law Review* 52 (2007/2008): 397.
24. Laura Kalman, *Yale Law School and the Sixties: Revolt and Reverberations* (Chapel Hill, UNC Press, 2005).
25. Ibid., 68.
26. Charles Reich, "The Public and the Nation's Forests," *California Law Review* 50, No. 3 (1962): 391.
27. "The New Public Interest Lawyers," *Yale Law Journal* 79, No. 6 (1970): 1069–1152.
28. Paul Sabin, "Environmental Law and the End of the New Deal Order," *Law and History Review* 33, No. 4 (2015): 1–39.
29. William J. Novak, " A Revisionist History of Regulatory Capture," in Carpenter and David Moss, eds., *Preventing Regulatory Capture: Special Interest Influence and How to Limit It* (Cambridge: Cambridge University Press, 2013); Reuel Schiller, "Enlarging the Administrative Polity: Enlarging the Administrative Polity: Administrative Law and the Changing Definition of Pluralism, 1945–1970," *Vanderbilt Law Review* 53 (2000): 1389–1453. For a left critique of interest groups, see Gabriel Kolko, *The Triumph of Conservatism: A Reinterpretation of American History, 1900–1916* (New York: Free Press of Glencoe, 1963); James Weinstein, *Corporate Ideal in the Liberal State, 1900–1918* (Boston: Beacon Press, 1968); Martin J. Sklar, *The Corporate Reconstruction of American Capitalism, 1890–1916: The Market, the Law, and Politics* (Cambridge: Cambridge University Press, 1988). On the right, see Samuel P. Huntington,

"The Marasmus of the ICC: The Commission, The Railroads, and the Public Interest," *Yale Law Journal* 61, No. 4 (1952): 467–509; Marver H. Bernstein, *Regulating Business by Independent Commission* (Princeton: Princeton University Press, 1955). For the classic formulation of the "Chicago school" approach to public choice economics, see George J. Stigler, "The Theory of Economic Regulation," *Bell Journal of Economics and Management Science* 2 (1971): 3–21.

30. Scenic Hudson Preservation Conference v. Federal Power Commission, 354 F.2d 608 (2nd Cir. 1965).
31. Schiller, "Enlarging the Administrative Polity."
32. Pat Ortmeyer and Arjun Makhijani "Worse Than We Knew," *Bulletin of the Atomic Scientists,* November–December 1997; Scott Kirsch, "Harold Knapp and the Geography of Normal Controversy: Radioiodine in the Historical Environment," *Osiris,* 2nd Series, 19 (2004): 167–181.
33. Rome, *Bulldozer in the Countryside,* 107.
34. Linda Lear, "Bombshell in Beltsville: The USDA and the Challenge of 'Silent Spring,'" *Agricultural History* 66, No. 2 (1992): 151–170.
35. The literature on the 1960s organizing strategies of social movements is voluminous. For an introduction to the post-1960s consumer movement, see Mark V. Nadel, *The Politics of Consumer Protection* (Indianapolis: Bobbs-Merrill, 1971).
36. Samuel P. Hayes, *Beauty, Health, Permanence: Environmental Politics in the United States, 1955–1985* (Cambridge: Cambridge University Press, 1989), 474.
37. A. Lee Fristschler, *Smoking and Politics: Policymaking in the Federal Bureaucracy* (Michigan: 1969), 29.
38. Ironically and tragically, the micronite filter in use between 1952 and 1956 contained asbestos, increasing a smoker's risk for mesothelioma.
39. "Head of FTC Confirms Accord on Shifting Cigarettes' Ad Pitch," *New York Times,* February 6, 1960.
40. Edward Finch Cox, Robert C. Fellmeth, and John E. Schulz, *The Nader Report on the Federal Trade Commission* (New York: R. W. Baron, 1969).
41. This was a criticism made by Oregon Senator Maurine Neuberger when she introduced legislation immediately after the *Report*. See "Sen. Neuberger Seeks U.S. Cigarette Controls. 1964," *Los Angeles Times,* January 12, 1964.
42. For a discussion of the "tar derby," see *The Cigarette Papers,* Stanton Glantz and Lisa Bero, eds. (Berkeley: University of California Press, 1996), 27–29.
43. Paul Rand Dixon Oral History Interview, August 7, 1968, John F. Kennedy Presidential Library and Museum, http://archive1.jfklibrary.org/JFKOH/Dixon,%20Paul%20Rand/JFKOH-PRD-01/JFKOH-PRD-01-TR.pdf.
44. Dixon quoted in Fritschler, *Smoking and Politics,* 73–74.
45. Richard Kluger, *Ashes to Ashes: America's Hundred-Year Cigarette War, the Public Health, and the Unabashed Triumph of Philip Morris* (New York: Vintage, 1997), 268–269.
46. "Leaf Farmers Request No Labeling," *Durham Morning Herald,* April 10, 1964.
47. Fritschler, *Smoking and Politics,* 98–99.

48. Herbert Marcuse, *One Dimensional Man: Studies in the Ideology of Advanced Industrial Society* (Boston: Beacon, 1964; reprint, 1966), 242.
49. *Hearings, Interstate and Foreign Commerce*, 88th Cong., sess. 2, Vol. 1 (1964): 76.
50. Brandt, *Cigarette Century*, 254–256.
51. Elizabeth Drew, "The Quiet Victory of the Cigarette Lobby: How it Found the Best Filter Yet—Congress," *Atlantic Monthly*, September 1965, 76.
52. Joseph Califano, *Inside: A Public and Private Life* (New York: Public Affairs, 2005), 168; "Tobacco: Administration Showing Little Enthusiasm for Follow-Up on Public Health Service Report," *Science* 143, No. 3613 (March 27, 1964): 1418.
53. Nancy Tomes, *Remaking the American Patient: How Madison Avenue and Modern Medicine Turned Patients into Consumers* (Chapel Hill: UNC Press 2017), 262. For more on the participatory ideal about Office of Economic Opportunity (OEO) community health clinics see Alice Sardell, *US Experiment in Social Medicine: The Community Health Center Program, 1965–1986* (Pittsburgh: University of Pittsburgh Press, 1988).
54. Silber, *With All Deliberate Speed: The Life of Philip Elman, An Oral History Memoir* (Ann Arbor: University of Michigan Press, 2004), 349.
55. Cabell Phillips quoted in Laura Kalman, *Abe Fortas: A Biography*, reprint (New Haven: Yale University Press, 1992), 114.
56. Ibid., 3.
57. Judith Stein, *Pivotal Decade: How the United States Traded Factories for Finance in the Seventies* (New Haven: Yale University Press, 2010).
58. Kalman, *Abe Fortas*, 152–162.
59. Kluger, *Ashes to Ashes*, 289.
60. Kalman, *Abe Fortas*, 163.
61. "US Silence Gives Jitters to Tobacco Men," *Advertising Age*, June 15, 1964.
62. Kluger, *Ashes to Ashes*, 279–280.
63. "Cigarette Code Stirs a Debate," *New York Times*, April 29, 1964.
64. Sam Blum, "An Ode to the Cigarette Code," *Harper's Magazine*, March 1966, 61.
65. "The Cigarette Ad Code: Will FTC Buy It?" *Sponsor Magazine*, April 5, 1964, 25–28.
66. "US Silence Gives Jitters to Tobacco Men," *Advertising Age*, June 15, 1964.
67. National Association of Broadcasters, "TV Code Review Board Acts on Cigarette Advertising," October 7, 1966, Liggett & Myers Records, source unknown, University of California at San Francisco (UCSF) Library, https://www.industrydocumentslibrary.ucsf.edu/tobacco/docs/#id=frff0014; "Code Board Authorizes Cigaret Ad Guidelines," *Advertising Age*, October 10, 1966.
68. Daniel L. Brenner, "The Limits of Broadcast Self-Regulation under the First Amendment," *Stanford Law Review* 27, No. 6 (July 1975): 1528–1529, see especially 1552–1553.
69. See Green v. American Tobacco Company, 304 F. 2d 70 (1962).
70. Kalman, *Abe Fortas*, 153.

71. "Conference at the Department of Justice Concerning Antitrust Clearance for Cigarette Advertising," June 12, 1964, Lorillard Records, source unknown, UCSF Library, https://www.industrydocumentslibrary.ucsf.edu/tobacco/docs/xhxf0191.
72. Ibid.
73. Ibid. For the New Deal-era precedent, see Panama Refining Co. v. Ryan, 293 US 388 (1935).
74. W. H. Orrick, Department of Justice, June 17, 1964, Lorillard Records, source unknown, UCSF Library, https://www.industrydocumentslibrary.ucsf.edu/tobacco/docs/pfcl0010.
75. Ralph Nader, *Unsafe at Any Speed: The Designed-in Dangers of the American Automobile* (New York: Grossman Publishers, 1965), ix, iv.
76. "G.M. Apologies for Harassment of Critic," *New York Times,* March 23, 1966.
77. Schiller, "Enlarging the Administrative Polity," 1414.
78. "Conservationists Press Fight against Pesticides," *New York Times,* November 26, 1967.
79. Adam Rome, *The Genius of Earth Day: How a 1970 Teach-In Unexpectedly Made the First Green Generation* (New York: Hill and Wang, 2014), 194–195; Yannacone quoted in Rome, The Genius of Earth Day 197.
80. The Genius of Earth Day.
81. Sabin, "Environmental Law and the End of the New Deal Order." See also Hayes, *Beauty, Health Permanence,* 458–463; Christopher J. Bosso, *Environment, Inc.: From Grassroots to Beltway* (Lawrence: University Press of Kansas, 2005), 39–44.
82. Sabin, "Environmental Law and the End of the New Deal Order," 969.
83. Reuel Schiller has provided the most extensive history of the emergence of judicial oversight over administrative agencies. See Schiller, "Enlarging the Administrative Polity," especially 1415–1416. *Gideon's Trumpet* popularized the idea of the Warren Court as a refuge for the dispossessed. See Anthony Lewis, *Gideon's Trumpet* (New York: Knopf, 1964).
84. Ben F. Waple, "In the Matter of Television Station WCBS," September 1967, R. J. Reynolds Records, source unknown, UCSF Library, https://www.industrydocumentslibrary.ucsf.edu/tobacco/docs/fqpb0086.
85. "Minutes of the Commission Meetings and Hearings, June 2, 1967–June 14, 1967," Box 1211, Federal Communications Commission Archives, Record Group 173, National Archives and Records Administration (NARA-II), College Park, MD; FCC, *Federal Communications Commission Reports: Decisions, . . . 2nd,* Vol. 9 (1967): 925.
86. FCC, *Federal Communications Commission Reports,* 925–928.
87. Ibid., 948–950.
88. "Memorandum Opinion, September 8, 1967, Minutes of Commission Meetings and Hearings, Sept. 6, 1967–Sept. 20, 1967," Box 1218, Federal Communications Commission Archives, Record Group 173, NARA-II.
89. "Concurring Opinion of Commissioner Lee Lovinger in the Matter of Cigarette Advertising, Memorandum Opinion, September 8, 1967, Minutes of

Commission Meetings and Hearings, Sept. 6, 1967–Sept. 20, 1967," Box 1218, Federal Communications Commission Archives, Record Group 173, NARA-II.

90. "Minutes of the Commission Meetings and Hearings, June 2, 1967–June 14, 1967," Box 1211, Federal Communications Commission Archives, Record Group 173, NARA-II; FCC, *Federal Communications Commission Reports*, 933.
91. "Advertising: Top Spenders for Network TV," *New York Times*, February 2, 1968.
92. "Computer Program Copyrighted for First Time," *New York Times*, May 8, 1964.
93. U.S. Congress, House, Committee on the Judiciary, Subcommittee No. 3 (1966), *Copyright Law Revision: Hearings*, Eighty-Ninth Cong., 1st sess. (Washington, DC: U.S. Govt. Print. Off.), 1144–1150.
94. John F. Banzhaf, "Weighted Voting Doesn't Work: A Mathematical Analysis," *Rutgers Law Review* 19 (1965): 317–343; Banzhaf, "Multi-Member Electoral Districts. Do They Violate the 'One Man, One Vote' Principle?" *Yale Law Journal* 75, No. 8 (1966): 1309–1338.
95. "Professor John F. Banzhaf III—Major Professional Accomplishments," accessed September 10, 2016. http://banzhaf.net/accom.html.
96. "John Banzhaf, the So-Called 'Nader of the Tobacco Industry,'" *Washington Post*, March 15, 1970.
97. Ibid.
98. Sabin, "Environmental Law and the End of the New Deal Order," 972.
99. "John Banzhaf, the So-Called 'Nader of the Tobacco Industry'"; "Cigaret Commercial Ban Won't Halt Fight, Says Smoking Foe," *Los Angeles Times*, February 8, 1969.
100. "John Banzhaf, the So-Called 'Nader of the Tobacco Industry.'" Recent scholarship in political science has highlighted a similar dynamic of private enforcement of civil rights law, highlighting the relationship between private attorneys and administrative agencies. See Lynda G. Dodd, ed., *The Rights Revolution Revisited: Institutional Perspectives on the Private Enforcement of Civil Rights in the United States* (New York and Cambridge: Cambridge University Press, 2018).
101. In editorials objecting to the ruling, comparisons to Nazi Germany and Orwell's dystopian *1984* abound. See Hill & Knowlton, "Editorial Comment on FCC 'Fairness Doctrine' Ruling," July 21, 1967, Liggett & Myers Records, UCSF Library, https://www.industrydocumentslibrary.ucsf.edu/tobacco/docs/jykd0014.
102. FCC, *Federal Communications Commission Reports*, 949.
103. Kluger, *Ashes to Ashes*, 305–307. Banzhaf filed his appeal not because he disagreed with the FCC ruling but because he wanted it to stand. He appealed on the thin ground that the FCC had not granted him the requested "equal airtime."
104. Banzhaf v. FCC, 405 F.2d 1082 (D.C. Cir., 1968).
105. 90 Cong. Rec. H8242 (June 28, 1967).

106. H&K (Hill & Knowlton), "Further Developments in FCC Ruling," June 12, 1967, Liggett & Myers Records, https://www.industrydocumentslibrary.ucsf.edu/tobacco/docs/rjjd0014.
107. See, for example, "A Nonsensical Ruling," *Pueblo* (Co.) *Chieftain,* June 22, 1967, Brown & Williamson Records, https://www.industrydocumentslibrary.ucsf.edu/tobacco/docs/glwm0054.; B. D. Shaffer, "Speaking Out for Liberty," June 19, 1967, American Tobacco Records, UCSF Library, https://www.industrydocumentslibrary.ucsf.edu/tobacco/docs/llcg0147.
108. "A Nonsensical Ruling," *Pueblo* (Co.) *Chieftain,* June 22, 1967, Brown & Williamson Records, https://www.industrydocumentslibrary.ucsf.edu/tobacco/docs/glwm0054.
109. "A Word from Our Anti-Sponsor," June 17, 1967, American Tobacco Records, UCSF Library, https://www.industrydocumentslibrary.ucsf.edu/tobacco/docs/xhcc0015.
110. "How Far Can Fairness Go?," *Broadcasting,* June 12, 1967, Brown & Williamson Records, UCSF Library, https://www.industrydocumentslibrary.ucsf.edu/tobacco/docs/gldn0124.
111. James J. Kilpatrick, *The Sovereign States: Notes of a Citizen of Virginia* (Chicago: Henry Regnery, 1957).
112. James Hustwit, *James J. Kilpatrick: Salesman for Segregation* (Chapel Hill: UNC Press, 2013).
113. Quote from William Anderson (Tobacco Growers Information Committee), "Tobacco Industry Fear Being Taxed to Death," *Richmond News Leader,* February 24, 1969.
114. D. T. Frederickson, "Action on Smoking and Health," January 26, 1968, R. J. Reynolds Records, UCSF Library, https://www.industrydocumentslibrary.ucsf.edu/tobacco/docs/mfkx0096.
115. Amanda Amos and Margaretha Haglund, "From Social Taboo to 'Torch of Freedom': The Marketing of Cigarettes to Women," *Tobacco Control* 9 (2009): 3–8; Edward L. Bernays, *Biography of an Idea: Memoirs of Public Relations Counsel Edward L. Bernays* (New York: Simon and Schuster, 1965), 382–395.
116. "Smoking, the Destruction of Self," *New England Journal of Medicine* 279, No. 5 (August 1, 1968): 267–268.
117. "Group Will Spur Suits against Cigarette Makers," *New York Times,* January 29, 1969.
118. "Consumer Groups Test Regulatory Agencies," *Washington Post,* November 23, 1969; "GW Law School Group Hits Unfair Collection Practices," *Washington Post,* January 8, 1970.
119. "Students Waging Consumer Battle," *New York Times,* December 2, 1969.
120. "Tempest in a Soup Can: BBDO Exec Recalls Landmark Legal Battle between Campbell, the FTC, and 5 Law Students," *Ad Age,* October 17, 1994; "John Banzhaf, the So-Called 'Nader of the Tobacco Industry.'"
121. Indeed, it was precisely at this moment that economist Mancur Olson published his *Logic of Collective Action* (1965), which expounded a straightforward explanation for why some groups organized and other groups did not.

Groups that represented relatively small numbers of voters—such as those composed of tobacco-dependent industries—were more likely to organize than groups representing the far larger mass of Americans who would have preferred to see greater regulation of cigarettes, but who did not feel as intensely about the matter, or have the kind of short-term financial stakes.

122. Kluger, *Ashes to Ashes*, 285.
123. Ibid.
124. See, for example, Kennedy's embrace of hunger and malnutrition as a political issue, as described in Rachel Moran, *Governing Bodies: American Politics and the Shaping of the Modern Physique* (Philadelphia: University of Pennsylvania Press, 2017), 116–120. In his advocacy of free food stamps, Kennedy departed with the Johnson administration's continued support of the USDA's administration of the food stamp program.
125. *World Conference on Smoking and Health: A Summary of the Proceedings, September 11–13* (n.p.: National Interagency Council on Smoking and Health, 1967), 9.
126. Ibid.
127. "Advertising: An Ex-Smoker's Exit," *Time*, September 25, 1964.
128. *World Conference*, 245.
129. Ibid.
130. Ibid., 237.
131. "Novice Lawyer Shakes an Industry," *National Observer*, September 18, 1967, 16.
132. "Letters to the Editor: Dead Letter Ruling?" *Washington Post*, August 27, 1967.
133. "The Law Professor behind ASH, SOUP, PUMP and CRASH," *New York Times*, August 23, 1970.
134. Ibid.
135. Hugh Heclo has argued that many of the movement politics of the 1960s took on the organizational, bureaucratic logic of their times. See Heclo, "The Sixties False Dawn."
136. Brandt, *Cigarette Century*, 268.
137. "The Law Professor behind ASH, SOUP, PUMP and CRASH."
138. Ibid.
139. *World Conference on Smoking and Health*, 243. For a discussion of the changing understandings of risk and consent that shaped cigarette regulation, see Allan M. Brandt, "Blow Some My Way: Passive Smoking, Risk and American Culture," in *Ashes to Ashes: The History of Smoking and Health*, Stephen Lock, Lois Reynolds, and E. M. Tansey, eds. (Amsterdam: Rodopi, 1998), 164–167.
140. "Banzhaf Shoots at WNBC-TV," April 1968, Tobacco Institute Records, Source: Roswell Park Cancer Institute (RPCI), https://www.industrydocumentslibrary.ucsf.edu/tobacco/docs/jhfk0148.
141. Page, "The Law Professor behind ASH, SOUP, PUMP and CRASH."
142. ASH Newsletters, Folder 13, Box 6, Luther Terry Papers (Terry Papers), National Library of Medicine (NLM), Bethesda, M.D.

143. G. A. Giovino et al., "Surveillance for Selected Tobacco-Use Behaviors—United States, 1900-1994," *Morbidity and Mortality Weekly Report Surveillance Summaries* 43, No. 3 (1994), https://www.cdc.gov/mmwr/preview/mmwrhtml/00033881.htm; Brandt, *Cigarette Century*, 237-238; Laverne Creek, Tom Capehart, Verner Grise, *U.S. Tobacco Statistics, 1935-1992* (Wash-ington: Economic Research Service, U.S. Department of Agriculture, 1994),

14. The per capita declines began in 1973.
144. Kluger, *Ashes to Ashes*, 325.
145. *Health Consequences of Smoking—50 Years of Progress: A Report of the Surgeon General* (Atlanta: Centers for Disease Control and Prevention, 2014), https://www.ncbi.nlm.nih.gov/books/NBK294310/.
146. Kluger, *Ashes to Ashes*, 326.
147. For an example of outrage, see Unprocessed marketing papers, North Carolina Division of Archives and History (NCDAH), 3133-3134; *Tobacco Reporter*, March 1968, 62.
148. Sam Ervin (NC), "A Study in Governmental Brainwashing," 90 Cong. Rec. S937 (February 6, 1968).
149. Elizabeth Drew, "The Cigarette Companies Would Rather Fight Than Switch," *New York Times Magazine*, May 4, 1969.
150. "Bess Myerson Is Sworn In as the City's Consumer Aide," *New York Times*, March 5, 1969.
151. Richard J. Leighton, "Consumer Protection Agency Proposals: The Origin of the Species," *Administrative Law Review* 25, No. 3 (Summer 1973): 287. Leighton argues that proposals for cabinet-level consumer agencies had been around since the 1930s.
152. Ibid., 299; Richard Nixon: "Special Message to the Congress on Consumer Protection," October 30, 1969, accessed online in Gerhard Peters and John T. Woolley, *The American Presidency Project*, http://www.presidency.ucsb.edu/ws/?pid=2299.
153. Drew, "The Cigarette Companies Would Rather Fight Than Switch."
154. "Report of the President to the Members and Directors at the Sixth Annual Meeting TGIC," 2 November 1964, TGIC Meetings and Minutes, Duke Homestead, Durham, NC.
155. Julian Zelizer, *On Capitol Hill: The Struggle to Reform Congress and Its Consequences* (New York: Cambridge University Press, 2004), 63-69.
156. Ibid., 73. For an account of Cooley's loss as a result of his fealty to agriculture at the expense of North Carolina's diversifying economy, see John Mark Hansen, *Gaining Access: Congress and the Farm Lobby* (Chicago: University of Chicago Press, 1991), 184-185.
157. 88 Cong. Rec. S4335 (March 4, 1964).
158. Alexander Holmes, "Delaware Galahad," *Los Angeles Times*, January 19, 1954.
159. 88 Cong. Rec. S4336 (March 4, 1964)..
160. "Kill Tobacco Support Program," *Knoxville News Sentinel*, March 4, 1964.
161. "Flue-Cured Tobacco Cooperative Stabilization Corporation," Folder-Tobacco Resources, Uncategorized Collections, Duke Homestead.

162. "Acreage-Poundage Marketing Quotas for Tobacco: Hearings to Amend the Agricultural Adjustment Act of 1938," 88th Congress (February 9, 1965, and February 19, 1965) 14.
163. "Subsidy Hunters Swooping Down on Washington," *New York Times*, September 8, 1968.
164. "Tobacco Price Supports Cost Taxpayers Least of All Crops," *New York Times*, October 4, 1964.
165. L. H. Fountain, House Interstate and Foreign Commerce Committee, Cigarette Labeling and Advertising, 91st Congress, 1st sess., 26 (April 15, 1969). Discrepancies in the figures cited by tobacco supporters and others reflect supporters' neglect of the cost of export subsidies, Food-for-Peace, tobacco grading services, and administration.
166. See, for example, "The Tobacco Subsidy," *New York Times*, March 15, 1964.
167. "Troubles Beset Tobacco Areas," *New York Times*, October 4, 1964.
168. Tobacco Associates, "Annual Report—1965," March 2, 1965, Tobacco Institute Records, https://www.industrydocumentslibrary.ucsf.edu/tobacco/docs/yjlv0041.
169. Brianna Rego, "The Polonium Brief: A Hidden History of Cancer, Radiation, and the Tobacco Industry," *Isis* 100, No. 3 (2009): 453–484.
170. "Immediate Release—Cooley Introduces Acreage-Poundage Bill," February 8, 1964, "Miscellaneous Files From the Commissioner's Office, 1965," North Carolina Department of Agriculture, NCDAH.
171. "Acreage-Poundage Marketing Quotas for Tobacco," 14.
172. Ibid., 66–68.

第五章　非吸烟者问世

1. National Commission on Smoking and Public Policy, "Catalog of Themes and Anti-Smoking Recommendations," March 22, 1977, Liggett & Myers Records, University of California at San Francisco (UCSF) Library, https://www.industrydocumentslibrary.ucsf.edu/tobacco/docs/ypyy0011.
2. Glenn Goldberg, "Legal Aspects of Non-Smokers' Rights or 'If We Are Not for Ourselves, Then Who Will Be for Us?'" in *Smoking and Health: Proceedings of the Third World Conference on Smoking and Health, New York City, June 2–5 1975* (Bethesda, M.D.: U.S. Dept. of Health, Education, and Welfare, Public Health Service, National Institutes of Health, National Cancer Institute, 1976), 363.
3. This articulation of an equal and opposite right underscores what legal scholar Mark Tushnet has called the "indeterminacy" of rights talk, providing "only momentary advantages in ongoing political struggles." See Mark Tushnet, "An Essay on Rights," *Texas Law Review* 62 (1984): 1371.
4. "The Rights of the Nonsmoker," 1976, Folder 6, Carton 1, Americans for Nonsmokers' Rights (ANR) Records, University of California at San Francisco (UCSF), San Francisco, C.A.

5. See, for example, Lily Geismer's excellent analysis of knowledge professionals that reshaped liberalism along the Route 128 corridor in Massachusetts: Geismer, *Don't Blame Us: Suburban Liberals and the Transformation of the Democratic Party* (Princeton: Princeton University Press, 2015).
6. Daniel Rodgers, *Age of Fracture* (Cambridge, MA: Belknap Press, 2011).
7. Martha Dirthick and Paul Quirk, *The Politics of Deregulation* (Washington, DC: Brookings Institution, 1985).
8. Samuel Hayes has argued that environmentalists during the 1960s and 1970s sought and found assistance from state governments. In the realm of air pollution control specifically, localities enlisted the expertise of the federal government for leverage against industrial polluters. See Samuel P. Hayes, *Beauty, Health, and Permanence: Environmental Politics in the United States, 1955–1985* (Cambridge: Cambridge University Press, 1989), 433–445. Brian Balogh has argued that interests expressed at the state level opposed nuclear reactor projects developed by the federal Atomic Energy Commission on public-health grounds in the late 1950s. See Brian Balogh, *Chain Reaction: Expert Debate and Public Participation in American Commercial Nuclear Power, 1945–1975* (New York: Cambridge University Press, 1991), 159–170.
9. Geismer, *Don't Blame Us*.
10. Steven H. Leleiko, "The Clinic and NYU," *Journal of Legal Education* 24, No. 4 (1972): 429–461.
11. "Faculty Profile—John Banzhaf," *Amicus Curiae* (George Washington Law School), October 14, 1968.
12. Paul Sabin, "Environmental Law and the End of the New Deal Order," *Law and History Review* 33, No. 4 (November 2015): 965–1003.
13. Joseph Sax, *Defending the Environment: A Handbook for Citizen Action* (Vancouver, WA: Vintage, 1970), xviii.
14. Ibid., 59.
15. Arthur F. McAvoy, "Environmental Law and the Collapse of New Deal Constitutionalism," *Akron Law Review* 46, No. 4 (2013): 896.
16. Jack Anderson, "Washington Merry Go-Round: Consumer Advocates Eye Cola Drinks," *Washington Post*, February 17, 1971, C19.
17. "FCC Orders Closed Captioning," *The GW Advocate*, August 2, 1976; "DEAFWATCH," *The GW Advocate*, June 8, 1975.
18. *Aviation Daily*, December 19, 1969, American Tobacco Records, UCSF Library, https://www.industrydocumentslibrary.ucsf.edu/tobacco/docs/zhbl0075.
19. Ralph Nader, Petitioner to Honorable John H. Shaffer, December 7, 1969, R. J. Reynolds Records, UCSF Library, https://www.industrydocumentslibrary.ucsf.edu/tobacco/docs/nfhf0003.
20. John F. Banzhaf III., "Action on Smoking and Health to Honorable John A. Volpe," March 31, 1970, R. J. Reynolds Records, https://www.industrydocumentslibrary.ucsf.edu/tobacco/docs/nyyv0101.
21. Ibid.
22. Ann Landers, *Washington Post*, January 8, 1970, C8.

23. Warren Burger to John H. Shaffer, December 18, 1969, R. J. Reynolds Records, UCSF Library, https://www.industrydocumentslibrary.ucsf.edu /tobacco/docs/yxck0086; *Wall Street Journal,* January 29, 1970.
24. "Nader Seeks Bar on Bus Smoking," *Washington Post,* February 10, 1970.
25. Ibid.
26. *Federal Register* 36, No. 239 (November 12, 1971): 23638.
27. "Justice Beefs, Metroliner Cuts Smoking," *Washington Post,* December 14, 1972.
28. "Pan-Am to Offer Seats Just for Nonsmokers," *New York Times,* January 27, 1970; "3d Airline, American, Begins 747 Service," *New York Times,* March 3, 1970; "All TWA Jets Will Have Sections for Nonsmokers," *New York Times,* March 10, 1970.
29. "Pan Am to Offer Seats Just for Nonsmokers," *New York Times,* January 27, 1970, 85.
30. "No Smoking: Pressure Builds to Curb Smokers in Airlines," *Wall Street Journal,* January 29, 1970, 1.
31. HEW, FAA, Department of Transportation, National Institute for Occupational Safety, "Health Aspects of Smoking in Transport Aircraft," December 1971, R. J. Reynolds Records, UCSF Library, https://www.industrydocumentslibrary.ucsf.edu/tobacco/docs/pybk0086.
32. Ibid.
33. Ibid.
34. J. P. Jeblee, "Proposed C.A. Ruling," November 27, 1972, Philip Morris Records, UCSF Library, https://www.industrydocumentslibrary.ucsf.edu /tobacco/docs/szbf0122.
35. "Smoking Is Hazardous to Passengers' Comfort," *New York Times,* December 31, 1972.
36. Edwin L. Bierman to Federal Aviation Administration, April 24, 1970, Lorillard Records, UCSF Library, https://www.industrydocumentslibrary.ucsf.edu/tobacco/docs/pnff0121.
37. Gerald A. Ahronheim to James F. Rudolph, April 27, 1970, R. J. Reynolds Records, UCSF Library, https://www.industrydocumentslibrary.ucsf.edu /tobacco/docs/qnyv0101.
38. "Caution: Smoking Is Hazardous to Passengers' Comfort," *New York Times,* December 31, 1972.
39. AJ Stevens, n.d., Philip Morris Records, UCSF Library, https://www.industrydocumentslibrary.ucsf.edu/tobacco/docs/mmcp0119.
40. Docket No. 21708, November 13, 1972, Philip Morris Records, UCSF Library, https://www.industrydocumentslibrary.ucsf.edu/tobacco/docs /fmcp0119.
41. Ibid.
42. Ibid.
43. Ibid.
44. Lorillard, Docket No. 21708, January 30, 1973, Philip Morris Records, https://www.industrydocumentslibrary.ucsf.edu/tobacco/docs/smcp0119.

45. "ASH Breaks Logjam at Cab," *ASH Newsletter,* May–June 1978; "CAB Moves on ASH Complaints," July–August 1978, Folder 15, Box 6, Terry Papers, NLM.
46. David Moss, "Reversing the Null: Regulation, Deregulation, and the Power of Ideas," in *Challenges to Business in the Twenty-First Century,* Gerald Rosenfelt, Jay W. Lorsch, and Rakesh Khurana, eds. (Cambridge, MA: American Academy of Arts and Sciences, 2011).
47. "Regulators and the Polls," *Regulation* 6, No. 2 (November–December 1978): 11.
48. Phillip J. Cooper, *The War against Regulation: From Jimmy Carter to George W. Bush* (Lawrence: University Press of Kansas, 2009), 16.
49. Thomas K. McCraw, *Prophets of Regulation: Charles Francis Adams, Louis D. Brandeis, James M. Landis, Alfred E. Kahn* (Cambridge, MA: Belknap Press, 1984), 219.
50. Susan E. Dudley, "Alfred Kahn, 1917–2010," *Regulation* 34, No. 1 (Spring 2011): 9–11.
51. Rodgers, *Age of Fracture,* 60–62.
52. "CAB Requests Input on Smoking, Approves Waivers," *ASH Newsletter,* September–October 1980, Tobacco Institute Records, UCSF Library, https://www.industrydocumentslibrary.ucsf.edu/tobacco/docs/zshv0051.
53. Gail Appleson, "Fired-Up Nonsmokers Take Cab to Court," *American Bar Association Journal* 68, No. 12 (December 1982): 1556.
54. Peggy Lopipero and Lisa Bero, "Tobacco Interests or the Public Interest: 20 Years of Industry Strategies to Undermine Airline Smoking Restrictions," *Tobacco Control* 15, No. 4 (August 2006): 326–327.
55. Hugh Heclo captures the skeptical yet dependent posture of public interest lawyers toward the regulatory state. See Heclo, "The Sixties' False Dawn: Awakenings, Movements, and Postmodern Policy-Making," in *Integrating the Sixties: The Origins, Structures, and Legitimacy of Public Policy in a Turbulent Decade,* Brian Balogh, ed. (University Park: Penn State University Press, 1996), xx.
56. "Sue the CAB Again?" *ASH Newsletter,* July 1984, Folder 16, Box 6, Papers of Luther L. Terry, National Library of Medicine (NLM).
57. There were some variations on the group's name. The College Park GASP chapter began as Group Against Smokers' Pollution, but then changed its name to the less accusatory Group Against Smoking Pollution. Other GASPs stood for Group Against Smoke and Pollution.
58. "The First GASP," February 28, 2006, in author's possession. Brandt notes that the framing of children as innocent victims of tobacco smoke helped to reshape "the moral calculus of cigarette smoking." Allan M. Brandt, "Blow Some My Way: Passive Smoking, Risk and American Culture," in *Ashes to Ashes: The History of Smoking and Health,* Stephen Lock, Lois Reynolds, and E. M. Tansey, eds. (Amsterdam: Rodopi, 1998), 171.
59. "The First GASP," February 28, 2006, in author's possession.
60. "Co-Op Bans Smoking in Some Areas," *Oakland Post,* October 7, 1971, 10.
61. "The First GASP," February 28, 2006, in author's possession.

62. "Campaign for Their Rights: A New Militancy Gets Results," *Los Angeles Times,* October 25, 1973; "Where There's Smoke, There's Ire," *Houston Post,* February 2, 1975; "GASP Tries to Clear Air of Smokers," *Pasadena Evening Star News,* August 20, 1977.
63. See, for example, *GASP Update* (Georgia), Folder 8, Carton 1, Peter Hanauer Tobacco Control Papers (Hanauer Papers), UCSF.
64. "Speak Up: Every Victory Counts," *GASP News,* October 1976, Folder 2, Carton 1, Hanauer Papers, UCSF.
65. Michael Novak, *The Rise of the Unmeltable Ethnics: Politics and Culture in the Seventies* (New York: Macmillan, 1972).
66. Carrie Menkel-Meadow, "The Causes of Cause Lawyering: Toward an Understanding of the Motivation and Commitment of Social Justice Lawyers," in *Cause Lawyering: Political Commitments and Professional Responsibilities,* Austin Sarat and Stuart Scheingold, eds. (New York: Oxford University Press, 1998), 43.
67. Thomas Frank, *The Conquest of Cool: Business Culture, Counterculture, and the Rise of Hip Consumerism* (Chicago: University of Chicago Press, 1997), 155–156.
68. Pamphlet, "GASP: Non-Smokers Have Rights Too," January 1975, in author's possession.
69. For examples of "assertiveness training" workshops see GASP, *Nonsmoker's Voice* (Denver, Colorado), Folder 5, Carton 3, Donna Shimp Papers and Environmental Associates Records (Shimp Papers), UCSF. For the support switchboard, see *GASP Bulletin* (Berkeley, California), 1972, Folder 13, Carton 1, Hanauer Papers, UCSF.
70. Sarah Evans, *Personal Politics: The Roots of Women's Liberation in the Civil Rights Movement and the New Left* (New York: Knopf, 1975), 134.
71. "Where There's Smoke, There's Ire," *Sun Magazine,* August 27, 1972.
72. "Nonsmokers' Liberation Ceremony: Birthday of Abraham Lincoln," February 12, 1975, in author's possession.
73. Serena Mayeri, *Reasoning from Race: Feminism, Law, and the Civil Rights Revolution* (Cambridge, MA: Harvard University Press, 2011).
74. "Civil Rights and the Non-Smokers' Movement," Folder 18, Carton 1, Hanauer Papers, UCSF.
75. Grace Elizabeth Hale argues that by the 1960s, middle-class Americans had appropriated the status of marginalized African Americans to fashion their own identities. See Hale, *A Nation of Outsiders: How the White Middle-Class Fell in Love with Rebellion in Postwar America* (New York: Oxford University Press, 2011).
76. Christopher Sellers, *Crabgrass Crucible: Suburban Nature and the Rise of Environmentalism in Twentieth-Century America* (Chapel Hill: University of North Carolina Press, 2012).
77. Geismer, *Don't Blame Us,* 120–121.
78. *Non-Smokers' Liberation Guide,* 1973, in author's possession.
79. The first use of "NIMBY" was in a 1980 *Christian Science Monitor* article on toxic waste disposal. The article noted that within the waste disposal in-

dustry, the term was already in circulation. See Emilie Travel Livezey, "Hazardous Waste," *Christian Science Monitor,* November 6, 1980.
80. *Philadelphia Bulletin,* April 1978, Tobacco Institute Records, UCSF Library, https://www.industrydocumentslibrary.ucsf.edu/tobacco/docs/ltnx0026.
81. James Longhurst, *Citizen Environmentalists* (Medford, MA: Tufts University Press, 2010), 49.
82. Jack Oppenheimer, "Administering the Air Quality Act of 1967," *Natural Resources Lawyer* 2, No. 1 (1969): 17.
83. Longhurst, *Citizen Environmentalists,* 47–49.
84. 42 U.S. Code §7401.
85. Quoted in Longhurst, *Citizen Environmentalists,* 18–19.
86. Hayes, *Beauty, Health, and Permanence,* 484.
87. Sierra Club v. Morton, 405 U.S. 727 (1972).
88. Joseph Sax observed that the Court's opinion "explicitly states that a plaintiff who is an actual user of an area" would have standing to sue on the grounds that "they affect his aesthetic and recreational enjoyment of the area" and could also "assert the interests of the general public." See Joseph Sax, "Standing to Sue: A Critical Review of the Mineral King Decision," *Natural Resources Journal,* January 1973, 79.
89. United States v. Students Challenging Regulatory Agency Procedures 412 U.S. 669.
90. Antonin Scalia, "The Doctrine of Standing as an Essential Element of the Separation of Powers," *Suffolk Law Review* 17 (1983): 898. Scalia argued that in accepting the students' attenuated claims to injury, the Supreme Court had violated the separation of powers, wading into territory that rightfully belonged to the other branches. Scalia prophesied a post-*SCRAP* era in which courts would reject "breathlessly broad" grants of standing. Indeed, he helped to usher in such an era as a Justice, authoring a series of decisions in the 1990s limiting standing by requiring more precise articulations of legal injury for environmental groups that brought suit. See Jonathan Z. Cannon, *Environment in the Balance: The Green Movement and the Supreme Court* (Cambridge, MA: Harvard University Press, 2015), 150.
91. Reuel Schiller, "Enlarging the Administrative Polity: Administrative Law and the Changing Definition of Pluralism, 1945–1970," *Vanderbilt Law Review* 53, No. 5 (2000): 1442.
92. For a deft analysis of the relationship between poverty lawyers and welfare activists in the 1960s, see Martha F. Davis, *Brutal Need: Lawyers and the Welfare Rights Movement, 1960–1973* (New Haven: Yale University Press, 1993).
93. *SCRAP* was also heralded as a landmark by environmental lawyers in the 1970s. "Ecological Suits Reported Eased," *New York Times,* February 19, 1974.
94. Richard A. Harris and Sidney M. Milkis, *Politics of Regulatory Change: A Tale of Two Agencies* (New York: Oxford University Press, 1989), 240–243.
95. Jesse Steinfeld, oral history interview with Alexandra Lord, September 20, 2005, NLM.
96. Ibid.

97. Mark Nadel, *The Politics of Consumer Protection* (Indianapolis: Bobbs-Merrill, 1971), 50; Richard Nixon, "Special Message to the Congress on Consumer Protection," October 30, 1969, online in Gerhard Peters and John T. Woolley, *The American Presidency Project,* http://www.presidency.ucsb.edu/ws/?pid =2299.
98. Lizabeth Cohen, *A Consumers' Republic: The Politics of Mass Consumption in Postwar America* (New York: Knopf, 2003), 346.
99. "Consumer Bill of Rights," *New York Times,* November 1, 1969; "AMA Rejects 'Health Care Bill of Rights,'" *Washington Post,* June 25, 1970.
100. Marc Galanter, "Why the 'Haves' Come Out Ahead: Speculations on the Limits of Legal Change," *Law and Society Review* 9, No. 1 (1974): 95-160.
101. John Stuart Mill, *On Liberty* (1859; reprint, Mineola, NY: Dover Thrift Edition, 2002), 8.
102. This analogy to sex was a favorite among nonsmokers' rights activists. See, for example, "Can Other People's Smoking Hurt You?" *Kiplinger's,* September 1975, 11; Alden Stahr, 1987, Folder 67, Carton 7, Shimp Papers, UCSF; Stan to Board, "Mike Pertschuk's piece on nonsmokers' rights," May 16, 1984, Folder 40, Carton 1, ANR Records, UCSF.
103. Brian Balogh, "Making Pluralism 'Great': Beyond a Recycled History of the Great Society," in *The Great Society and the High Tide of Liberalism,* Sidney M. Milkis and Jerry Mileur, eds. (Amherst: University of Massachusetts Press, 2005), 145-182.
104. Nancy C. Doyle, "Involuntary Smoking—Health Risks for Nonsmokers," 1987, Folder 35, Carton 3, Shimp Papers, UCSF. Having made a rhetorical mark upon the anti-tobacco movement, Roisman would soon leave its orbit for the Justice Department. But Roisman's early partner in public interest law, Gladys Kessler, indelibly shaped the history—and historiography—of tobacco. As a judge for the DC Circuit, Kessler issued a landmark 1,683-page ruling holding the tobacco companies liable for fraud under the Racketeer Influenced and Corrupt Organizations (RICO) Act. See U.S. v. Philip Morris, 449 F.Supp. 2d 1 (DDC 2006). As part of the remedy, Kessler required the online disclosure of internal industry documents produced by smoking litigation. These documents have formed some of the evidentiary trove for recent historians of tobacco. See Edward Berlin, Anthony Z. Roisman, and Gladys Kessler, "Public Interest Law," *George Washington Law Review* 38 (1970): 647-693.
105. Allan M. Brandt, *The Cigarette Century: The Rise, Fall, and Deadly Persistence of the Product that Defined America* (New York: Basic Books), 292. Elsewhere, Brandt has argued that rendering the environmental tobacco smoke as a risk "was powerfully influenced by a range of social and moral factors" articulated by the nonsmokers' rights movement. Brandt, "Blow Some My Way," 170.
106. United States Public Health Service, Office of the Surgeon General, National Clearinghouse for Smoking and Health, *The Health Consequences of Smoking* (Washington, DC: United States Public Health Service, Office of the Surgeon General, 1972), 111.

107. Ibid., 127–131.
108. Ibid., 131.
109. Philip H. Abelson, "A Damaging Source of Air Pollution," *Science* 158, No. 3808 (December 22, 1967): 1527.
110. Brandt, *Cigarette Century*, 293.
111. Historical National Ambient Air Quality standards can be found at https://www.epa.gov/pm-pollution/table-historical-particulate-matter-pm-national-ambient-air-quality-standards-naaqs.
112. National Commission on Smoking and Public Policy, "Catalog of Themes and Anti-Smoking Recommendations," March 22, 1977, Liggett & Myers Records, UCSF Library, https://www.industrydocumentslibrary.ucsf.edu/tobacco/docs/#id=ypyy0011.
113. National Cancer Institute, Office of Cancer Communications, *The Smoking Digest: Progress Report on a Nation Kicking the Habit* (Bethesda, MD: National Cancer Institute, 1977), 24.
114. Ibid.
115. "Smokey the Boor," *Village Voice*, April 25, 1974.
116. "Safer Cigarettes for Those Who Can't Quit Asked by Official," *Los Angeles Times*, January 10, 1972.
117. "Smoking to Be Banned on Staten Island Ferry," *New York Times*, January 27, 1971.
118. Jesse Steinfeld, oral history interview with Alexandra Lord, September 20, 2005, NLM.
119. Mike Stobbe, *Surgeon General's Warning: How Politics Crippled the Nation's Doctor* (Berkeley: University of California Press, 2014), 144; Richard Kluger, *Ashes to Ashes: America's Hundred-Year Cigarette War, the Public Health, and the Unabashed Triumph of Philip Morris* (New York: Knopf, 1996), 366–367.
120. Stobbe, *Surgeon General's Warning*, 144.
121. Ibid., 153.
122. "Jesse L. Steinfeld, Former Anti-smoking U.S. Surgeon General Dies at 87," *Washington Post*, August 6, 2014.
123. "Fact Sheet on H.R. 10748," December 2, 1975, American Tobacco Records, UCSF Library, https://www.industrydocumentslibrary.ucsf.edu/tobacco/docs/lxgl0075.
124. "If You Love Someone Who Smokes, Do Something," *Raleigh News and Observer*, August 7, 1973.
125. Kluger, *Ashes to Ashes*, 374.
126. R. J. Reynolds, "The Facts about Public Smoking," 1971, R. J. Reynolds Records, UCSF Library, https://www.industrydocumentslibrary.ucsf.edu/tobacco/docs/gzcw0003; Brandt, *Cigarette Century*, 288.
127. "Anti-Smoking Claims and the Minnesota Clean Indoor Air Act," 1975, Tobacco Institute Records, UCSF Library, https://www.industrydocumentslibrary.ucsf.edu/tobacco/docs/jmcl0004.
128. Transcript, "State of Minnesota House of Representatives Health Subcommittee of the Health and Welfare Committee," February 22, 1974, Depositions and Trial Testimony, Tobacco Deposition and Trial Testimony Archive

(DATTA), UCSF Library, https://www.industrydocumentslibrary.ucsf.edu/tobacco/docs/qjfp0034.
129. "Anti-Smoking Claims and the Minnesota Clean Indoor Air Act," 1975, Tobacco Institute Records, UCSF Library, https://www.industrydocumentslibrary.ucsf.edu/tobacco/docs/jmcl0006.
130. Office of Cancer Communications, *Smoking Digest,* 83–86.
131. In a quantitative survey of anti-tobacco legislation passed between 1975 and 2000, political scientists Charles R. Shipan and Craig Volden found evidence of "bottom-up federalism"—or diffusion of anti-smoking laws from the local to the state level—when states contained powerful health organizations and professionalized legislatures. See Shipan and Volden, "Bottom-Up Federalism: The Diffusion of Antismoking Policies from Cities to States," *American Journal of Political Science* 50, No. 4 (October 2006): 825–843.
132. For the 1978 Proposition 5 see, Folders 90–96, Carton 3, ANR Records, UCSF. For activists' strategy on the 1980 Proposition 10, see Folders 115–120, Carton 3, ANR Records, UCSF; see also Stanton A. Glantz and Edith D. Balbach, *Tobacco War: Inside the California Battles* (Berkeley: University of California Press, 2000), 10–21.
133. "Number of Local Actions on Smoking Restrictions, 1971–1976," October 1976, Tobacco Institute Records, UCSF Library, https://www.industrydocumentslibrary.ucsf.edu/tobacco/docs/ppwl0004.
134. Horace R. Kornegay, "Remarks—TI Spring Meeting," 1974, Philip Morris Records, UCSF Library, https://www.industrydocumentslibrary.ucsf.edu/tobacco/docs/ytgc0107.
135. "Smoking Ban Has Berkeley Residents Smoldering," *Chicago Tribune,* August 21, 1977.
136. Francis Ward, "Chicago Antismoking Law: Smokers Court Punishes Public Puffers," *Los Angeles Times,* May 2, 1976, G4. Although African-American men smoked at higher rates than white men—55 percent versus 42 percent in 1974—behavioral discrepancies could not account for the demography of smokers' court. See "Smoking and Health: A Report of the Surgeon General: Appendix: Cigarette Smoking in the United States, 1950–1978" (U.S. Public Health Service, Office on Smoking and Health, 1979), A-15.

第六章　从权利到成本

1. First epigraph quotation: Alton Ochsner, *Smoking: Your Choice between Life and Death* (New York: Simon and Schuster, 1954; reprint, 1970), 20. Second epigraph quotation: Robert F. Schilling II, Lewayne D. Gilchrist, and Steven Paul Schinke, "Smoking in the Workplace: Review of Critical Issues," *Public Health Reports* 100, No. 5 (1985): 474.
2. Bureau of National Affairs, *Where There's Smoke: Problems and Policies Concerning Smoking in the Workplace,* ASPA-BNA Survey No. 50 (Washington, DC: Bureau of National Affairs, 1986); "US Sets Goal to End Smoking by Year 2000," *Los Angeles Times,* May 21, 1984; Koop quotation: "Smoke-Free Society by the Year 2000!!!," *Smoking and Health Reporter* 1, No. 4 (1984): 2.

3. "Smokers Fume about Bans in the Office," *Washington Post,* November 18, 1990; D.C. Kent and L. Cenci, "Smoking and the Workplace: Tobacco Smoke Health Hazards to the Involuntary Smoker," *Journal of Occupational Medicine* 24, No. 6 (1982): 469.
4. "Workplace Smoking: Corporate Practices & Developments," *BNA Employee Relations Weekly,* October 23, 1989.
5. Administrative Management Society Smoking Policies Survey, 1989, Tobacco Institute Records, University of California San Francisco (UCSF) Library, https://www.industrydocumentslibrary.ucsf.edu/tobacco/docs/qgmk0135.
6. Nancy MacLean, *Freedom Is Not Enough: The Opening of the American Workplace* (Cambridge, MA: Harvard University Press, 2008); Katherine Turk, *Equality on Trial: Gender and Rights in the Modern American Workplace* (Philadelphia: University of Pennsylvania Press, 2016); Sophia Z. Lee, *The Workplace Constitution: From the New Deal to the New Right* (New York: Cambridge University Press, 2014); Serena Mayeri, *Reasoning from Race: Feminism, Law, and the Civil Rights Revolution* (Cambridge, MA: Harvard University Press, 2011); Margot Canaday, *Pink Precariat: LGBT Workers in the Shadow of Civil Rights* (forthcoming), chapter 6.
7. By the late 1980s, antidiscrimination law covered not only women and racial minorities, but also the disabled, pregnant women, and, in Reagan's one contribution to the expansion of antidiscrimination law, older Americans. At the same time, Katherine Turk argues, the "conceptual terrain" of what constituted sex equality dramatically contracted in the 1980s and 1990s. See Turk, *Equality on Trial.*
8. Frank Dobbin, *Inventing Equal Opportunity* (Princeton: Princeton University Press, 2009). For more on the ethical world of corporate managers, see Robert Jackall, *Moral Mazes: The World of Corporate Managers* (New York: Oxford University Press 1988; reprint, 20th Anniversary Edition, 2010). For a recent business history of the postwar corporation, see Louis Hyman, "Rethinking the Postwar Corporation: Management, Monopolies, and Markets," in *What's Good for Business: Business and American Politics since World War II,* Kim Phillips-Fein and Julian E. Zelizer, eds. (New York: Oxford University Press, 2012), 195–211.
9. Daniel Rodgers, *Age of Fracture* (Cambridge, MA: Harvard University Press, 2012), 44.
10. Ibid., 58.
11. Donna Shimp to Luther Terry, February 6, 1976, Folder 1, Box 7, Terry Papers, NLM.
12. Marjorie Stockford, *The Bellwomen: The Story of the Landmark AT&T Sex Discrimination Case* (New Brunswick, NJ: Rutgers University Press, 2004), 16.
13. Donna Shimp, Alfred Blumrosen, and Stuart B. Finifter, *How to Protect Your Health at Work: A Complete Guide for Making the Workplace Safe* (Salem, NJ: Environmental Improvement Associates, 1976), 18.
14. Ibid., 67.

15. For more on citizen activism, particularly in the fields of health and the environment in the 1970s, see Christopher Sellers, *Crabgrass Crucible: Suburban Nature and the Rise of Environmentalism in Twentieth Century America* (Chapel Hill: UNC Press, 2013); James Longhurst, *Citizen Environmentalists* (Lebanon: Tufts University Press, 2010).
16. See, for instance, Constance Nathanson, *Disease Prevention as Social Change: The State, Society and Public Health* (New York: Russell Sage Foundation, 2007), 118.
17. *The Health Consequences of Smoking: A Report of the Surgeon General* (Washington, DC.: U.S. Public Health Service, 1972), 121–131.
18. Office on Smoking and Health, United States Public Health Service, *Smoking and Health: A Report of the Surgeon General—Appendix: Cigarette Smoking in the United States, 1950–1978*, A-10, https://profiles.nlm.nih.gov/ps/access/nnbcph.pdf. Gender discrepancies in smoking prevalence were consistent regardless of occupational type, although men and women clerical workers smoked at the most similar rates: 40 percent and 34 percent, respectively.
19. "Creative and Media Proposals for a Continuation and Extension of the Existing Advertising Program of the Tobacco Industry, June 1978, Tobacco Institute Records, UCSF Library, https://www.industrydocumentslibrary.ucsf.edu/tobacco/docs/ytkv0060.
20. Gregory Wood, *Clearing the Air: The Rise and Fall of Smoking in the Workplace* (Ithaca: Cornell University Press, 2016), 130.
21. Shimp, Blumrosen, and Finister, *How to Protect Your Health at Work*, 92–95
22. Ibid.
23. Nonsmokers like Shimp tapped into concern with rising health-care costs during the 1970s. Such concerns led to a variety of actual and attempted reforms, from Health Management Organizations (HMOs), legalized in 1973, to multiple unsuccessful attempts to pass universal health care. See Christy Ford Chapin, *Ensuring America's Health: The Public Creation of the Corporate Healthcare System* (New York: Cambridge University Press, 2015), 237–242.
24. For more on the role of the courts in the 1960s in acknowledging individual rights over the group rights of unions, see Reuel Schiller, "From Group Rights to Individual Liberties: Post-War Labor Law, Liberalism, and the Waning of Union Strength," *Berkeley Journal of Employment and Labor Law* 20, No. 1 (1999): 57–73.
25. Shimp, Blumrosen, and Finister, *How to Protect Your Health at Work*, 37–38; Alfred W. Blumrosen, Donald M. Ackerman, Julie Kligerman, and Peter VanSchiak, "Injunctions against Occupational Hazards: The Right to Work under Safe Conditions," *California Law Review* 42, No. 3 (1976): 702–731. For more on the role of private litigation in enforcing employment law, see Sean Farhang, *The Litigation State: Public Regulation and Private Lawsuits in the United States* (Princeton: Princeton University Press, 2010). Farhang notes that Blumrosen was present at the founding of the civil litigation system for discrimination law, serving as the EEOC's first chief of conciliations. Farhang, *The Litigation State*, 109–111.

26. Shimp v. New Jersey Bell Tel. Co., 368 A.2d 408 (N.J. Super. Ch. 1976).
27. "Nonsmoker Honored for Efforts," *New York Times,* December 23, 1976; "Court Says Employee Has Right to Work in Smoke-Free Area," *Wall Street Journal,* December 22, 1976.
28. E.F. Roberts, "The Right to a Decent Environment; E=MC2: Environment Equals Man Times Courts Redoubling Their Efforts," *Cornell Law Review* 55, No. 5 (1970): 674–706; Dave Sive, "Some Thoughts of an Environmental Lawyer in the Wilderness of Administrative Law," *Columbia Law Review* 70, No. 4 (1970): 612–651; William D. Kirchick, "The Continuing Search for a Constitutionally Protected Environment," *B.C. Environmental Affairs Law Review* 4, No. 3 (1975): 515–558; "Where There's Smoke There's Ire: The Search for Legal Paths to Tobacco-Free Air," *Columbia Journal of Environmental Law* 3, No. 1 (1976): 62–111.
29. Gasper v. Louisiana Stadium and Exposition District, 577 F.2d 897 (5th Cir. 1978). For a discussion of the arguments developed by nonsmokers in the Gasper case, see John M. Barth, "The Public Smoking Controversy: Constitutional Protection v. Common Courtesy," *Journal of Contemporary Health Law & Policy* 2, No. 1 (1986): 215–230.
30. "Amicus Curiae of Action on Smoking and Health," March 20, 1978, Brown & Williamson Records, UCSF Library, https://www.industrydocumentslibrary.ucsf.edu/tobacco/docs/nfgn0132.
31. Federal Employees for Non-Smokers' Rights v. US, 446 F.Supp. 181 (D.D.C., Mar. 01, 1978).
32. "Nonsmoking Employees' Suit a Government in Trouble," *ASH Newsletter,* March–April 1978; "FENSR Suit Dismissed: ASH Preserves Principle," *ASH Newsletter,* May–June 1978, Folder 13, Box 6, Terry Papers, NLM.
33. In 1983, a nonsmoking plaintiff discovered this once again. In *Kensell v. State of Oklahoma,* an employee of the Oklahoma Department of Human Services sued the state for permitting smoking in the workplace. The plaintiff claimed that his First Amendment "right to think" was harmed by his workplace conditions. Such a right had been found in a case that concluded that patients at state mental institutions had a right to refuse the forcible administration of mind-altering drugs. The Tenth Circuit found that environmental tobacco smoke at the workplace was "far cry from forcible injections of mind altering drugs." Kensell v. Oklahoma, 716 F.2d 1350, p. 6.
34. "Paul Smith v. Western Electric," Folders 54–55, Carton 9, Shimp Papers, UCSF.
35. Radio/TV Reports, "Indoor Air Pollution Caused by Cigarette Smoke: Morning Edition," March 10, 1981, Tobacco Institute Records, UCSF Library, https://www.industrydocumentslibrary.ucsf.edu/tobacco/docs/jhbm0087.
36. John Rupp to Alfred Pollard, January 26, 1981, Tobacco Institute Records, UCSF Library, https://www.industrydocumentslibrary.ucsf.edu/tobacco/docs/zpnv0037.
37. Affidavit of James Repace, Case Number 446121.,Paul Smith v. Western Electric Company, November 4, 1980, Tobacco Institute Records, UCSF

Library, https://www.industrydocumentslibrary.ucsf.edu/tobacco/docs/rtxx0062.
38. John Rupp to Alfred Pollard, January 26, 1981, Tobacco Institute Records, UCSF Library, https://www.industrydocumentslibrary.ucsf.edu/tobacco/docs/zpnv0037.
39. Smith v. A. T. & T. Technologies, No. 4461221, St. Louis County Circuit Court, April 23, 1985, Tobacco Institute Records, UCSF Library, https://www.industrydocumentslibrary.ucsf.edu/tobacco/docs/ssvv0060.
40. Irene Parodi v. Merit Systems Protection Board, 702 F.2d 743.
41. "Tobacco Companies Are Facing Many Days in Court," *New York Times*, October 6, 1985.
42. In Harriet Brooks v. Trans World Airlines & Liberty Mutual Insurance, a flight attendant was paid workers' compensation because "she sustained an industrial injury" caused by an allergic reaction to cabin smoke. A New Mexico appeals court awarded a technician workers' compensation after he passed out due to tobacco smoke at work. See Schober v. Mountain Bell Telephone, 630 P. 2d 1231 (N.M. 1980). In California, a woman was awarded unemployment insurance after her workplace failed to enforce a no-smoking policy that triggered her tobacco smoke allergy. See McCrocklin v. Employment Development Dept. 156 Cal. App. 3d 1067. In Linda Apell v. Moorestown Board of Education a secretary was awarded unemployment compensation after leaving a job where the constant presence of tobacco smoke left her with eye irritation and headaches.
43. "ALA Article Legal," n.d., Folder 20, Carton 2, Shimp Papers, UCSF.
44. "Environmental Improvement Associates: Constitution and By-Laws," n.d., Carton 1, Folder 30, Shimp Papers, UCSF.
45. Tasty Baking, 1977, Folder 87, Carton 7, Shimp Papers, UCSF. Donna Shimp to Henry Simpson, 1 June 1981, Folder 51, Box 6, Terry Papers, NLM.
46. Donna Shimp to Oscar Austad, January 30, 1980, Folder 36, Carton 4, Shimp Papers, UCSF.
47. "To All Advisory Council Members," n.d., Folder 2, Carton 7, Terry Papers, NLM.
48. Ruth Milkman, *On Gender, Labor, and Inequality* (Urbana: University of Illinois Press, 2016), 171–180.
49. "To All Advisory Council Members," n.d., Folder 2, Carton 7, Terry Papers, NLM.
50. See, for example, Mary Kathleen Benet, *The Secretarial Ghetto* (New York: McGraw-Hill, 1972); Wendy Stevens, "Women Organizing the Office," *Off Our Backs* 9, No. 4 (1979): 10.
51. Christopher McKenna, *The World's Newest Profession: Management Consulting in the Twentieth Century* (New York: Cambridge University Press, 2006). For a discussion of the commodification of "corporate culture" in the 1980s, see especially chapter 9. See also Jackall, *Moral Mazes*, 145; Hyman, "Rethinking the Postwar Corporation," 205–209.
52. Jackall, *Moral Mazes*, 148.

53. Robert Jackall, "Moral Mazes: Bureaucracy and Managerial Work," *Harvard Business Review* 61, No. 5 (September 1983): 129.
54. Donna Shimp to Luther Terry, 1981, Folder 41, Box 2, Terry Papers, NLM.
55. "An invitation to corporate personnel and medical directors," December 1, 1977, Folder 2, Box 7, Terry Papers, NLM.
56. Smokefree Day at Work, January 11, 1978, Folder 41, Box 1, Shimp Papers.
57. MacLean, *Freedom Is Not Enough,* 64.
58. "MIT-Philip Morris Round Table," February 5, 1981, Philip Morris Records, UCSF Library, https://www.industrydocumentslibrary.ucsf.edu/tobacco/docs/pjny0124.
59. "*Good Morning America,*" Radio TV Reports, January 10, 1978, Tobacco Institute Records, UCSF Library, https://www.industrydocumentslibrary.ucsf.edu/tobacco/docs/qnjl0043.
60. "To All Advisory Council Members," March 8, 1978, Folder 32, Carton 1, Shimp Papers, UCSF.
61. Ibid.
62. Donna Shimp, "Nonsmokers Rights in the Work Environment: A New Look—An Address before the Annual Meeting of the American Lung Association," May 15, 1978, Folder 1, Carton 2, Shimp Papers, UCSF.
63. William L. Weis, "Profits Up in Smoke," *Personnel Journal,* March 1981; "Can You Afford to Hire Smokers?" *Personnel Administrator,* May 1981; "Smoking: Burning a Hole in the Balance Sheet," *Personnel Management,* May 1981; "No Ifs, ands, or Butts—Why Workplace Smoking Should Be Banned," *Management World,* September 1981; "Cold Shouldering the Smoker," *Supervisory Management,* September 1981; "Workplace Smoking Revisited," *Personnel Administrator,* October 1982. "Warning—Smoking Is Dangerous to Your Career," *Listen Magazine,* May 1984; "Giving Smokers Notice: Going Public with Policies against Hiring Smokers," *Management World,* 1984; "Debate over Smoking at Work: End of the Smoking Era," *Business and Society Review,* Fall 1984.
64. For an in-depth analysis of the political economy of the 1970s, see Judith Stein, *Pivotal Decade: How the United States Traded Factories for Finance in the Seventies* (New Haven: Yale University Press, 2010). For an overview of the process and cultural significance of deindustrialization see Jefferson Cowie and Joseph Heathcott, eds., *Beyond the Ruins: The Meanings of Deindustrialization* (Ithaca: Cornell University Press, 2003). For the canonical work that enshrined "deindustrialization" as part of the American lexicon, see Barry Bluestone and Bennett Harrison, *Deindustrialization of America: Plant Closings, Community Abandonment, and the Dismantling of Basic Industry* (New York: Basic Books, 1982).
65. William L. Weis and Nancy Wick, "Smokeless Office: America's Bosses Clear the Air," *American Health,* April 1985; William L. Weis, "Profits Up in Smoke," *Personnel Journal,* March 1981, 162.
66. Weis, "'No Ifs, ands or Butts,'—Why Workplace Smoking Should Be Banned," *Management World,* September 1981, 39; Weis and Wick, "Smokeless Office," *American Health,* April 1985, 18–19.

67. Weis, "Profits Up in Smoke," 164.
68. Quoted in William L. Weis and Bruce W. Miller, *The Smoke-Free Workplace* (Buffalo: Prometheus Books, 1985), 31.
69. "Smoking Is Costly for Employers as Well as Employees," *Employee Health and Fitness,* August 1987, 1.
70. Weis, "Profits Up in Smoke," 164.
71. Weis and Miller, *The Smoke-Free Workplace,* 37.
72. Stanton Glantz to Ms. Roland, November 7, 1984, Folder 41, Carton 1, ANR Records, UCSF.
73. Weis and Miller, *The Smoke-Free Workplace,* 23.
74. "ASH to Seek Lower Health Insurance Rates for Nonsmokers," *ASH Smoking and Health Review,* November 1984, Folder 13, Box 6, Terry Papers, NLM.
75. Helen Halpin Schauffler, "Health Insurance Policy and the Politics of Tobacco," in *Smoking Policy: Law, Politics, and Culture,* Robert L. Rabin and Stephen D. Sugarman, eds. (New York: Oxford University Press, 1993), 184–206; H. H. Schauffler and D. Gentry, "Smoking Control Policies in Private Health Insurance in California: Results of a Statewide Survey," *Tobacco Control* 3, No. 2 (1994).
76. Robert E. Leu and T. Schaub, "Does Smoking Increase Medical Care Expenditure," *Social Science and Medicine* 17, No. 23 (1983): 1907–1914.
77. United States, Public Health Service, Office of the Surgeon General, Office on Smoking and Health, and Surgeon General's Advisory Committee on Smoking and Health, *Smoking and Health: A Report of the Surgeon General* (Rockville, MD, and Washington, DC: U.S. Dept. of Health, Education, and Welfare; Public Health Service; Office of the Assistant Secretary for Health; Office on Smoking and Health, 1979), ii.
78. James Repace, *Enemy No. 1:Waging the War on Secondhand Smoke* (Amazon: Repace Associates, Inc., 2019), 32–40; James B. Sullivan, "Working with Citizens' Groups," *Physics Today* 27, No. 6 (June 1974): 32–37.
79. Repace, *Enemy No. 1,* 36–39.
80. Ibid., 50–59.
81. James Repace and Alfred Lowrey, "Indoor Air Pollution, Tobacco Smoke, and Public Health," *Science* 208, (May 2, 1980): 471.
82. "Tobacco Smoke: An Occupational Health Hazard," n.d., Folder 1, Carton 2, Shimp Papers, UCSF.
83. Repace and Lowrey, "Indoor Air Pollution, Tobacco Smoke, and Public Health," 471.
84. Richard Kluger, *Ashes to Ashes: America's Hundred-Year Cigarette War, the Public Health, and the Unabashed Triumph of Philip Morris* (New York: Knopf, 1996), 496.
85. For a fascinating exploration of the gendered dynamics of the quest for indoor occupational health, see Michelle Murphy, *Sick Building Syndrome and the Problem of Uncertainty: Environmental Politics, Technoscience, and Women Workers* (Durham: Duke University Press, 2006).
86. Notably, Repace's work was part of a brief submitted on behalf of a Nevada prisoner whose case appeared before the Supreme Court in 1994. In a 7-2

decision, *Helling v. McKinney* held that the Eighth Amendment protected against future harm to the inmate that might result from environmental tobacco smoke.
87. Repace, *Enemy No. 1,* 101-107.
88. Kluger, *Ashes to Ashes,* 497-498; Susan M. Stuntz, "Repace Rebuttal," June 6, 1985, Tobacco Institute Records, RPCI Tobacco Institute and Council for Tobacco Research Records, UCSF Library, https://www.industrydocuments library.ucsf.edu/tobacco/docs/nhkh0047; Colucci and Kloepfer, "Repace," February 19, 1985, R. J. Reynolds Records, UCSF Library, https://www .industrydocumentslibrary.ucsf.edu/tobacco/docs/qgdn0093.
89. Quoted in Kluger, *Ashes to Ashes,* 498.
90. For citations, see J. F. Banzhaf, "Testimony of Action on Smoking and Health," July 10, 1985, R. J. Reynolds Records, UCSF Library, https://www .industrydocumentslibrary.ucsf.edu/tobacco/docs/stkk0087. For a concise history of Americans' understandings of risk and cigarette smoking, see Allan Brandt, "The Cigarette, Risk, and American Culture," *Daedalus* 119, No. 4 (1990): 155-176.
91. Takeshi Hirayama, "Non-Smoking Wives of Heavy Smokers Have a Higher Risk of Lung Cancer: A Study from Japan," *British Medical Journal* 282, No. 6259 (1981): 183-185; D. Trichopoulos, A. Kalandidi, L. Sparros, and B. MacMahon, "Lung Cancer and Passive Smoking," *International Journal of Cancer* 27, No. 1 (1981): 1-4. See also Allan M. Brandt, *The Cigarette Century: The Rise, Fall, and Deadly Persistence of the Product that Defined America* (New York: Basic, 2007), 284-286.
92. "Study Says Cancer Risk Is High for Smokers' Wives," *Chicago Tribune,* January 17, 1981; "'Wives' Lung Cancer Linked to Mates' Smoking," *Los Angeles Times,* January 17, 1981; "Cancer Study Reports High Risk for Wives of Smoking Husbands," *New York Times,* January 16, 1981; "How to Enjoy a Healthy Marriage: Don't Smoke," *New York Times,* January 18, 1981.
93. "Tobacco Associates Annual Report," March 2, 1971, Tobacco Institute Records, UCSF Library, https://www.industrydocumentslibrary.ucsf.edu /tobacco/docs/jjlv0041.
94. For an analysis of the rising influence of "social cost" and market-talk in the 1980s, see Rodgers, *Age of Fracture,* 54-60.
95. Donna Shimp to Mr. and Mrs. Jesperson, July 26, 1975, Folder 44, Carton 4, Shimp Papers, UCSF.
96. For more on the changing nature of unions in the 1970s, see Nelson Lichtenstein, *State of the Union: A Century of American Labor* (Princeton, NJ: Princeton University Press, 2002), 212-245. For more on the Quality of Work Life movement, see Robert Wechsler, "Unions and the Quality of Work Life," *International Labor and Working Class History* 22 (1982): 60-62. For an analysis of the Quality of Work Life as an anti-union crusade, see Guillermo Grenier, *Inhuman Relations: Quality Circles and Anti-Unionism in American Industry* (Philadelphia: Temple University Press, 1988). For a discussion of

organized labor's lassitude in cataloguing instances of occupational disease, see Amy Fairchild, Ronald Bayer, and James Colgrove, *Searching Eyes: Privacy, the State and Disease Surveillance in America* (Berkeley: University of California Press, 2007), 92-93.

97. Fairchild, Bayer, and Colgrove, *Searching Eyes,* 98-99.
98. Ibid.
99. Labor historian Gregory Wood has made this argument forcefully. See Wood, *Clearing the Air: The Rise and Fall of Smoking in the Workplace* (Ithaca: Cornell University Press, 2016).
100. Ibid., 97-101.
101. A. L. Holm and R. M. Davis, "Clearing the Airways: Advocacy and Regulation for Smoke-Free Airlines," *Tobacco Control* 13, No. 1 (March 2004): i30-i36; Jocelyn Pan et al., "Smokefree Airlines and Organized Labor: A Case Study," *American Journal of Public Health* 95, No. 3 (2005): 398-404.
102. "Foreword," n.d., Folder 61, Carton 2, Shimp Papers, UCSF.
103. Bureau of National Affairs, *Where There's Smoke,* 68.
104. Donna Shimp to Mr. Richard Earl, March 18, 1982, Folder 15, Carton 4, Shimp Papers, UCSF.
105. "Proposed Plan of Activities for 1977-1978" and "Activity Report 1979 and 1980," Folder 33, Carton 1, Shimp Papers, UCSF.
106. Paul Brodeur, *Expendable Americans* (New York: Viking, 1973); Rachel Scott, *Muscle and Blood* (New York: Dutton, 1974); Susan Daum and Jeanne Stellman, *Work is Dangerous to Your Health* (New York: Vintage, 1973). See also Fairchild, Bayer, and Colgrove, *Searching Eyes,* 94.
107. Robert L. Rabin, "A Sociolegal History of the Tobacco Tort Litigation," *Stanford Law Review* 44, No. 4 (1992): 853-878.
108. Irving J. Selikoff, E. Cuyler Hamond, and Jacob Churg, "Asbestos Exposure, Smoking and Neoplasia," *Journal of the American Medical Association* 204, No. 2 (1968): 106-112. By 1979, the relationship between cigarette smoking and occupational exposures in increasing lung cancer risks was well established. See *Smoking and Health: A Report of the Surgeon General* (Washington: United States Department of Health Education and Welfare, Public Health Service, Office of the Assistant Secretary for Health, Office on Smoking and Health, 1979), 19; John A. Jenkins, *The Litigators: Inside the Powerful World of America's High Stakes Trial Lawyers* (New York: St. Martins, 1989), 119.
109. Johns-Manville Sales Corporation v. International Association of Machinists Local Lodge 1609, 621 F.2d 756. (5th Cir. 1980).
110. Charles Noble has pointed out that organized labor was relatively indifferent to issues of health and occupational safety for much of the postwar period. "Unions bargained away safety and job control for productivity-based wage gains, health programs, pension plans, and unemployment insurance." See Noble, *Liberalism at Work: The Rise and Fall of OSHA* (Philadelphia: Temple University Press, 1986), 52.
111. Morrison v. Burlington Industries, 304 N.C. 1, 282 S.E. 2d 458 (1981).

112. National Health Interview Surveys revealed that between 1975 and 1985, education level replaced gender as the major predictor of smoking status. That is, smoking had become a heavily classed phenomenon.
113. Tom McQuiston quoted in BNA, *Where There's Smoke*, 26.
114. Fairchild, Bayer, and Colgrove, *Searching Eyes*, 94.
115. Susan M. Daum to Donna Shimp, December 19, 1977, Folder 30, Carton 5, Shimp Papers.
116. "Press Conference for the 1985 Report on the Health Consequences of Smoking," December 5, 1985, Folder 4, Carton 125, Papers of C. Everett Koop (Koop Papers), NLM.
117. BNA, *Where There's Smoke*, 25.
118. "Worker's Rights and Legal Climate Concerning Indoor Air Quality and Workplace Smoking," n.d., Folder 17, Carton 4, Shimp Papers, UCSF.
119. BNA, *Where There's Smoke*, 25.
120. "Resolution No. 24. Opposition to Anti-Smoking Campaigns," 1980, Brown & Williamson Records, source unknown, UCSF Library, https://www.industrydocumentslibrary.ucsf.edu/tobacco/docs/gxfh0138. For the industry's satisfaction at this resolution, see "Tobacco Institute Newsletter," December 11, 1979, Tobacco Institute Records, https://www.industrydocumentslibrary.ucsf.edu/tobacco/docs/rfcv0048.
121. "Cigarette Smoke and the Non-Smoker: Issue Analysis and Program Recommendations Draft," May 29, 1985, Ness Motley Law Firm Litigation Documents, UCSF Library, https://www.industrydocumentslibrary.ucsf.edu/tobacco/docs/xznc0040.
122. "Minutes of the State Activities Policy Committee," March 30, 1984, Brown & Williamson Records, UCSF Library, https://www.industrydocumentslibrary.ucsf.edu/tobacco/docs/frfx0137.
123. There are several excellent histories of the struggles for union recognition at R. J. Reynolds in the 1940s—a struggle that ultimately ended in defeat for unionists. The best place to start is Robert Korstad, *Civil Rights Unionism: Tobacco Workers and the Struggle for Democracy in the Mid-Twentieth-Century South* (Chapel Hill: UNC Press, 2003). Korstad argues that tobacco workers waged a multipronged attack on "economic exploitation, political disfranchisement, and racial discrimination," illustrating deep linkages between union organizing and civil rights organizing. For an overview of the union organizing drive at Winston-Salem that is sympathetic to R. J. Reynolds, see, Nannie Mae Tilley, *The R. J. Reynolds Tobacco Company* (Chapel Hill: UNC Press, 1985), 373–414. For an oral history conducted with black tobacco workers in Durham, see Beverly W. Jones, "Race, Sex, and Class: Black Female Tobacco Workers in Durham, North Carolina, 1920-1940, and the Development of Female Consciousness," *Feminist Studies* 10, No. 3 (Autumn, 1984), 441-451. For an analysis of the intersection of gender and race in a short-lived, black female-led local, see Larry J. Griffin and Robert R. Korstad, "Class as Race and Gender: Making and Breaking a Labor Union

in the Jim Crow South," *Social Science History* 19, No. 4 (1995): 425–454; and also Dolores Janiewski, "Seeking 'a New Day and New Way': Black Women and Unions in the Southern Tobacco Industry" in *"To Toil the Livelong Day": America's Women at Work, 1780–1980,* Carol Groneman and Mary Beth Norton, eds. (Ithaca: Cornell University Press, 1987).

124. United States, Congress, Senate, Committee on Governmental Affairs, Subcommittee on Civil Service, P. Office. *Non-Smokers Rights Act of 1985: Hearings before the Subcommittee on Civil Service, Post Office, and General Services of the Committee on Governmental Affairs,* United States Senate, Ninety-Ninth Congress, first session, on S. 1440 . . . September 30, October 1 and 2, 1985. Washington, DC: U.S. GPO (1986).

125. Christina V. Mangurian and Lisa A. Bero, "Lessons Learned from the Tobacco Industry's Efforts to Prevent the Passage of a Workplace Smoking Regulation," *American Journal of Public Health* 90, No. 12 (December 2000): 1926–1930.

126. Edith Balbach, Elizabeth Barbeau, et al., "Political Coalitions for Mutual Advantage: The Case of the Tobacco Institute's Labor Management Committee," *American Journal of Public Health* 95, No. 6 (June 2005): 985–993.

127. "Final Copy for the BC&T," August 31, 1984, Tobacco Institute Records, UCSF Library, https://www.industrydocumentslibrary.ucsf.edu/tobacco/docs/sfch0026.

128. "Speech Given at the Legislative Conference for Unions in the Tobacco Industry," February 5, 1985, Brown & Williamson Records, UCSF Library, https://www.industrydocumentslibrary.ucsf.edu/tobacco/docs/hkbx0138.

129. D. Fishwick et al., "Smoking Cessation in the Workplace," *Occupational Medicine* 63, No. 8 (2013): 526–536.

130. William N. Evans, Matthew C. Farrelly, and Edward Montgomery, "Do Workplace Smoking Bans Reduce Smoking?" NBER Working Paper Series (National Bureau of Economic Research, 1996), 3–4, 31–34.

131. William N. Evans, Matthew C. Farrelly, and Edward Montgomery, "Do Workplace Bans Reduce Smoking?" *American Economic Review* 89, No. 4 (1999): 728–747.

132. Quoted in BNA, *Where There's Smoke,* 89.

第七章　打破旧网，建立新网

Epigraph: "Helms Exhorts Tobacco Bloc to Fight Budget Cuts," *New York Times,* March 21, 1981.

1. For an examination of the role of commodity subcommittees, see Bill Winders, *The Politics of Food Supply: US Agricultural Policy in the World Economy* (New Haven: Yale University Press, 2009); John Mark Hansen, *Gaining Access: Congress and the Farm Lobby, 1919–1981* (Chicago: University of Chicago Press, 1991).

2. *Public Citizen Report,* 1975, p. 9, Box 420, David Newton Henderson Papers (Henderson Papers), Duke University Special Collections, Durham, NC.
3. Michael McCann, *Taking Reform Seriously: Perspectives on Public Interest Liberalism* (Ithaca: Cornell University Press, 1986).
4. "Nader Group Says Tobacco Price Supports Spur Cancer Deaths," *New York Times,* August 10, 1975; "Nader Calls for End to Tobacco Aid," *Washington Post,* August 10, 1975.
5. For a provocative analysis of the ways in which the "false neutrality" health discourse serves to hide the structural causes of disparities in well-being, see Jonathan M. Metzel and Anna Kirkland, eds., *Against Health: How Health Became the New Morality* (New York: New York University Press, 2010).
6. "Cancer Society Seeks End to Aid for Tobacco," *Los Angeles Times,* January 14, 1977.
7. Quoted in McCann, *Taking Reform Seriously,* 125.
8. Quoted in ibid., 63.
9. "News Release," October 13, 1976, Folder C, Box 288, Walter B. Jones Papers, ECU.
10. "Why They Love Earl Butz," *New York Times,* June 13, 1976.
11. "Butz: The Maverick Rider," *Washington Post,* December 3, 1974.
12. "Earl L. Butz, Secretary Felled by a Racial Remark, Is Dead at 98," *New York Times,* February 3, 2008.
13. John Dean, "Rituals of the Herd," *Rolling Stone,* October 7, 1976.
14. "Prepared for West Central Community Center . . . Democratic Rally by NC Commissioner of Agriculture Jim Graham," Commissioners Office, Correspondence File "A-N, 1976," NCDA, NCDAH.
15. "Jimmy Carter and Tobacco," *Flue Cured Tobacco Farmer,* November 1978, 7-10.
16. Richard Kluger, *Ashes to Ashes: America's Hundred-Year Cigarette War, the Public Health, and the Unabashed Triumph of Philip Morris* (New York: Knopf, 1996), 436-438; Joseph Califano, *Inside: A Public and Private Life* (New York: Public Affairs, 2004), 355-358.
17. "Califano, Blumenthal Are Fired from Cabinet," *Washington Post,* July 20, 1979; "Carter Replaces Bell, Blumenthal, Califano," *New York Times,* July 20, 1979.
18. *Flue Cured Tobacco Farmer,* January 1979, 10-11.
19. "Zigzagging in Search of Identity," *Washington Post,* July 15, 1984.
20. Julian E. Zelizer, *On Capitol Hill: The Struggle to Reform Congress and Its Consequences, 1948-2000* (Cambridge: Cambridge University Press, 2004), 157.
21. Kluger, *Ashes to Ashes,* 541.
22. Ibid.
23. "Two Conflicts of Interest," *New York Times,* February 4, 1979.
24. Quoted in Kluger, *Ashes to Ashes,* 549.

25. "RJR Officials Were Charged with Making $90,000 in Illegal Campaign Contributions to Republican Presidential Candidates from 1964 to 1972." See Kluger, *Ashes to Ashes,* 386.
26. *Tobacco Observer,* May 1977, Tobacco Institute Records, UCSF Library, https://www.industrydocumentslibrary.ucsf.edu/tobacco/docs/kjfk0146; Irvin Molotsky, "This Odd Couple Focuses on Health," *New York Times,* September 14, 1984.
27. John Sledge, "To Presidents of Flue-Cured Tobacco Counties," July 1, 1977, Folder 7, Box 2, NCFB Records, NCSU.
28. "How a Tobacco Subsidy Got 'Beet-en' Down," *Washington Post,* July 27, 1977.
29. PL 97-98, Sec. 1109.
30. "The Tobacco Family Assesses Its Representation," October 1981, Tobacco Institute Records; RPCI Tobacco Institute and Council for Tobacco Research Records, UCSF Library, https://www.industrydocumentslibrary.ucsf.edu/tobacco/docs/fnmd0002.
31. Tobacco Institute, "On Smoking," 1978, Lorillard Records, source unknown, UCSF Library, https://www.industrydocumentslibrary.ucsf.edu/tobacco/docs/khnn0104. The family farm also played a prominent role in the Tobacco Institute's "Tobacco History Series"—booklets that filtered state history through a pro-tobacco lens.
32. "Farmers Edgy," *Los Angeles Times,* October 13, 1978, 1.
33. This tension between commitments to American producers and Cold War–driven development aid is fruitfully explored in Judith Stein, *Pivotal Decade: How the United States Traded Factories for Finance in the Seventies* (New Haven: Yale University Press, 2010).
34. PL 74-320, § 31, 49 Stat. 773 (1935).
35. Winders, *The Politics of Food Supply,* 142.
36. North Carolina Grange, "To the Honorable Frederick Dent," October 31, 1975, Box 420, Henderson Papers, Duke. John Sledge, "To County Presidents of Flue-Cured and Burley Tobacco Counties," October 31, 1975, Folder 20, Box 1, NCFB Records, NCSU.
37. Economic Research Service, TS-178, December 1981. Although the practice was not known to the general public until the 1970s, since the 1950s tobacco companies had added "reconstituted" tobacco to cigarettes. Reconstituted tobacco is a pressed sheet comprised of the parts of the tobacco plant that had previously been considered trash. The chemicals added to reconstituted tobacco deliver a more potent dose of nicotine—augmenting consumer desire for cigarettes while simultaneously lowering amount of tobacco leaf input. See Robert N. Proctor, *Golden Holocaust: Origins of the Cigarette Catastrophe and the Case for Abolition* (Berkeley: University of California Press, 2012), 397-399; David Kessler, "From the US Food and Drug Administration: The Control and Manipulation of Nicotine in Cigarettes," *Tobacco Control* 3, No. 4 (1994): 362-369.

38. "Probe of Tobacco Imports Threatens to Run Away with Its Backers," *Washington Post*, May 27, 1981.
39. "Trade Commission Opposes Quotas on Imports of Flue-Cured Tobacco," *Washington Post*, August 5, 1981; "Vote on Tobacco Quota," *New York Times*, August 6, 1981.
40. John Sledge, "Dear Mr. Stockman," February 27, 1981, Folder 1, Box 33, NCFB Records, NCSU.
41. "Five-Year Austerity Plan," *Progressive Farmer,* April 1984, 11; "Farm Policy Disaster for Reagan," *Washington Post,* March 25, 1984.
42. "In the Nation, The Ugliest Campaign," *New York Times,* October 19, 1984.
43. "ITC Rejects Tobacco Bar," *New York Times,* February 2, 1985, 38.
44. General Accounting Office, *Tobacco Program's Production Rights and Effects on Competition: Report* (Washington, DC: U.S. General Accounting Office, 1982), iii.
45. Ibid., i.
46. "The Referendum—Why You Should Vote Yes," *Flue-Cured Tobacco Farmer,* November 1979, 14.
47. The historiography of tobacco industry denialism is extensive: see Proctor, *Golden Holocaust;* Naomi Oreskes and Erik Conway, *Merchants of Doubt: How a Handful of Scientists Obscured the Truth on Issues from Tobacco Smoke to Global Warming* (New York: Bloomsbury, 2010); Proctor, "Agnotology: A Missing Term to Describe Ignorance (and Its Study)," in *Agnotology: The Making and Unmaking of Ignorance,* Robert Proctor and Londa Schiebinger, eds. (Palo Alto: Stanford University Press, 2008).
48. "Helms Exhorts Tobacco Bloc to Fight Budget Cuts," *New York Times,* March 21, 1981, 1. The discrepancy between this figure and the ones cited by tobacco's opponents lay in the fact that as a loan program, tobacco that went unsold above the floor price was, more often than not, sold at a profit later.
49. "Repeal of Programs Concerning Price Support for and the Marketing of Tobacco," 97 Cong. Rec. 24724–24725 (1981).
50. Charles R. Pugh, "The Structure of Flue-Cured Tobacco Farms," in *Farm Structure: A Historical Perspective on the Changes in the Number and Size of Farms* (Washington, DC: US GPO, 1980), 351.
51. "An Endangered Crop," *Washington Post,* April 13, 1980.
52. Fred Bond, "Flue-Cured Tobacco Stabilization Statement for International Trade Commission, Washington D.C.," June 24, 1981, Brown & Williamson Records, UCSF Library, https://www.industrydocumentslibrary.ucsf.edu/tobacco/docs/plld0052.
53. Brent Cebul, *The American Way of Growth* (Philadelphia: University of Pennsylvania Press, forthcoming).
54. *Economic Value of Present Tobacco Program: Hearing before the Subcommittee on Tobacco of the Committee on Agriculture,* 95th Congress, 1st session, October 6, 1977 (Washington, DC.: US GPO, 1977), H21.

55. Ibid., 6. For more on the way in which New Deal economists hoped to generate a greater property tax base through welfare programs, see Cebul, *American Way of Growth*.
56. "Future of 2 Southern Industries Raises Concern," *New York Times*, December 9, 1984.
57. Statement by T. C. Blalock, *Economic Impact of Tobacco Program: Hearings before the Subcommittee on Tobacco of the Committee on Agriculture, House of Representatives*, Ninety-Fifth Congress, second session, July 21, 1978, Valdosta, Ga.; August 4, 1978, Smithfield, N.C.; September 15, 1978, Marion, S.C. (Washington, D.C.: US GPO, 1978), 43–44.
58. "Tobacco Quotas Leased Like Land," *Los Angeles Times*, May 22, 1980, 8.
59. "Tobacco Allotment Club Feeling the Heat of Subsidy Opponents," *Washington Post*, April 18, 1981, A5.
60. There are several excellent political biographies of Jesse Helms, all of which describe his embattled relationship with congressional colleagues—including colleagues from North Carolina like Charlie Rose—over the tobacco program. See William A. Link, *Righteous Warrior: Jesse Helms and the Rise of Modern Conservatism* (New York: St. Martins, 2008); Ernest B. Ferguson, *Hard Right: The Rise of Jesse Helms* (New York: Norton, 1986); William D. Snider, *Helms and Hunt: The North Carolina Senate Race, 1984* (Chapel Hill: UNC Press, 1985).
61. "Program: Update It Quick," *Flue-Cured Tobacco Farmer*, April 1979, 8.
62. "Another Point of View: Who Benefits from Lease and Transfer," *Flue-Cured Tobacco Farmer*, February 1981, 45.
63. Political scientist Jacob Hacker has dubbed the fraying of the American social safety net "the great risk shift" as the "fragile balance sheets of American families" now must absorb risks once shouldered by the government and corporate America. See Hacker, *The Great Risk Shift: The New Economic Insecurity and the Decline of the American Dream* (New York: Oxford University Press, 2006).
64. "Statement of Harry Bell before the Joint House-Senate Committee Hearing on Tobacco," Raleigh, NC, February 12, 1982, Folder 9, Box 7, NCFB,NCSU.
65. "Farmers Back Tobacco Plan They Would Finance," *New York Times*, March 1, 1982.
66. "From the Office of Congressman L. H. Fountain," June 1982, Tobacco Institute Records, UCSF Library, https://www.industrydocumentslibrary.ucsf.edu/tobacco/docs/ltnl0004.
67. "In Newest Subsidy Dispute, Old Tobacco Road Allies Are Divided," *Washington Post*, April 1, 1983.
68. Stan Boman to Robert Hanrahan, March 21, 1983. Tobacco Institute Records, UCSF Library, https://www.industrydocumentslibrary.ucsf.edu/tobacco/docs/zspd0002.
69. Ibid.
70. Gene Ainsworth to G. Dee Smith and R. E. Clements, March 21, 1983, R. J. Reynolds Records, source unknown, UCSF Library, https://www.industrydocumentslibrary.ucsf.edu/tobacco/docs/pkxp0100.

71. Kluger, *Ashes to Ashes*, 511.
72. T. Capehart and A. L. Clauson, *Flue-Cured Tobacco Farms: Selected Characteristics*. (Washington, DC: U.S. Dept. of Agriculture, Economic Research Service, 1991), 2.
73. John Fraser Hart and Ennis L. Chestang, "Rural Revolution in East Carolina," *Geographical Review* 68, No. 4 (1978): 446–448; Charles Pugh, "The Structure of Flue-Cured Tobacco Farms," in *Farm Structure: A Historical Perspective on Changes in the Number and Size of Farms* (Washington, DC: GPO, 1980), 352–356.
74. Heather Gerken, "A New Progressive Federalism," *Democracy Journal* 24 (Spring 2012), https://democracyjournal.org/magazine/24/a-new-progressive-federalism/.
75. "The Legacy of Dr. Koop," *New York Times*, October 9, 1988.
76. "Reagan Nominee for Surgeon General Runs into Obstacles on Capitol Hill," *New York Times*, 7 April 7, 1981, A16; "Anti-Abortion Groups Run into Snags," *Los Angeles Times*, April 19, 1981, A4.
77. "Anti-Abortion Groups Run into Snags"; "Health Official Sees Abortion Leading to Euthanasia," *Washington Post*, May 9, 1981.
78. "Time for New Surgeon General," May 26, 1981, *New York Times*. See also "Koop: Bad Medicine," *Los Angeles Times*, June 8, 1981; "Dr. Unqualified," *New York Times*, April 9, 1981.
79. "Koop Promises Job Won't be a 'Pulpit,'" *New York Times*, October 2, 1981; "Senate Likely to Confirm Koop as Surgeon General," *Los Angeles Times*, October 2, 1981.
80. Mike Stobbe, *Surgeon General's Warning: How Politics Crippled the Nation's Doctor* (Berkeley: University of California Press, 2014), 169.
81. Kluger, *Ashes to Ashes*, 539.
82. George Will, "A Cloud of Smoke Covers the Reagan Team's Blushes," *Los Angeles Times*, March 25, 1982.
83. Kluger, *Ashes to Ashes*, 539, 549.
84. Although it won him few fans in the tobacco belt, Koop did notably part with health organizations like the American Academy of Pediatrics and the Coalition on Smoking or Health in refusing to call for the abolition of the tobacco program. Treading lightly, Koop called price supports "an agricultural and economic issue" not a matter of public health. "Surgeon General Lengthens List of Tobacco Dangers," *New York Times*, February 28, 1982, E6.
85. For more on the significance of the names used to characterize secondhand smoke, see Allan M. Brandt, "Blow Some My Way: Passive Smoking, Risk and American Culture," in *Ashes to Ashes: The History of Smoking and Health*, Stephen Lock, Lois Reynolds, and E. M. Tansey, eds. (Amsterdam: Rodopi, 1998), 168.
86. U.S. Public Health Service, Office on Smoking and Health, *The Health Consequences of Smoking: Cancer: A Report of the Surgeon General* (Washington, DC: U.S. Public Health Service, Office on Smoking and Health, 1982), 241.

87. Ibid., 244.
88. Ibid., 251.
89. C, Everett Koop and Joanne Luoto, "The Health Consequences of Smoking: Cancer, Overview of a Report of the Surgeon General, *Prevention* 97, No. 4 (July–August 1982): 323.
90. Ibid.
91. Nicholas J. Wald, Kir'an Nananchal, Simon G. Thompson, and Howard S. Cuckle, "Does Breathing Other People's Tobacco Smoke Cause Lung Cancer?" *British Medical Journal* 293 (November 8, 1986): 1217–1222.
92. Emphasis in the original. C. Everett Koop, "Julia M. Jones Lecture," May 20, 1984, Philip Morris Records, UCSF Library, https://www.industrydocumentslibrary.ucsf.edu/tobacco/docs/gxpm0114.
93. Ibid; Emphasis in the original. See also C. Everett Koop, "The 'New Federalism' and Public Health," *Health Values* 6, No. 5 (1982): 36–39.
94. C. Everett Koop, "Julia M. Jones Lecture," May 20, 1984, Philip Morris Records, UCSF Library, https://www.industrydocumentslibrary.ucsf.edu/tobacco/docs/gxpm0114.
95. Ibid.
96. Stanton Glantz to Matthew Myers, July 20, 1984, Folder 40, Carton 1, ANR Records, UCSF.
97. James Miller, who chaired the FTC during Reagan's first term, called Pertschuk "a chronic complainer." See "The Iconoclast," *New York Times*, September 16, 1984; Pertschuk quotation found in Stan to Board, "Mike Pertschuk's piece on nonsmokers' rights," May 16, 1984, Folder 40, Carton 1, ANR Records, UCSF.
98. Stan to Board, "Mike Pertschuk's piece on nonsmokers' rights," May 16, 1984, Folder 40, Carton 1, ANR Records, UCSF.
99. Karen Krzanowski to C. Everett Koop, June 25, 1986, Folder 10, Box 51, Koop Papers, NLM.
100. From Denis Muchmore, Mike Spaniolo, Walt Maner to Mr. Bill Trisler, February 14, 1986, R. J. Reynolds Records, https://www.industrydocumentslibrary.ucsf.edu/tobacco/docs/xxdx0087.
101. Stan to Board, "Mike Pertschuk's piece on nonsmokers' rights," May 16, 1984, Folder 40, Carton 1, ANR Records, UCSF.
102. *Non-Smokers Rights Act of 1985: Hearings before the Subcommittee on Civil Service, Post Office, and General Services of the Committee on Governmental Affairs, United States Senate*, Ninety-Ninth Congress, first session, on S. 1440, September 30, October 1 and 2, 1985 (Washington D.C.: U.S. G.P.O, 1986), 225.
103. Ibid., 225–241.
104. Ibid., 221.
105. "Smoking Restrictions Tightened," *Washington Post*, December 6, 1986, A1.
106. See George Latimer to C. Everett Koop, March 3, 1988; Kurt L. Schmoke to C. Everett Koop, March 8, 1988; Gerald L. Baliles to C. Everett Koop, March 4, 1988; Bill Clinton to C. Everett Koop, March 3, 1988; Edward Koch

to C. Everett Koop, March 15, 1988; Folder: "Sequential File," Box 62, Koop Papers, NLM.
107. United States Public Health Service, Office on Smoking and Health, *The Health Consequences of Involuntary Smoking: A Report of the Surgeon General* (Washington, DC: U.S. Public Health Service Office on Smoking and Health, 1986), x.
108. Kluger, *Ashes to Ashes*, 503–504.
109. Irvin Molotsky, "Surgeon General, Citing Risks, Urges Smoke-Free Workplaces," *New York Times*, December 17, 1986.
110. Phillip Morris Legal Department, "Project Down Under—Conference Notes; Summary of Meeting in Hilton Head," June 14, 1987, Ness Motley Law Firm Documents, UCSF Library, https://www.industrydocumentslibrary.ucsf.edu/tobacco/docs/frmy0042.
111. Amanda Fallin, Rachel Grana, and Stanton A. Glantz, "To Quarterback behind the Scenes, Third-Party Efforts': The Tobacco Industry and the Tea Party," *Tobacco Control* 23, No. 4 (2014): 322–331.
112. Phillip Morris Legal Department, " Project Down Under," 4.
113. Ibid.
114. Ibid, 15–16.
115. Ibid.
116. Allan M. Brandt, *The Cigarette Century: The Rise, Fall, and Deadly Persistence of the Product that Defined America* (New York: Basic Books), 294.
117. Quoted in Ibid.
118. For a superb study of the material, political, and gendered construction of Sick Building Syndrome, see Michelle Murphy, *Sick Building Syndrome and the Problem of Uncertainty: Environmental Politics, Technoscience, and Women Workers* (Durham, NC: Duke University Press, 2006).
119. Scientific Witnesses Appearances 1987. Tobacco Institute Records, UCSF Library, https://www.industrydocumentslibrary.ucsf.edu/tobacco/docs/ggnj0146; P. G. Sparber, "Public Communications Program 1987," Tobacco Institute Records, UCSF Library, https://www.industrydocu-mentslibrary.ucsf.edu/tobacco/docs/hrgk0146.
120. *Choice* 1, No. 2 (1987), R. J. Reynolds Records, https://www.industrydocuments library.ucsf.edu/tobacco/docs/jqbg0079.
121. A parallel process occurred in the realm of resource management. The "Sagebrush Rebellion" of the late 1970s and early 1980s sought state control over federally managed lands. See Samuel P. Hays, *Beauty, Health, Permanence: Environmental Politics in the United States, 1955–1985* (Cambridge: Cambridge University Press, 1987), 498–502. ALEC was also instrumental in that fight. See Christopher Ketcham, "The Great Republican Land Heist," *Harper's Magazine*, February 2015.
122. Although scholars have noted the extent to which Charles Reich and Ralph Nader animated Powell's defense of free enterprise, his reaction to the fairness ruling has gone unremarked upon. For a succinct explication of the Powell Memo, see Kim Philips-Fein, *Invisible Hands: The Making of the*

Conservative Movement from the New Deal to Reagan (New York: Norton, 2009), 156–165.

123. G. Weissman, "Lewis Powell Recommendations Re: Cigarette Industry Environment", September 22, 1969, Philip Morris Records, https://www.industrydocumentslibrary.ucsf.edu/tobacco/docs/yngb0131.

124. "Cigarette Industry Environment," n.d., Philip Morris Records, https://www.industrydocumentslibrary.ucsf.edu/tobacco/docs/pngb0131.

125. K. Teague, American Legislative Exchange Council, December 28, 1979, Tobacco Institute Records, UCSF Library, https://www.industrydocumentslibrary.ucsf.edu/tobacco/docs/gnlv0134.

126. Memorandum from Angle Walker, December 10, 1981, Tobacco Institute Records, UCSF Library, https://www.industrydocumentslibrary.ucsf.edu/tobacco/docs/gzjb0033.

127. P. Bergson, "RJR Public Affairs Status Report," July 25, 1986, R. J. Reynolds Records, UCSF Library, https://www.industrydocumentslibrary.ucsf.edu/tobacco/docs/gllk0087.

128. ALEC, *Legislative Policy,* 1984, Folder 49, Carton 4, ANR Records, UCSF.

129. Recent accounts of the influence of right-wing lobbies in state legislatures include Nancy MacLean, *Democracy in Chains: The Deep History of the Radical Right's Stealth Plan for America* (New York: Viking, 2017); Jane Mayer, *Dark Money: The Hidden History of the Billionaires behind the Rise of the Radical Right* (New York: Doubleday, 2016); Jeffrey A. Nesbit, *Poison Tea: How Big Oil and Big Tobacco Invented the Tea Party and Captured the GOP* (New York: Thomas Dunne Books, 2016). For an analysis of the strategy of business lobbying in the 1970s, see Benjamin Waterhouse, *Lobbying America: The Politics of Business from Nixon to NAFTA* (Princeton: Princeton University Press, 2013), esp. chapter 5.

130. Athena Mueller to Constance Heckman, January 15, 1987, Philip Morris Records, UCSF Library, https://www.industrydocumentslibrary.ucsf.edu/tobacco/docs/qkcy0009

131. "To: TI State and Local Legislative Counsel," 5 February 5, 1987, Tobacco Institute, UCSF Library, https://www.industrydocumentslibrary.ucsf.edu/tobacco/docs/mzhl0039.

132. Eric Gorovitz, James Mosher, and Mark Pertschuk, "Preemption or Prevention? Lessons from Efforts to Control Firearms, Alcohol, and Tobacco," *Journal of Public Health Policy* 19, No. 1 (1998): 36–50.

133. Kurt L. Malmgren to Samuel Chilcote, November 30, 1992, Philip Morris Records, UCSF Library, https://www.industrydocumentslibrary.ucsf.edu/tobacco/docs/tlnh0111. See also Stanton Glantz and Edith Balbach, *Tobacco War: Inside the California Battles* (Berkeley: University of California Press, 2000), 212–215.

134. Kathleen Sylvester, "The Tobacco Industry Will Walk a Mile to Stop an Anti-Smoking Law," *Governing,* May 1989, 40.

135. Tobacco Control Legal Consortium, "Preemption: The Biggest Challenge to Tobacco Control," online at http://www.publichealthlawcenter.org/sites

/default/files/resources/tclc-fs-preemption-tobacco-control-challenge-2014.pdf.
136. Sylvester, "The Tobacco Industry Will Walk a Mile," 39.
137. "Preemptive State Tobacco-Control Laws—United States, 1982-1998," *Morbidity and Mortality Weekly Report* 47, Nos. 51/52 (January 8, 1999): 1112-1114.
138. A. L. Holm and R. M. Davis "Clearing the Airways: Advocacy and Regulation for Smoke-Free Airlines," *Tobacco Control* 13 (2004): i30-i36.
139. "Senate Compromises on Airline Smoking Ban," *Chicago Tribune,* October 30, 1987, 3.
140. Holm and Davis, "Clearing the Airways," 33. In 1987, when the American Association for Respiratory Care asked more than 33,000 airline passengers if they favored a total ban on in-flight smoking, 64 percent said they did—which represented 74 percent of nonsmokers and 30 percent of smokers. See American Association for Respiratory Care, "AARC Airline Smoking Survey," October 13, 1987, Tobacco Institute Records, UCSF Library, https://www.industrydocumentslibrary.ucsf.edu/tobacco/docs/yxgx0062
141. *Washington Forum,* "Smoking Clippings," Folder 10, Box 55, Koop Papers, NLM.
142. "Three Year Plan, 1989-1991," 1989, American Tobacco Records, UCSF Library, https://www.industrydocumentslibrary.ucsf.edu/tobacco/docs/fxkg0136

结　论　"杂草难以根除"：烟草政治的未来

1. "On Tobacco Road, A Generation Gap," *New York Times,* May 30, 1996.
2. Marth Derthick, *Up in Smoke: From Legislation to Litigation in Tobacco Politics* (Washington, D.C.: Congressional Quarterly Press, 2002), 62-67.
3. William J. Clinton: "Address before a Joint Session of the Congress on the State of the Union," January 19, 1999; online in Gerhard Peters and John T. Woolley, *The American Presidency Project,* https://www.presidency.ucsb.edu/node/230240.
4. Derthick, *Up in Smoke,* 110-114.
5. James Repace and Alfred Lowrey, "Indoor Air Pollution, Tobacco Smoke, and Public Health," *Science* 208 (1980): 464-472; Repace and Lowrey, "A Quantitative Estimate of Nonsmokers' Lung Cancer Risk from Passive Smoking," *Environment International* 11, No. 1 (1985): 3-22; National Research Council, *Environmental Tobacco Smoke: Measuring Exposures and Assessing Health Effects* (Washington, DC: National Academy Press, 1986); J. M. Samet, M. C. Marbury, and J. D. Spengler, "Health Effects and Sources of Indoor Air Pollution," *American Review of Respiratory Disease* 136, No. 6 (1987): 1486-1506; A. Judson Wells, "An Estimate of Adult Mortality in the United States from Passive Smoking," *Environment International* 14, No. 3 (1988): 249-265.
6. Stanton Glantz and William Parmley, "Passive Smoking and Heart Disease: Epidemiology, Physiology, and Biochemistry," *Circulation* 83, No. 1 (1991): 1-12.

7. "Secondhand Tobacco Smoke a Serious Cancer Threat, EPA Declares," *Chicago Tribune*, January 8, 1993; "Will OSHA's IAQ Rule Go Up in Smoke?" *Occupational Hazards*, March 1995; Philip Morris Records, UCSF Library, https://www.industrydocumentslibrary.ucsf.edu/tobacco/docs/rfxh0093.
8. "The War on Workplace Smoke Goes Nationwide," *Washington Post*, September 18, 1994.
9. Occupational Health and Safety Administration, "Indoor Air Quality," proposed rule, 59 Fed. Reg. 15968–16039 (April 5, 1994), https://www.osha.gov/laws-regs/federalregister/1994-04-05.
10. M. Upton, Dinwiddie County. "OSHA Public Hearing—Proposed Standard for Indoor Air," October 28, 1994, Depositions and Trial Testimony (DATTA), UCSF Library, https://www.industrydocumentslibrary.ucsf.edu/tobacco/docs/jtcp0034.
11. "OSHA Flooded with Angry Mail Opposing Workplace Smoking Ban," *Washington Post*, August 13, 1994.
12. Derthick, *Up in Smoke*, 65.
13. Richard L. Barnes, S. Katherine Hammond, and Stanton A. Glantz, "The Tobacco Industry's Role in the 16 Cities Study of Secondhand Tobacco Smoke: Do the Data Support the Stated Conclusions," *Environmental Health Perspectives* 114, No. 2 (2006): 1890–1897. For more on the industry's approach to the OSHA hearings, see Katherine Bryan-Jones and Lisa Bero, "Tobacco Industry Efforts to Defeat the Occupational Safety and Health Administration Indoor Air Quality Rule," *American Journal of Public Health* 93, No. 4 (2003): 585–592.
14. Andrew L. Roth, Joshua Dunsby, and Lisa Bero, "Framing Processes in Public Commentary of US Federal Tobacco Control Regulation," *Social Studies of Science* 33, No. 1 (2003): 7–44.
15. FDA v. Brown & Williamson Tobacco Corp., 529 U.S. 120 (2000).
16. Heather Steiner, "Food and Drug Administration v. Brown & Williamson Tobacco Corp.," *Ecology Law Quarterly* 28, No. 2 (2001): 355–376; Michael R. McPherson, "The Denial of FDA Jurisdiction over Tobacco in Brown & Williamson Tobacco Corp. v. FDA: A Step in the Wrong Direction," *Quinnipiac Health Law Journal* 3 (1999–2000): 133–163.
17. Action on Smoking and Health, "ASH Nixes OSHA Suit to Prevent Harm to Movement," December 17, 2001, Philip Morris Records, UCSF Library, https://www.industrydocumentslibrary.ucsf.edu/tobacco/docs/ghnk0057.
18. "Some Businesses Already Moving Closer to Bans," *Wall Street Journal*, January 7, 1993.
19. Allan M. Brandt, *The Cigarette Century: The Rise, Fall, and Deadly Persistence of the Product that Defined America* (New York: Basic Books, 2007), 401–402; Tobacco on Trial, Norma Broin v. Philip Morris, accessed July 27, 2018, http://www.tobaccoontrial.org/?page_id=592.
20. Brandt, *Cigarette Century*, 404.

21. American Nonsmokers' Rights Foundation, accessed July 26, 2018, https://no-smoke.org/.
22. Center for Disease Control, "Vital Signs: Disparities in Nonsmokers' Exposure to Secondhand Smoke—United States, 1999-2012," *Morbidity and Mortality Weekly Report* 64 (February 6, 2016): 103-105, https://www.cdc.gov/mmwr/pdf/wk/mm6404.pdf.
23. Peter D. Jacobson and Lisa M. Zapawa, "Clean Indoor Air Restrictions: Progress and Promise," in *Regulating Tobacco,* Robert Raban and Stephen Sugarman, eds. (New York: Oxford University Press, 2001), 222; Tobacco Control Legal Consortium, "Preemption: The Biggest Challenge to Local Control," accessed July 26, 2018, http://www.publichealthlawcenter.org/sites/default/files/resources/tclc-fs-preemption-tobacco-control-challenge-2014.pdf.
24. Brandt, *Cigarette Century,* 413.
25. Ibid., 414.
26. Derthick, *Up in Smoke,* 78.
27. Michele Bloch, Richard Daynard, and Ruth Roemer, "A Year of Living Dangerously," *Public Health Reports* 113 (1998): 488-497; Michael Givel and Stanton Glantz, "The 'Global Settlement' with the Tobacco Industry: 6 Years Later," *American Journal of Public Health* 94, No. 2 (2004): 218-224. Richard Kluger described opposition to the settlement as foolish overreach by the anti-tobacco forces. Michael Pertschuk shares this assessment. See Pertschuk, *Smoke Gets in Their Eyes: Lessons in Movement Leadership from the Tobacco Wars* (Nashville: Vanderbilt University Press, 2001), 255-279.
28. "Kessler and Koop Urge Congress to Do Away with the Tobacco Settlement," *New York Times,* July 30, 1997.
29. Quoted in Derthick, *Up in Smoke,* 123.
30. Brandt, *Cigarette Century,* 428.
31. "Senate Drops Tobacco Bill with '98 Revival Unlikely," *New York Times,* June 18, 1998.
32. Tobacco Control Legal Consortium, "Master Settlement Agreement: An Overview," created 2015, accessed July 31, 2018, http://www.publichealthlawcenter.org/sites/default/files/resources/tclc-fs-msa-overview-2015.pdf..
33. United States v. Philip Morris, 449 F. Supp. 2d 1 (DDC 2006). The legal battle between the Department of Justice and the tobacco companies is chronicled in Sharon Eubanks and Stanton Glantz, *Bad Acts: The Racketeering Case against the Tobacco Industry* (Washington, DC: American Public Health Association, 2012).
34. Brandt, *Cigarette Century,* 432-434.
35. Ibid., 435-435; "States' Tobacco Settlement Has Failed to Clear the Air," *Los Angeles Times,* November 9, 2003.
36. "On Tobacco Road, a Generation Gap," *New York Times,* May 30, 1996.
37. "Tobacco Farmers Feel the Heat," *Washington Post,* January 2, 1999.

38. "False Friends: Report Details U.S. Cigarette Companies' Betrayal of American Tobacco Growers," https://www.tobaccofreekids.org/press-releases/id_0007.
39. Ibid.
40. Peter Benson, *Tobacco Capitalism: Growers, Migrant Workers, and the Changing Face of a Global Industry* (Princeton: Princeton University Press, 2012), 122.
41. Ibid, 129.
42. John Fraser Hart, "The Initial Impact of the Tobacco Buyout Program," *Geographical Review* 101, No. 3 (2011): 451.
43. Brandt, *Cigarette Century*, 449–458.
44. Benson, *Tobacco Capitalism*, 172; Ariel Ramchandani, "The Overlooked Children Working in America's Tobacco Fields," *Atlantic Monthly*, June 21, 2018. Human Rights Watch, "Teens of the Tobacco Fields," December 9, 2015, accessed July 13, 2018, https://www.hrw.org/report/2015/12/09/teens-tobacco-fields/child-labor-united-states-tobacco-farming; Sarah Milov and Gabriel Rosenberg, "Opinion: Back to School—or Back to the Fields?" thehill.com, 8, accessed July 31, 2018, http://thehill.com/blogs/congress-blog/labor/250774-back-to-school-or-back-to-the-fields. Accessed July 31, 2018.
45. Contracting between buyers and a minority of growers predated the end of the tobacco program. "Tobacco Auctions Are Going . . . Going," *Washington Post*, August 11, 2001.
46. Centers for Disease Control, "Current Cigarette Smoking among Adults in the United States," updated February 15, 2018, accessed July 31, 2018, https://www.cdc.gov/tobacco/data_statistics/fact_sheets/adult_data/cig_smoking/index.htm; Brandt, *Cigarette Century*, 449.
47. American Cancer Society, "Study: 50 Years of Anti-Smoking Efforts Have Saved 8 Million Lives," January 7, 2014, accessed July 31, 2018, https://www.cancer.org/latest-news/study-50-years-of-anti-smoking-efforts-have-saved-8-million-lives.html.
48. Benjamin W. Chaffee, Shannon Lea Watkins, and Stanton A. Glantz, "Electronic Cigarette Use and Progression from Experimentation to Established Smoking," *Pediatrics* 141, No. 4 (2018).
49. Centers for Disease Control, "Cigarette Smoking and Tobacco Use among People of Low Socioeconomic Status," updated February 3, 2017, accessed July 31, 2018, https://www.cdc.gov/tobacco/disparities/low-ses/index.htm.
50. D. Yu, N. A. Peterson, M. A. Sheffer, R. J. Reid, and J. E. Schneider, « Tobacco Outlet Density and Demographics: Analysing the Relationships with a Spatial Regression Approach," *Public Health* 124, No. 7 (2010): 412–416; C. G. Brown-Johnson, L. J. England, S. A. Glantz, and P. M. Ling, "Tobacco Industry Marketing to Low Socioeconomic Status Women in the USA," *Tobacco Control* 24 (2015): 505–508.
51. Gregory Wood, *Clearing the Air: The Rise and Fall of Smoking in the Workplace* (Ithaca: Cornell University Press, 2016), 195.
52. Benjamin Alamar and Stanton A. Glantz, "Effect of Increased Social Unacceptability of Cigarette Smoking on Reduction in Cigarette Consumption," *American Journal of Public Health* 96, No. 8 (2006): 1359–1363.

53. Jennifer Stuber, Sandro Galea, and Bruce Link, "Stigma and Smoking: The Consequences of Our Good Intentions," *Social Service Review* 83, No. 4 (2009): 585–609.
54. Gallup, "Tobacco and Smoking," accessed July 31, 2018, https://news.gallup.com/poll/1717/tobacco-smoking.aspx.
55. B. Houle and M Siegel, "Smoker-Free Workplace Policies: Developing a Model of Health Consequences of Workplace Policies Barring Employment to Smokers," *Tobacco Control* 18 (2009): 64–69; "Company's Smoking Ban Means Off Hours Too," *New York Times,* February 8, 2005; ACLU National Task Force on Civil Liberties in the Workplace, "Lifestyle Discrimination in the Workplace: Your Right to Privacy under Attack," accessed August 1, 2018, https://www.aclu.org/other/lifestyle-discrimination-workplace-your-right-privacy-under-attack.

索 引

EEOC (Equal Employment Opportunity Commission), 204, 210
Ehringhaus, J. C. B., 57–58, 60, 63
EIA (Environmental Improvement Associates), 215–221, 232–233, 235
Eighteenth Amendment, 142
Eisenhower, Dwight D., 98, 100, 155, 328n67
Ellender, Allen, 158
Elman, Philip, 129
emphysema, 1, 118–119, 165, 279, 325n20
Employment Act (1946), 324n11
Enstad, Nan, 306n45, 308n12, 309n24, 325n21
environmental impact statements, 163, 187, 225–226, 280
environmental movement, 5, 120–125, 135–143, 159–163, 184–192, 211–214, 306n48, 345n8
EPA (Environmental Protection Agency), 5, 149, 207–208, 213, 227–229, 268, 281, 286
Equality for Agriculture (Wallace and Cantwell), 51–52
Ervin, Sam, 151, 158
Europe, 85–95
Evans, Sarah, 182
expertise, 34–35, 46–61, 85, 99, 118–120, 173, 260–265, 300n16, 313n99, 335n8. *See also specific economists*
Extension Service, 38, 54–56, 58, 61–65, 69–71, 76, 84, 107

FAA (Federal Aviation Administration), 145, 164–170
Fair and Equitable Tobacco Reform Act, 292
Fairness Doctrine, 136, 138–139, 141–144, 147, 149
Family Smoking Prevention and Tobacco Control Act, 280
FAMRI (Flight Attendant Medical Research Institute), 286
Farm and Ranch Magazine, 115
farmers (of tobacco): as AAA advisors, 58–61, 76–77; auction system and, 28–45, 53–56; cigarette manufacturers and, 11–14, 291–295; class and, 253–257, 291–295; collective action of, 12–14, 29–33, 36–45, 127–128, 145–146, 152–159, 341n121; crop selection and, 42–43; government action on behalf of, 33–36, 243–249; indebtedness of, 32–36, 43, 312n92; leaf buyers and, 20, 22, 28–33, 258–259; parity and, 51–56, 104, 317n16; as patriotic figure, 249–253; producerism and, 12–14, 96–101, 258–260; public relations and, 104–117; race and, 12–15, 63–65, 106–107, 301n22; referenda mechanisms and, 61–66, 69, 77, 84–85; supply control mechanisms and, 55–56, 61–65, 75–76, 95–101, 107–108, 154–158, 241–260; tenancy and, 29, 42–44, 64–65, 312n92. *See also* cigarettes; class; quota system
Farm Security Administration, 103
FCC (Federal Communications Commission), 99, 136–151, 162–163
FDA (Food and Drug Administration), 164, 279, 283–285
FDA v. Brown and Williamson Tobacco Corp., 280, 284–285
Federal Air Quality Standards, 193–194
Federal Aviation Act, 164
Federal Power Commission, 124–125
"Federal Support against the Public Health" (Public Citizen), 241–243
feminism, 216–217, 230–232
FENSR (Federal Employees for Non-Smokers' Rights), 212
Fifth Amendment, 121, 211
filters, 125–126
First Amendment, 121, 141, 355n33
"The First American Heritage" (brochure), 115–116
First World War, 12–13, 22–28, *26,* 26–28, 52, 81
Fisher, Irving, 25
FitzGerald, Dennis, 87, 327n45
Flannagan, John, 67, 87–88
Florida, 74, 82, 114, 196, 288
flue-cured tobacco: Brazilian-produced, 250–251, 259, 277, 291–292; demise of, 259–260; global preference for, 33–34, 56, 79–95, 158, 291–292, 325n20; health risks and, 229–230; supply controls on, 3–8, 61–65, 75–76, 95–101, 107–108, 154–158, 241–253, 258–260, 299n13
Flue-Cured Tobacco Farmer, 246, 257
Flue-Cured Tobacco Stabilization Cooperative Corporation, 84, 155–157, 258–260
Food, Drug, and Cosmetics Act (FDCA), 197, 283–285

Food for Peace program, 91–95, 229–230, 241, 248. *See also* PL 480
Food Retailers Committee, 104
Food Stamp Program, 239
Foote, Emerson, 147
Forbes, 217
Ford, Gerald, 231, 244
Ford, Henry, 25, 222, 308n4
Fortas, Abe, 129–134, 148–149
Fountain, Lawrence, 156, 258
Fourteenth Amendment, 19, 211
Fourth Amendment, 121
France, 89–90
Frank, Jerome, 60
"Frank Statement to Cigarette Smokers," 111, *112,* 116
Frederickson, Donald, 144
free enterprise ethos, 6, 203, 209, 221–225, 230, 240, 244–249, 258–265, 277–278, 304n34, 331n112, 369n122
Freeman, Orville, 127
Freud, Sigmund, 28
FTC (Federal Trade Commission), 22, 31–32, 125–132, 145, 151, 243–244, 266, 268

Gallaher, 158
Gardner, James, 153
Garn, Jake, 248
GASP (Group Against Smoking Pollution), 161–162, 175–189, 191, 198–200, 204, 206, 213, 216, 223, 226, 233, 240, 242, 266, 275, 347n57
Gasper v. Louisiana Stadium and Exposition District, 211–212
Gaston, Lucy Page, 24, 27, 109
GATT (General Agreement on Tariffs), 251
Gauloises, 90
GDR (East Germany). *See* East Germany
gender: cigarette manufacturing and, 17, 28; feminism and, 216–217, 230–232; nonsmoker rights movement and, 161–162, 175–184, 206–207, 215–221; public interest movement and, 4, 176–178, 181, 188, 195–199, 213, 221–222, 265; smoking's association with, 24–25. *See also* nonsmokers; women; workplaces
General Electric, 20
General Motors, 28, 130, 134
George Washington University, 143–152, 163
Georgia, 74, 82

Gerken, Heather, 260
Gilbert, Jess, 318n30
Ginsberg, Allen, 8
"Give Earth a Chance" (Seeger), 135
Glantz, Stanton, 265–266
Goldberg, Glenn, 160
Golden, Terence, 267
"Golden Fleece Award," 154
Golden Holocaust (Proctor), 305n40
Gompers, Samuel, 231
Good Morning America, 219
Goodwin & Company, 16
Gore, Al, 279
Gouin, Clara, 176–177, *177,* 178, 181, 188, 195–196, 199, 213, 221–222, 264
government (federal): associationalism and, 3–4, 13–14, 34, 41, 101–104, 124–135, 257–260, 300n17; citizen participation in, 5, 195–200; deregulation and, 161–162, 173–175; environmental protections and, 5, 149, 163, 185–188, 207–208, 213, 225–229, 268, 281, 286; expert policymaking and, 34–35, 46–61, 85, 99, 173, 300n16, 313n99; interstate commerce and, 21, 49–50, 67–68, 72–74; lobbying power and, 3, 9–10, 101–104, 123–125, 130, 139–140, 152–159, 161–162, 173, 195; localism and, 260–269; private partnerships with, 4, 58–59, 82, 85–95, 122; public interest movement and, 5, 119–125, 135–143; race and, 301n22; regulatory capture and, 9, 47–48, 122–127, 129–135, 161–162, 280; Sherman Act and, 20–22, 36; tobacco program and, 2, 7–10, 12–14, 33–36, 57–61, 85–95, 153–154, 169–172, 241–249
government (local): associationalism and, 3, 13–14, 34, 41, 257–260; nonsmoker rights efforts and, 161–162, 260–269; smoking's regulation by, 3, 177, 198–199, 203–204, 269–278, 285–287
government (state): ALEC and, 272–278; farmers' power within, 105–108; local preemption laws and, 287; nonsmoker rights efforts and, 161–162; North Carolina's tobacco legislation and, 4; smoking regulations by, 196–200, 269–278
Graham, James, 245–246
Great Britain, 20, 33, 74–77, 80, 96, 109–110, 151, 228

Great Merger Movement, 20–21
The Greening of America (Reich), 122
Griswold, Erwin, 132
The Group Basis of Politics (Latham), 102
Gruccio, Phillip, 204, 211
GSA (General Services Administration), 267–268

Hacker, Jacob, 99, 366n63
Hahn, Paul, 110
Hale, Grace Elizabeth, 348n75
Hall, Claude, 70, 76
Hall of Columns, 2
Hanna, Mark, 21
Harriet Brooks v. Trans World Airlines & Liberty Mutual Insurance, 356n42
Hart, Gary, 247
Hartford Times, 142
Harvard Business Review, 217
Hatch, Orrin, 248
Hatfield, Mark, 248
Hayes, Samuel, 345n8
health care, 165, 196, 222–225, 279, 288, 295, 354n23
heart disease. *See* coronary artery disease
Heckman, Constance, 273
Heclo, Hugo, 342n135
Helling v. McKinney, 358n86
Helms, Dorothy, 255–257
Helms, Jesse, 242–243, 252–257, 262, 275, 334n174, 366n60
HEW (Department of Health, Education, and Welfare), 151, 169, 194–196, 198, 218, 246
Hicks, Carl, 114, 157
Hill, George Washington, 28
Hill & Knowlton, 110, 113, 115
Hirayama, Takeshi, 228–229, *229*, 230
Hiss, Alger, 55
Hogan, Michael, 301n18
Homestead Act, 99
Hoover, Herbert, 34–36, 41, 313n100
House Committee on Agriculture, 101, 153, 242, 248–249
House Subcommittee on Health and the Environment, 247, 279–280, 283–284
"How Far Can Fairness Go?," 143
Howl (Ginsberg), 8
How to Protect Your Health at Work (Shimp), 281
Hughes, Charles Evans, 73, 322n111
Humphrey, Hubert, 247–249

Hunt, James, 246, 252
Hutson, Jack, 55–60, 65, 75–76, 83–90, 92–93, 111, 318nn30–31, 326n43, 334n163
Hyman, Louis, 306n47

ICC (Interstate Commerce Commission), 3, 167, 186–187
Illinois, 196
IMF (International Monetary Fund), 85
Immigration Act (1924), 28
Imperial Tobacco Company, 20, 44, 75, 158
Import-Export Bank, 85
"Improve Productivity Overnight" (Weis), 222
Indianapolis News, 142
INFANTS (Interested Future Attorneys Negotiating for Tot Safety), 164
inflation, 161, 173, 221, 245–253
The Insider (film), 280
Interagency Council on Smoking and Health, 146–147, 188, 190–191
interest groups, 9, 47–48, 101–117, 122–123, 134–143, 300n17. *See also* democracy; public interest movement; tobacco program
International Association of Machinists, 234
Iowa, 96–97
"I Quit" campaign, 150–151
IRS (Internal Revenue Service), 153–154
ITC (International Trade Commission), 252–253

Jackson, Scoop, 243–244
Jaffe, Louis, 144
Japan Tabacco Monopoly, 94–95
Jews and Jewishness, 23, 37, 44, 194–195
Jim Crow regime, 31, 45, 63–64, 106, 153
Joe Camel, 290
Johns-Manville, 233–234
Johnson, Hugh, 48–49, 52
Johnson, James, 248–249
Johnson, Lyndon, 1, 109, 113, 128–131, 155
Jones, Walter, 141, 244
Jordan, Everett, 107–108, 158
Journal of Education, 24
Joyner, W. T., 114
judicial review (of administrative agencies), 123, 339n83

judicial standing, 5, 123, 186-188, 349n90
The Jungle (Sinclair), 14
juvenile delinquency, 24, 109

Kahn, Alfred, 174
Kahn, Phyllis, 197
Katznelson, Ira, 332n141
Keller, Morton, 21
Kellogg, John Harvey, 24
Kennedy, John F., 1
Kennedy, Robert, 146
Kennedy, Ted, 173, 247
Kensell v. State of Oklahoma, 355n33
Kerr, John, 61-62, 320n60
Kerr-Smith Tobacco Act, 61-62, 64-65, 69
Kessler, David, 279, 283-284, 288-289
Kessler, Gladys, 290, 350n104
Kilpatrick, James J., 143
King, Martin Luther, Jr., 239
Kingston *Free Press,* 70
Kinter, Earl, 126
Kluger, Richard, 305n40
Knoxville *News-Sentinel,* 154
Koch, Edward, 144
Komorowski, Tadeusz, 83
Koop, C. Everett, 201-202, 235-236, 261-269, 275-278, 288-289, 366n84
Korean War, 97
Kornegay, Horace, 113, 199

LABEL (Law Students Association for Buyers' Education in Labeling), 164
labor: cigarette manufacturing and, 15-22; collective bargaining and, 36-45, 230-240, 293-294, 303n31; farmer organization and, 37-45; gender and, 17; race and, 14-15, 20-21; workplace safety and, 360n110. *See also* unions
Labor Management Committee, 238
Lambda Legal, 179
Landers, Ann, 166, 168
Lanier, Con, 59, 72-73, 76, 86-87, 90-91, 114, 322n110, 326n38
Lasker, Albert, 28, 147
Las Vegas, 287
Latham, Earl, 102
Legal Activism (course), 163
legal clinics, 162-163
Legislative Policy, 273
Leipzig Trade Fair, 93-94, *94*
Lend-Lease program, 76, 323n122
Lie, Trygve, 83

Liggett & Myers, 14, 27-28, 44
Lincoln, Abraham, 24
Lindsay, John, 151
Lipset, Seymour Martin, 101
litigation. *See* sue the bastards ethos
Little, Clarence Cook, 116
Lobby Reorganization Act (1946), 326n43
localism, 260-278, 285-287, 297n9
Logic of Collective Action (Olson), 341n121
Lorillard, 14, 27-28, 111, 125-126, 152, 171
Lovinger, Lee, 137-138
Lowrey, Al, 226-228, 280
loyalty oaths, 121
lung cancer, 5, 110; 1964 *Surgeon General's Report* and, 1-2

Machinists and Aerospace Workers, 238
Magnuson, Warren, 131, 243
Marcuse, Herbert, 128
Marketing Act, 40-41
Marlboro Man, 138, 207, 318n44
Marshall, George, 87
Marshall, Thurgood, 109
Marshall Plan, 86-89, 326n43, 327n45
Maryland Growers Association, 113
Massachusetts, 196, 288
Master Settlement Agreement (MSA), 8, 113, 279, 287-295
Mayeri, Serena, 184
McCain, John, 289
McCann, Michael, 302n23
McCann-Erickson, 147
McConnell, Grant, 103-104, 117, 301n22
McCune, Wesley, 103, 117
McGovern, George, 244
McKinley, William, 21
McNary-Haugen bill, 35, 51-52, 313n98
Merit Systems Protection Board, 214
Merle Norman Cosmetics, 220
Merryman, Walker, 274
Mexican American Legal Defense and Education Fund, 179
Meyner, Robert, 132
Michels, Robert, 331n125
Michigan, 196
Milkman, Ruth, 216
Mill, John Stuart, 190
Mills, C. Wright, 102, 104
minimum wages, 48, 50-51, 287, 293
Minnesota, 197-198, 288
Minnesota Restaurant and Food Service Association, 197

Missouri, 213
mixed economy, 95–101
Moline Plow Company, 52
Monroe, Marilyn, 109
"More Doctors Smoke Camels Than Any Other Cigarette," 109–110
Morgan, J. P., 14, 22
Morill Land Grant College Act, 99
Morris, Dick, 279
Moss, Frank, 146–147
Motor Vehicle Safety Act, 142
Mueller, Athena, 273
Mulford v. Smith, 72–74
Mussolini, Benito, 49
Myers, Matthew, 266
Myerson, Bess, 151

NAACP (National Association for the Advancement of Colored People), 109, 123, 179
NAB (National Association of Broadcasters), 132
Nader, Ralph, 134–135, 140–145, 151, 164–175, 189–190, 241–243, 248–250, 275, 369n122
NAS (National Academy of Sciences), 268, 275
Nation, Carrie, 190, 195, 207
National Association of Broadcasters, 141
National Association of Manufacturers, 101
National Cancer Institute, 193
National Environmental Policy Act, 135
National Health Survey (1967), 165
National Institutes of Health, 99, 144
National Press Club, 168
National Right to Life Committee, 261
National Safety Council, 233
National Science Foundation, 99
National Tuberculosis Association, 119, 148
Naval Research Laboratory, 225, 227
NCFB (North Carolina Farm Bureau), 69–70, 76, 82–84, 96, 100–108, 114, 117, 158, 252, 258, 332n132
Nebraska, 196
Nelson, Gaylord, 151–152
neoliberalism (definition), 304n34
NEPA (National Environmental Policy Act), 186–187
Neuberger, Maurine, 144, 337n41

New Deal: agricultural regulations of, 3–8, 12–13, 53–65; bureaucratic machinery of, 55–61, 113; Cold War administrative agencies and, 129–134; consumerism and, 80–95; Great Depression and, 46–48; New Right's rise and, 3–4, 9–10; NIRA and, 48–53, 66–69, 72; postwar planning and, 95–101; race and, 63–65, 332n141; Second World War and, 74–77; supply control and, 45–48, 53–56, 61–65, 244–260. *See also* tobacco program; *and specific judicial decisions and legislative acts*
New England Journal of Medicine, 144
New Jersey Bell Telephone, 204–211, 214–215, 218–219, 231
"The New Property" (Reich), 120–125
New Times, 245
New York City, 287
New York State, 196
New York State Regulatory Commission, 174
New York Times, 86, 96–97, 135, 139, 148, 229, 242–243, 261–262
Night Rider (Warren), 11–12
Nightwatch, 219
NIMBY (not in my backyard), 185, 226, 348n79
Ninth Amendment, 211
NIRA (National Industrial Recovery Act), 48–53, 66, 68–69, 72
Nixon, Richard, 2–3, 100, 152, 173, 180, 188, 194–195, 206, 231, 244–245
Noble, Charles, 360n110
No Net Cost Tobacco Act (1982), 249–253, 257–260, 277
nonsmokers: business case against smoking and, 6, 203, 209, 221–225, 230, 240, 261–265, 277–278; as citizen identity, 2, 4–6, 185–188, 219–221, 230; civil rights movement and, 2, 160–162, 178–179, 183–184, 232; class and, 230–240, 276–277, 291–295; consumer power of, 195–196, 200; dining sections and, 175, 177, 197; disease risk of, 165, 169–172, 176, 191–195, 197–198, 203, 211–214, 223–225, 263–278, 280–287; environmental movement and, 5, 120, 191–192, 211–214, 345n8; gender and, 161–162, 175–184; localism and, 260–269, 285–287; New Right and, 278; quality of life discourse and, 184–188, 230–231, 306n48; race and, 161–162, 183–184,

nonsmokers (continued)
   199-200; rights claims based upon, 10, 160-162, 169-175, 188-200, 208-214, 269-271, 306n48; state and local governments and, 161-162; tobacco industry's federalism and, 5, 242-243; unions and, 6, 230-240; virtuous citizenship of, 6, 194-195, 295; workplace rights of, 6, 201-211, 220-225, 230-240, 286-287. See also environmental movement; pollution; public interest movement; rights; sue the bastards ethos
"Nonsmoker's Bill of Rights," 189-191
Nonsmokers' Liberation Guide, 179-180, 185
Non-Smokers Rights Act (1985), 237-238, 267
Norma R. Broin v. Philip Morris, 286-287
North Carolina Grange, 79-85
North Carolina Railroad, 15
North Carolina Tobacco Growers Association, 61
North Carolina Tobacco Report, 95-96
Northern Securities decision, 22
NRA (National Recovery Administration), 49-52, 58, 60, 72-73, 98, 133, 174

Occupational Health and Safety Act, 207, 231
Ochsner, Alton, 110, 144
O'Connor, Sandra Day, 284-285
Ogden (company), 20
Oil, Chemical and Atomic Workers International Union, 231
Olson, Mancur, 341n121
One Dimensional Man (Marcuse), 128
O'Neill, Tip, 246
On Liberty (Mill), 190
"Operation Down Under," 270-271
Oppenheimer, Robert, 109
Oreskes, Naomi, 305n44
Orrick, William, 132-133
OSHA (Occupational Health and Safety Administration), 5-6, 186, 207-208, 281, 283, 285-287
overproduction issues, 33, 47-54, 61, 69, 79, 97-101, 154. See also supply control policies

Palmer, John, 93, 158
Pan Am airlines, 168
parity, 51-56, 104, 317n16
Parodi, Irene, 213-214

participatory democracy ideal, 120-125, 184-188. See also public interest movement
passive smoking. See nonsmokers; secondhand smoke
Patrons of Husbandry, 315n115
Peek, George, 51-52, 60
Pershing, John J., 26
Pertschuk, Michael, 243, 266, 268
PETA (People for the Ethical Treatment of Animals), 273
Petri, Thomas, 249
Petty, Adrienne, 320n77
Philip Morris, 111, 130, 141, 180, 238-239, 248, 259-260, 270, 272, 294
PHS (Public Health Service), 118, 151, 209
Pierson, Paul, 99
Pinchot, Gifford, 313n99
pinhookers, 66
PL 89-12, 159
PL 480, 91-92, 248, 328n65. See also Food for Peace program
pluralism (political), 101-104
PNB (Pacific Northwest Bell), 201-204
Poe, Clarence, 38, 44, 63, 76
Poland, 83, 93
Polanyi, Karl, 99
policing, 199-200
Political Parties (Michels), 331n125
pollution, 5-6, 225-230, 233-234, 247, 281-285
Pontiac Stadium, 193
populism, 38, 57-58, 67, 135, 173, 197, 293, 321n86
Postel, Charles, 315n115
Powell, Lewis, 272, 369n122
preemption laws, 274-275, 278, 287, 290
Preyer, L. Richardson, 247
price supports (for tobacco), 3-8, 13-14, 34-36, 48-61, 66, 79, 95-101, 108, 155-156, 244-257, 299n13
Private Power and American Democracy (McConnell), 103
Proctor, Robert, 111, 305n40
producerism, 3-8, 44-45, 53-56, 67, 95-101, 152-159, 229-230, 253-257, 306n47, 308n3. See also populism
"Profits Up in Smoke" (Weis), 221
Progressive Era, 23-24
Progressive Farmer, 32, 38, 61, 63, 71, 81, 115, 252

property (tobacco acreage allotments as), 108, 120–125, 252–257
Proposition 13, 198
protectionism (in trade), 33
Proxmire, William, 154
Public Citizen, 241–243
public comment periods, 167, 169, 171, 185–187, 283
Public Health Cigarette Smoking Act, 274
public interest movement: administrative agencies and, 122–125, 143–154, 160–163; advertising and, 134–154; anti-associationalism and, 124–125; civil rights movement and, 4; democracy's visions and, 120–125; environmental movement and, 5, 123–125, 135–143, 161–163; expertise and, 118–120; regulatory capture and, 129–134, 161–162, 175; rights claims and, 121–122, 164–172; tobacco interests' mimicry of, 171–172; women's leadership of, 4, 176–178, 181, 188, 195–199, 213, 221–222, 265
Pueblo Chieftain, 142
PUMP (Protests Unfair Marketing Practices), 145

Quaker Oats Company, 104
quality of life discourse, 184–188, 230–231, 306n48
quota system, 12, 69–77, 82–85, 107–108, 249–260, 292–293

race: auction system and, 31; cigarette's associations with, 25; entitlement programs and, 253–257; Jim Crow and, 31, 45, 63–64, 106, 153, 301n22; New Deal structures and, 63–65, 332n141; nonsmoker rights and, 161–162; policing and, 199–200; slavery and, 14–15. *See also* Jim Crow regime
Raleigh *News and Observer,* 68, 115
Ralston Purina, 244–245
Raytheon, 286
"Reach for a Lucky Instead of a Sweet" campaign, 28
Reader's Digest, 109
Reagan, Ronald, 7, 173, 201–202, 221–225, 236, 251–252, 261–265, 353n7
red herring research, 111. *See also* doubt-mongering
Reemtsma, 158

referenda, 61–66, 69, 77, 84–85
Reich, Charles, 120–125, 284, 369n122
Reich, Robert, 281
Repace, James, 225–230, 280, 358n86
Reynolds v. Sims, 139
Richardson, Elliott, 195
Richmond, Julius, 195
Richmond *Times-Dispatch,* 115
RICO act, 290
Riggs, "Speed," 30
rights: administrative agencies and, 122, 163; business logic and, 209–211; consumerism and, 143–145, 159, 189–195; gendered activism and, 175–184; localism and, 260–269, 285–287; "New Property" and, 121–125; nonsmokers as protected class and, 2–3, 10, 160–162, 173–175, 188–200, 211–214, 232, 306n48; paradoxes of, 160–162; quality of life discourse and, 184–188, 230–231, 306n48; race and, 199–200; unions and, 232–240; workplace battles and, 201–221
right to work laws, 332n132
R. J. Reynolds, 14, 23, 27–28, 44, 60–61, 109–111, 195, 237, 259–260, 271, 273, *282,* 283, 290–291, 294
Robertson, Gary, 271
Rockefeller, John D., 14
Rodgers, Daniel, 203
Roisman, Anthony, 190–191, 350n104
Roosevelt, Franklin D., 46, 49–50, 67, 155
Roosevelt, Teddy, 21
Rose, Charlie, 219, 248–249, 258, 366n60
Royal College of Physicians, 1
Royster, Fred, 127
Ruckelshaus, William, 268
Rupp, John, 270–271, 273

Salisbury, Harrison, 328n91
Sapiro, Aaron, 37–44
Sargent, Daniel, 85
Sax, Joseph, 163, 187, 349n88
Scalia, Antonin, 187–188, 349n90
Scenic Hudson Preservation Conference v. Federal Power Commission, 124
Schattschneider, E. F., 331n123
Schaub, Ira, 56–58, 69–70
Schechter Poultry Corp. v. United States, 49–50, 66–69, 72
Schiller, Reuel, 339n83
Schlesinger, Arthur, Jr., 101

scientific evidence: expert policymaking and, 34–35, 46–61, 85, 99, 118–120, 173, 335n8; initial emergence of, 96; nonsmoker figure's risk and, 5–6, 165, 191–192, 229, 263–265, 269–270, 280–282; public relations campaigns and, 109; tobacco companies' research and, 8–10, 110–119, 145–146, 196, 260–265, 270–271, 281–282, *282*, 286–287, 305n44. *See also* secondhand smoke

scrap, 251–252

SCRAP (Students Challenging Regulatory Agency Procedures), 186, 188

Sears, Roebuck, 104

secondhand smoke, 5–6, 165–170, 191–197, 203–206, 211, 269, 280–287, 294, 303n28

Second World War, 27, 74–77, 103

Securities and Exchange Act, 98

Seeger, Pete, 135

SEITA (Société Nationale d'Exploitation Industrielle des Tabacs et Allumettes), 89–90

Senate Committee on Agriculture and Forestry, 154, 242

Senate Subcommittee on Health, 247

Service Employees International Union, 235

shading up, 31, 44

Shaffer, John, 165

Shamansky, Robert, 249

sharecropping, 42–44, 64

Sheet Metal Workers, 238

Sherman Anti-Trust Act, 12, 14, 19–21, 36

Shimp, Donna, 202–211, *206*, 212, 214–222, 227, 230–234, 240, 281, 354n23

Shimp v. New Jersey Bell, 202, 204–211, 213–215, 231

"Should Trees Have Standing?" (Stone), 123

Sick Building Syndrome, 271

Sierra Club v. Morton, 186–187

Silent Spring (Carson), 134, 154

Sinclair, Upton, 14

Sir Walter Raleigh Hotel, 79–85

"16 Cities Study," 283

Smith, Paul, 212–213

"Smokefree day at Work," 217–219

"The Smoke Free Workplace" (Weis), 230

The Smoke-Free Workplace (Weis), 223–224

smoking: airlines and, 164–172, 275–276, 286, 356n42; citizenship and, 2–8, 295; class and, 230–240, 276–277, 291–295;

consumerism and, 95–96; costs to employers of, 208–211, 217–225, 240, 260–265; disease and, 96, 110, 118–120, 153–154, 164–165, 170–172, 197–198, 260–269; employers and, 2–3, 201–211, 217–221, 230–240; federal regulation of, 3–7, 125–129; on flights, 3, 164–168, 171–175; lung cancer and, 1–2; nonsmoker figure and, 160–162, 263–265; as pollution, 5–6, 225–230, 233–234, 247, 281–285; public interest campaigns and, 120–125, 136–143; rates of, 2, 9–10, 109, 206–207, 239–240, 276–277, 322n120; smokers' rights and, 160–162, 166–168, 170, 173–175, 189–195, 210–211, 269–271, 274–278; state legislation and, 263, 267; tobacco lobby's power and, 2–3; workplaces and, 201–211, 230–240, 279–287. *See also* cigarettes; nonsmokers; tobacco program

Smoking and Health, 224

social science, 34–35, 38, 56–61

Social Security Administration, 212

Social Security Amendments of 1965, 129

SOUP (Students Opposing Unfair Practices), 145

South Carolina, 82

South Dakota, 196

Soviet Union, 50, 83, 91–97, 291

Stabilization. *See* Flue-Cured Tobacco Stabilization Cooperative Corporation

Standard Oil, 14, 20, 22

standing (judicial), 5, 349n90

The State Factor (ALEC), 273

Steinfeld, Jesse, 2–3, 188–191, 193–197, 206, 226

Stevens, Ted, 237, 267

Stewart, Potter, 187

Stockman, David, 252

Stone, Christopher, 123

subsidies. *See* government (federal); supply control policies; tobacco program

sue the bastards ethos, 140, 148–149, 161–163, 186–187, 204, 210–211, 233–234, 270

Sullivan, John, 25

Sundquist, Don, 228

Superdome, 211

supply control policies, 3–8, 61–65, 75–76, 95–101, 107–108, 154–158, 241–253, 258–260, 299n13

Supreme Court. *See specific decisions*

Surgeon General's Report (1964), 1–3, 113, 118–120, 124–127, 131–132, 136, 150, 156–158, 188, 223, 246
Surgeon General's Report (1972), 191–195, 206–208
Surgeon General's Report (1979), 224–225, 246
Surgeon General's Report (1982), 263
Surgeon General's Report (1985), 235
Surgeon General's Report (1986), 6, 165, 267–269
Surgeon General's Report (1989), 280

Talmadge, Herman, 242
Talman, Bill, 138
tariffs, 33–34, 251–253
Tasty Baking Company, 217
Tate, Cassandra, 27
Taylor, Carl C., 39
Taylor, Frederick Winslow, 223–224
temperance movement, 13, 23–27, 142–143, 190
tenancy, 29, 31, 42–44, 64–65, 312n92
Tennessee, 114
Terry, Luther, 1–2, 118–120, *120*, 195, 204, 216–217, *262*
Texas, 196
TGCA (Tri-State Tobacco Growers Cooperative Association), 13, 39–40, 42–45, 47–48, 57, 75–76, 114–118, 258–259, 290
TGIC (Tobacco Growers Information Committee), 79, 113–115, 126–128, 145–146, 157, 290, 292
Thai Tobacco Monopoly, 92–93
Third World Conference on Smoking and Health, 160–162, 207–208
Time, 109
TIRC (Tobacco Industry Research Committee), 8, 79, 111–118
Title VII (of 1964 Civil Rights Act), 303n31
Tobacco Associates, 4, 78–95, 100, 111, 114–115, 153, 157–159, 229–230, 253–254
Tobacco Deregulation Act (HR 3998), 249
Tobacco Growers Co-operative v. Jones, 41
Tobacco Inspection Act, 66–67, 72–74, 322n110
Tobacco Institute (TI), 113–119, 130, 145–146, 196–199, 213, 228, 237–238, 250, 270–274, 290
tobacco program: anti-trust laws and, 12, 14–22; auction system and, 28–45, 53–56; changes to, 7, 242–243, 249–257; class and, 253–257; consumerism's impact on, 8, 78–95; cost analysis of, 201–204; demise of, 7, 292–295; foreign competition and, 55–56, 78–79; free market opponents of, 6, 95–101, 203, 209, 221–225, 230, 240, 261–265, 277–278; lobby power of, 3, 9–10, 123–125, 139–141, 152–159, 161–162, 171–172, 195, 246–249, 253–257, 259–260, 269–278, 289, 292; Master Settlement Agreement and, 8, 113, 279–280, 287–291; New Deal's economic planning and, 60–61; overproduction problems and, 46–48, 97–101; paradoxes of, 2, 153–157, 168–169, 195–196, 260–265, 277; producerism and, 3–8, 48–53, 67, 95–101, 108, 229–230, 253–257, 291–295, 299n13; public interest opposition to, 4–5, 152–159, 241–243; racism and classism in, 5, 25, 31, 45, 63–65, 106, 153, 253–257, 291–295, 301n22; scientific research and, 8–10, 119; self-regulation proposals and, 131–132. *See also* farmers (of tobacco); price supports (for tobacco); public interest movement; quota system; supply control policies
Tobacco Radio Network, 334n174
Tobacco Reporter, 95
Tobacco Trust, 14, 19, 27, 29, 36, 116, 294
Tokyo National Cancer Center, 228
Tolley, Howard, 318n31
Tooze, Fred J., 142–143
Tri-State Tobacco Grower, 40–42
Truman, Harry S., 81, 103, 155
Truth Campaign, 290
Tugwell, Rex, 46–47, 50, 317n14
Turk, Katherine, 353n7
TVA (Tennessee Valley Authority), 320n64
TWA (TransWorld Airlines), 168, 172, 219

unemployment, 46–47, 121, 130, 161, 173, 213–214, 239–240, 356n42
"Unfair Trade Practices" (course), 144–145, 186
unions: nonsmoker rights and, 6, 209–211, 216–221; social movements and, 216; as special interest group, 124–125; support for smokers of, 210–211; workplace rights and, 230–240
United Nations, 83
United States v. American Tobacco Company, 22

United States v. Butler, 66, 68–69, 72, 74
United States v. Philip Morris USA, Inc., 305n40
UNRRA (United Nations Relief and Rehabilitation Administration), 326n35
Unsafe at Any Speed (Nader), 134
USDA (Department of Agriculture), 34–38, 51–52, 84, 92–96, 107, 124, 152–156, 291–292, 301n22
U.S. Steel, 14, 20
U.S. v. SCRAP, 187–188

Van den Haag, Ernest, 219
The Ventilator, 176–177
Verband der Zigarettenindustrie, 89
Village Voice, 194
Virginia, 31–32, 82
Volpe, John, 168
Voting Rights Act, 153

Wallace, Henry C., 33–36, 46–48, 52, 55, 57, 60, 62, 319n50
Wall Street Journal, 61, 169, 218
Wanamaker, John, 25
warehouses, 30, 44, 72–74, 113, 199
War on Poverty, 125, 186
Warren, Earl, 130
Warren, Robert Penn, 11–12, 37
Warsaw Uprising, 83
Washington Post, 140, 148, 164, *171*, 225–226, 242–243, 247–248, 255, 257, *282*, 284
Watergate, 173, 242, 247
Watts, Glenn, 233
Waxman, Henry, 247–248, 262–263, 279–280, 283–284, 288–289
WCTU (Women's Christian Temperance Movement), 24–25, 27, 142–143
W. Duke Sons & Company, 15, *16*
Weeks, Tubby, 156
Weil, Lionel, 57
Weis, William, 221–223, 230
welfare, 250, 280
Wesberry v. Sanders, 139
Western Electric, 212–213
West Germany, 86, 88–89
West Virginia, 288

WFC (War Finance Corporation), 41
White, Edward, 22
Who's Behind Our Farm Policy? (McCune), 103–104
Wiarda, Howard, 317n19
WIB (War Industries Board), 26, 48, 52, 317n19
Wicker, Tom, 252–253
Wigand, Jeffrey, 280
Wilderness Act (1964), 125
Willard, Frances, 24–25
Williams, John, 153–154
Williams, S. Clay, 60
Wilson, M. L., 54–55
Winslow, J. E., 70, 76
Wisconsin, 114
Woeste, Victoria Saker, 39
women: GASP activism and, 175–184; public interest movement and, 4; workplace smoking bans and, 202–204, 215–217
Women's Legal Defense Fund, 179
Wood, Gregory, 360n90
Work Is Dangerous to Your Health (Daum), 216, 234–235
workplaces: administrative agency regulations of, 279–285; antidiscrimination regulations and, 202–204, 210–211, 274–278, 353n7; corporate risk management and, 6; disability claims and, 213–214, 234–235; health costs and, 222–230, 233–234; nonsmokers' rights and, 201–214, 280–287; smokers as drain upon, 6, 232–233, 240; unions and, 209–211, 216–221, 230–240; women's activism in, 202–211. *See also* business case against smoking; nonsmokers; unions
World Bank, 85
World Conference on Smoking and Health, 146–147
Wyden, Ron, 279–280

Yale Law Journal, 68, 120–125
Yannacone, Victor, 135, 140
YMCA (Young Men's Christian Association), 27

致　谢

在过去五年里，我一直在想象着写致谢。我没有想到的是，自己居然会在产后早期睡眠不足的时候写致谢。任何一位新妈妈都会告诉你，这是一个情感极端的时期，深夜或清晨都伴有沉思。每当我不必直接面对女儿的需求时，我常常都会思考我在连接几代人的链条中所处的位置。当我在焦虑和怀疑中挣扎时，我满怀感激之情，感谢那些之前以及现在帮助我的人。生孩子可不像写书，拥有一个孩子是一种前所未有的谦卑经历——让我重新评估同事、导师、朋友和家人给予我的无数种方式的帮助。也许产后还真是提笔写致谢的理想时间呢。

许多人在许多地方向我伸出了援助之手，这个项目才得以成形。我在普林斯顿大学研究生院读书时，发现那是一个时刻有人鼓励、激发智力的环境。在成为推特名人之前，凯文·克鲁斯就是导师的典范。他阅读了本书无数份初稿以及后来的原稿。但更重要的是，凯文可谓在学院里优雅而机智地生活的典范。丹尼尔·罗杰斯以敏锐的眼光阅读了本书，我将永远感谢他提出的发人深省的问题，感谢他培养我将一切大事件联系起来的激情。我在很多事情上都感谢德克·哈托格，尤其是他把我引入了法律历史的世界。普林斯顿的科学史学家——尤其是安吉拉·克雷格、迈克尔·戈丁、艾丽卡·米拉姆和基思·瓦卢——始终在给我提供重要的建议，即便是在我贸然闯入项目研讨会的情况下。玛戈特·卡纳迪一直是我的导师、精神领袖和朋友，她为我树立了做人、做学问的标准，这也是我所向往的。在研讨会、讲习班和其间的交谈中，我受益于同为研究生的丹·博克、詹妮弗·琼斯和达尔·诺伍德的见解。

弗吉尼亚大学科克伦历史系一直是让我能完成本书并成长为一名学者的理想场所。从我来到夏洛茨维尔的那一刻起，布莱恩·巴洛格就一直是一位令人难以置信的同事，他在关键阶段热心地阅读了整部原稿。我再也找不到比安德鲁·卡尔更好、更有风度的同事了，他对学术、教学和社会正义的献身精神令人钦佩。我珍惜我和格蕾丝·黑尔在长跑中进行的所有鼓舞人心的对话，我期待着更多这样的对话。我感谢法赫德·比沙拉、罗莎·格鲁波夫、保罗·哈利迪、克劳德雷纳·哈罗德、尤斯汀·希尔、威尔·希区柯克、梅尔·雷夫勒、埃里克·林思特鲁姆、吉姆·罗夫勒、大卫·辛格曼和利兹·瓦隆所提供的支持和鼓励。如果没有他们，纳乌教学大楼不会这样亲切可爱。如果没有凯瑟琳·米勒，大楼可能根本无法运营。

许多人在关键阶段造就了本书。虽然我在旧金山的时间很短，但我在加州大学旧金山分校烟草控制研究和教育中心的研究成果非常丰硕，使我能够探索烟草历史的一个全新的层面。斯坦顿·格兰茨和雷切尔·格拉纳－梅恩帮助我充分利用了这段时间。弗吉尼亚人文基金会（现在的弗吉尼亚人文基金）为期一年的奖学金给了我完成这本书所需要的空间和时间。

我很幸运，许多同事都花时间参与本书的撰写。丹尼尔·恩斯特、莉莉·盖斯莫、乔安娜·格里辛格、肖恩·汉米尔顿、梅格·雅各布斯、路易斯·基里亚库德斯、索菲娅·李、艾莉森·列夫科维茨、乔恩·利维、米歇尔·麦金莱、朱莉娅·奥特、格塔姆·饶、劳拉·菲利普斯·索亚、鲁埃尔·席勒、克里斯托弗·施密特、莎拉·赛奥、布莱恩特·西蒙、劳伦·汤普森、维多利亚·赛克·韦斯特以及丽贝卡·伍兹都对本书提出了自己的评论和建议，使之更为完美。

我在一些会议和研讨会上介绍了这个项目，对那些参与这些活动、给予我思路的人，我也非常感谢，包括法律史学会、政策史会议、美国环境历史学会、美国律师基金会、科学史学会、弗吉尼亚人文基金会、弗吉尼亚大学法律史研讨会、佐治亚大学资本主义历史研讨会、在加州大学圣地亚哥分校举办的科学史研讨会。在弗吉尼亚大学，学院院长和文理研究生院院长以及学术副院长的资金支持对这本书的完成至关重要。多年以来，在哈佛大学出版社的编辑安德鲁·金尼在看到本书终稿出炉之前，就一直相信它的价值。我深深地感谢他和他的编辑助理奥利维亚·伍兹耐心地指导原稿完成。

如果没有众多图书馆管理员和档案馆管理员的帮助，就不可能有这本书。我想感谢下列机构中那些知识渊博并乐于助人的专业人士：北卡罗来纳大学教堂山分校的南方历史收藏和北卡罗来纳收藏；东卡罗来纳大学的乔伊纳特别收藏；北卡罗来纳州立大学特别馆藏研究中心；杜克大学大卫·鲁宾斯坦珍本手稿图书馆；杜克家园历史遗址；北卡罗来纳大学彭布罗克分校的档案和特别收藏；加州大学旧金山分校的档案和特别收藏；弗吉尼亚大学的小型特别收藏；哥伦比亚口述历史中心；国家医学图书馆以及大学公园的国家档案和记录管理局。弗吉尼亚大学馆际互借服务也提供了及时和关键的支持。克拉拉·古因和詹姆斯·雷佩斯是20世纪70年代反吸烟斗争的两名先驱,他们慷慨地与我分享了他们的时光和回忆。他们的一些照片和反烟草宣传品出现在了本书里。

第六章的一部分最初以《净化空气和计算成本:"唐娜·森普诉新泽西州贝尔电话公司案"和工作场所吸烟的悲剧》为题,发表在布伦特·塞布尔、莉莉·盖斯莫和梅森·B.威廉姆斯主编的《由国家塑造》中,由芝加哥大学出版社出版,在该社获得了重印许可。

能让知识界与持久的友谊融合在一起,那真是一种愉悦。亨利·考尔斯、罗希特·德、威廉·德林格、凯瑟琳·埃文斯、埃文·海普勒-史密斯、扎克·卡根-格思里、杰米·克雷纳、汉娜·李、罗尼·雷格夫、帕德瑞克·斯坎伦、玛格丽特·肖特、克里斯·香农、凯利·斯沃茨和安妮·特威蒂帮助我思考了烟草的问题,但更重要的是,他们让我暂时忘记了它。妮基·海默、玛丽·库恩和丽莎·梅塞里给我在夏洛茨维尔的生活增添了无穷的乐趣。克莱尔·艾丁顿和丹·纳文做了一件不可能的事——让剑桥的冬天变得非常温暖。布伦特·塞布尔值得特别提到,他在2017年夏天督促我专注工作,尽管当时我们都宁愿盯着新闻。

无论写作、研究还是教学是否顺利,老朋友们总是提醒我,生活远比象牙塔更广阔。杰西·格林伯格和凯蒂·罗杰斯是我认识最久的朋友,我珍爱我们在佛罗里达、波士顿、纽约和亚特兰大几十年的美好回忆。在纽约旅行过夜期间,查科·麦克纳马拉是整个研究生院最热情好客的主人。玛格丽特·何总是会关注这本书的进展——而且总是不露声色,无疑证明了她作为一名编辑的能力。这么多年过去了,我和大卫·莱博维茨、马特·莱博维茨共同使用的语言对外人来说仍然是不可理解的——这可能是件好事。

最后，我亏欠最多的永远是我的家人。和公婆在同一家机构工作的可能性微乎其微。但不管怎样，它发生了，我很高兴。卡蒂亚·马卡洛娃和克里尚·库马尔一直以他们快乐的笑容和美酒招待我。我要感谢佛罗里达的米洛夫夫妇，在我回到这个我仍然认为是家的州时，他们为我提供了消遣和休憩的空间。最重要的是，他们绝不过于频繁地询问这本书什么时候可以完成。感谢我的父亲大卫·米洛夫多年来对我的爱和支持，我从未质疑过。三十二年来，包括我们同在普林斯顿大学的那两年，我姐姐若埃尔·米洛夫都在我最需要的时候一直给我支持，带我消遣。她的伴侣威尔·舒克更是给我们带来了许多欢乐。我刚开始读研究生时就遇到了基里尔·库纳科维奇，幸运的是，我的生活从此改变了。基里尔目睹了本书（及其作者）时常处于各种混乱和困惑之中，而他上百次地将一切恢复如初。他的编辑技巧，他无尽的耐心，最重要的是他的爱，使这一切成为可能。除了本书的缺点之外，这本书既是我的，也是他的。一个月前，我们的女儿薇薇安出生了。在她身边时，我很难再去想其他的事情——只会想着如何做母亲，还会想着我自己的母亲伊丽莎白·埃斯特拉达。一本书的致谢不知怎么地感觉就像一块太小的画布，不足以表达我对她的爱，也不足以表达我对我们之间牢固纽带的惊叹。但这是我仅有的表达方式，这本书是给她的。